权威·前沿·原创

皮书系列为
“十二五”国家重点图书出版规划项目

中国社会科学院创新工程学术出版资助项目

法治蓝皮书
BLUE BOOK OF RULE OF LAW

中国法治发展报告
No.13（2015）

ANNUAL REPORT ON CHINA'S RULE OF LAW No.13 (2015)

中国社会科学院法学研究所
主　编／李　林　田　禾
副主编／吕艳滨

社会科学文献出版社
SOCIAL SCIENCES ACADEMIC PRESS (CHINA)

图书在版编目(CIP)数据

中国法治发展报告. 13，2015/李林，田禾主编. —北京：社会科学文献出版社，2015. 3

（法治蓝皮书）

ISBN 978 - 7 - 5097 - 7114 - 3

Ⅰ. ①中… Ⅱ. ①李… ②田… Ⅲ. ①社会主义法制 - 研究报告 - 中国 - 2015 Ⅳ. ①D920. 0

中国版本图书馆 CIP 数据核字（2015）第 032510 号

法治蓝皮书

中国法治发展报告 No. 13（2015）

主　　编 / 李　林　田　禾

副 主 编 / 吕艳滨

出 版 人 / 谢寿光

项目统筹 / 王　绯

责任编辑 / 曹长香

出　　版 / 社会科学文献出版社 · 社会政法分社（010）59367156

地址：北京市北三环中路甲 29 号院华龙大厦　邮编：100029

网址：www. ssap. com. cn

发　　行 / 市场营销中心（010）59367081　59367090

读者服务中心（010）59367028

印　　装 / 北京季蜂印刷有限公司

规　　格 / 开　本：787mm × 1092mm　1/16

印　张：24. 5　字　数：372 千字

版　　次 / 2015 年 3 月第 1 版　2015 年 3 月第 1 次印刷

书　　号 / ISBN 978 - 7 - 5097 - 7114 - 3

定　　价 / 105. 00 元

皮书序列号 / B - 2004 - 021

法治蓝皮书编委会

主要编撰者简介

主编　李　林

中国社会科学院学部委员、法学研究所所长、研究员。

主要研究领域：

法理学、宪法学、立法学、法治与人权理论。

主编　田　禾

中国社会科学院法学研究所法治国情调研室主任、研究员，亚洲法研究中心主任。

主要研究领域：

实证法学、刑法学、亚洲法、司法制度。

副主编　吕艳滨

中国社会科学院法学研究所法治国情调研室副研究员，亚洲法研究中心秘书长。

主要研究领域：

行政法、信息法、实证法学。

摘　要

《中国法治发展报告 No.13（2015）》从立法、人权保障、法治政府、司法改革、廉政法治、民商经济法治、社会法治等方面，分析了 2014 年中国相关领域的热点、焦点问题，如行政审批制度改革、环境保护法制、基层矛盾化解、人大监督工作等，并对 2015 年法治发展形势进行了预测。

蓝皮书重磅推出多篇法治指数测评报告。以门户网站为依托，通过观察网站、电话验证等方法，继续对 54 家国务院部门、31 家省级政府、49 家较大的市政府的信息公开情况进行测评，对最高人民法院和 31 家省、自治区、直辖市的高级人民法院以及 49 家较大的市的中级人民法院的司法透明度进行测评，对最高人民检察院，31 家省、自治区、直辖市的人民检察院和 49 家较大的市的人民检察院的检务公开工作进行测评，对全国 10 家海事法院的司法公开情况进行测评，对浙江全省三级 105 家法院及北京市三级 22 家法院的阳光司法工作进行测评。

蓝皮书继续推出了多篇法治国情调研报告，内容涉及四川人大立法的实践与启示，广东依法化解基层矛盾的探索与实践，政府信息公开的“宁波现象”分析，中山市的镇级人大监督及余杭基层治理法治化探索的相关实践和创新。

目录

BLUE BOOK

𝔹 Ⅰ 总报告

𝔹 Ⅱ 专题报告

BⅢ 法治指数测评报告

BⅣ 法治国情调研报告

皮书数据库阅读使用指南

总　报　告

General Report

BLUE BOOK

B.1

2014年中国法治状况与2015年发展趋势

中国社会科学院法学研究所法治指数创新工程项目组*

摘　要：　2014年，中国注重创新立法体制机制，制定新法与完善旧法齐头并进；法治政府建设继续以简政放权为主线，强化执法，推进行政权力运行的公开透明，加强对行政权力的监督；司法机关朝着让人民群众在每个司法案件中感受到公平正义的目标努力，并按照中央统一部署，研究并开展司法改

* 项目组负责人：田禾，中国社会科学院法学研究所研究员。总报告撰稿参与人：丁一、王小梅、刘洪岩、祁建建、苏明月、余少祥、金锦萍、郑博、郝鲁怡、栗燕杰、夏小雄、高长见、黄金荣、黄晋、董文勇、谢增毅、窦海洋、管育鹰、廖凡、熊秋红（按照姓氏汉字笔画顺序排序）。执笔人：田禾，中国社会科学院法学研究所研究员；吕艳滨，中国社会科学院法学研究所副研究员。

革试点，加强司法人权保障；民商经济法和社会法治领域继续完善法律制度，强化执法、司法；反腐败继续查处大案要案，加强反腐败国际合作。2015 年，法治将在中国发展进程中发挥更大的作用，需要推进科学立法、法治政府、公正司法、廉政法治等多方面工作。

关键词： 法治　立法　法治政府　司法改革

2014 年，中国共产党第十八届中央委员会第四次全体会议通过了《中共中央关于全面推进依法治国若干重大问题的决定》。决定提出，坚持走中国特色社会主义法治道路，建设中国特色社会主义法治体系，建设社会主义法治国家。

2014 年是全国人民代表大会成立 60 周年。60 年的发展历程中，人民代表大会制度作为国家的根本政治制度，在保证人民当家作主，保证国家政治生活安定有序，坚持党的领导、人民当家作主、依法治国有机统一方面，发挥了不可替代的作用。

2014 年，中国首次将 12 月 4 日定为国家宪法日。设定国家宪法日不仅仅起到宣示作用，更是表明，党和国家将更加重视《宪法》的实施，并在全社会普遍开展宪法教育，弘扬宪法精神。

2014 年，中国注重创新立法体制机制，推进法治政府建设，研究并开展司法改革试点，加强司法人权保障，依法治国取得显著进展。

一　立法工作

习近平总书记指出，不是所有的法都能治国，不是所有的法都能治好国。立良法、善法，方能为依法治国提供制度保障。

2014 年，中国的立法活动活跃，制定新法、修改旧法，谋划立法体制变革，提升立法质量，积极为深化改革提供法律依据。回顾全年，立法活动主要体现为以下几个方面。

（一）完成、启动一批重要法律的修改，立法顺利转入深化阶段

2014 年，几部对中国法治进程极为重要的法律，完成了修改工作，或者启动了修改进程。比如，对于推动中国法治政府建设有着重要作用的《行政诉讼法》修改完成，明确了行政诉讼解决行政争议的目的，扩大了受案范围，将规章以下规范性文件纳入审查范围，尤其是率先落实了《中共中央关于全面推进依法治国若干重大问题的决定》提出的立案登记制要求，并注重立案环节的便民，延长起诉期限，明确要求行政首长出庭应诉，允许跨区域管辖行政案件，加大对拒绝履行判决、裁定、调解书的行政机关直接责任人的问责力度。《安全生产法》《环境保护法》《大气污染防治法》也进行了修改，进一步完善了相关领域的管理机制。此外，《立法法》《刑法》的修订工作启动。

（二）发挥立法在改革中的基础性作用，以法治助力改革深化

中国共产党的十八届三中全会提出全面深化改革的若干任务，四中全会进一步提出了推进依法治国的若干目标，这表明，国家的所有改革都必须于法有据、依法推进，立法就显得尤为重要。例如，在政府法制建设方面，深化改革必须有法律依据，为此，立法机关需要制定、修改完善有关的法律法规，逐步解决那些政府管得过多、管得过死的问题。2014 年，全国人民代表大会常务委员会一并修改了《保险法》《证券法》《注册会计师法》《政府采购法》《气象法》，为削减行政审批、下放管理权限等提供法律保障。《预算法》的修改直接为落实《中共中央关于全面深化改革若干重大问题的决定》提出的改进预算管理制度、完善税收制度、建立事权和支出责任相适应的制度要求，提供了法律依据。国务院发布了《国务院关于修改部分行政法规的决定》（国务院令第 653 号）、《国务院关于废止和修改部分行政法规的决定》（国务院令第 648 号），废止 2 部行政法规，修改 29 部行政法

规，这些修改的内容集中在放宽市场主体准入条件、促进和保障政府管理由事前审批更多地转为事中事后监管、激发社会投资活力方面。此外，为进一步转变政府管理方式，国务院还颁布了《企业信息公示暂行条例》（国务院令第654号），要求在工商行政管理部门登记的企业在从事生产经营活动过程中形成的信息，以及政府部门在履行职责过程中产生的反映企业状况的信息，应向社会公示，推动经营主体加强自律。这些立法促进和保障了经济社会的全面发展和改革的顺利推进。

（三）立法机关积极进行立法解释，运用有权解释践行法治精神

在注重法律修改的同时，立法机关还积极开展立法解释工作，分别对《刑法》第30条、第79条第3款、第158条、第159条、第254条第5款、第257条第2款、第266条、第271条第2款、第312条、第341条以及《民法通则》第99条第1款、《婚姻法》第22条作出立法解释。类似这样由立法机关进行立法解释的情况过去并不多见，实践中更多的是通过司法解释来明确有关法律条文的适用条件或者情况。2014年，立法机关积极主动地作出立法解释，解决了部分过去法律解释令出多门、司法机关借司法解释自我授权的问题，更加符合法治的精神和法治中国建设的要求。

（四）公众参与立法程度明显提高，推动民主立法、科学立法进程

立法参与是民主立法的体现，也是保障科学立法的重要手段。2014年，国家立法机关多次就立法征集意见，公众的立法参与程度有显著提升。2014年，立法机关共有10部立法草案公开征集意见，其中《行政诉讼法》的修正案草案甚至两度征集意见，公众参与踊跃。另外，《刑法修正案（九）（草案）》征求意见，共有15096人参与，提出了51362条意见或建议，就连专业性较强的《航道法（草案）》也有445人参与，并提出了1487条意见。这表明，立法关系到公众的根本利益，公众越来越关注立法活动，愿意也有能力就立法草案提出意见或建议，只有集思广益，才能立良法、立善

法。公众参与立法活动，对于提升立法质量有巨大的推动作用，同时也推动了社会进步、法治进步。

二　法治政府

深化改革的核心问题是进一步简政放权、转变政府职能、优化政府管理、激发市场活力。围绕这一点，2014 年，法治政府建设着力于推动政府全面履行职能，如减轻企业负担、激发市场活力，转变管理方式，加强执法，加强对行政权力的监督等。

（一）减轻企业负担、激发市场活力

2014 年，国家继续强力推进行政审批制度改革。2014 年全年，国务院分 3 批取消和下放行政审批事项 247 项。《国务院关于取消和下放一批行政审批项目的决定》（国发〔2014〕5 号）取消和下放了 64 项行政审批项目和 18 个子项；《国务院关于取消和调整一批行政审批项目等事项的决定》（国发〔2014〕50 号）取消和下放了 58 项行政审批项目，取消了 67 项职业资格许可和认定事项，取消了 19 项评比达标表彰项目，将 82 项工商登记前置审批事项调整或明确为后置审批事项。《国务院关于清理国务院部门非行政许可审批事项的通知》（国发〔2014〕16 号）要求清理非行政许可审批事项，取消国务院各部门所有面向公民、法人或其他组织的非行政许可审批事项，取消和调整面向地方政府等的非行政许可审批事项。按照要求，经过清理，游离于《行政许可法》之外、面向行政相对人的非许可审批将逐步退出历史舞台，企业经营中因行政管理过多造成的负担将大幅减轻。

为精简与项目核准相关的行政审批事项，实行项目核准与其他行政审批网上并联办理，规范中介服务行为，建设投资项目在线审批监管平台，构建纵横联动协管体系，以改变企业投资项目核准仍然存在前置审批手续繁杂、效率低下的状况。国务院还发布了《国务院办公厅关于印发精简审批事项规范中介服务　实行企业投资项目网上并联核准制度工作方案的通知》（国

办发〔2014〕59号）。

《国务院办公厅关于进一步加强涉企收费管理　减轻企业负担的通知》（国办发〔2014〕30号）、《国务院办公厅关于多措并举着力缓解企业融资成本高问题的指导意见》（国办发〔2014〕39号）、《国务院关于扶持小型微型企业健康发展的意见》（国发〔2014〕52号）也从减轻企业经营负担、加大扶持力度等方面入手，激发市场主体的活力，鼓励投资办企业。

（二）创新管理手段、转变管理方式

简政放权的前提和结果都要求政府转变管理方式，把事前的管理转为事中、事后的管理，把直接干预变为间接引导。《国务院关于印发注册资本登记制度改革方案的通知》（国发〔2014〕7号）提出，实行注册资本认缴登记制、改革年度检验验照制度等，政府管理开始从重事前管理向重事中、事后管理转变。作为改革的配套制度，《企业信息公示暂行条例》则运用信息公开手段，提升企业运行的透明度，促进企业加强自律，承担社会责任。与此同时，建立健全社会信用体系是减少政府对经济的行政干预、完善社会主义市场经济体制的迫切要求，为此，《国务院关于印发社会信用体系建设规划纲要（2014－2020年）的通知》（国发〔2014〕21号）提出，推进重点领域诚信建设，加快推进信用信息系统建设和应用，完善以奖惩制度为重点的社会信用体系运行机制。

（三）加强行政执法，促使全面履职

政府管理不但要防止行政审批等环节管得多、管不该管的事情，还要防止市场主体放任自流，切实维护公平竞争的市场环境、安全有序的消费与生活环境，这就要求放松管制与严格管理相结合，加强行政执法，全面履行政府职责。《国务院办公厅关于印发2014年全国打击侵犯知识产权和制售假冒伪劣商品工作要点的通知》（国办发〔2014〕13号）、《国务院办公厅关于印发2014年食品安全重点工作安排的通知》（国办发〔2014〕20号）、《国务院办公厅关于加强环境监管执法的通知》（国办发〔2014〕56

号）等一系列文件均要求各级政府在各领域加强执法工作，促使政府全面履行职责。

（四）突出重点领域信息公开，推进阳光政府建设

推进政府信息公开、打造阳光政府，是法治政府建设的重要内容。2014年，国家继续加大政府信息公开力度，几乎所有重点领域都在信息公开方面有所突破。例如，国务院批转全国打击侵犯知识产权和制售假冒伪劣商品工作领导小组的《关于依法公开制售假冒伪劣商品和侵犯知识产权行政处罚案件信息的意见（试行）》（国发〔2014〕6号），要求行政执法机关主动、及时公开适用一般程序查办的假冒伪劣和侵权行政处罚案件相关信息。《2014年政府信息公开工作要点》（国办发〔2014〕12号）提出，推进行政权力运行信息公开，重点推进财政资金信息公开、公共资源配置信息公开、公共服务信息公开等。中央机构编制委员会办公室在门户网站以权力清单的方式展示了国务院部门现行有效的行政审批事项。《国务院办公厅关于加强环境监管执法的通知》（国办发〔2014〕56号）提出，积极推行“阳光执法”，严格规范和约束执法行为。国务院办公厅政府信息公开和政务公开办公室加大了对《2014年政府信息公开工作要点》落实情况的督察，国务院部门及各省级政府集中发布落实重点工作情况总结，接受社会评议与监督。

（五）规范权力运行，加强权力监督

2014年12月31日召开的国务院常务会议审议通过了《政府采购法实施条例（草案）》。该草案突出了政府采购的政策导向功能，加强了对政府采购的源头和结果管理，提升了政府采购的信息公开的透明度，完善了对政府采购行为的监管和社会监督，并加大了问责和处罚力度。《政府采购法实施条例》的通过有望进一步把政府采购纳入规范化、法制化轨道，构建规范透明、公平竞争、监督到位、严格问责的政府采购工作机制，铲除滋生腐败的土壤，把宝贵的公共资金用在刀刃上。

《行政诉讼法》自1989年制定后完成首次修改。近年来全国法院年均

受理行政案件仅有十几万件（2013 年为 12.1 万件），占全部案件总量的比例很低。《行政诉讼法》的修改对于拓宽“民告官”法律渠道，完善依法维权和化解行政纠纷机制，改进和完善行政诉讼起诉、审理、判决、执行等机制，强化对行政机关依法行政的监督，均具有不可忽视的重要意义。

三　司法改革

2014 年，相关部门研究制订了司法改革的具体举措和试点方案，司法改革成为广受关注的领域。

（一）出台改革试点方案，深化司法体制改革

2014 年 6 月，中央全面深化改革领导小组审议批准《关于深化司法体制和社会体制改革的意见及贯彻实施分工方案》《关于司法体制改革试点若干问题的框架意见》和《上海市司法改革试点工作方案》，将完善司法人员分类管理、完善司法责任制、健全司法人员职业保障、推动省以下地方法院检察院人财物统一管理四项任务列为 2014 年的司法体制改革重点，并决定在上海、广东、吉林、湖北、海南、青海 6 个省市先行试点。截至 2014 年 12 月，包括后加入的贵州，7 个地方的司法改革试点方案获中央政法委批复同意。改革试点的主要内容是对司法机关工作人员实行分类管理，组建法官、检察官遴选、惩戒委员会，建立市县法院院长、检察长由省级党委管理的制度。

（二）发布“四五”改革纲要，探索法院改革新路径

2014 年 7 月，最高人民法院发布了《人民法院第四个五年改革纲要（2014－2018）》，其宗旨是着力解决影响司法公正和制约司法能力的深层次问题，确保人民法院依法独立公正行使审判权，探索法院改革新路径。纲要针对深化法院人事管理改革、建立与行政区划适当分离的司法管辖制度、健全审判权力运行机制、加大对人权的司法保障力度、进一步深化司法公开、

明确四级法院职能定位、健全司法行政事务保障机制、推进涉法涉诉信访改革等八大领域，提出了45项重要改革措施。最高人民法院还成立了司法改革领导小组，负责研究确定改革要点、审议改革方案、讨论重大问题，以推动司法改革顺利进行。

（三）改革涉诉信访机制，在法治框架内解决矛盾纠纷

涉诉信访占信访比例很大，对社会秩序和社会稳定带来严重的影响。为了解决这个问题，2014年3月，中共中央办公厅、国务院办公厅印发《关于依法处理涉法涉诉信访问题的意见》，提出了改革涉法涉诉信访工作机制、依法处理涉法涉诉信访问题的总体思路，即改变经常性集中交办、过分依靠行政推动、通过信访启动法律程序的工作方式，把解决涉法涉诉信访问题纳入法制轨道，由政法机关依法按程序处理，依法纠正执法差错，依法保障合法权益，依法维护公正结论，保护合法信访、制止违法闹访，努力实现案结事了、息诉息访，实现维护人民群众合法权益与维护司法权威的统一。该意见提出的具体改革措施有：建立诉讼与信访分离制度、建立涉法涉诉信访事项导入司法程序机制、严格落实依法按程序办理制度、建立涉法涉诉信访依法终结制度、健全国家司法救助制度、完善领导体制机制等，希望以此畅通信访渠道，提高司法公信力。为拓宽受理渠道，实现归口办理，最高人民法院还制定下发了《关于进一步推进涉诉信访工作机制改革的若干意见》，要求人民法院通过信访大厅接待来访、受理申诉来信、网络办理信访三种渠道保证当事人信访申诉畅通无阻。此外，最高人民法院还设立了两个巡回督导合议庭，开展巡回接访，主要督导办理重点疑难案件，进一步解决涉法涉诉信访问题。

（四）设立跨区法院、检察院，保障司法权力独立行使

中国现有地方各级法院3573家，绝大多数法院的设置与行政区划相对应，便于管辖和诉讼。但由于人财物受制于地方，司法权容易受地方党政部门的干预。中央全面深化改革领导小组第七次会议审议通过了《最高人民

法院设立巡回法庭试点方案》和《设立跨行政区划人民法院、人民检察院试点方案》，通过设立跨行政区划法院，集中审理跨区域的民商事、行政和环境资源案件，排除地方对司法的影响。最高人民法院设立了巡回法庭，审理跨行政区域重大行政和民商事案件，各地还在探索设立跨行政区划的人民法院、人民检察院，以排除对审判工作和检察工作的干扰，保障法院和检察院依法、独立、公正行使审判权和检察权。截至2014年底，北京市第四中级人民法院和北京市人民检察院第四分院，上海市第三中级人民法院、上海市人民检察院第三分院正式挂牌成立，开始管辖审理跨区域案件。

（五）探索专门法院建设，提升专业司法审判水平

2014年，中国进一步探索专门法院建设，如北京、上海和广州设立了知识产权专门法院。知识产权法院将围绕技术类案件的审理，探索完善符合中国国情、具有中国特色的技术调查官制度，提高技术事实查明的科学性、专业性和中立性，保证技术类案件审理的公正与高效。最高人民法院设立了专门的环境资源审判庭，其主要职责包括：审判一审、二审涉及大气、水、土壤等自然环境污染侵权纠纷民事案件，涉及地质矿产资源保护、开发有关权属争议纠纷民事案件，涉及森林、草原、内河、湖泊、滩涂、湿地等自然资源环境保护、开发、利用等环境资源民事纠纷案件；对不服下级人民法院生效裁判的涉及环境资源民事案件进行审查，依法提审或裁定指令下级法院再审；对下级人民法院环境资源民事案件审判工作进行指导；研究起草有关司法解释等。

（六）完善刑事司法制度，加强人权司法保障

2014年，加强人权的司法保障是刑事司法工作的重要内容。2014年，中国主要推进了以下几方面的工作。一是讯问过程的全程录音录像。公安部发布《公安机关讯问犯罪嫌疑人录音录像工作规定》（公通字〔2014〕33号），要求各地逐步扩大讯问录音录像的案件范围，最终实现对所有刑

事案件讯问过程的录音录像。最高人民检察院发布修改后的《人民检察院讯问职务犯罪嫌疑人实行全程同步录音录像的规定》，要求人民检察院办理职务犯罪案件，要对所有讯问的全过程实施不间断的录音录像。上述文件确立了全程录音录像、全角度录像、录制人员与讯问人员分离、录音录像与询问笔录相符、录制系统故障时停止讯问原则，以及禁止选择性录制，禁止不供不录，禁止剪接、删改等原则，对司法人权的保障将起到重要推动作用。

二是授权司法机关试行刑事速裁程序。全国人民代表大会常务委员会发布《关于授权最高人民法院、最高人民检察院在部分地区开展刑事案件速裁程序试点工作的决定》，在北京、天津、上海、重庆、沈阳、大连、南京、杭州、福州、厦门、济南、青岛、郑州、武汉、长沙、广州、深圳、西安试行速裁程序。速裁程序比简易程序更加简化便捷，适用于犯罪情节较轻、被告认罪案件，有助于合理配置司法资源、提高审理刑事案件的效率。

三是完善司法救助制度。中央政法委员会、财政部、最高人民法院、最高人民检察院、公安部、司法部联合发布《关于建立完善国家司法救助制度的意见（试行）》（中政委〔2014〕3号），最高人民检察院发布《关于贯彻实施〈关于建立完善国家司法救助制度的意见（试行）〉的若干意见》（高检发办字〔2014〕33号），初步确立了中国司法救助的制度框架，通过采取缓交、减交或免交诉讼费用的救济措施，保证诉讼当事人能够正常参加诉讼，依法维护其合法权益。

（七）加强减刑、假释审查，预防司法腐败，保障司法公正

减刑、假释案件管理日趋严格规范。中共中央政法委发布的《关于严格规范减刑、假释、暂予监外执行，切实防止司法腐败的意见》（中政委〔2014〕5号）指出，要严格规范减刑、假释、暂予监外执行，切实防止徇私舞弊、权钱交易等腐败行为。最高人民法院发布的《关于减刑、假释案件审理程序的规定》（法释〔2014〕5号）明确要求，对减刑、假释、暂予

监外执行案件，一律上网向社会公示，包括罪犯原犯罪主要事实及刑期，提请减刑、假释的理由依据，申请暂予监外执行的理由、依据等；凡是职务犯罪、金融犯罪、涉黑犯罪三类罪犯的减刑、假释、暂予监外执行一律公开开庭审理。随后，《最高人民检察院关于对职务犯罪罪犯减刑、假释、暂予监外执行案件实行备案审查的规定》（高检发监字〔2014〕5 号）、《人民检察院办理减刑、假释案件规定》、《监狱提请减刑假释工作程序规定》（司法部令第 130 号）等文件相继发布。这些文件规定对预防司法腐败，保障司法公正有极大的促进作用。

（八）继续深化司法公开，促进阳光司法，提升司法公信力

司法公开仍是2014 年司法改革的重要任务。《最高人民法院关于人民法院执行流程公开的若干意见》《最高人民法院审判流程公开暂行办法》《最高人民法院关于减刑、假释审理程序的规定》（法释〔2014〕5 号）等文件从多个方面要求各级法院深化司法公开工作。中国法院庭审直播网、中国裁判文书网、中国审判流程信息公开网等多个统一的司法信息发布平台上线，集中发布全国各级法院的司法信息。2014 年，最高人民检察院大力推进检务公开工作，取得了突出成效。最高人民检察院发布了《人民检察院案件信息公开工作规定（试行）》，全面推行案件程序性信息网上查询，健全重要案件信息发布机制。最高人民检察院在其门户网站开通了“人民检察院案件信息公开网”，建立全国检察机关的案件程序性信息查询平台、辩护与代理预约申请平台，并集中发布全国检察机关的重要案件信息和法律文书。这些措施不仅有助于倒逼法院、检察院的司法改革，而且有助于提升司法公信力。

四　廉政法治

2014 年，中国法治发展进程中的一个亮点是，国家反腐败的力度和强度持续加大，成效显著，赢得了民众的普遍认同。

（一）反腐败热度不减，成为中国廉政法治的新常态

与人们普遍担心的过去反腐败“一阵风”“走过场”形成鲜明对比的是，2014 年中国的反腐败力度不减、强度反增，反腐败成为中国廉政法治的新常态。国家查办了一批大案要案，周永康、徐才厚、令计划、苏荣等一批曾经位高权重的人员因涉嫌违法违纪被查处，彰显了国家对腐败案件的零容忍态度，打破了一些人“刑不上大夫”的幻想。不仅如此，国家对于那些处级以下干部的腐败问题也毫不留情，一些小官大贪案件相继被查处。根据中纪委的信息，被直接披露姓名的腐败官员达 637 人，全国 31 个省份均有“老虎”落马，湖北、山西、广东居前三位。此外，八项规定执行力度有增无减，有关部门不定期地公布违反规定的情况，及时处理违反八项规定的人和事件，这些举措非常符合公众的心理需求，大大提升了民众对党和国家的信心。

（二）加强制度建[illegible]，构建惩防并举的制度机制

2014 年，中组部印发《关于加强干部选拔任用工作监督的意见》（中组发〔2014〕3 号），中共中央办公厅、国务院办公厅印发《关于厉行节约反对食品浪费的意见》（中办发〔2014〕22 号）、《关于严禁党政机关到风景名胜区开会的通知》、《关于全面推进公务用车制度改革的指导意见》及《中央和国家机关公务用车制度改革方案》等文件，围绕干部选拔任用以及厉行节约、反对浪费等问题，从多方面密筑反腐败的制度体系，努力造就“不敢腐、不能腐、不想腐”的吏治环境。为加大对腐败犯罪的惩治力度，《刑法修正案（九）草案》拟进一步完善反腐败的制度规定，包括修改贪污受贿犯罪的定罪量刑标准，加大对行贿犯罪的处罚力度，增加规定利用国家工作人员的影响力谋取不正当利益、向其近亲属等关系密切人员行贿为犯罪，完善预防性措施。拟规定，凡因利用职业便利实施犯罪，或者实施违背职业要求的特定义务的犯罪被判处刑罚的，人民法院可以根据犯罪情况和预防再犯罪的需要，禁止其自刑罚执行完毕之日或者假释之日起五年内从事相

关职业。这些举措预防、惩处双管齐下，着力构建不能腐、不愿腐和不敢腐的环境。

（三）从严规范行为，防范公职人员的利益冲突

2014 年印发的修订后的《党政领导干部选拔任用工作条例》规定，配偶已移居国（境）外，或者没有配偶、子女均已移居国（境）外的，不得列为考察选拔对象。2013 年 12 月 7 日，中央组织部印发了《关于进一步做好领导干部报告个人有关事项工作的通知》，提出开展领导干部个人有关事项报告抽查核实工作。2014 年，中央组织部直接抽查核实中管干部、省部级后备干部等 1550 名，各地各单位抽查核实厅局级、县处级领导干部 60170 名，有 5 名拟提拔中管干部、数十名拟提拔厅局级和县处级考察对象被取消提拔资格。此外，有关部门 2014 年基本完成了对副处级以上“裸官”的清理工作，全国共有 3200 余名副处级以[illegible]干部报告了配偶或者没有配偶、子女均已移居国（境）外的情况，对[illegible]限入性岗位任职且配偶或子女不愿意放弃移居的领导干部，全部进行了岗位调整。这些举措着力规范公职人员行为，彷微杜渐，有望进一步防止利益冲突。

（四）加大跨国追赃追逃力度，让腐败分子无处可逃

在中国的推动下，2014 年 11 月召开的亚太经济合作组织非正式领导人峰会加大反腐败合作力度，在通过的《北京反腐败宣言》中宣布建立 APEC 反腐执法合作网络，在亚太开展追逃追赃等合作，携手打击跨境腐败行为。由此，亚太地区的反腐网络形成，腐败分子的“天堂之门”就此关闭。2014 年 11 月，二十国集团峰会核准了《2015 – 2016 年 G20 反腐败行动计划》，决定建立反腐败合作网络，包括加强司法互助，返还腐败资产，拒绝为腐败官员提供避罪港等。

为了协调反腐败国际追逃追赃涉及中外反腐败、外交、警务、检务、司法、反洗钱等不同职能部门的工作，中央决定设立中央反腐败协调小组国际追逃追赃工作办公室，日常工作由中纪委国际合作局承担。公安部针对在逃

境外经济犯罪嫌疑人开展了“猎狐2014”专项行动，最高人民检察院开展了职务犯罪国际追逃追赃专项行动。最高人民法院、最高人民检察院、公安部、外交部联合发布了《关于敦促在逃境外经济犯罪人员投案自首的通告》。根据公开的数据，在强大的攻势面前，截止到2014年12月中旬，公安部已缉捕归案在逃境外经济犯罪嫌疑人428人，最高人民检察院职务犯罪国际追逃追赃行动已从境外成功抓捕19人，外交部2014年完成10项引渡和刑事司法协助条约的谈判工作。

五 民商经济法治

（一）民事法律制度进一步完善

在民法各主要单行法已基本完成立法的背景下，2014年民法制度多集中于法律的执行与完善，使法律实施更加细致、深入和系统化，在这方面物权法、合同法、侵权法领域都取得了显著成效。

为解决不动产物权权属、变动的登记制度多头并行、弊端丛生的问题，2014年，国家致力于建立统一的不动产登记制度。根据《中央编办关于整合不动产登记职责的通知》（中央编办发〔2013〕134号）和《中央编办关于国土资源部不动产登记人员编制有关问题的批复》（中央编办复字〔2014〕36号），国土资源部地籍管理司加挂不动产登记局牌子，承担指导监督全国土地登记、房屋登记、林地登记、草原登记、海域登记等不动产登记工作的职责。不动产登记局的设立以及相关职责的确定，为不动产统一登记制度的建立奠定了基础。国务院制定《不动产登记暂行条例》，未来不动产登记将实现多层次信息共享，国土资源部牵头建立不动产登记信息管理平台，以确保国家、省、市、县四级登记信息实时共享。

鉴于农村土地的确权、公示是物权法实施的薄弱环节，农村土地承包经营、宅基地使用、集体建设用地管理实践中存在大量问题，最高人民法院于2014年1月施行《关于审理涉及农村土地承包经营纠纷调解仲裁案件适用法律若干问题的解释》（法释〔2014〕1号），为正确审理涉及农村土地承包经营纠纷调解仲裁案件提供了细致的裁判依据。农业部办公厅发布了《关于报送农村土地承包经营权确权登记颁证整县推进试点有关情况的通知》（农办经〔2014〕8号），要求抓紧抓实土地承包经营权确权登记颁证工作。在宅基地、集体建设用地使用权方面，为贯彻《关于全面深化农村改革、加快推进农业现代化的若干意见》（中发〔2014〕1号），结合国家建立和实施不动产统一登记制度的有关要求，国土资源部、财政部、住房和城乡建设部、农业部、国家林业局发布《关于进一步加快推进宅基地和集体建设用地使用权确权登记发证工作的通知》（国土资发〔2014〕101号），进一步加快推进宅基地和集体建设用地使用权确权登记发证工作。

在合同法领域，由于1996年施行的《关于审理融资租赁合同纠纷案件若干问题的规定》（法发〔1996〕19号）已无法适应当下融资租赁市场的需求，最高人民法院下发了《关于审理融资租赁合同纠纷案件适用法律问题的解释》，对融资租赁合同的认定及效力合同的履行和租赁物的公示、合同的解除以及违约责任等问题作出了详细的规定，为司法实践审理该类案件提供了明确的指导。另外，各相关政府部门发布了一些合同示范文本，也值得关注。国家工商行政管理总局制定了《网络交易平台合同格式条款规范指引》（工商市字〔2014〕144号），国家能源局和国家工商行政管理总局制定了《风力发电场购售电合同（示范文本）》（GF-2014-0515）、《光伏电站购售电合同（示范文本）》（GF-2014-0517），国家旅游局会同国家工商行政管理总局联合修订了《团队境内旅游合同（示范文本）》《团队出境旅游合同（示范文本）》《大陆居民赴台湾地区旅游合同（示范文本）》和《境内旅游组团社与地接社合同（示范文本）》，商务部制定了《家政服务合同（员工制范本）》《家政服务合同（中介制范本）》和《家政服务合同（派遣制范本）》，住房和城乡建设部、国家工商行政管理总局制定出台《商品房买卖合同（预售）示范文本》（GF-2014-0171）、《商品房买卖合同（现售）示范文本》（GF-2014-0172）。这些合同范本对于规范市场主体使用格式合同、维护市场交易秩序将起到积极的指导作用。

在侵权法领域，最高人民法院公布了《关于审理利用信息网络侵害人身权益民事纠纷案件适用法律若干问题的规定》（法释〔2014〕11号），为网络侵害人身权方面案件审理提供指导规范。最高人民法院还公布了徐大雯与宋祖德、刘信达侵害名誉权民事纠纷案等8起利用信息网络侵害人身权益的典型案例，为审理此类案件提供了案例指导。

（二）根据改革要求调整商事法治

2014年，中国商事法以“全面深化改革”为导向，根据实践发展需要推动重要领域和关键制度的变革和调整，以促进经济发展和社会进步。

首先，全面改革注册资本制度和公司登记等制度。2014年3月1日，修改后的《公司法》正式施行。此次修订着力于调整资本制度和简化登记、管理等事项，将注册资本的实缴登记制改为认缴登记制，放宽注册资本登记条件，简化登记事项和登记文件，将企业年度检验制度改为企业年度报告公示制度，简化了住所（经营场所）登记手续，推行电子营业执照和全程电子化登记管理，构建市场主体信用信息公示系统。

其次，完善证券法，推动若干重要制度创新。《证券法》的修改被纳入全国人大常委会2014年立法工作计划。此次《证券法》的修改将围绕新股发行注册制、监管转型、多层次资本市场建设、投资者保护等内容全面展开。在修改前，证券法领域已推出了一些重要制度创新。一是发布了修订后的《上市公司重大资产重组管理办法》和《关于修改〈上市公司收购管理办法〉的决定》，减少和简化了上市公司重组并购的行政许可，进一步推进了上市公司重组并购的市场化。二是发布《私募投资基金监督管理暂行办法》，加强了对于私募投资基金的监督管理。三是发布《优先股试点管理办法》，完善优先股制度。四是积极推进“沪港通”工作，加强两地资本市场的联系，推进人民币的国际化，提高中国资本市场的对外开放水平。

最后，《保险法》启动修订。2014年《保险法》顺应“简政放权”的要求，对相关审批事项进行改革，并启动了《保险法》的再次修订。此次修订将《保险法》所涉及的经营规则、监督管理、法律责任等方面的突出问题作为修改重点，旨在加强对保险违法行为的监管，提升对保险消费者的保护力度。

（三）立法机关完成《预算法》修订

2014年度财税法领域的盛事为新《预算法》颁布。历经三届人大、十年修订、四次审议，《预算法修订案》终于由十二届全国人大第十次会议审议通过。其历史性的进步突出体现在立法宗旨的修订上。旧的立法宗旨强调“预算的分配和监督职能”“国家对预算的管理”以及“加强国家宏观调控”，反映的是“管理法”旧思维；而新的立法宗旨明确为“规范政府收支行为”，“加强对预算的管理和监督”，“建立健全全面规范、公开透明的预算制度”，初步体现了“控权法”新理念，使《预算法》从“政府管理”的工具开始向“管理政府”转型，这也是顺应新的形势作出的战略性调整，意义极为重大。此次修订注重完善政府预算体系，健全透明的预算制度；改进了预算控制方式，建立跨年度预算平衡机制；着力规范地方政府债务管理，严控债务风险；要求完善转移支付制度，推进基本公共服务均等化；坚持厉行节约，强化预算支出约束。

（四）加强执法，维护经济秩序

反垄断执法走向常态化、规范化。2014年，国家发展和改革委员会、国家工商行政管理总局、商务部等反垄断执法机构的执法工作日趋常态化。反垄断执法机构在加强自身能力建设和普及公民反垄断意识的同时，加大执法监管力度，积极查办重大案件，维护和促进公平竞争的市场秩序。

在规制价格垄断协议方面，国家发展和改革委员会在汽车生产、销售、维修服务和零配件供应等领域积极执法，取得了良好效果。例如，在汽车零配件垄断案中，国家发展和改革委员会对12家日本零部件和轴承企业直接协商涨价、多次参与达成和实施价格垄断协议的行为，依法作出反垄断处罚，合计罚款12.354亿元。

在规制非价格垄断协议方面，国家工商行政管理总局一方面根据当事人举报及时启动调查程序，另一方面也授权省级工商行政管理部门打击以垄断协议分割市场的行为。

在防止滥用市场支配地位方面，国家工商行政管理总局持续开展了一系列调查工作，涉及软件、烟草、电信、保险、旅游和公共事业等领域，被调查企业既有内资企业也有外资企业，既有民营企业也有国有企业。国家工商行政管理总局还依法授权包括广东、江苏和内蒙古等3个省份的工商行政管理部门对没有正当理由搭售商品或者在交易时附加不合理的交易条件、没有正当理由实行差别待遇等滥用市场支配地位的行为进行有效监管。

在经营者集中反垄断事先申报和审查方面，商务部下发了《关于经营者集中简易案件申报的指导意见（试行）》，修订了《关于经营者集中申报的指导意见》。

在反行政垄断方面，国家发展和改革委员会首次根据《反垄断法》第51条对省级行政机关提出执法建议。根据韩国驻华使馆的举报，国家发展和改革委员会针对河北省交通厅、物价局和财政厅联合下发的《关于统一全省收费公路客运班车通行费车型分类标准的通知》存在单方面给予本省客运班车通行费半价优惠等滥用行政权力实施排除、限制竞争的行为，依法向河北省人民政府发出执法建议函，建议责令改正。

打击不正当竞争行为依然是行政执法的重点。针对当前市场不正当竞争日益突出的问题，国家工商行政管理总局发布《关于集中整治不正当竞争突出问题的通知》（工商竞争字〔2014〕99号），部署开展3年集中整治行动，要求在全面强化竞争执法工作的基础上，根据不同的行业和领域每年确定年度工作重点，对其中易发高发、影响面广和危害较大的不正当竞争行为进行集中整治，以有效遏制相关行业、领域不正当竞争行为高发多发势头，从而使市场竞争秩序有明显改观。2014年作为集中整治的第一年，全国工商系统在2014年5月至11月15日以互联网领域和汽车及配件销售维修、家具建材装修装饰、公用企业等行业和领域为重点，大力整治仿冒、虚假宣传、限制竞争以及商业贿赂等焦点问题。

加大对侵犯知识产权案件的打击力度。国家继续加大对侵犯知识产权案件的查处力度。《国务院办公厅关于印发2014年全国打击侵犯知识产权和制售假冒伪劣商品工作要点的通知》（国办发〔2014〕13号）对侵犯知识产权等案件的查处提出了明确要求。

六　社会法治

2014年，国家从劳动法治、社会保障体系、弱势群体保障、医疗卫生体制、环境保护、慈善法治等多方面入手，努力推进社会法治建设。

（一）完善劳动法治，保障劳动者权益

2014年，劳动立法和制度建设工作取得显著进展。2014年，国务院、人力资源和社会保障部等部门出台了多部劳动法规和规章，在人事管理、劳务派遣、工伤认定、养老保险等方面都有推进。《事业单位人事管理条例》规范了事业单位岗位设置、公开招聘和竞聘上岗、聘用合同、考核和培训、奖励和处分、工资福利和社会保险、人事争议处理等内容。2014年1月，人力资源和社会保障部出台《劳务派遣暂行规定》（人力资源和社会保障部令第22号），进一步规范劳务派遣，保障劳务派遣工的合法权益。《工伤职工劳动能力鉴定管理办法》（人力资源和社会保障部、国家卫生和计划生育委员会令第21号）着力强化劳动能力鉴定管理，明确了劳动能力鉴定程序。《国务院关于进一步做好为农民工服务工作的意见》（国发〔2014〕40号）是国务院印发的第二个全面系统地指导做好农民工工作的综合性文件，该意见对稳定和扩大农民工就业创业、维护农民工的劳动保障权益、推动农民工逐步实现平等享受城镇基本公共服务和在城镇落户、促进农民工社会融合等方面进行了部署。

国家大力推进集体协商和集体合同建设。人力资源和社会保障部、全国总工会、中国企业联合会和全国工商联联合发布《关于推进实施集体合同制度攻坚计划的通知》（人社部发〔2014〕30号），从明确目标任务、完善

工作措施、狠抓工作落实等方面进行了具体部署，使集体协商和集体合同制度建设有了依据。

（二）社会保障制度机制不断健全

2014 年社会保障立法取得了丰硕成果。《国务院关于统筹推进城乡社会保障体系建设工作情况的报告》提出，推进机关事业单位养老保险制度改革，建立与城镇职工统一的养老保险制度。国务院发布的《关于建立统一的城乡居民基本养老保险制度的意见》（国发〔2014〕8 号）决定将新型农村社会养老保险和城镇居民社会养老保险合并实施，在全国范围内建立统一的城乡居民基本养老保险。人力资源和社会保障部、财政部发布《城乡养老保险制度衔接暂行办法》（人社部发〔2014〕17 号），以保障广大城乡参保人员的合法权益，确保城乡养老保险制度衔接工作平稳实施。民政部、国土资源部等发布《关于加强养老服务设施规划建设工作的通知》（建标〔2014〕23 号），要求加强规划，分类实施，落实城镇养老服务设施建设的保障措施。财政部、国家发展改革委等发布《关于做好政府购买养老服务工作的通知》（财社〔2014〕105 号），要求加快推进政府购买养老服务工作，把握其基本原则，明确工作目标，落实工作责任。民政部办公厅、国家发展改革委办公厅发布《关于做好养老服务业综合改革试点工作的通知》（民办发〔2014〕24 号），确定北京市西城区等42 个地区为全国养老服务业综合改革试点地区。

在社会救助领域，国务院出台《社会救助暂行办法》，以保障公民的基本生活水平，促进社会公平，维护社会和谐稳定。在社会优抚和补偿领域，民政部等颁布《人民警察抚恤优待办法》（民发〔2014〕101 号），以做好人民警察的抚恤优待工作，更好地激励和表彰人民警察的奉献精神。财政部、民政部等发布《关于做好政府购买残疾人服务试点工作的意见》（财社〔2014〕13 号），以推动政府购买残疾人服务工作的有序发展。财政部、国家税务总局等发布《关于调整完善扶持自主就业退役士兵创业就业有关税收政策的通知》（财税〔2014〕42 号），对城镇退役士兵自谋职业给予税收扶持政策，鼓励城镇退役士兵创业就业。

为提高最低生活保障工作管理服务水平和资金使用效益，民政部、财政部制定了《最低生活保障工作绩效评价办法》（民发〔2014〕21号）。民政部还下发《民政部关于印发〈开展社会救助专项整治　提高为民服务水平活动方案〉的通知》（民函〔2014〕161号），着重解决群众反映强烈的“人情保”“错保”问题，对最低生活保障对象开展全面排查，以保证低保政策能公平公正地实施。

此外，2014年，慈善立法被正式提上议程。2014年2月24日，全国人大内务司法委员会召开慈善事业立法领导小组第一次全体会议，列出了立法时间表和路线图。《国务院关于促进慈善事业健康发展的指导意见》（国发〔2014〕61号）提出，鼓励和扶持慈善事业发展，应坚持突出扶贫济困、坚持改革创新、确保公开透明、强化规范管理等原则，并提出了培育和规范各类慈善组织，落实和完善减免税政策的具体措施。

（三）医疗卫生法治日益完善

保障食品药品安全一直是国家卫生工作的重点，食品安全立法仍是本年度卫生立法的重点之一。《食品安全法（修订草案）》正在立法机关审议过程中，拟加强对保健食品使用原料的管理、加大对违法添加的处罚力度。国家食品药品监督管理总局颁布了一批部门规章及规范性文件，其中《食品药品行政处罚程序规定》（国家食品药品监督管理总局令第3号）和《重大食品药品安全违法案件督办办法》（食药监稽〔2014〕96号）两项较为突出，这对于有效查处食品药品违法案件意义重大。同时，为配合医药卫生信息化建设改革和加强食品药品监管，国家还制定了《食品药品监管信息化标准体系》等多项标准。

针对中国儿童用药适宜品种少、适宜剂型和规格缺乏、不规范处方行为和不合理用药等问题较为突出的情况，国家卫生计生委、国家发展改革委等六部门制定了《关于保障儿童用药的若干意见》（国卫药政发〔2014〕29号），对于保障儿童基本用药需求、防治儿童疾病、提升儿童健康水平具有重要意义。

为应对医疗纠纷，最高人民法院、最高人民检察院、公安部、司法部、国家卫生计生委共同制定了《关于依法惩处涉医违法犯罪 维护正常医疗秩序的意见》（法发〔2014〕5号）。有的地方在应对医疗纠纷方面也取得一定成效，如广东省中山市开展全民防医闹行动，成立市镇两级医疗纠纷调解委员会，引入第三方调解机构，畅通医疗纠纷依法调处渠道。此后，全市未发生一起医闹事件。

（四）环境保护立法、执法、司法整体推进

2014年，中国环境法治建设在环境立法、环境执法和环境司法领域均取得重要成果，突出了重典治污、改善民生、推进生态文明建设的特点。

立法方面，审议通过了《环境保护法（修订案）》。新《环境保护法》强调全民环保的基本理念，保障公众参与环保活动，加大了违法行为的法律责任。《大气污染防治法修订（草案）》进入立法审议环节，拟就联防联控避免执法部门“各自为战”、强化政府环保责任、加大对污染违法行为的处罚力度作出制度安排。国务院、环境保护部及相关部门颁布一系列行政法规、规章和文件，对环境污染加大治理力度，如《畜禽规模养殖污染防治条例》（国务院令第643号）、《国务院办公厅关于改善农村人居环境的指导意见》（国办发〔2014〕25号）、《企业环境信用评价办法（试行）》（环发〔2013〕150号）、《消耗臭氧层物质进出口管理办法》（环境保护部、商务部、海关总署令第26号）等。

一系列涉及环境保护的排放标准与技术标准纷纷出台和生效。为防治污染，保护生态环境，改善民生，推进生态文明建设，环境保护部在2014年陆续颁布和实施了各类排放标准与技术标准共计60余项。环境标准与技术标准的发布进一步落实国家环境保护标准“十二五”发展规划，完善了中国的环境标准规范体系，增强了环境法的可操作性。

在环境保护执法方面，2014年环保部联合相关部门开展环保专项执法活动，强化执法理念，加强执法队伍建设，创新执法机制，健全“统一监

管、分工负责”和“国家监察、地方监管、单位负责”的监管体系，取得重大成效。在大气污染防治方面，国家开展大气污染治理专项规划，环境保护部与31个省（区、市）签署《大气污染防治目标责任书》；环境保护部等国务院八部委部署2014年全国整治违法排污企业、保障群众健康环保专项行动，环境保护部在华北地区开展无人机执法检查行动；环境保护部等联合印发《关于印发新生产机动车环保达标监管工作方案的通知》（环发〔2014〕115号），对新生产机动车环保实施监管；淘汰黄标车，环境保护部等六部委联合印发《2014年黄标车及老旧车淘汰工作实施方案》（环发〔2014〕130号），实现2014年淘汰黄标车及老旧车600万辆的任务。京津冀、长三角、珠三角等重点区域建立联防联控协作机制及区域协作机制；建立区域监测网络和应急响应体系，联合应对重污染天气。

此外，对环境执法队伍进行规范化管理，严格执法并集中处理了一批违法案件。《环境监察稽查办法》（环发〔2014〕116号）颁布，要求对执法队伍进行规范化管理，强化执法管理队伍素质。环境保护部开展了一系列执法活动，对62名环境评估工程师违法“挂靠”环境评估机构问题进行处理并公示，规范健全环境评估机构和人员的诚信体系，挂牌督办一批环境违法案件。2014年的环境执法以严格著称，无论是专项执法行动还是各级环保部门对违法案件的处理，均凸显中国重典治污的决心。

在环境司法方面，2014年6月最高人民法院发布《关于全面加强环境资源审判工作　为推进生态文明建设提供有力司法保障的意见》（法发〔2014〕11号），规划了2014年的环境司法建设，具体内容为最高人民法院设立环境资源审判庭、发布典型案例、颁布司法解释等。

（五）公益诉讼法律制度建设步伐加快

自2012年《民事诉讼法》第55条首次以法律形式确认公益诉讼制度以来，公益诉讼法律制度的建设全面提速，立法提速是2014年公益诉讼发展最为显著的特点。修订后的《环境保护法》正式赋予环保组织提起环境公益诉讼的法律资格。在环境污染问题日益严峻、公众呼声日益强烈的背景下，立法者回应了公众对于环境公益诉讼的巨大需求。修订后的《消费者权益保护法》首次规定的公益诉讼条款也开始生效。

最高人民法院积极通过司法解释推动和规范公益诉讼。最高人民法院发布的《关于全面加强环境资源审判工作　为推进生态文明建设提供有力司法保障的意见》（法发〔2014〕11号）要求，大力推进环境民事公益诉讼，充分保障法律规定的机关和有关组织的环境民事公益诉权，依法确定环境民事公益诉讼的管辖法院，探索完善环境民事公益诉讼的审判程序，依法确定环境民事公益诉讼的责任方式和赔偿范围、探索构建合理的诉讼成本负担机制。

（六）儿童权益保障受到关注

针对近年来侵害未成年人权益的违法犯罪行为时有发生，特别是监护人侵害未成年人案件较为突出的情况，最高人民法院、最高人民检察院、公安部、民政部联合印发《关于依法处理监护人侵害未成年人权益行为若干问题的意见》（法发〔2014〕24号）。意见坚持未成年人最大利益原则，制度设计充分考虑未成年人的身心特点并尊重未成年人的意愿，规定了公安机关在紧急情况下的带离制度，民政部门的临时监护制度，人民法院作出人身安全保护裁定的程序和内容，当事人申请恢复监护人资格的程序，以及检察机关全面监督制度等。意见列举了撤销监护人资格的七种严重情形，而且，意见在发现报告、调查评估、家庭教育辅导、提起诉讼、案件审理、回访考察等方面，都积极引导和鼓励社会力量共同参与。

七　2015年法治发展预测

2015年是全面深化改革的关键之年，也是落实十八届四中全会的开局之年。《中共中央关于全面推进依法治国若干重大问题的决定》提出，全面推进依法治国，要形成完备的法律规范体系、高效的法治实施体系、严密的法治监督体系、有力的法治保障体系，坚持依法治国、依法执政、依法行政共同推进，坚持法治国家、法治政府、法治社会一体建设，实现科学立法、严格执法、公正司法、全民守法，促进国家治理体系和治理能力现代化。回顾2014年，中国法治发展取得的进步令人瞩目，但面临的问题也不容忽视，2015年，中国的法治发展将在国家发展和人民生活中发挥更加重要的作用，也仍有许多需要克服的困难。

（一）处理好党的领导与依法治国的关系

党的领导是中国特色社会主义最本质的特征，是社会主义法治最根本的保证，党的领导和社会主义法治是一致的，社会主义法治必须坚持党的领导，党的领导必须依靠社会主义法治。因此，党的主张必须通过法定程序上升为国家意志，各级党组织必须严格按照宪法和法律办事。中国特色的法治发展道路决定了党对依法治国的领导不但不能削弱，而且要不断加强。一些地方党委领导加大法治建设的力度后，其法治建设整体推进效果明显。这表明，有序推进依法治国必须由党委全面部署，系统推进，只有这样，才能做到法治推进有力、效果显著。2015年，国家在推进依法治国进程中，必将进一步加强和创新党的领导，探索处理好党规与国法的关系，处理好党的领导与依宪治国的关系。

（二）加强科学立法，防止“拍脑袋”立法

在立法方面，如何健全宪法实施和监督机制，克服部门立法，防止“拍脑袋”立法，仍是立法机关的重要课题。《中共中央关于全面推进依法治国若干重大问题的决定》提出，要建立高效的法治实施体系。为此，如何防止并纠正法律、法规、规章是否与上位法乃至《宪法》抵触，仍需要逐步探索相应的监督机制。在立法过程中，克服部门主导立法倾向，是立法应破解的难题。而立法缺乏调研、脱离基层实际情况，同样会影响立法的科学性，无法在促进国家治理体系和治理能力现代化方面发挥应有的作用。比如，2014年《立法法》启动修订，其中涉及扩大拥有立法权的较大的市的范围，但草案条文对“较大的市”作出界定时，采用的表述为“省、自治

区的人民政府所在地的市，经济特区所在地的市、国务院已经批准的较大的市和其他设区的市”。这个规定看似周延，实则将几个按照国家规定开展先行先试、实行扁平化管理的不设区的地级市排除在外。其中有的城市无论是经济总量还是人口规模（含流动人口）都超过大多数设区的城市，亟须获得立法权。从立法者的角度看，这几个城市完全可以通过增设区一级区划的方法取得立法权，但这些城市根据社会管理创新的需要，实行行政管理扁平化，不设区而实行市直管镇，其做法本应得到鼓励和支持，《立法法》修改却将其排除在外，不能不说是一个遗憾。如果《立法法》修订过程基于“拍脑袋”想当然地进行制度设计，其效果恐怕恰恰是制约创新。因此，立法者要真正深入基层，了解基层实际情况，防止“拍脑袋”立法，越发显得紧迫。

（三）充分履行行政职责，公开各类行政收费明细

政府法治建设方面，则既要防止改革中的形象工程，还要逐步使全面履行职责从运动式执法转变为常态化执法。

以简政放权中最为核心的行政审批制度改革为例，很多部门、地方2014年都提出了争创行政审批最少的省、最少的部门的口号，并纷纷削减行政审批项目。但实际情况是，不少行政审批项目变相改成了备案、登记，公众和企业负担并未减少；或者虽说转移给了社会组织，但由于社会组织还没有培育成熟，还不能承接政府转移的职能。现实中，行政审批项目未必真正减少，审批效率未必真正提升。政府管理过程中的运动式执法问题还在相当程度上存在。这种管理模式容易降低政府及执法机关的威信，滋生形式主义，弱化执法的严肃性、稳定性、连续性和一贯性。修订后的《行政诉讼法》规定，当事人可以申请法院对国务院部门和地方人民政府及其部门制定的规范性文件的合法性进行附带性审查，其实施效果如何也有待观察和验证。

此外，2014年，交通拥堵、环境污染等问题广受诟病，安全事故频发，政府管理中频频采用的限行、限购、收费、罚没、应急等措施未从根本上解

决城市发展面临的问题，政府管理能力和公信力却不断面临新的挑战。2015年，各级政府部门应积极探索更为科学有效的管理方式，规范收入管理，增加收入支出的透明度，如有关部门应当公布过路费、停车费、官办慈善募捐、福利彩票、体育彩票等的收入和支出情况，可以考虑从中拿出必要资金用于解决环保、交通、教育等民生问题，让广大人民群众切实享受到改革的红利。

（四）摒弃司法改革神秘色彩，充分听取民众意见

2015年还将是深入推进司法改革的一年。《中共中央关于全面推进依法治国若干重大问题的决定》提出，完善确保依法、独立、公正行使审判权和检察权的制度。2015年，各试点地区将据此开展司法改革试点工作，探索去行政化、去地方化，实行人员分类管理。但面临的问题和困难也很多，如现行的改革是否会强化法院内部的行政化；去地方化后如何处理好与驻在地区党政机关的关系，防止因缺少同级党政机关人财物的支持而影响工作的开展；杜绝对案件审判的批示干预的设想会否被各种潜规则所架空；在目前案多人少、案件数量日渐攀升的形势下，一旦变案件立案审查制为立案登记制，并实行法官、检察官员额制，案多人少的矛盾将更为凸显，尤其是法官、检察官的晋升空间有限，对一批年轻法官、检察官的积极性会有较大影响，将加剧人才流失。此外，2014年，司法改革方案这一关系重大的文件从起草，到论证，甚至到出台，都处于秘而不宣的状态，各试点法院讳莫如深、避而不谈，一项本应由全民参与讨论并广泛听取各界尤其是基层法官诉求的工作，最终只是由少数人捉刀拟定。这种神神秘秘、闭门造车的改革方法应当摒弃，因为其直接关系到相关改革能否最终落地，而这都有待在2015年加以逐步验证。

2015年，司法机关将结合近年来复查冤案的情况，根据十八届四中全会提出的以审判为中心的要求，改革刑事诉讼制度。以审判为中心是一个革命性的改革目标，是以树立司法权威、加强法院审判职权为突破口的司法改革路径，涉及整个刑事诉讼理论的重大突破，涉及《刑事诉讼法》和相关法律

的完善，涉及各种法律间关系的调整，涉及观念、制度、机制、做法的转变。实行以审判为中心的司法模式有助于解决刑事诉讼活动整个过程中，审判活动相对于侦查、起诉、执行等活动的地位问题，有助于解决审判机关、审判活动和其他机关、其他活动之间的关系，使法院对侦控程序的审查获得正当性。在侦、诉、审三种刑事司法职权的配置中，以审判为中心有利于保障法院对侦查、起诉机关的制约，有效推动侦控程序的法治化。展望2015年刑事司法改革，刑事诉讼以时间为序的阶段化推进模式将逐步改变，法院对侦查的司法控制将逐步加强；警检关系将逐步调整，侦查从属于起诉，起诉指导侦查。最后，审判的中心地位决定了证、辩、判均在法庭上进行，确立口供、证人证言作为定罪根据的严格条件，严格非法证据的排除，限制使用笔录性质的证据材料，避免书面审等。

（五）公开透明应更加注重效果，以便民为工作导向

2015年，公开透明将会是所有公权力机关必不可少的工作重点之一。立法公开将会继续受到关注，各级立法机关的立法活动将更大程度上向公众开放，鼓励公众积极参与和提出意见。政府管理中，公开透明将会逐步深入各重点领域，并逐步细化公开的要求，以满足公众的信息需求，减少政府直接管理市场和社会所造成的成本，公开也将日益成为政府管理的重要手段。法院的公开工作在2014年推行立案庭审、裁判文书、执行信息三大平台公开的基础上，2015年仍面临着如何整合公开平台、继续提升公开的效果、推动裁判文书说理公开等的任务。检察院的公开工作也会在2014年最高人民检察院推进案件信息公开的基础上，继续扩大检务公开的范围和内容，提升公开效果。

（六）反腐败继续保持较大力度，涉案财物处置应向社会公开

2014年反腐败工作取得巨大成效，其规模和深度在新中国历史上前所未有，至此，开弓已无回头箭，气可鼓不可泄。2015年的任务就是要将反腐败进行到底，既要防止尚未发现的腐败分子逃脱制裁，也要防止利益集团伺机反弹、卷土重来。为此，2015年，反腐败工作将继续保持高压态势，

查处各类贪污腐化案件的力度不会减弱。构建全方位预防与惩治腐败的法律制度体系，对公职人员的行为进行规范，营造不能贪、不敢贪、不想贪的制度与社会环境。在具体工作中，建议有关部门在查处案件过程中及时向社会公开案件查处进程，同时，还有必要向全社会公开贪腐案件查扣财物的查抄、流向、处置等情况，避免出现糊涂账现象，同时，可以考虑将没收的部分财物投入社保、民生领域，让社会共享反腐败斗争的成果，这不仅有利于提振公众对反腐败工作的信心，也可彰显反腐败的决心。

（七）加强和保障民生，积极维护社会稳定

2015 年，随着改革的不断深化，还需要特别关注改革、发展与维护社会稳定的关系问题。

在土地问题上，中央农村工作会议提出，要引导和规范土地经营权有序流转，2015 年，各地会继续探索落实这一要求。土地问题是关系农村稳定和国家安全的重大问题，改革只能在不改变土地所有制，不改变土地用途，不损害农民根本权益的前提下推进。

2015 年，尤其要防止经济发展放缓可能带来的社会稳定风险。中央经济工作会议提出，中国经济下行压力较大，结构调整阵痛显现，企业生产经营困难增多，部分经济风险显现。经济放缓是发展的需要，但这也可能会放缓人民群众的收入和生活改善的速度，一些地方、某些领域甚至会出现矛盾和利益纠纷，维护社会稳定的压力将明显加大。因此，2015 年，国家还需要着力解决好民生问题，切实扶持中小企业发展，扩大内需，防范经济泡沫，健全劳动和社会保障立法，加大就业促进力度，扩大各项社保覆盖面，努力提高职工尤其是广大农民工的参保率，加大社会救助的力度，及时发现并有效化解社会稳定风险点。

专题报告

Subject Reports

B.2
2014年的中国立法

刘小妹*

摘　要：2014年中国进入了法治建设的新阶段，立法工作也呈现出更加精细化的特点。一方面，立法继续回应改革发展和社会现实的需要，积极发挥引领和推动作用；继续加强民生立法、经济立法、社会立法、生态立法，切实推进公民权益的保障；继续坚持立改废并举，增强法制的统一性。另一方面，探索立法项目征集和论证制度、立法协商制度，使立法更加科学、民主；推进国家安全立法、反腐败国家立法和互联网领域立法，法律规范体系更加完备；加强配套立法和法律解释工作，提高立法的实效性。

关键词：2014　中国　立法

* 刘小妹，中国社会科学院国际法研究所副研究员。

完备的法律规范体系是全面推进依法治国的前提和基础。随着中国特色社会主义法律体系的形成和不断完善，2014 年的立法工作继续向精细化的方向发展，具体体现在以下方面：一是突出立法重点，及时制定和修改同全面深化改革相关的法律；二是加强地方立法和配套立法，增强法律规范的系统性；三是回应经济社会发展需求，提高法律的可操作性和可执行性；四是立改废释并举，加强法律解释工作；五是推进立法项目论证、法律案通过前评估和立法后评估制度；六是坚持开门立法，增强立法透明度。2014 年，全国人民代表大会常务委员会共制定法律 2 部，修订法律 5 部，修改法律 5 部，废止法律 1 部，出台立法解释 8 项（见表 1）；国务院制定行政法规 6 部，修订行政法规 3 部，修改行政法规 29 部，废止行政法规 3 部（见表 2）；国务院各部委制定或修改了部门规章 150 余件；有立法权的地方人大和地方政府制定或修改地方性法规规章 900 余件。

表 1　2014 年全国人大常委会立法情况

序号	颁布时间	行政法规名称
1	2014 年 11 月 1 日	《反间谍法》(制定)
2	2014 年 12 月 28 日	《航道法》(制定)
3	2014 年 4 月 24 日	《环境保护法》(修订)
4	2014 年 6 月 27 日	《军事设施保护法》(修订)
5	2014 年 8 月 31 日	《安全生产法》(修订)
6	2014 年 8 月 31 日	《预算法》(修订)
7	2014 年 11 月 1 日	《行政诉讼法》(修订)
8	2014 年 8 月 31 日	《气象法》(修改)
9	2014 年 8 月 31 日	《政府采购法》(修改)
10	2014 年 8 月 31 日	《注册会计师法》(修改)
11	2014 年 8 月 31 日	《证券法》(修改)
12	2014 年 8 月 31 日	《保险法》(修改)
13	2014 年 11 月 1 日	《国家安全法》(废止)
14	2014 年 4 月 24 日	全国人民代表大会常务委员会关于《中华人民共和国刑法》第三百四十一条、第三百一十二条的解释

续表

序号	颁布时间	行政法规名称
15	2014 年 4 月 24 日	全国人民代表大会常务委员会关于《中华人民共和国刑法》第一百五十八条、第一百五十九条的解释
16	2014 年 4 月 24 日	全国人民代表大会常务委员会关于《中华人民共和国刑法》第三十条的解释
17	2014 年 4 月 24 日	全国人民代表大会常务委员会关于《中华人民共和国刑法》第二百六十六条的解释
18	2014 年 4 月 24 日	全国人民代表大会常务委员会关于《中华人民共和国刑事诉讼法》第二百七十一条第二款的解释
19	2014 年 4 月 24 日	全国人民代表大会常务委员会关于《中华人民共和国刑事诉讼法》第二百五十四条第五款、第二百五十七条第二款的解释
20	2014 年 4 月 24 日	全国人民代表大会常务委员会关于《中华人民共和国刑事诉讼法》第七十九条第三款的解释
21	2014 年 11 月 1 日	全国人民代表大会常务委员会关于《中华人民共和国民法通则》第九十九条第一款、《中华人民共和国婚姻法》第二十二条的解释

表 2　2014 年国务院行政法规立法情况

序号	颁布时间	行政法规名称
1	2014 年 1 月 17 日	《保守国家秘密法实施条例》(制定)
2	2014 年 2 月 16 日	《南水北调工程供用水管理条例》(制定)
3	2014 年 2 月 21 日	《社会救助暂行办法》(制定)
4	2014 年 4 月 25 日	《事业单位人事管理条例》(制定)
5	2014 年 8 月 7 日	《企业信息公示暂行条例》(制定)
6	2014 年 11 月 24 日	《不动产登记暂行条例》(制定)
7	2014 年 3 月 7 日	《医疗器械监督管理条例》(修订)
8	2014 年 4 月 29 日	《商标法实施条例》(修订)
9	2014 年 11 月 27 日	《外资银行管理条例》(修订)
10	2014 年 2 月 19 日	《国务院关于废止和修改部分行政法规的决定》(修改 8 部)
11	2014 年 7 月 29 日	《国务院关于修改部分行政法规的决定》(修改 21 部)
12	2014 年 2 月 19 日	《中外合资经营企业合营各方出资的若干规定》(废止)
13	2014 年 2 月 19 日	《〈中外合资经营企业合营各方出资的若干规定〉的补充规定》(废止)
14	2014 年 3 月 1 日	《保守国家秘密法实施办法》(废止)

资料来源：中国人大网，http：//www. npc. gov. cn/。

一　2014年立法概况

（一）规范政府与市场关系，推进法治政府建设

转变政府职能，推进简政放权，是激发市场活力和经济内生动力的创新举措。2014 年 8 月 7 日国务院颁布《企业信息公示暂行条例》，明确企业对其公示信息的真实性、及时性负责，政府部门只承担其职责范围内的公示和监管责任。企业信息公示制度推进政府简政放权、放管结合的重大举措，也是社会信用体系建设的重要手段，更是国家治理体系和治理能力现代化的具体体现。

为贯彻落实《物权法》、推进不动产统一登记制度的实施，2014 年 11 月 24 日国务院颁布《不动产登记暂行条例》，对不动产的概念进行了界定，并以实现登记机构、登记簿册、登记依据和信息平台“四统一”为核心，明确了统一登记的机构、规则和范围，明晰了登记机构及其工作人员的职责，全面规范登记程序和登记行为，为不动产统一登记提供了法律上的指引和保障，对保障交易安全、维护权利人合法权益具有重要意义。

推进法治政府建设必须处理好政府与市场的关系，坚持有限政府的理念，让市场在资源配置中起主要作用。2014 年 6 月 4 日，《国务院关于促进市场公平竞争　维护市场正常秩序的若干意见》明确提出了市场监管的改革目标，适应了中国市场经济发展的客观趋势。7 月 29 日，为依法推进行政审批制度改革和政府职能转变，根据 2014 年 1 月 28 日国务院公布的《国务院关于取消和下放一批行政审批项目的决定》，国务院对取消和下放的行政审批项目涉及的行政法规进行了清理，对《国务院关于通用航空管理的暂行规定》《高等教育自学考试暂行条例》《船舶登记条例》等 21 部行政法规的部分条款予以修改。8 月 31 日，全国人大常委会根据国务院的提请，对《保险法》《证券法》《注册会计师法》《政府采购法》《气象法》等五部法律的部分条款进行了修改。

此外，为了进一步放宽市场主体准入条件，激发社会投资活力，2014年2月19日，依据新修改的《公司法》，落实《注册资本登记制度改革方案》关于注册资本实缴登记改为认缴登记、年度检验验照制度改为年度报告公示制度，以及完善信用约束机制的内容，国务院对涉及的行政法规进行了清理，经过清理，废止了《中外合资经营企业合营各方出资的若干规定》和《〈中外合资经营企业合营各方出资的若干规定〉的补充规定》，并对《公司登记管理条例》《企业法人登记管理条例》等8部行政法规的部分条款予以修改。

（二）突出民生保障和社会管理立法，切实保障公民权益

社会救助是一项保民生、促公平的托底性、基础性制度安排，是维护和保障困难群众切身利益的重大民生措施。2014年2月21日国务院颁布《社会救助暂行办法》（以下简称“办法”），确立了以最低生活保障、特困人员供养、受灾人员救助以及医疗救助、教育救助、住房救助、就业救助和临时救助为主体，以社会力量参与为补充的社会救助制度体系框架。该办法赋予民政部统筹全国社会救助体系建设的职责，并规定了县级以上人民政府建立健全政府领导、民政部门牵头、有关部门配合、社会力量参与的社会救助工作协调机制。特别值得一提的是，该办法在特困人员供养、医疗救助、临时救助等方面不再区别对待城乡居民，实现了城乡居民权利的平等。

安全生产事关人民群众生命财产安全，事关改革开放、经济发展和社会稳定大局。2014年8月31日，全国人大常委会修订《安全生产法》，强化了三方面的制度措施：一是强化落实生产经营单位主体责任，建立事故隐患排查治理制度；二是强化政府监管职责，实行生产单位分类分级监管，完善监管措施，增强监管执行力；三是强化安全生产责任追究，加大对违法行为特别是对责任人的处罚力度。此外，该法还充实了生产安全事故应急救援和调查处理的相关规定。医疗器械的安全有效直接关系人的健康和生命安全。2014年3月7日国务院修订《医疗器械监督管理条例》，加强监管和制度建设：一是进一步简化和下放医疗器械生产经营审批，规范事前备案和许可制

度；二是对医疗器械按照风险程度实行分类监管，重点监管高风险产品；三是将医疗器械的研制、生产、经营、使用四个环节统一纳入监管范围，加强“事中”“事后”监管，形成了全过程无缝隙的监管体系；四是完善法律责任，调整处罚幅度，增加处罚种类，加大对严重违法行为的处罚力度。

南水北调工程是缓解北方地区水资源短缺、实现水资源整体优化配置的战略性基础设施。2014 年 2 月 16 日，国务院公布《南水北调工程供用水管理条例》，对南水北调工程的水量调度、水质保障、用水管理和工程保护进行了全面规范，充分发挥南水北调工程的经济效益、社会效益和生态效益。这也是国务院继三峡工程之后，第二次针对大型工程的专门立法。

事业单位是政府履行公共服务职能的重要机构，中国现有事业单位 111 万个，事业编制 3153 万人。因应事业单位人事制度改革的客观需要，国务院于 2014 年 4 月 25 日制定出台《事业单位人事管理条例》，确立了事业单位人事管理的基本制度，并从实施公开招聘、规范聘用合同、参加社会保险、工资增长机制等方面对事业单位人事管理进行系统规范。

（三）推进生态环境立法，维护国家环境安全

长期追求 GDP 增速的粗放发展模式，导致了威胁人民健康的大气、水、土壤等共同构成的立体污染。因此，如何从制度和立法层面平衡公众环境诉求与经济发展的关系，加快环境治理，成为《环境保护法》修订必须应对的问题。2014 年 4 月 24 日，全国人大常委会修订《环境保护法》，确立了“经济社会发展与环境保护相协调”的环境优先理念，明确了政府对环境保护的监督管理职责，完善了生态保护红线、污染物总量控制、环境监测和环境影响评价、跨行政区域联合防治等环境保护基本制度，强化了企业污染防治责任，加大了对环境违法行为的法律制裁力度，还就政府、企业公开环境信息与公众参与、监督环境保护作出了系统规定，是一部操作性很强的实施法。

航道是重要的公益性基础设施，也是战略性资源，在支撑江河流域产业带形成和发展流域经济中发挥了重要作用。2014 年 12 月 28 日，全国人大

常委会出台《航道法》，规范和加强航道的规划、建设、养护、保护，把综合利用和保护水资源与保护环境作为促进航道发展的一项重要原则，要求编制航道规划应当依法进行环境影响评价。《航道法》的出台，意味着中国13万公里航道通航里程实现了立法支持，为解决目前航道发展面临的主要问题和突出矛盾，为促进航运发展，提供了法制保障。

（四）加强财政金融领域立法，加快建立现代财政制度

为改进预算管理制度，实施全面规范、公开透明的预算制度，2014年8月31日全国人大常委会修订《预算法》，完善了全口径预算管理、地方政府举借债务、预算公开等方面的内容，并强化了人大对预算的监督审查，以最严密的制度笼子，管好国家的钱袋子。《预算法》还规定，预算包括一般公共预算、政府性基金预算、国有资本经营预算、社会保险基金预算，同时明确了每一类预算的编制方法和原则，以此推进各类预算的规范编制，加强立法监督。

2014年11月27日，国务院修订《外资银行管理条例》，对在中国运营的外商独资银行、中外合资银行和外国银行在华分行的设立与登记以及业务范围作出了明确规定，允许在华外资法人银行为中国客户提供全面的金融服务。条例既兑现了中国加入世界贸易组织时的承诺，又对国内银行业进行了适当保护，而且在向外资全面开放银行业的同时又加强了对外资银行的监督管理。条例标志着中国在逐步开放金融领域的过程中迈出了历史性的一步。

（五）加快国家安全立法，建构国家安全法律制度体系

为适应中国国家安全面临的新形势、新任务，进一步规范和加强反间谍工作，2014年11月1日，全国人大常委会制定《反间谍法》，规定了反间谍工作的原则、间谍行为的定义、国家安全机关的相关职责和保障公民、组织合法权益等方面的内容，对于防范、制止和惩治间谍行为，维护国家安全具有积极意义。《反间谍法》公布实施后，《国家安全法》亦同时废止。

军事设施的保护事关国家安全，为了统筹兼顾经济社会建设和军事设施

保护，适应国防和军队建设、军事斗争准备的需要，以及贯彻分级分类保护思想，2014 年 6 月 27 日，全国人大常委会修订《军事设施保护法》，全面规范军事禁区、军事管理区、军事禁区外围安全控制范围、作战工程安全保护范围的划定标准；内部保护与外部保护并举，完善军事设施保护措施；规定设有军事设施的地方，有关军事机关和县级以上地方人民政府应当建立军地军事设施保护协调机制，相互配合，监督、检查军事设施的保护工作。此外，为全面加强反恐怖主义斗争、最大限度地消除恐怖主义威胁，全国人大常委会的反恐怖主义法立法程序亦稳步推进。这些国家安全方面的立法，为构建国家安全法律制度体系，推进公共安全法治化奠定了基础。

政府行使保密职权是维护国家安全的需要，但公民的知情权和民主监督权亦应受到同等甚至更高程度的重视。因此，为平衡保密与政府信息公开，2014 年 1 月 17 日国务院制定的《保守国家秘密法实施条例》，在《保守国家秘密法》关于“法律、行政法规规定公开的事项，应当依法公开”的基础上，与《政府信息公开条例》相衔接，强调“机关、单位不得将依法应当公开的事项确定为国家秘密，不得将涉及国家秘密的信息公开”。此外，该条例还进一步细化国家保密事项，明确定密责任人制度，增加秘密标志、秘密载体等使用、销毁方面的技术性规范，强化保密执法主体的监督管理职责，强化保密工作保障。该条例自 2014 年 3 月 1 日起实施，《保守国家秘密法实施办法》同时废止。

（六）完善行政诉讼程序，畅通权利救济渠道

为解决人民群众反映强烈的立案难、审理难、执行难等突出问题，适应依法行政，建设法治政府的要求，2014 年 11 月 1 日，全国人大常委会表决通过了关于修改《行政诉讼法》的决定，对这部和百姓息息相关的“民告官”法作出了重要修改。一是扩大受案范围，加强权利保护。将对征收、征用及其补偿决定不服的，行政机关滥用行政权力排除或者限制竞争的，违法集资、摊派费用的行政行为等纳入了受案范围。二是解决行政案件立案难、审理无权威、执行难的问题。规定立案由审查制变为登记

制。规定行政机关不得干预、阻碍法院立案，起诉期限延长至“六个月”，行政首长应当出庭应诉，民事和行政争议一并审理，行政赔偿、补偿以及行政机关行使法律法规规定的自由裁量权的案件可以调解，不执行可拘留行政机关直接责任人等制度，以减少原告起诉和诉讼阻碍，畅通权利救济渠道。三是完善证据制度，明确举证责任。具体包括明确被告逾期不举证的后果、完善被告的举证制度、明确原告的举证责任、完善人民法院调取证据制度、明确证据的适用规则五个方面。四是规定法院可附带审查规范性文件。五是明确复议机关决定维持原行政行为的，复议机关是共同被告。

（七）推进政府采购配套立法，规范公共采购

据中国物流与采购联合会的不完全统计和测算，中国公共采购市场规模已超过20万亿元，面对如此大规模的采购市场，政府采购的法律制度体系亟须完善。为此，2014年12月31日召开的国务院常务会议审议通过了《政府采购法实施条例（草案）》，强化政府采购的源头和结果管理，强化信息公开，强化对政府采购行为的监管和社会监督。

二 2014年立法评析

（一）坚持立法先行，发挥立法引领作用

中国正处在全面深化改革和全面推进依法治国的进程之中，如何让深化改革与推进法治并行不悖、相得益彰，就要对立法与改革的关系有清晰的定位。一方面，重大改革要于法有据；另一方面，立法应主动适应改革和经济社会发展的需要，如此就必须在两个方面加强立法工作。一是科学立项，增强立法的针对性、计划性，发挥立法引领作用；二是实现立法和改革决策的衔接，确保在法治轨道上推进改革。

首先，十八届四中全会决定提出“完善立法项目征集和论证制度”前

后，全国人大常委会以及广东、四川、海南、山东、北京、上海、广州、深圳、成都等省市的人大常委会和政府法制办不仅陆续开始实施了立法项目征集和论证制度，而且还制定了一些地方性法规来规范立法计划编制、立法项目征集、立项论证等立项程序和要求。立法项目征集和论证制度必将对科学、合理编制立法计划，推进科学立法、民主立法，增强立法的针对性，以及从源头提高立法质量，都起到很好的推动和保障作用。

其次，为适应财政体制和社会管理体制改革的需要，全国人大常委会修订了《预算法》《安全生产法》，国务院制定了《社会救助暂行办法》和《事业单位人事管理条例》；为确保在法治轨道上推进改革，全国人大常委会和国务院分别对取消和下放的行政审批项目涉及的法律和行政法规进行了清理，修改法律 5 部，修改行政法规 21 部；为了落实《注册资本登记制度改革方案》，国务院对涉及的行政法规进行了清理，废止了 2 部行政法规，修改了 8 部行政法规。这些立法都有力保障了立法与改革决策的相互协调。

（二）坚持立法为民，更好保障公民权利

以民为本、立法为民，确立了立法的价值取向。近十多年来，以改善民生为重点、着力加强社会领域立法，日益成为立法工作的重点。2014 年，《环境保护法》《安全生产法》《行政诉讼法》的修改，《社会救助暂行办法》《医疗器械监督管理条例》《南水北调工程供用水管理条例》的制定/修订，《食品安全法》《大气污染防治法》《广告法》等民生领域立法和修法步伐加快，也都充分考虑到了百姓关注的热点问题。例如，回应百姓关切，雾霾治理入法是新环保法的一大亮点，新环保法还强调了全社会共同治理的理念，更加强调信息公开和公众参与，并对社会广泛关注的环境公益诉讼作了进一步完善。

“法不察民之情而立之，则不成。”无论是新制定的法律还是正在修改的法律，都应在“立法为民”理念的指引下，使立法成为保护人民群众合法利益的重要途径。

（三）坚持开门立法，立法更加公开透明

立法的过程实质是不同利益的整合、协调和平衡的过程。平衡各种不同利益要求的最好办法，是在立法过程中充分发扬民主，广泛听取各方面意见：一是充分发挥人大代表、立法顾问、专家学者和社会公众的作用，二是建立立法协商制度，三是采取公开征求意见、召开座谈会和论证会等方式广泛听取社会各方面的意见。其中，向社会公布法律草案公开征求意见，是坚持开门立法的重要举措。2014 年全国人大常委会公布了《立法法》《行政诉讼法修正案》草案和草案二次审议稿，《广告法》《食品安全法》修订草案和修订草案二次审议稿，《安全生产法修正案》草案，《大气污染防治法》修订草案以及《航道法》《反间谍法》《反恐怖主义法》《刑法修正案（九）》草案，共向社会征集 8.3 万余条意见（见表 3）。

表 3　2014 年法律草案公开征集意见情况

法律草案名称	征求意见时间	参与人数（人）	意见条数（条）
《大气污染防治法(修订草案)》	2014-12-30 至 2015-01-29	/	/
《立法法修正案(草案二次审议稿)》	2014-12-30 至 2015-01-29	/	/
《食品安全法(修订草案二次审议稿)》	2014-12-30 至 2015-01-29	/	/
《广告法(修订草案二次审议稿)》	2014-12-30 至 2015-01-29	/	/
《刑法修正案(九)(草案)》	2014-11-04 至 2014-12-03	15096	51362
《反恐怖主义法(草案)》	2014-11-04 至 2014-12-03	1023	3295
《立法法修正案(草案)》	2014-08-31 至 2014-09-30	230	609
《广告法(修订草案)》	2014-08-31 至 2014-09-30	1403	2380
《行政诉讼法修正案(草案二次审议稿)》	2014-08-31 至 2014-09-20	1586	2300
《反间谍法(草案)》	2014-08-31 至 2014-09-15	81	211
《食品安全法(修订草案)》	2014-07-01 至 2014-07-31	2468	8877
《航道法(草案)》	2014-04-25 至 2014-05-24	445	1487
《安全生产法修正案(草案)》	2014-03-02 至 2014-04-01	3181	7142
《行政诉讼法修正案(草案)》	2013-12-31 至 2014-01-30	1483	5436

资料来源：中国人大网，http：//www.npc.gov.cn/。

2014 年，公开征求意见工作机制出现了两个新亮点，一是法律草案的二次审议稿公开征求意见逐步作为一种制度坚持下来，二是建立健全公众意见采纳情况反馈机制。

（四）坚持立改废释并举，增强法制统一性

2014年立法，不仅坚持立改废并举，根据行政审批制度改革的需要对相关法律、行政法规进行了集中清理，而且加强了法律解释工作，保障法律的正确贯彻实施，并使法律规范更加统一、衔接。2014年11月1日，全国人大常委会关于《民法通则》第99条第1款、《婚姻法》第22条的解释，是首次对民法领域的法律作出的立法解释。此外，为保证《刑法》《刑事诉讼法》的正确贯彻实施，根据司法实践需要，全国人大常委会还对《刑法》《刑事诉讼法》有关规定作出了7项法律解释。

（五）加强配套立法，增强立法可操作性

配套立法在确保法律体系得以系统存在并有效运行中发挥着重要的作用，也是立法系统中比较薄弱的部分。随着依法治国的全面推进，按照四中全会决定提出的“建设中国特色社会主义法治体系”的要求，立法应当更加注重法律规范的可操作性、增强立法的实效性。《保守国家秘密法实施条例》的制度规定就比较典型。此外，为贯彻落实于2014年5月1日施行的新商标法，国务院还对《商标法实施条例》进行了修订。新修改的条例在便利当事人方面作出了多项规定，细化了新商标法的相关条款，使其更便于操作，更有利于社会公众简便快捷地办理各类商标申请事宜①。

三　2015年立法展望

（一）继续推进司法体制和行政体制改革的配套立法

十八届四中全会决定确立了探索设立跨行政区划的人民法院和人民检察

---

① 《〈商标法实施条例〉解答》，国务院法制办公室网站（www. chinalaw. gov. cn），2015年1月2日访问。

院、最高人民法院设立巡回法庭、检察机关提起公益诉讼等司法体制改革举措，这些改革措施已经突破了《宪法》《全国人民代表大会组织法》《地方各级人民代表大会和地方各级人民政府组织法》规定的人民代表大会制度和民主集中制的国家机构组织活动原则，也突破了《人民法院组织法》《人民检察院组织法》的相关规定，因此，相关法律的修改应该成为未来立法关注的重点。四中全会决定还提出了健全宪法解释程序机制、健全依法决策机制以及完善立法制度、设区的市享有地方立法权等改革措施，据此启动宪法解释程序法、行政决策程序法的制定，加快推进《立法法》修改等，也将成为今后立法的重要内容。此外，转变政府职能，推进简政放权的行政体制改革还将继续深化，因此，为适应形势的变化和经济社会发展的需求，相关的立改废工作也必须协调推进。

（二）继续推进民生保障和社会管理立法

食品安全聚焦了全社会的关注目光，2013 年 3 月，国务院组建国家食品药品监督管理总局，推进食品安全监管体制改革。推动以法律形式固定改革成果、完善监管制度机制，《食品安全法》的修改势在必行。广告对百姓生活的影响广泛而深远，对广告市场存在的问题，近年来社会各界反映十分强烈，因此《广告法》的修改亦是当务之急。2014 年 12 月 28 日，全国人大常委会审议《食品安全法》《广告法》修订草案，并公布《食品安全法》《广告法》修订草案二次审议稿，于 2014 年 12 月 30 日至 2015 年 1 月 29 日向社会公众公开征求意见。按照全国人大常委会的立法程序，《食品安全法》《广告法》的修订将成为 2015 年民生保障与社会管理立法的首要之举。

（三）加快生态环境保护立法，着力环境治理

抓紧制定新环境保护法配套法规，完善相关法律制度，着重解决大气、水、土壤等污染方面存在的突出问题，是生态环境保护立法的重点。新《环境保护法》对以往的环境规划、环境标准、环境监测、环境评估、环境经济政策、总量控制、生态补偿、排污收费、排污许可等管理制度作了切合

实际的修改，不仅可以独立适用，对单项环保法律的“立改废”也有重要指导意义，对有关行政法、民法和刑法在环保领域的适用也具有统合作用，同时，对地方环境立法给予了相应授权①。

2014 年 12 月 28 日，全国人大常委会审议通过了《大气污染防治法（修订草案）》，并就修订草案公开向社会公众征求意见。草案强调源头治理、全民参与，强化污染排放总量和浓度控制，增加了对重点区域和燃煤、工业、机动车、扬尘等重点领域开展多污染物协同治理和区域联防联控的专门规定，明确了对无证、超标排放和监测数据作假等行为的处罚措施。加快推进《大气污染防治法》的修改，加强环境治理，也是 2015 年立法的一个着力点。

（四）加强互联网领域立法，填补立法空白

伴随互联网及电子商务行业在中国的兴起，互联网广告、互联网交易、互联网知识产权保护和竞争秩序建构等都急需纳入法律的规制范围。例如，随着互联网的迅速发展，互联网广告所占的市场份额逐年大幅提升，由于规范与监管缺位，互联网广告逐渐成为虚假、低俗等违法广告投放的重灾区，严重损害消费者的合法权益和扰乱公平竞争的市场秩序。为此，《广告法》修订的重要内容之一，就是将互联网广告等新的广告形式纳入法律规范对象，填补立法空白。此外，备受关注的网络食品交易监管法律亦付阙如，因此必须加快推进《食品安全法》修改，填补网购食品立法空白，加大网络食品交易第三方平台的责任，保护消费者的合法权益。

（五）加快反腐败国家立法，推进法治反腐

针对反腐败立法尚存在权力运行制度不健全、惩治腐败的规则较为分散、欠缺反腐败综合性立法等缺陷，四中全会决定作出了“加快推进反腐败国家立法，完善惩治和预防腐败体系”的改革部署。反腐败国家立法大

① 《环境立法史上的又一里程碑》，《人民日报》2014 年 4 月 25 日第 5 版。

致包括三个部分：一是制定反腐败基本法，二是制定反腐败专门法律和配套法律，三是注重立改废工作，增强现有立法的协调性和统一性，实现国家立法与党内法规的协调与衔接。目前，国家立法是反腐败立法体系中最基础、最欠缺也是最有待加强的，包括：加快推进反腐败基本法的制定；从源头上加强和完善政务公开、公民参与、行政程序和行政组织法等一系列的立法，让权力在法律规范下运行；有针对性地制定和完善专门的反腐败单行法律，如完善惩治贪污贿赂和渎职侵权犯罪、规范国家工作人员从政行为方面的法律规定，规范领导干部工作生活保障制度，制定领导职务责任追究法、公民举报法等等，使反腐完全运行在法制轨道上，增强法治反腐能力。

B.3
2014年中国人权保障状况

柳华文*

摘　要：法治、发展和人权构成中国道路的三个基本维度。2014 年，《中共中央关于全面推进依法治国若干重大问题的决定》勾画出中国法治与人权事业的新蓝图。中国政府加快了人权白皮书的发布频率，并以中期评估的方式推动第二个国家人权行动计划的落实。中国政府反腐败力度空前，对于人权保障具有多重意义。人权教育颇受重视。中国参与国际人权机制的工作取得阶段性进展。

关键词：法治　人权　国家人权行动计划

2014 年，“法治中国”是时政关键词，中共中央十八届四中全会专门讨论依法治国问题，前所未有，广受法学界乃至社会各界的期待和关注。

法治本身不是目的，以人权保障为法律价值和法治目标，才可能是真正的良法善治。法治与人权存在着相辅相成、密不可分的关系。同样，法治与人权在中国又处于新的历史阶段，在此阶段中国强调更加注重以人为本，注重经济、政治、文化、社会和生态文明五大建设全面、均衡、可持续发展，注重社会和谐与公平的发展。

法治、发展与人权是中国道路的三个基本维度，三者相辅相成、相互制

* 柳华文，中国社会科学院国际法研究所研究员。

约，而且三位一体，不可或缺①。

2014 年，是中国将“国家尊重和保障人权”写进宪法（法学界称为“人权入宪”）十周年，还是中国第二个国家人权行动计划——《国家人权行动计划（2012 - 2015 年）》实施过半的时候。中国法治在改革中起步，在期许中前行，可能是承上启下、跨越式发展的转折点。

一 十八届四中全会：法治与人权事业新蓝图

2014 年 10 月 23 日，中国共产党中央委员会十八届四中全会在北京闭幕。这是中国改革开放以来首次以“依法治国”为主题的中央全会，会议通过了《中共中央关于全面推进依法治国若干重大问题的决定》（以下简称《决定》）。这是中国法治发展历程中的一个重要节点，具有承前启后的意义，《决定》为法治中国建设绘制新的路线，也展现了中国人权事业新的蓝图。

《决定》规定的是中国法治和人权事业的重要纲领，其中的绝大部分内容都涉及人权，有两次则是直接提及人权。一次是在第二部分“完善以宪法为核心的中国特色社会主义法律体系，加强宪法实施”主题下，涉及“加强重点领域立法”的内容中，明确提出：“依法保障公民权利，加快完善体现权利公平、机会公平、规则公平的法律制度，保障公民人身权、财产权、基本政治权利等各项权利不受侵犯，保障公民经济、文化、社会等各方面权利得到落实，实现公民权利保障法治化。增强全社会尊重和保障人权意识，健全公民权利救济渠道和方式。”

第二次直接提及人权是在第四部分“保证公正司法，提高司法公信力”的主题下，专门规定了“加强人权司法保障”工作要点。其中特别规定：“强化诉讼过程中当事人和其他诉讼参与人的知情权、陈述权、辩护辩论权、申请权、申诉权的制度保障。健全落实罪刑法定、疑罪从无、非法证据

① 柳华文：《法治、发展和人权：中国道路的三个基本维度》，《人权》2014 年第 6 期。

排除等法律原则的法律制度。完善对限制人身自由司法措施和侦查手段的司法监督，加强对刑讯逼供和非法取证的源头预防，健全冤假错案有效防范、及时纠正机制。”

建设法治国家，法治思维是解决社会纠纷的重要思维，司法充分发挥定分止争、伸张正义和实现公平的作用。决定中也提到了涉诉信访的问题，即“落实终审和诉讼终结制度，实行诉访分离，保障当事人依法行使申诉权利。对不服司法机关生效裁判、决定的申诉，逐步实行由律师代理制度。对聘不起律师的申诉人，纳入法律援助范围”。这样，既保证涉诉信访的规范性，又体现对弱者的保障。

立法是法治的基础，是执法和司法的前提和根据，是法律保障人权的第一步。《决定》体现了全面保障公民平等享有人权的宗旨，并在强调立法的基础上，强调了全社会尊重和保障人权意识的重要性，增加公民权利救济渠道和方式的重要意义。

《决定》的相关规定，体现了中国日臻成熟的以法治保障人权的人权观。两年多以前，2012 年 6 月 11 日，经国务院批准和授权，国务院新闻办公室发布了第二个国家人权行动计划，即《国家人权行动计划（2012 - 2015 年)》。其导言中指出了制定和实施国家人权行动计划的三个基本原则：首要的是依法推进原则——人权事业是以法治为基础的，体现在立法、执法、司法、守法的各个环节当中；第二个原则是全面推进原则——人权事业是以全面、平衡的科学发展观为指导的，贯穿于中国经济建设、政治建设、文化建设、社会建设和生态文明建设的整体发展过程；第三个原则是务实推进原则——人权事业立足于中国现阶段的国情和发展水平，渐进而持续地发展。

值得称道的是，《决定》没有将法治和人权仅仅作为国家和政府机关的事，而是重视公民和社会的参与，强调全民守法和全社会尊重和保障人权的意识。与此相关，在加强社会治理和社会建设的新背景下，权利的救济渠道和方式也不能仅仅理解为司法渠道和司法方式。比如，社会组织在加强行业和基层自治方面可以发挥建设性作用。《决定》规定：“完善和发展基层民主制度，依法推进基层民主和行业自律，实行自我管理、自我服务、自我教育、自我监督。”《决定》提出：“加强社会组织立法，规范和引导各类社会组织健康发展。”

《决定》强调加强法治教育。“深入开展法治宣传教育，引导全民自觉守法、遇事找法、解决问题靠法。”“把宪法法律列入党委（党组）中心组学习内容，列为党校、行政学院、干部学院、社会主义学院必修课。把法治教育纳入国民教育体系，从青少年抓起，在中小学设立法治知识课程。”这一点，可以结合《决定》中“增强全社会尊重和保障人权意识”的要求加以理解。还要注意到，《国家人权行动计划（2012－2015年）》也规定，“广泛开展各种形式的人权教育和培训，在全社会传播人权理念，普及人权知识”，包括“加强中小学人权教育。将人权知识融入相关课程，纳入学校法制教育。开展适合青少年特点的人权教育活动，推动中小学依法治校和民主管理，营造尊重人权的教育环境。”

二　国家人权行动计划：让人权通过行动获得落实

国家人权行动计划是中国专门以人权为主题的国家政府工作规划，从其政策精神、体例和措辞以及关于国际合作和履行国际人权条约的规定等看，也是中国实施国际人权法的重要方式。

过去，探讨国际法在国内的实施，如中国批准的国际人权公约在国内的适用问题，人们关注的是如何通过立法、修法，将有约束力的国际标准吸收和转化到国内法，再通过司法和执法工作，使之获得最终的落实。而1993年世界人权大会通过《维也纳人权宣言和行动纲领》后，联合国倡导各国通过制定和实施国家人权行动计划的方式推动人权，使国际人权法的国内实施，除立法外，更多了一个专门的政策性文件工具。国家人权行动计划是国内法和国际法在人权领域的结合，是法律在国内实施的阶段性政府工作纲领和具体举措，具有很强的针对性和可操作性。

为了及时总结各地实施《国家人权行动计划（2012－2015年）》的情

况，宣传和督促计划的落实情况，国家有关部门从2013年下半年至2014年年中，多次组织政府、媒体和学者、专家共同参与的实施国家人权行动计划采访团，赴北京、上海、甘肃、青海、新疆、福建等地进行调研和采访①。

2014年12月23日，由国务院新闻办公室和外交部牵头、负责国家人权行动计划起草和实施的国家人权行动计划联席会议举行了跨部委的行动计划实施情况中期评估会。落实好现行的计划，可以为起草和实施未来第三个国家人权行动计划奠定坚实的基础。

在实施国家人权行动计划的过程中，中国政府继续发布人权白皮书。2014年5月26日，国务院新闻办公室发布《2013年中国人权事业的进展》白皮书。新的人权白皮书总结了2013年或者截至2014年初，中国在实施人权行动计划、促进和保障人权方面采取的举措、获得的成就。

值得注意的还有，1991年中国首个人权白皮书发布以来，中国政府不定期地发布人权白皮书。而针对全国综合的人权状况发布的白皮书，在时间间隔上过去都超过一年，而2014年新的人权白皮书的发布，则是缩短了间隔，成为一年一度的发布。这一新举措说明，中国政府对于人权工作总结、规划和宣示的重视程度超过以往。

在法治领域，白皮书强调，中国首次实现城乡按相同人口比例选举全国人大代表，加强对权力的约束，严惩贪污腐败，建设廉洁政治迈出重要步伐。它还总结了劳动教养制度的废止过程。

2013年12月28日，全国人大常委会通过决定，废止劳动教养制度，对正在被依法执行劳动教养的人员，解除劳动教养，剩余期限不再执行。这样，缺少坚实的法律基础、不能满足依法由司法机关在保障公民获得充分公正的审判权前提下剥夺公民人身自由这一人权标准的劳动教养制度就被废止了。这是中国法制史上标志性的事件，是中国重视公民权利保障、人权保障

---

① 相关省份的新闻报道参见中国人权网，http：//www.humanrights.cn/cn/zt/tbbd/49/index.htm，最后访问时间：2014年11月30日。

法治化的重要体现。而改革如何接续，社区矫正制度如何建立和配套，成为接下来法学界的探讨热点和实务部门的工作重点。根据常委会决定，全国有6万多名劳教人员获释。2011年，最高人民法院、最高人民检察院等十部委出台《违法行为教育矫治委员会试点工作方案》，兰州、济南、南京、郑州被列为违法行为教育矫治试点地区。但是，正式的社区矫正法并未出台，是未来值得期待的重要立法。对此，十八届四中全会在《决定》中专门提到“制定社区矫正法”。

正如国家人权行动计划和人权白皮书所体现的，中国在推进人权的进程中，一直将民生放在首位，让百姓享受到改革和发展带来的红利。同时，在具体工作领域，从理念到行动都有一些突破和创新。比如，保障妇女、儿童权益是中国法律、国家人权行动计划等的重要内容。而性别主流化是与人权主流化并行的两个国际社会喊得响亮的口号。“妇女权利也是人权”，这句1995年北京世界妇女大会叫响的名言沟通了这两个社会发展趋势。2014年，在反对家庭暴力领域，立法和司法都有一些新的亮点。

2014年11月5日，安徽省马鞍山市中级人民法院公开开庭审理一起涉家庭暴力故意杀人案件。这是全国首例家庭暴力问题专家到庭参与诉讼的案件①。

2014年11月25日是“国际消除对妇女暴力日”。这一天，备受社会各界关注的《反家庭暴力法（征求意见稿）》（以下简称征求意见稿）终于揭开面纱，由国务院法制办公布并向社会公众公开征求意见。征求意见稿共6章41条，对家庭暴力概念的界定、家庭暴力的预防、家庭暴力的处置等作出明确规定。此前，有报道称反家庭暴力法调整范围将包含同居、伴侣关系，甚至包括同性恋者之间的关系，从最终公布的征求意见稿看，调整对象仅限于家庭成员。国务院法制办公室同时公布的《关于〈中华人民共和国反家庭暴力法（征求意见稿）〉的说明》指出：有恋爱、同居、前配偶等关系人员之间发生的暴力行为，与一般社会成员之间发生的暴力行为没有实质

① 赵丽萍、俞家佳：《家暴问题专家首次走进法庭》，《人民法院报》2014年11月9日。

区别，由《治安管理处罚法》《刑法》等法律调整[①]。

将这些人权领域的前沿问题放在中国实施国家人权行动计划的大背景下考察，我们可以发现，中国人权事业在宏观和微观两个层面都不断得以推进。

三 重拳反腐：人权保障的多重意义

反腐败与人权的密切关系正在成为国际共识。2012 年，摩洛哥代表 134 个国家，在联合国人权理事会第 20 届会议上发布了腐败与人权问题的跨区域声明，要求进一步反思人权和反腐措施的密切联系，并呼吁反腐和人权运动互相合作。2013 年 3 月，联合国人权理事会专门召集了腐败对享受人权不利影响问题小组讨论。联合国人权事务高级专员办公室提出了人权与反腐工作的三个要点：①腐败是实现所有人权——公民权利、政治权利、经济权利、社会权利、文化权利以及发展权的巨大障碍；②坚持并落实透明性、问责制、非歧视和有意义的参与这些核心人权原则是对抗腐败的最有效方式；③当前迫切需要增强政府间努力的协同性，以落实《联合国反腐败公约》和其他国际人权公约[②]。

从人权的视角看反腐，反腐首先是消除腐败对于人权的侵犯，并从反面推动“风清气正”、有助于促进和保障人权的社会环境建设。其次，反腐应该在法治的轨道上进行，依法反腐，依法办案。党纪严于国法，国法必须严格实施。对于腐败分子和相关的违法犯罪嫌疑人乃至罪犯，必须尊重其依法享有的各项人权，保证他们获得公正的审判，在司法的各个环节依法享有应有的待遇。

十八大以来，中国反腐败工作力度前所未有，成效显著。中共中央十八届四中全会在《决定》中提出：“加强反腐败国际合作，加大海外追赃追逃、遣返引渡力度。”2014 年 1 月召开的中央纪委第三次全会上，习近平总

---

① 参见国务院法制办网站，http：//www. chinalaw. gov. cn/article/cazjgg/201411/20141100397718. shtml，访问时间：2014 年 11 月 30 日。

② 联合国人权事务高级专员办公室网站，http：//www. ohchr. org/ch/Issues/Development/GoodGovernance/Pages/AntiCorruption. aspx，最后访问时间：2014 年 11 月 30 日。

书记就发表重要讲话，吹响了境外追逃腐败分子的号角。他指出："不能让国外成为一些腐败分子的'避罪天堂'，腐败分子即使逃到天涯海角，也要把他们追回来绳之以法，5 年、10 年、20 年都要追，要切断腐败分子的后路。"① 中国已经是《联合国反腐败公约》的缔约国，截至 2014 年 9 月，已与 63 个国家缔结司法协助、引渡和移管被判刑人等条约。国际合作的重要意义超过以往，但是国际协议的数量和国际合作的水平还有极大提升潜力。

境外追逃要根据国际法开展工作，更要特别重视国际人权法的影响。目前中国废除了走私等诸多罪名适用死刑的可能性，在实践中也可能由权威部门承诺不判处死刑，为引渡和遣返工作扫除了"死刑犯不引渡"国际规则引起的法律障碍。同时，整体性人权保障水平的提高，也有利于引渡、遣返劝返等相关工作的开展。中国已是大多数联合国人权核心公约的缔约国，但尚未批准《公民权利和政治权利国际公约》。这是联合国最重要的人权公约之一，多年来中国国内一直在认真研究、积极准备批约事宜。在当前背景下，积极考虑尽早批准这一公约，对于反腐工作中的国际法律合作，亦具有重要意义。

四　新增人权教育基地：人权教育获得推动

根据《国家人权行动计划（2009－2010 年）》"选取若干开展人权教育较早的高等院校作为人权教育与培训基地"的要求，2011 年，教育部首次批准在南开大学、中国政法大学和广州大学三所高校分别设立国家人权教育与培训基地。2013 年 8 月，由南开大学牵头，三校还共同创建了"人权建设协同创新中心"。

第二个国家人权行动计划在"人权教育"一章里进一步规定："发挥国家人权教育与培训基地的作用。到 2015 年，至少新增 5 个国家人权教育与培训基地。"

第二批"国家人权教育与培训基地"遴选评审会于 2014 年 3 月 17 日在

① 引自李楠、陈云飞《境外不是贪官"避罪天堂"》，《南方》2014 年第 16 期。

北京召开。相关主管部门负责人、中国人权研究会领导、遴选评审专家小组成员以及北京大学、复旦大学、华东政法大学、吉林大学、四川大学、山东大学、武汉大学、西北政法大学、西南政法大学、中国人民大学十家参评单位的代表共40余人参加了会议。各参选高校围绕现有人权教育、研究和培训机构的设置、专业方向特色、管理运行机制、经费保障来源等向遴选评审小组进行了详细汇报，并接受了研究会领导及专家的提问。最终，中国人民大学、西南政法大学、复旦大学、武汉大学和山东大学获评新一批国家人权教育与培训基地①。

不论是综合性大学还是法学院校，各参评和获评高校的人权机构均设在法学院或者以法学院的师资力量为骨干，这说明了中国人权教育与法治教育的密切关系，也是中国依法促进人权原则的重要体现。虽然人权涉及跨学科的知识，需要多视角和多界别的研究与推动，但法制是人权的重要载体，法治保障是基础。

在环境保护、公益诉讼等许多领域，中国高等院校都发挥了重要的教育先行、理念普及、个案推动的建设性作用。人权事业的发展离不开人权研究的深入开展、人权教育的有效普及。这种人权教育不仅针对高校学生展开，还可以承担培训政府和司法机关官员和其他工作人员的重要任务。比如，在首批基地中，广州大学人权研究与教育中心多年来就多次成功开展针对人民警察的人权培训。

五　联合国人权机制：中国深度参与人权国际交流与合作

联合国前秘书长科菲·安南将和平、发展和人权作为联合国改革和发展的三大支柱。人权是联合国开展全球工作的重中之重，并渗透到各个领域。最重要的首推联合国人权理事会的普遍性定期审议（又称国别审议）机制。

① 《新当选的国家人权教育与培训基地相关情况》，《人权》2014年第4期。

自2006年建立以来，它让所有联合国会员国以大约四年为期、轮流接受人权审议，实现了各国均无选择地在多边国际舞台汇报并接受国际审议的创举。

中国继2009年首次接受审议之后，2013年10月和2014年3月接受了第二次国别审议。当下的中国在许多方面都处在世界舞台的中央，关于中国的国别审议备受瞩目。2013年10月22日，在国别审议工作组审议中国的会议上，有150多个国家的代表报名发言。

2014年3月20日，联合国人权理事会核可中国国别审议报告的第25次会议在日内瓦举行。中国正式宣布，对各国提出的252条建议，经慎重研究，中方决定接受其中的204条建议，占建议总数的81%，涉及减贫、教育、司法改革等20多个领域。

核可其他国家的报告，用时可能少至10~15分钟。而核可中国的报告，用了大约两个小时。境内外非政府组织在此阶段有发言机会，涉及中国，显然存在政治歧见和对抗性的张力。人权理事会要实现它在审议规则中强调的非政治性、非选择性和非对抗性，并非易事。非政府组织的兴起和参与为国际人权法的实践注入了活力，但是在国际舞台上，非政府组织在发达国家和发展中国家甚至不发达国家之间不均衡的代表性，它们不对称的参与能力、缺乏法律边界和自我约束的行为方式，也颇耐人寻味。

基于联合国核心人权公约定期开展的缔约国履约审议，由根据各相关公约成立的专家委员会即条约机构分别进行。在诸多国家迟交甚至不交国家报告的情况下，中国在按时、认真提交报告并派出高规格和多部门参与的代表团出席审议会议方面，是值得称道的。2014年5月，联合国经济、社会和文化权利委员会审议了中国关于履行《经济、社会和文化权利国际公约》的国家报告，10月，《消除对妇女一切形式歧视国际公约》国家履约报告的审议由消除一切形式针对妇女的歧视委员会完成。条约机构审议后通过的结论性意见，是我们了解这些专家委员会对中国相关领域取得的成就、关切的问题和提出的建议的重要文献。

值得一提的是，2013年11月12日，第68届联合国大会改选联合国人权理事会成员，中国以176票高票当选，超过了法国所获得的174票和英国所获得的171票，任期自2014年至2016年。中国高票当选被一些国内媒体解读为国际社会对中国在人权领域取得巨大成就的高度肯定，这没有错，同时，我们还应该解读为国际社会对中国作为负责任的新兴大国在联合国人权领域发挥积极和建设性作用的广泛期望。

对于发展中人口大国的中国，人权何尝不是一个既美好又有几分复杂的词汇。人权的推进在理论界和现实生活中，同任何国家一样，在大方向既定的前提下，同样是不乏矛盾、怀疑和争议的。但是，没有人会怀疑，在理论、道路和制度上更加自信的中国，在全面发展的大背景下，将毫不迟疑地走向法治，保障人权！

B.4

《香港特别行政区基本法》的落实状况（2014）

林　峰*

摘　要：香港特区2014年落实《基本法》充满了挑战。本文对《"一国两制"在香港特别行政区的实践》白皮书所引发的争论、2017年行政长官选举、"占领运动"、基本权利保护、及"拉布"和反"拉布"案作出了客观分析。虽然有些事件令人担忧香港优良的法治传统会受到严重侵蚀，但是香港司法机关一贯的独立性和专业运作增添了人们对香港法治未来的信心。不过，法治需要香港全体公民的认同和维护，通过违法方式抗争的人士应该回归法治的轨道，否则，法治这一核心价值将会被侵蚀。

关键词：《基本法》　行政长官选举　占领运动

2014年是香港回归以来落实《香港特别行政区基本法》（以下简称《基本法》）最不平凡也可以说是法治面临最严峻考验的一年。本文将通过聚焦数件影响香港法治的重大事件和案件，来讨论香港落实《基本法》的情况和总体法治状况。首先，《"一国两制"在香港特别行政区的实践》白

* 林峰，法学博士，香港城市大学法学院教授，香港城市大学法学院副院长，中国法与比较法研究中心主任，香港法律改革委员会委员，香港执业大律师，中国法学会理事。

皮书的发表引起香港社会、法律界和学者关于中央政府对在香港落实“一国两制”原则的总方针政策是否出现了根本性改变的广泛讨论。其次，有关2017年香港行政长官选举政改“五步曲”的启动和进行可谓是香港落实《基本法》进程中具有里程碑意义的时刻，有学者称之为香港的宪政时刻[①]。但是伴随着政改过程的“占中”事件则让香港能否于2017年顺利落实行政长官普选充满了不确定性，也使香港一向引以为荣的法治精神和理念面临最严峻的考验。再次，香港对基本人权的保护又有了一些新的进展。梁国雄对立法会主席反“拉布”决定一案的终审判决不仅显示了法院在落实《基本法》过程中的中立地位，而且还证明在《基本法》框架下立法会有权力和责任确保立法会的正常运作。

一　白皮书与“一国两制”原则的未来

2014年6月10日，国务院新闻办公室发表了白皮书，在香港社会引发了激烈争论。而争论的焦点就是白皮书的第五章“全面准确理解和贯彻‘一国两制’方针政策”。该章提出了两个新的概念，其一是中央政府对香港特别行政区拥有全面管制权；其二是在“一国两制”之下，香港特别行政区主要行政官员、立法会议员和所有法官及其他司法人员等都是治港者，肩负正确理解和贯彻执行《基本法》的重任，承担维护国家主权、安全、发展利益，保持香港长期繁荣稳定的职责，爱国是对治港者的基本政治要求[②]。

香港有人认为，把香港各级法院法官和其他司法人员视为“治港者”并要求他们爱国，是中央变相重提三权合作论[③]。为了表达对这一观点的担

① Albert Chen, “Hong Kong's Constitutional Moment of 2014”, 2013: 43, *Hong Kong Law Journal*, p. 791.

② 参见《“一国两制”在香港特别行政区的实践》白皮书，http://news.xinhuanet.com/gangao/2014-06/10/c_1111067166.htm，最后访问时间：2014年12月10日。

③ 《变相重提三权合作　法官、治港者要爱国》，《苹果日报》2014年6月11日第A02版。

忧，代表法律界的公民党议员郭荣铿发起了法律界游行，以表示抗议[①]。不过，泛民主派的观点也并非完全一致。例如，“占中”发起人之一戴耀廷认为，白皮书的讲法并无新意，过去在不同场合已有北京官员提出过[②]。香港大律师公会和香港律师会也都针对白皮书发表了声明。大律师公会认为特区的法官和司法人员不应被视为“治港者”[③]。前律师会主席则认为白皮书无损香港的司法独立[④]。英国智库皇家国际事务研究所（Chatham House）驻港高级研究员、前英国驻港领事蒂姆·萨默斯（Tim Summers）认为，把法官和司法人员视为“治港者”而非“行政管理者”并无不妥，不会损害司法独立[⑤]。中央人民政府驻香港特别行政区联络办公室负责人也指出，白皮书只是换了一些新的名词，中央对香港的政策完全没有改变[⑥]。不过，北京大学强世功教授则认为，白皮书体现了中央治港的长远打算，反映了中央不断调整治港思路和治港策略，从一开始的不干预，多做少说，到现在强调“软实力”的运用[⑦]。他认为，从2013年以来，中央在香港政制发展问题上明确放弃了以往的低调策略，转而采取高调，主动阐述中央的立场，并与香港各界展开交流和对话。其目的是试图矫正香港媒体在“一国两制”问题上“重两制”而“轻一国”的倾向[⑧]。

就全面管治权而言，蒂姆·萨默斯认为，白皮书强调中央依法行使对香港特区的直接管治权，但同时下放权力于香港实行高度自治，因此白皮书并

① 《法界1800人游行创新高　黑衣捍卫司法独立　律政司：重视司法独立》，《明报》2014年6月28日第A03版。

② 《泛民料“六二儿”更多人投票》，《星岛日报》2014年6月11日第A04版。

③ 《律师会：白皮书无损港司法独立》，《香港商报》2014年6月17日第A01版。

④ 《律师会：白皮书无损港司法独立》，《香港商报》2014年6月17日第A01版。

⑤ 参见《英智库力挺白皮书》，香港《文汇报》2014年7月18日。报告原文题目为：“White Paper Does not Mark Major Shift on Hong Kong”，at：www.chathamhouse.org/forms/chatham-house-feedback）。

⑥ 张晓明：《“一国两制”白皮书在方针政策上并无创新》，凤凰卫视发布：2014-08-08 03：16：00，http：//v.ifeng.com/news/mainland/201408/01239c18-0a66-4f0a-bf05-7e7456471b39.shtml，最后访问时间：2014年12月10日。

⑦ 强世功：《中央治港的硬实力与软实力》，《信报》2014年6月11日。

⑧ 强世功：《中央治港的硬实力与软实力》，《信报》2014年6月11日。

没有僭越《中英联合声明》和《基本法》所订明的权力[①]。强教授认为中央从权力的性质入手，提出“全面管治权”这个概念，试图用“全面”来表达中央在香港拥有权力的广泛性，从而防止香港不少人认为中央在香港除了驻军和外交之外没有其他权力。和过往的《基本法》理论相比较，“全面管治权”是一个新的概念，是把《基本法》赋予中央的权力加以学理概括[②]。不过，他同时指出，虽然中央在法理上对香港拥有“全面管治权”，但是管治权无论多“全面”，都要转化为《基本法》规定的具体权力事项。而且，就中央在香港具体行使管治权而言，所谓的“全面管治权”也就是组建特区政府、国防、外交和人大释法等几项权力。因此，他认为无论如何概括中央对香港的管治权，中央事实上很少在香港直接行使权力[③]。

从白皮书发表所引发的争论可以看出，中央和香港对《基本法》的解读确实还是存在不同的。这种不同是由“两制”的内在性差异造成的[④]，不是很容易解决，主要还得靠加强沟通、增加理解和信任。就白皮书的内容来看，其中用了一些新概念，特别是“全面管治权”。一方面，长期受普通法和英国议会制影响的香港的政客、学者和律师有一定的反应是可以理解的。另一方面，他们的反应似乎大了一些。之所以这么说，是因为《基本法》明确规定了在香港适用的全国性法律的范围，即《基本法》和附件三所列举的法律，也规定了中央政府可管辖事项的范围。《基本法》是中央政府也需要遵守的全国性基本法律。就算是中央政府想行使“全面管治权”，除非对《基本法》作出根本性修改，否则在现行《基本法》之下，除了国防、外交、行政长官任命、解释《基本法》以及对《基本法》

---

① 参见《英智库力挺白皮书》，香港《文汇报》2014年7月18日。报告原文题目为：“White Paper Does not Mark Major Shift on Hong Kong”，at：www.chathamhouse.org/forms/chatham-house-feedback）。

② 强世功：《中央治港理论与实践差距》，《信报》2014年6月12日。

③ 强世功：《中央治港理论与实践差距》，《信报》2014年6月12日。

④ LIN Feng and P. Y. LO，“One Term，Two Interpretations，the Justifications and the Future of Basic Law Interpretation”，in Fu Hualing etc.（eds.），*Interpreting Hong Kong's Basic Law：The Struggle for Coherence*，Palgrave Macmillan，January 2008.

附件三进行增补和删减之外，对其他事项的管治权已经由《基本法》赋予香港特区政府，中央没有行使“全面管治权”的空间。因此，对白皮书的客观解读应该得出的结论是：在理论上中央享有“全面管治权”，但是这一“全面管治权”被中央（具体来说是全国人大）所制定的《基本法》作出了限制。不过，按照单一制国家制度的理论，这种限制是中央自主行使主权的结果，并不构成对中央在理论上仍然享有“全面管治权”的否定。

二 2017年行政长官选举与“占领运动”①

（一）政改咨询与“8·31”决定

有关2017年行政长官选举为期5个月的首轮政改咨询于2014年5月3日结束。不同的政党、专业团体、民间智库、学者和市民提出了许多方案和建议②。在充分的政治咨询与酝酿的基础之上，行政长官于7月根据政改“五步曲”的安排向全国人大常委会提交了《关于香港特别行政区二零一七年行政长官及二零一六年立法会产生办法是否需要修改的报告》③。为了给全国人大常委会施加压力，有团体发动“占中”政改投票，并表明若人大就政改报告作出的决定将政改框架收窄至无“真普选”机会时，就会占领中环。至2014年6月24日，有约72万市民投票④。另外，有团体于7月19日发动反占中、保普选签名行动，鼓励香港沉默的大多数站出来表达保和平、保普选的诉求⑤。至8

---

① “占中三子”原来打算占领中环这一香港最重要的商业中心。可是，由于学生的罢课活动是在金钟进行的，因此他们是在金钟宣布“占中”正式开始。事实上，整个运动并没有占领到中环。因此本文用“占领运动”，而非“占中”一词。

② 《二零一七年行政长官及二零一六年立法会产生办法公众咨询报告》，http：//www.2017.gov.hk/sc/report/index.html，最后访问时间：2014年12月10日。

③ http：//www.2017.gov.hk/sc/npcsc/index.html，最后访问时间：2014年12月10日。

④ 《72万人投票　戴耀廷：七一勿占中》，《香港商报》2014年6月24日第A06版。

⑤ 《反占中签名设400街站　郑耀棠认为运动难无“水分”》，《头条日报》2014年7月20日第6版。

月19日，签名突破了150万①。不过双方都同意要保普选。

全国人大常委会审议了香港行政长官所提交的报告，考虑到普选行政长官关系到国家主权、安全和发展利益，也考虑了《基本法》所规定的循序渐进原则，以及香港社会的有关意见和建议，认为必须坚持行政长官由爱国爱港人士担任的原则。而且，全国人大常委会指出自己对正确实施《基本法》和决定行政长官产生办法负有宪制上的责任，有必要就行政长官普选的一些核心问题作出规定以促进香港社会凝聚共识，依法顺利实现普选。因此，全国人大常委会于8月31日作出了《关于香港特别行政区行政长官普选问题和2016年立法会产生办法的决定》（“8·31”决定）。就2017年行政长官选举而言，“8·31”决定有以下四项具体内容②。

（1）须组成一个有广泛代表性的提名委员会。提名委员会的人数、构成和委员产生办法按照第四任行政长官选举委员会的人数、构成和委员产生办法而规定。

（2）提名委员会按民主程序提名产生2－3名行政长官候选人。每名候选人均须获得提名委员会全体委员半数以上的支持。

（3）香港特别行政区合资格选民均有行政长官选举权，依法从行政长官候选人中选出一名行政长官人选。

（4）行政长官人选经普选产生后，由中央人民政府任命。

“8·31”决定可以说是2014年最重要的宪制性文件，为2017年香港行政长官选举确定了框架。

（二）“占领运动”及其结局

“8·31”决定作出后，泛民反应强烈，25名泛民立法会议员联署表明

---

① 《“保普选反占中”签名破150万　各界热烈支持　总数远超预期》，香港《文汇报》2014年8月19日第A04版。

② http：//www.2017.gov.hk/filemanager/template/sc/doc/20140831a.pdf，最后访问时间：2014年12月10日。

将否决政改方案[①]。9月28日，“占中三子”在香港专上学生联会（“学联”）罢课一周后，于金钟宣布正式启动占领中环的公民抗命运动。他们有两个诉求：一是撤回“8·31”决定，二是重启政改[②]。随后，占领地点从金钟扩大到包括旺角和铜锣湾在内的三个地点。

1. 特区政府与“学联”对话

在“占领运动”进行了24天后，特区政府派出以政务司司长林郑月娥为首的五名政府官员，与五名“学联”代表进行了两个小时的对话[③]。会议主要讨论的问题包括：撤回“8·31”决定的可能性，公民提名，行政长官向全国人大常委会提交的报告是否如实反映香港社会对普选的意见及要求，以及提名委员会的组成等问题[④]。在会上，林郑月娥首先指出，占领街道、堵塞交通，只会破坏社会秩序、影响普通市民的生活甚至生计，无助解决当前政制发展的争议，希望学生能顾全大局，以市民大众的福祉为依归，尽快撤离占领区，让市民的生活和社会秩序早日恢复正常，让紧张的关系得以缓和。她重申2017年行政长官选举必须在《基本法》和“8·31”决定的框架内落实[⑤]。

学联则认为导致“占领运动”出现的责任在于特区政府，因为行政长官向全国人大提交的报告没有如实反映香港社会对普选的意见及要求，以致误导后者，令其作出“8·31”决定。学联在会上重申向特区政府提出的三个要求[⑥]：①向全国人大提交报告，要求全国人大常委会撤回其“8·31”

---

① 《人大政改落闸　泛民怒潮决堤》，《香港商报》2014年9月1日第A01版。

② 《戴耀廷9·28占中宣言》，《苹果日报》2014年9月28日第A01版。

③ 对话于2014年10月21日在黄竹坑香港医学专科学院大楼进行，全程现场电视、电台直播。其他政府官员包括律政司司长袁国强及政制、内地事务局局长谭志源、特首办主任邱腾华，以及政制及内地事务局副局长刘江华。

④ 《政府：民情报告交港澳办；对话提4回应，学联拒“收货”》，《明报》2014年10月22日第A02版。

⑤ 同上注。其他政府方面的代表在发言中亦多次强调人大常委会的“8·31”决定是不可撼动的，特区政府只能在有关框架之内寻求最大的空间去尽量扩大特首选举的民主性。

⑥ 《学联坚持公民提名，政府拟补民情报告；首次对话分歧大，无成果》，《头条日报》2014年10月22日第1版。

决定；②为落实真普选定出明确的时间表及路线图，并把公民提名及废除立法会功能组别纳入特区未来政改的发展方向；③提请全国人大修改《基本法》，令公民提名可作为特首选举的提名方式。

特区政府拒绝了学联的上述要求，但作出了以下四点回应[①]：①在第二轮公众咨询中，特区政府与市民共同在“8·31”决定的框架之下，寻找最大的政治空间去落实一套公平、公正、高透明度而又富竞争性的行政长官普选方案；②2017年普选行政长官的办法，并非一个终局的方案，在有需要时，可以再次启动“五步曲”，去修改及完善有关办法；③特区政府考虑成立一个多方平台，让社会各界，包括学生和年轻人，可以一起参与，重点讨论2017年后香港政制的长远发展；④特区政府考虑在“五步曲”之外，向国务院港澳办提交一份“民情报告”，向中央反映自2014年8月底以来社会各界对于政改所提出的意见及要求。

在对话的同时，行政长官梁振英接受了外国通讯社的访问，提出可以在提名和选举程序方面提高民主成分，特别是把提名委员会的公司票改为个人票[②]。

有关的对话并没有缩窄双方的分歧。在大原则方面，双方只是不断重申自己一方的坚持。虽然如此，香港政府认为对话气氛不错，有助于双方多了解对方的看法[③]，也找到一些共同点，日后可以再透过沟通，慢慢累积更多共同点[④]。然而，学联代表则认为政府的响应“虚无缥缈”，提出的四点响应亦只是“治标不治本”，并质疑“民情报告”会否有宪制效力[⑤]。学联和

① 《政务司司长与香港专上学生联会代表对话总结发言》，《香港特别行政区政府新闻公报》2014年10月21日，http：//www. info. gov. hk/gia/general/201410/21/P201410211039. htm，最后访问时间：2014年12月8日。

② 《学联坚持一人一票组成　特首研提委团体票变个人票》，《头条日报》2014年10月23日第4版。

③ 《政务司司长谈与学联代表对话》，《香港特别行政区政府新闻公报》2014年10月21日，http：//www. info. gov. hk/gia/general/201410/21/P201410211093. htm，最后访问时间：2014年12月8日。

④ 《政务司司长谈与学联代表对话》，《香港特别行政区政府新闻公报》2014年10月21日，http：//www. info. gov. hk/gia/general/201410/21/P201410211093. htm，最后访问时间：2014年12月8日。

⑤ 《首次对话分歧未收窄》，《太阳报》2014年10月22日第A04版。

民主派认为行政长官的建议属于小修小补，拒绝“收货”[①]。学联坚持不会撤离占领区[②]，还呼吁占领者应思考如何扩大不合作运动[③]。对于学联这样的反应，特区政府表示失望[④]。

2. 禁制令与清场

“占领运动”对很多市民日常出入构成不便，特别是交通及运输业界人士，他们的生计受到直接影响。为了使道路尽快重开、交通状况尽快恢复正常，一些运输业商会于“占领运动”开始三周后向法院申请禁制令，禁止占领人士继续占领金钟、铜锣湾及旺角等地区的主要路段，并追讨他们因“占领运动”而导致的经济损失[⑤]。10 月 20 日，四名原告[⑥]向高等法院提出紧急申请，要求法院颁发临时禁制令[⑦]。法官接纳有关申请，颁发了 3 个临时禁制令，禁止阻塞弥敦道、亚皆老街、添美道和龙汇道交界及中信大厦停车场和紧急消防出入口；又禁止示威人士阻止原告及其代理人清除障碍物[⑧]。这 3 个临时禁制令有效期至 10 月 24 日[⑨]。10 月 22 日，又有团体申请夏悫道禁制令，法院于 12 月 1 日颁发有关临时禁制令[⑩]。然而，占领者并没有因为法院颁发临时禁制令而撤离，一些人表示会坚持到最后一刻。高等

① 《特首谈提委会　公司票可转个人　学联回应指小修小补》，《星岛日报》2014 年 10 月 23 日第 A04 版。

② 《学联坚持公民提名，政府拟补民情报告；首次对话分歧大，无成果》，《头条日报》2014 年 10 月 22 日第 1 版。

③ 《学联对话后狠批，港府失望；政府两行动释善意，学联研扩不合作运动》，《香港经济日报》2014 年 10 月 22 日第 A02 版。

④ 《特区政府响应与学联对话》，《香港特别行政区政府新闻公报》2014 年 10 月 21 日，http：//www. info. gov. hk/gia/general/201410/21/P201410211095. htm，最后访问时间：2014 年 12 月 8 日。

⑤ 《运输业入禀禁制霸路》，《东方日报》2014 年 10 月 14 日第 A12 版。

⑥ 包括的士司机黎海平、谭骏雄、小巴团体潮联公共小型巴士有限公司以及中信大厦业主金蓬投资有限公司。

⑦ 《无视高院禁令，示威者续占旺钟》，《东方日报》2014 年 10 月 21 日第 A01 版。

⑧ 《无视高院禁令，示威者续占旺钟》，《东方日报》2014 年 10 月 21 日第 A01 版。

⑨ 《占钟占旺叫停，高院颁禁令，示威者拒撤》，《成报》2014 年 10 月 21 日第 A01 版。

⑩ 《冠忠巴士申夏悫道禁令》，《明报》2014 年 10 月 23 日第 A04 版；《高院颁金钟多处路段临时禁制令　警获授权协助　官：无政治考虑》，《香港经济日报》2014 年 12 月 2 日第 A15 版。

法院于11月10日第二次批准延长对涉及旺角和中信大厦所颁发的3个禁制令的同时，授权警方拘捕妨碍执达主任执行命令的人士[①]。

11月19日，执达主任在警方在场戒备的情况下，于中信大厦外面执行禁制令，完成移除该处的路障。该处的占领人士并无反抗[②]。不过，后来当执达主任尝试移除较远离中信大厦的障碍物时，引起占领人士不满，要求交代清除障碍物的范围[③]。虽然如此，最后仍能成功清理横跨添美道行人通道上的铁马，以及中信大厦紧急出入口附近的帐篷[④]。

但是，在旺角执行临时禁制令却遇到很大的阻力。11月25日，20名执达主任在旺角进行第一次清理障碍物行动时，几乎全程被占领者包围，一些占领人士拒绝离开，甚至与警员发生推撞。他们用了6个小时才清理完亚皆老街一个长50米的路段[⑤]。但占领人士与警方的对峙并未因清理障碍物行动结束而停止。到了晚上，双方冲突情况加剧。在警告无效之后，警方多次施放催泪水驱散示威者，并以涉嫌藐视法庭、非法集结、袭警、抗拒或阻碍公职人员等罪名共拘捕80人[⑥]。在11月26日早上的清理障碍物行动中，警方再拘捕多名占领人士[⑦]。在一连两天的行动中，警方共拘捕148人，而旺角被占领人士堵塞了两个月的所有道路亦全部重开，旺角的交通情况恢复正常[⑧]。

---

① 《高院延长临时禁制令　执达吏清场可求助警方》，《头条日报》2014年11月11日第10版。

② 《金钟中信大厦清路障顺利　占领者协助清理铁马帐篷》，《成报》2014年11月19日第A02版。

③ 《金钟中信大厦清路障顺利　占领者协助清理铁马帐篷》，《成报》2014年11月19日第A02版。

④ 《金钟中信大厦清路障顺利　占领者协助清理铁马帐篷》，《成报》2014年11月19日第A02版。

⑤ 《占领人士迫爆亚皆老街，执达吏6小时仅清50米》，《am730》2014年11月26日第A04版；《旺角驱占，警射催泪，转战砵兰街》，《都市日报》2014年11月26日第P02版。

⑥ 《旺角清场，再爆冲突；警催泪剂驱占领群众》，《头条日报》2014年11月26日第P02版。

⑦ 《“双学”核心骨干成员落网，黄之锋岑敖晖令或提堂》，《成报》2014年11月27日第A02版。

⑧ 《弥敦道重光，示威者夜战西洋菜街，迭爆冲突》，《东方日报》2014年11月27日第A01版。

12 月 11 日，冠忠集团代理人及执达主任执行夏悫道禁制令，于早上 9 时开始清除禁制令范围路障，进度缓慢。“双学”及泛民议员号召市民和平留守，与清场警方对抗到底①。警方由原定上午 11 时延至约下午 2 时才展开终极清场②。200 人响应“双学”呼吁不合作到底。警方延至下午 4 时 20 分才正式开始拘捕，逐一把抗命者抬走。拘捕行动历时近五小时。清场行动展开 12 个小时后，夏悫道西行线约晚上 9 时通车，约晚上 10 时 45 分干诺道中东西行全线通行③。警务处助理处长张德强宣布，共 209 人被捕，包括 131 男及 78 女④。

12 月 15 日，警方在铜锣湾完成清场行动，令部分轩尼诗道和怡和街恢复行车，行动中有十多人被捕⑤。同日下午，立法会秘书处在被占领逾两个月的立法会示威区展开清场，仅不足两小时便完成，其间无须警方协助，大部分占领者自行离去⑥。随着铜锣湾占领区及立法会示威区的清场结束，持续 79 天的“占领运动”告一段落，不少示威者转化为游击式的“鸠呜（购物）团”⑦。

3. 令人担忧的创意性抗争方式

旺角一向是香港的繁盛购物区之一，但占领行动令交通及人流受阻，直接导致位于占领区的商店难以正常营业，而曾发生的打斗事件更令很多游客甚至香港人对旺角却步。因此，行政长官梁振英呼吁市民在旺角占领区的路障清除及秩序恢复后，多去消费⑧。11 月 26 日旺角全面清场后，每晚都有市民以“响应特首的呼吁”及购物为名，在旺角以至尖沙咀聚集、游行，

---

① 《占中乱局》，《星岛日报》2014 年 12 月 12 日第 A20 版。

② 《毋忘初衷　We'll be back　209 人公民抗命被捕》，《苹果日报》2014 年 12 月 12 日第 A01 版。

③ 《毋忘初衷　We'll be back　209 人公民抗命被捕》，《苹果日报》2014 年 12 月 12 日第 A01 版。

④ 《毋忘初衷　We'll be back　209 人公民抗命被捕》，《苹果日报》2014 年 12 月 12 日第 A01 版。

⑤ 《警方铜锣湾占领区清场》，亚洲电视，2014 年 12 月 15 日。

⑥ 《清立会毋须警》，《都市日报》2014 年 12 月 16 日第 4 版。

⑦ 《铜锣湾今清场　最快半日完成　警料平安夜除夕购物团再现》，《明报》2014 年 12 月 15 日第 A06 版。

⑧ 《CY 吁清障后多到占领区消费帮助小商户　称对警执法有信心》，《晴报》2014 年 11 月 26 日第 4 版。

滋扰该区市民和商户，甚至进入店铺作不同形式及程度的捣乱①。除此之外，有人亦以不停过马路、刻意在马路上掉零钱然后扮拾回、在巴士站排队等巴士等方式，扰乱交通②。他们中一些人手持雨伞、标语等，边走边高叫“我要真普选”“我要鸠呜（购物）”，甚至叫嚣。另外，一些示威人士更针对申请旺角禁制令的潮联小巴公司，到其小巴车站大叫“开路”，又指他们违例泊车但警方却不执法③。

事实上，自旺角全面清场后，警方一直担心有占领人士会尝试重新占领已清场的路段。因此，警方仍派出大批警员在该区全日戒备。每当见到有人群聚集，警方便立即驱散④。示威者亦不时对警方的行动报以还击，与警员发生推撞，甚至向他们抛掷杂物。很多时候，警方与示威者的激烈冲突一直维持至凌晨时分。从 11 月 26 日至 12 月 1 日，警方在旺角的有关行动中，以涉嫌拒捕、在公众场所扰乱秩序、持有攻击性武器、无牌管有枪械、非法集结及袭警等罪名共拘捕 229 人，当中 53 人被落案起诉⑤。在“占领运动”全面结束之后，上述抗争也逐渐式微。不过学联又提倡新的不合作运动，如延迟公屋交租、分撒支票缴税、拖垮政改咨询等⑥。

---

① 《市民“购物”　警挥棍驱散　旺角途人嘲讽：不如宵禁》，《苹果日报》2014 年 11 月 27 日第 A01 版；《“鸠呜团”连续七晚搞事》，《大公报》2014 年 12 月 2 日第 A04 版；《马路争夺战示威者冲防线　图瘫痪旺角交通》，《星岛日报》2014 年 11 月 29 日第 A01 版。例如，在电器店外聚集假装看电视或排队试玩游戏机、在服装店刻意翻乱货架上的货品等。他们这些捣乱行为，令店铺无法正常营业，唯有提早关门。

② 《市民“购物”　警挥棍驱散　旺角途人嘲讽：不如宵禁》，《苹果日报》2014 年 11 月 27 日第 A01 版；《马路争夺战示威者冲防线　图瘫痪旺角交通》，《星岛日报》2014 年 11 月 29 日第 A01 版。

③ 《“鸠呜”扰店或违公安条例》，《信报》2014 年 12 月 4 日第 A14 版；《涌入“拣衫”强阻关门　旺角鸠呜团玩残店铺》，《头条日报》2014 年 12 月 4 日第 1 版。

④ 《市民“购物”　警挥棍驱散　旺角途人嘲讽：不如宵禁》，《苹果日报》2014 年 11 月 27 日第 A01 版；《“鸠呜团”连续七晚搞事》，《大公报》2014 年 12 月 2 日第 A04 版；《马路争夺战示威者冲防线　图瘫痪旺角交通》，《星岛日报》2014 年 11 月 29 日第 A01 版。

⑤ 《“鸠呜”扰店或违公安条例》，《信报》2014 年 12 月 4 日第 A14 版；《涌入“拣衫”强阻关门　旺角鸠呜团玩残店铺》，《头条日报》2014 年 12 月 4 日第 1 版。

⑥ 《学联倡全民不合作运动　延迟公屋交租、分撒支票交税》，《新报》2014 年 12 月 15 日第 A02 版；《周永康：清场清不走问题　继续“不合作”拖垮政改咨询》，《晴报》2014 年 12 月 12 日。

（三）“占领运动”的性质、影响与政改的前景

1.“占领运动”的性质

“占领运动”的非法性是运动的发起人所承认的，其目的是通过非法的抗命运动来达到其迫使全国人大撤回“8·31”决定的目的。根据现行法律，“占领运动”的非法性首先在于参与者非法占领香港三个繁忙地区的数条主要街道。其次，根据“占中三子”自首时所表达的观点，他们认为其行为可能违反了《公安条例》第17A（3）条有关参与未经批准的公众集会之罪行。再次，他们还有可能被控其他更严重的罪名。

2.“占领运动”的影响

“占领运动”有可能带来的最大的副作用是对香港核心价值之一——法治的冲击。在警察协助申请人开通旺角被占领的道路后，一些占领人士转移阵地到附近的街道，公然做出一些违法的事情。这些明知违法而故意为之的行为会导致其他市民产生一种错觉，那就是只要有一定的人数，即使违法，警察也不会抓。有议员担心青年会对法律失去敬畏①，也有议员认为“占领运动”显示民粹民主，其“践踏法治流毒深远”②。若真如有些人所希望的那样，故意违法行为被带入不同的社区成为一种常态的话，那么法治精神就会被严重侵蚀，那将是香港的悲哀！

3. 政改的前景

抛开政治因素，纯粹从法律技术的角度，在“8·31”决定框架之下，是否有可能实现真正的普选呢？答案是肯定的。“8·31”决定要求提名委员会必须具有广泛的代表性，特区政府在和“双学”的对话中，及行政长官在差不多同一时间所抛出的妥协方案中提出，会尽量提高提名委员会的民主性。若提名委员会委员的产生能完全民主化的话，行政长官候选人的民主性也就实现了。因此，在“8·31”决定框架之下也是有可能实现真普选的。

---

① 《司法受冲击　社会秩序荡然》，《东方日报》2014年12月6日第A31版。

② 梁美芬：《“占中”践踏法治　流毒深远》，《大公报》2014年12月16日第A13版。

要求撤回“8·31”决定和重启政改显示了其对中国法律和政治制度缺乏深入的认识。在理论上，全国人大有权“改变或者撤销全国人民代表大会常务委员会不适当的决定”①，但前提是，有关决定必须是“不适当的”。当中央政府认为“8·31”决定是适当的决定时，在中国的宪政架构下，全国人大是不可能改变和撤销“8·31”决定的。

特区政府在和“双学”对话时所提出的四点建议以及行政长官所提出的用个人票取代公司票应该说是反映了特区政府最大的诚意。这些是特区政府在其权限范围内所能够做到的。“占中三子”和学联的撤回“8·31”决定和重启政改的要求完全超出了特区政府的权限范围，其决定权在全国人大及其常委会。特区政府不可能越权代表中央政府作出任何的让步。

2017 年香港能否真正落实行政长官普选，关键在于特区政府未来提出的政改方案能否得到立法会 2/3 多数议员的支持。希望泛民中有部分人士能够认识到，从 1200 人的选举委员会到一人一票选行政长官是一个质的变化，并会投票支持政改方案。否则，普选行政长官的进程将被至少延缓五年。

三　基本权利的保护

在过去的一年里，香港对基本权利的保护在一些方面有显著的发展，而在另外一些方面，如对反歧视条例的检讨，由于刚刚开始征询公众意见，还没有实质性进展。因此，本节将讨论已有的发展。

（一）社会与经济权利的司法保护

在孔允明对社会福利署署长一案中②，上诉人于 2005 年 11 月获内地签发单程证来香港与丈夫团聚。丈夫在她来港后翌日逝世。2006 年 3 月，上

---

① 参见中国《宪法》第 62 条。

② 终院民事上诉 2013 年第 2 号，http：//legalref. judiciary. gov. hk/lrs/common/ju/ju_ frame. jsp? DIS = 90670&currpage = T，最后访问时间：2014 年 12 月 9 日。

诉人申请综合社会保障援助（“综援”）。社会福利署署长（“署长”）拒绝她的申请，理由是自2004年1月1日起，所有申请人按规定必须已居港至少七年[①]。署长拒绝行使酌情权，对上诉人宽免该项居港规定。上诉人向社会保障上诉委员会提出的上诉被驳回。因此，上诉人提出司法复核，质疑综援计划下的七年居港规定违反《基本法》第36条的规定，即“香港居民有依法享受社会福利的权利。劳工的福利待遇和退休保障受法律保护”。

原讼及上诉法庭均裁定七年居港规定并不违反《基本法》第36条。上诉人再上诉。终审法院一致裁定上诉人胜诉，并宣布七年居港规定因违反《基本法》第36条而违宪。终审法院认为，一方面，根据《基本法》第36条，香港居民有权按照综援计划于1997年7月1日的情况（连同一项居港一年的限定条件）享受社会福利待遇。另一方面，政府有权按照《基本法》第145条而制定政策，修改该等待遇。不过，政府对该权利的任何限制，必须受到法院在宪法层面（《基本法》）的复核，而复核的标准就是比例原则。具体来说，对权利的限制必须与贯彻一项正当目的有合理关联，而对权利的侵犯不能明显地没有合理基础[②]。

政府声称引入七年居港规定的目的是为了节约金钱，以确保社会保障制度可长期维持。但是七年居港规定与另外两项重要社会政策相抵触，即签发单程证以便家庭团聚的政策和使老化人口年轻化的人口政策。而且，有证据显示，引入七年居港规定而节约的金钱款额微不足道。因此，终审法院断定，七年居港规定与政府所声称的目的，即确保社会保障制度的可持续性，并无合理关联，或是一项明显的没有合理基础的措施[③]。

此案确定了社会经济权利的司法可诉性。但是这并不否定政府可以对公民享有的社会经济权利加以限制。法院的权限在于对政府所作出的限制是否

---

① 2004年之前，综援申请资格在居港条件方面是居港一年。

② 终院民事上诉2013年第2号，http：//legalref. judiciary. gov. hk/lrs/common/ju/ju_ frame. jsp？DIS =90670&currpage = T，最后访问时间：2014年12月9日。

③ 终院民事上诉2013年第2号，http：//legalref. judiciary. gov. hk/lrs/common/ju/ju_ frame. jsp？DIS =90670&currpage = T，最后访问时间：2014年12月9日。

符合《基本法》，根据比例原则进行审查。因此，只要政府采取的有关措施符合比例原则，也就符合《基本法》的规定了。

（二）居港权案件

居港权案件在 2014 年又有了新的发展。在 Gutierrez Joseph James（未成年人）对人事登记处处长及人事登记审裁处一案中①，上诉人是 1996 年 12 月 1 日在香港出生的菲律宾国民。自出生起，除了几段在香港境外的短暂逗留期间外，他一直以访客的身份留在香港。他的母亲是菲律宾国民，自 1991 年起一直以外籍家庭佣工的身份在香港工作。2006 年 12 月 20 日，上诉人 10 岁，他的母亲代表他提出申请，要求核实上诉人符合资格领取永久性居民身份证，目的是确立上诉人享有香港永久性居民的身份及居留权，但被入境事务处拒绝。上诉人其后提出申请，要求获发香港儿童永久性身份证，又被人事登记处处长拒绝②。

本案有两个法律问题。第一，上诉人是否已确立他以香港为其永久居住地。第二，上诉人是否已符合规定，即在香港通常居住连续七年以上。根据《基本法》第 24 条第 2 款第 4 项，非中国籍的人士必须符合上述两项条件，才能成为香港永久性居民。就第一个问题，终审法院拒绝修订其早前在 *Prem Singh* 一案中已确立的处理方法，并将该处理方法应用于本案③。终审

---

① 终院民事上诉 2014 年第 2 号，http：//legalref. judiciary. gov. hk/lrs/common/ju/ju_ frame. jsp？DIS =94873&currpage = T，最后访问时间：2014 年 12 月 9 日。

② 终院民事上诉 2014 年第 2 号，http：//legalref. judiciary. gov. hk/lrs/common/ju/ju_ frame. jsp？DIS =94873&currpage = T，最后访问时间：2014 年 12 月 9 日。

③ 在 *PREM SINGH* 对入境事务处处长一案中（FACV 7/2002）（http：//legalref. judiciary. gov. hk/lrs/common/search/search_ result_ detail_ frame. jsp？DIS = 87540&QS = %28Prem%2BSingh%29&TP = JU，最后访问时间：2014 年 12 月 16 日），终审法院指出，《基本法》第 24 条第 2 款第 4 项所订立的永久居住地规定，至少在两个方面提出更多要求。申请人必须有意永久或无限期（而非在有限的期间）在香港居住，而其采取的步骤亦必须为此目的。申请人必须有意及采取步骤以香港为其唯一永久居住地。即使申请人在申请核实其永久性居民身份之前仍受到逗留期限限制，该人仍可以及必须于提出该申请当日之前符合上述规定。申请人的身份一经核实，有关的逗留期限在法律上便会消失，而在正常情况下，处长会明确取消附注在申请人旅行证件上的任何条件（判词第 66 段）。

法院认为，虽然在罕有的情况下一名10岁儿童可能独立地确立他以香港为其永久居住地，但在大部分情况下，一名儿童的永久居住地会跟随他赖以供给生活的父母及/或监护人的永久居住地。本案没有证据显示，上诉人本人或有人代表他或为他的利益而曾经作出任何安排，以确立他以香港为其永久居住地①。

关于第二个问题，上诉人辩称他拥有获得香港身份证的资格。依据*GurungKeshBahadur*案②，《基本法》第31条保障他应享有旅行自由的权利。因此，《入境条例》第11条第10款不影响他，也不中断香港为他的通常居住地的连续性。终审法院认为相关法律仅仅赋予他申请香港身份证的权利，而非获得香港身份证的权利之资格。由于上诉人在紧接他的核实申请之前的七年中，有几次不在香港，根据《入境条例》第11条第10款，他在该期间并非通常连续居于香港，这表示他之前获给予的入境或留在香港的许可在每次他离开香港后都告失效，使他每次回港都要重新获得许可。因此，终审法院认为上诉人并不拥有获得香港身份证的资格③。

不过，对于上诉人获许可以访客身份留在香港是否必然意味尽管多年以来他曾获多次签证延期，但仍然不能逐渐积累成为在此通常居住这一问题，终审法院没有答复④。这意味着居港权案件在将来还会有发展空间。其实，所有居港权案件的根源是《基本法》第24条。该条把原本可由香港政府决定的居港权上升到宪法/基本权利的地位，是一种法律错位。若把这些权利还原到它们应有的法定权利的地位，那么所有居港权的案件也就不会发生了⑤。

① 终院民事上诉2014年第2号，http：//legalref. judiciary. gov. hk/lrs/common/ju/ju_ frame. jsp? DIS =94873&currpage =T，最后访问时间：2014年12月9日。

② 参见*Gurung Kesh Bahadur v Director of Immigration*（2002）5 HKCFAR 480。

③ 终院民事上诉2014年第2号，http：//legalref. judiciary. gov. hk/lrs/common/ju/ju_ frame. jsp? DIS =94873&currpage =T，最后访问时间：2014年12月9日。

④ 终院民事上诉2014年第2号，http：//legalref. judiciary. gov. hk/lrs/common/ju/ju_ frame. jsp? DIS =94873&currpage =T，最后访问时间：2014年12月9日。

⑤ 林峰、王书成：《基本法》第24条与香港永久性居民的法理定位，《法学评论》2013年第5期（总第181期），第68~79页。

（三）法律专业保密权

在律政司司长对曾昭颖等人一案中[①]，一对富有的夫妻离婚，法庭在有关的婚姻法律程序中须裁定丈夫有何资产可作分配。丈夫和他的父亲声称有关资产中的一大部分属父亲所有，但妻子则声称父子两人曾进行有欺诈成分的交易，以使她的经济给养申请失败。妻子在披露文件的过程中要求法庭命令丈夫交出某些文件。丈夫提出抗议，声称部分文件享有法律专业保密权，该保密权保障律师与其当事人之间的通信无须强制披露。原讼法庭裁定，由于有关文件涉及犯罪，因此不受保密权保护。妻子指称丈夫交出文件中的一份为伪造文件。丈夫和父亲否认该份文件为伪造文件，但并不反对法庭将有关交易作废的命令。法官由于在经济给养的法律程序中裁定丈夫和父亲犯了伪证、伪造和企图妨碍司法公正等罪名，因此将案件转交律政司司长处理[②]。

律政司司长向法庭申请取阅与指称的罪行有关的文件。妻子意欲将她所管有的文件交给律政司司长，以协助调查。由于在文件披露的过程中收取的文件受制于只能在它们被披露的法律程序中使用的承诺，因此妻子向法庭申请解除该项承诺。原讼法庭批准律政司司长取阅有关文件及解除妻子申请的承诺。上诉法庭基于部分文件可能受法律专业保密权保障而推翻了原讼法庭的命令，并要求律政司司长首先独立地证明，该等文件涉及指称的罪行而属例外情况，因而法律专业保密权并不适用[③]。

终审法院裁定，除非有特别情况，以及必须不会对交出有关文件的人造成不公平，否则不应解除某一方的承诺。妻子辩称，作为一名意欲举报一项罪行的潜在受害人，她有充分理据被解除承诺。终审法院认为，法律

① 终院民事上诉2014年第5及6号，http://legalref.judiciary.gov.hk/lrs/common/ju/ju_frame.jsp?DIS=95603&currpage=T，最后访问时间：2014年12月9日。

② 终院民事上诉2014年第5及6号，http://legalref.judiciary.gov.hk/lrs/common/ju/ju_frame.jsp?DIS=95603&currpage=T，最后访问日期：2014年12月9日。

③ 终院民事上诉2014年第5及6号，http://legalref.judiciary.gov.hk/lrs/common/ju/ju_frame.jsp?DIS=95603&currpage=T，最后访问日期：2014年12月9日。

专业保密权是一项被写进《基本法》第35条的绝对权利，而律政司司长尚未证明这项保密权不适用于本案。他必须在待决的申请中证明有关的文件因涉及犯罪而不受法律专业保密权保障，才应获准取阅该等文件。律政司司长不能只申请向妻子取得该等文件而规避向法庭证明保密权不适用的义务①。

此案明确了法律专业保密权的宪制性地位。除非能证明该权利不适用，否则任何人都不得侵犯他人的这一权利。

（四）新闻自由

新闻自由在2014年的一段时间内在香港也引起了热烈的讨论。其导火线是，《明报》于2014年1月6日发表声明，其前总编辑刘进图将出任新的要职。香港记者协会等机构和个人对事件表示关注，担心影响香港的新闻自由②。《明报》编辑部的声明表示，《明报》的“编辑方针始终如一，并不会因为人事变动而有所改变”③。刘进图于2月26日遇袭，被严重砍伤。记者协会认为香港的新闻自由令人关注④。事件发生后，特区政府及香港各界人士严厉谴责暴徒暴行⑤。香港警方已经把两位歹徒缉拿归案，将于2015年7月受审⑥。

虽然这一事件难免让人联想到新闻自由面临挑战，但是目前此案究竟是由什么原因而发生，是简单的刑事案件、个人恩怨，还是有其他的政治背

① 终院民事上诉2014年第5及6号，http：//legalref. judiciary. gov. hk/lrs/common/ju/ju_frame. jsp？DIS =95603&currpage = T，最后访问日期：2014年12月9日。

② 《〈明报〉换总编辑　记协学者：忧影响新闻自由　编辑部：方针不变》，《明报》2014年1月7日第A02版。

③ 《〈明报〉换总编辑　记协学者：忧影响新闻自由　编辑部：方针不变》，《明报》2014年1月7日第A02版。

④ 《记协发表言论　自由年报：本港新闻自由几十年来最黑暗》，《星岛日报》2014年7月7日第A05版。

⑤ 《特首谴责暴行　各界促警缉凶　8传媒组织联合声明：忧挑衅新闻自由》，《明报》2014年2月27日第A02版。

⑥ 《刘进图遇袭案明年7月中审》，《明报》2014年9月25日第A10版。

景，或者就是为了恐吓新闻自由，目前还不完全清楚，得等案件审理完结之后才知道。

可以肯定的是，香港的新闻界、特区政府乃至整个社会对维护新闻自由这一核心价值都抱有坚定的决心。而且新闻自由是言论自由的一种，是受《基本法》所保护的，也有独立的司法机关作为其坚强后盾。我们有充分的理由相信，香港的新闻自由会得以持续下去。

四　“拉布”、反“拉布”案与立法会的运作

“拉布”（filibuster）是议员在议会利用议事程序延迟或押后一些他们反对的议案。在梁国雄对香港特别行政区立法会主席及律政司司长一案中[①]，主要事实是，2012 年 2 月 8 日，《2012 年立法会（修订）条例草案》（以下简称《条例草案》）提交立法会进行首读，并于同年 5 月 2 日进行二读。《条例草案》旨在订明，已辞去立法会议员席位的人，在其辞职后 6 个月内，丧失在立法会同一届任期中举行的补选参选的资格。于二读前，两位议员对《条例草案》提出 1306 项修订意见。同年 5 月 17 日，辩论已持续超过 33 小时。在此期间，主席曾多次指出，上诉人及其他“拉布”议员的发言与草案条款及修订无关。某议员提及在其他立法议会设有的一项“终止动议”，并提议主席立即结束辩论。其后，主席在同日上午 9 时宣布，他决定让所有相关的议员及官员发言至中午 12 时以结束辩论。他的决定是以《立法会议事规则》第 92 条规则为依据。该条规则规定，对于议事规则内“未有作出规定的事宜”，立法会所需遵循的方式及程序由立法会主席决定。辩论按指示结束。议员对《条例草案》提出的修订意见便付诸表决，所有修订意见均被否决。《条例草案》于 2012 年 6 月 1 日成为法律[②]。

本案涉及两个重要的法律问题。第一，在《基本法》及《立法会议事

---

① 终院民事上诉 2014 年第 1 号。

② 终院民事上诉 2014 年第 1 号。

规则》下，立法会主席在立法程序期间作出的决定，在什么情况下可被司法复核？终审法院裁定，基于公共政策、《基本法》中就宪制上三权分立所订立的规定，以及三权分立的法则和深扎在普通法中的不干预原则，法院只会行使司法管辖权以裁定立法会或其主席是否拥有某项权力、特权或豁免权，而非裁定某项权力、特权或豁免权的行使方式①。

第二，立法会主席于2012年5月17日宣称以《基本法》第72条第1款及《立法会议事规则》第92条规则为依据，决定在全体委员会审议阶段结束对该条例草案修订的辩论，该决定可否被司法复核？上诉人提出两个理据支持立法会主席的决定可被司法复核的观点。首先，《基本法》第73条第1款赋予作为立法会议员的上诉人参与立法会立法程序的权利②，但该项权利被主席的有关决定剥夺。其次，《立法会议事规则》第92条规则没有赋予主席结束辩论的权力。终审法院裁定，《基本法》第73条的目的，是赋予作为立法机构的立法会而非个别的立法会议员若干职权。而且，在《基本法》第72条第1款下，立法会主席享有“主持会议”的权力，主席有权对辩论设定限制和终结辩论。至于主席有否恰当地行使权力，或主席的决定是否构成未经授权而订立议事规则等问题，均非由法院考虑③。

此案确立了司法权对立法权审查的界限。对于立法会主席就立法会程序性事务所作出的决定，法院的监督权仅限于所声称的权限是否存在，而不对针对权限的行使方式及行使有关权限作出决定的内容。

五 结论

英国最高法院院长、香港终审法院非常任法官廖柏嘉（David Neuberger）

① 终院民事上诉2014年第1号。

② 《基本法》第73条第1款规定，“香港特别行政区立法会行使下列职权：（一）根据本法规定并依照法定程序制定、修改和废除法律……”。

③ http：//legalref. judiciary. gov. hk/lrs/common/ju/ju_ frame. jsp? DIS =95053&currpage =T，最后访问时间：2014年12月9日。

2014 年 8 月表示，对香港目前的司法机关有绝对信心，也未见到司法独立被削弱的情况。他认为法官的绝对独立对维持法治十分重要[①]。“占领运动”的发生让人十分担忧香港优良的法治传统有可能会受到严重侵蚀。所幸的是，香港的司法机关即使在包括涉及“占领运动”的所有案件中都保持了一贯的中立和独立。这给人们对香港法治的未来增添了信心。不过，法治是一种信念，需要全体公民的认同和维护。法治社会的建立是十分艰难的，但是摧毁一个法治社会却有可能在非常短的时间内发生。希望那些鼓动人们通过违法的方式来抗争的人回到法治的轨道上来，让全世界看到香港市民有足够的理性和政治智慧，能够通过合法的渠道来讨论并最终实现行政长官的普选。

对“一国两制”原则的全面正确理解已经被提上议事日程，可以预见，在 2015 年将会对此议题有更深入的讨论。

除此之外，2014 年香港在落实《基本法》的其他方面还是令人满意的，而且香港的法治状况应该说是达到国际水平的。

① 《终审官廖柏嘉：“爱国”难正确定义》，《明报》2014 年 8 月 27 日第 A06 版。

B.5

司法改革：问题与展望

陈卫东　郑 博*

摘　要：新一轮司法改革启动以来，为推进司法改革，国家出台了一系列举措，同时各地积极开展试点，其中不乏亮点。然而，由于试点改革尚处于尝试阶段，既需要与现行制度的“磨合”，也需要构建利于改革的配套措施，尤其对体制性问题的触碰是本轮司法改革不得不面对的改革路径。本文通过对新一轮司法改革侧重点的梳理，结合试点地区的先行先试经验，分析本轮司法改革中的难点与问题，从而预测中国司法改革的发展方向，为推进新一轮司法改革的顺利进行提供参考。

关键词：司法改革　依法治国　试点　难点

一　本轮司法改革概述

司法改革的总体目标是增强司法权威和司法公信力，相比前两轮司法改革①，本轮司法改革由中央顶层设计并统一部署，无论从纵向的改革对象还是横向的改革内容看，本轮司法改革力度均较大。

---

* 陈卫东，中国人民大学法学院教授；郑博，中国社会科学院法学研究所博士后。

① 中国前两轮司法改革分别启动于2004年与2008年。据2012年《中国司法改革白皮书》介绍，从2004年开始，中国启动了统一规划部署和组织实施的大规模司法改革。从2008年开始，中国启动了新一轮司法改革，司法改革进入重点深化、系统推进的新阶段。

本轮司法改革启动于中共十八届三中全会，会议通过了《中共中央关于全面深化改革若干重大问题的决定》，对深化司法体制改革作出全面部署。该决定提出，深化司法体制改革，让人民群众在每一个司法案件中都感受到公平正义。中央全面深化改革领导小组第二次会议通过《关于深化司法体制和社会体制改革的意见及贯彻实施分工方案》，明确各项改革任务的路线图、时间表。根据重大改革事项先行试点的要求，中央全面深化改革领导小组第三次会议通过《关于司法体制改革试点若干问题的框架意见》《上海市司法改革试点工作方案》，选取上海、广东、吉林、湖北、海南、青海6个省市作为全面推进本轮司法改革的试点。

司法员额管理方面，十八届三中全会提出建立符合职业特点的司法人员管理制度，健全法官、检察官、人民警察逐级遴选机制。2014年7月9日最高人民法院通过《人民法院第四个五年改革纲要（2014－2018）》（以下简称“四五改革纲要”），提出建立科学的法院人员管理制度。广东试点将法院工作人员分为法官、审判辅助人员和司法行政人员，将检察院工作人员分为检察官、检察辅助人员和司法行政人员。实行法官、检察官员额制，法官、检察官员额5年内逐步减少到39%以下，司法行政人员员额比例调整至15%左右，46%以上为司法辅助人员。2014年3月深圳市出台《深圳市法院工作人员分类管理和法官职业化改革方案》，规定法官待遇与等级挂钩、不与行政级别挂钩，法官可根据任职年限、资历和工作业绩等晋升等级，不同等级的法官之间没有行政隶属关系。上海试点方案中以上三类人员的员额比例分别为33%、52%、15%，主要从司法辅助人员中选任法官、检察官，上级司法机关法官、检察官主要从下级司法机关中遴选，也可以从优秀律师、法律学者中公开选拔。湖北试点在员额比例上与广东一致，并规定各级司法机关不再任命助理审判员、助理检察员。

司法人财物统管方面，十八届三中全会提出改革司法管理体制，推动省以下地方法院、检察院人财物统一管理，探索建立与行政区划适当分离的司法管辖制度。在人员管理上，上海试点全市法官、检察官统一提名、分级任免，组建由各部门、专家组成的法官、检察官遴选（惩戒）委员会。在财物管理上，将区县司法机关纳入市财政统一管理。广东试点方案规定，人事方面，法院、检察院工作人员实行省级统一管理，具体包括市级、县级法院院长、检察院检察长由省级党委（党委组织部）管理，法官、检察官由省统一组织遴选并按法定程序任免，全省法院、检察院系统机构编制统一由省机构编制部门归口管理等改革内容。此外，规定担任法院院长、检察院检察长的人员，除具有担任领导干部的政治素质外，还应具有法学专业知识和法律职业经历。财物方面，市、县法院、检察院作为省级政府财政部门一级预算单位，向省级财政部门直接编报预算，预算资金通过国库集中支付系统直接拨付。湖北试点方案规定，组建法官、检察官遴选（惩戒）委员会，分设在省一级，且社会各界代表所占比例不少于50%。

审判权运行方面，四五改革纲要提出，健全审判权运行机制，建立与行政区划适当分离的司法管辖制度。十八届四中全会提出，推动实行审判权和执行权相分离的体制改革试点，改革法院案件受理制度，变立案审查制为立案登记制。在先行试点中，上海市强化审判委员会在总结审判经验、讨论决定审判工作重大问题、实施类案指导方面的职能。海南省高级人民法院建立了“法官委员会”咨询制度，帮助主审法官准确把握案件，建立指导性案例数据库，为同类案件裁判提供参考。青海试点探索建立主审法官联席会议制度，讨论对合议庭意见有分歧的案件，但讨论结果不具指导性。湖北试点限缩审判委员会讨论案件范围，并通过观看庭审录像、展示证据、查阅案卷增强讨论案件亲历性。

司法责任制方面，十八届三中全会提出改革审判委员会制度，完善主审法官、合议庭办案责任制，让审理者裁判、由裁判者负责。十八届四中全会提出，建立领导干部干预司法活动、插手具体案件处理的记录、通报和责任追究制度，建立健全司法人员履行法定职责保护机制，建立司法机关内部人员过问案件记录制度和责任追究制度。自2014年1月起，中国7个省份的17家检察院进行检察官办案责任制改革，强化检察官办案主体地位，赋予主任检察官执法办案相应决定权。上海试点推行在适用简易程序审理案件中，主审法官依法对案件审理全程、全权负责；在合议庭审理案件中，主审法官承担除应当由合议庭其他成员共同承担部分之外的所有责任；主任检察官在检察长依法授权内对作出的案件处理决定承担办案责任；司法机关各级领导也应当担任主审法官、主任检察官，亲自参加办案。在审判权方面，广东试点主审法官对其独任审理的案件自行签发裁判文书，承担办案责任。强化合议庭负责制，院长、庭长原则上不再签发本人未参加审理的案件的裁判文书。在检察权方面，科学划分检察机关内部执法办案权限，改革完善检察机关执法办案责任体系。吉林试点九台市人民检察院业务部门实行检察官负责制，综合部门实行主任事务官、主任行政官负责制。海南试点建立错案责任倒查问责制、司法人员廉政档案制度。

司法人员职业保障方面，十八届三中全会提出，完善司法人员分类管理制度，健全法官、检察官、人民警察职业保障制度。广东试点方案规定，非因法定事由、非经法定程序，不得解除或变相解除法官、检察官职务；建立各地区法官、检察官职业津贴计发比例与办案数量、质量挂钩的绩效考核机制，适当延长一线法官、检察官的退休年龄。上海试点方案对司法人员有条件延迟领取养老金制度作了细化，如符合条件的基层女法官、女检察官可以延迟 5 年到 60 周岁领取养老金；专职办案的一级高级法官、检察官可延迟 3 年到 63 周岁领取养老金；专职办案的二级高级法官、检察官可延迟两年到 62 周岁领取养老金。

完善人权司法保障方面，近年来，因刑讯逼供、非法取证导致的刑事冤错案频发。为此，十八届三中全会提出，完善人权司法保障制度，健全错案防止、纠正、责任追究机制，严禁刑讯逼供、体罚虐待，严格实行非法证据排除规则。2013 年 11 月最高人民法院《关于建立健全防范刑事冤假错案工作机制的意见》明确提出，人民法院要坚持依法独立行使审判权原则，不能因为舆论炒作、上访闹访、地方维稳等压力违法裁判。十八届四中全会提出，健全落实罪刑法定、疑罪从无、非法证据排除等原则，切实解决执行难问题，将聘不起律师的申诉人纳入法律援助范围。2013 年以来，各地司法行政机关重点做好农民工、下岗失业人员、妇女、未成年人、残疾人等困难群众法律援助工作，如山东各级司法行政机关和法律援助机构把未成年人列为法律援助服务重点对象。

二　本轮司法改革的重点

司法体制改革涉及面广、政策性强。完善司法人员分类管理、完善司法责任制、健全司法人员职业保障、推动省以下地方法院检察院人财物统一管理，都是司法体制改革基础性、制度性的措施，牵一发而动全身[①]，因为人员管理与审判方式改革直接影响司法运行效果。

2012 年党的十八大报告提出，进一步深化司法体制改革，并将体制改革作为本次改革的重心。继而，十八届三中全会提出，改革司法管理体制，推动省以下地方法院、检察院人财物统一管理，健全司法权力运行机制，改革审判委员会制度，完善主审法官、合议庭办案责任制，让审理者裁判、由裁判者负责。从本轮司法改革的目标可以看出，中国的司法改革已步入体制性改革的关键时期。从十八届四中全会《中共中央关于全面推进依法治国若干重大问题的决定》（以下简称《决定》）以及司法改革先行试点方案可以看出，本轮司法改革的着力点主要在以下几个方面。

（一）司法去地方化与行政化

长期以来，地方党委、政府对司法的不当干预，以及上级院领导批示影响案件处理，审者不判、判者不审一直是造成中国司法公信力不足的顽疾。司法行政化使法官对法院整体有依附性，原因在于中国仅认可法院在整体上的独立性，但不承认法官个人的独立性，过多强调法院的整体作用而对法官个人进行干预控制已成为法院工作机制运行的通常做法。

司法地方化的根源在于地方党委对司法人事的控制权，实践中地方院院

① 《中央司改办负责人就司法体制改革试点工作答记者问》，http：//news. xinhuanet. com/legal/2014 -06/15/c_ 1111149887. htm，最后访问时间：2014 年 10 月 23 日。

长由本院的上级院党组织和其所属地方的党委考核提名，否则人大无法启动选举任免程序，地方党委往往整体上有更大的决定权。然而，地方各级法院是代表国家行使司法权，即使设在地方行政区域内，也不应是“地方的法院”。因此，解决体制性问题是本轮司法改革无可回避的问题，改革的根本因素之一就是必须加强司法独立①，去除司法的地方化与行政化。

1. 人财物省级统管

全国人大五届二次会议上通过的《人民法院组织法》第 4 条和《人民检察院组织法》第 9 条再次明确规定，人民法院独立进行审判，只服从法律；人民检察院依照法律规定独立行使检察权，不受其他行政机关、团体和个人的干涉。十八届四中全会《决定》提出，司法机关内部人员不得违反规定干预其他人员正在办理的案件。实践中，行政权力插手司法权力的方式多样，如“红头文件”“地方保护”“威胁利诱”等，而这些往往以口头形式达到干预司法的目的，不会留下任何可供追责的痕迹。在尊重司法规律的前提下保障司法人员免于法外因素的干扰是司法公正的本质要求，司法权与行政权不同，以行政权力的运行模式管理司法权力必然会出现司法乱象，司法独立的本质就在于司法机关依法独立行使职权。为此，十八届四中全会要求，完善司法管理体制和司法权力运行机制，规范司法行为，加强对司法活动的监督，努力让人民群众在每一个司法案件中感受到公平正义。

地方党政机关之所以能够干预司法，系由其掌控了司法机关的人事财政管理职权，为地方权力干预司法开方便之门，久而久之，必然影响司法独立。十八届三中全会就已提出改革司法管理体制，推动省以下地方法院、检察院人财物统一管理，探索建立与行政区划适当分离的司法管辖制度，从总体上指明了方向，并提出司法机关要保持应有的独立性。司法行政事务管理权是中央事权，非地方事权，司法体制改革的最终目标是实现司法行政管理权限全部收归国家，由全国统一管理，但一步到位全部收归国家目前尚有一

① 〔美〕葛维宝：《法院的独立与责任》，葛明珍译，梅江中校，载《环球法律评论》2002 年春季号。

定困难，目前授权由省级统管省以下地方院的人财物具有过渡性。

2. 司法管辖与行政区划分离

十八届四中全会《决定》提出，优化司法职权配置，最高人民法院设立巡回法庭，探索设立跨行政区划的人民法院和人民检察院，这是触及司法体制改革的核心内容之一，对去除司法地方化意义重大。中国目前试行的跨行政区划的知识产权法院为探索设立跨行政区划的法院、检察院作了铺垫。就实际情况来看，无论是案件数量还是类型都在激增，跨行政区划的当事人增多，沿袭司法管辖与行政区划一致不利于平等保护跨区划当事人的合法权益以及法院独立审判。建立跨行政区划的人民法院、人民检察院有利于排除地方保护主义的干扰、提升司法公信力。

最高人民法院设立巡回法庭，审理跨行政区域重大行政和民商事案件，将打破地域和级别等传统限制，一些具有特别重大影响的案件、跨省的民商事案件和刑事案件在中级人民法院一审后，可能直接上诉到最高人民法院巡回法庭，而不一定是传统的省（区、市）高级人民法院。这将有利于审判机关重心下移，方便当事人诉讼，同时也是最高人民法院监督指导全国法院审判工作，提高审判质效的有效方式，有助于解决司法地方化问题。

3. 领导干部干预办案责任追究

对于“过问留痕”制度，2011 年最高人民法院出台过办法，建立过问案件者全程留痕制度，2013 年重审院长、庭长行使审判管理权将全程留痕，但效果不明显。人民法院、人民检察院依法独立行使审判权、检察权是宪法的规定，实践中领导干部利用职权干预司法、插手具体案件严重影响了司法公正，甚至酿成冤案错案，损害司法公信力，造成无可挽回的后果。十八届四中全会《决定》提出，建立领导干部干预司法活动、插手具体案件处理的记录、通报和责任追究制度；任何党政机关和领导干部不得让司法机关做违反法定职责、有碍司法公正的事情，任何司法机关不得执行党政机关和领导干部违法干预司法活动的相关指令，对干预司法机关办案的，给予党纪政纪处分，造成冤假错案或者其他严重后果的，依法追究刑事责任，这将有效遏制领导干部干预具体案件，保障司法机关依法独立公正行使职权。

（二）审判权、执行权分离

党的十六大就提到审判权和执行权相分离的问题，目的是进一步解决执行难问题，中国生效民事和行政裁判由人民法院执行，但一直以来，“执行难”不仅困扰着当事人，也影响了司法权威。中国有3000多个基层法院，15万余基层法官，承担着全国90%左右案件的审判执行任务，尽管各地加大了对积案的清理，但执行问题并未有效缓解。原因在于，“执行难”一方面就难在法院执行力量有限，根据中央11号文件①，各级人民法院确保按不少于全体干警现有编制总数15%的比例配备合格的执行人员，这种员额配置是无法应对实践中大量的执行问题的。虽然法院内部实行立案、审判、执行分权制约，但这种改革并不彻底，不容易实现对执行权实施的有效监督，并不是实质上的分离。同时法院本身缺少专业执行队伍建设，由于法院在执行过程中裁量权较大，执行腐败现象时有发生。十八届四中全会《决定》提出，推动实行审判权和执行权相分离的体制改革试点，涉及司法职权配置问题，审判权和执行权分别由不同部门行使，符合二者的不同属性，审判权是司法权力，而执行权具有行政性质。近年来实行审执分离的改革取得了一定成效，可以化解实践中“审而不执”的尴尬局面，利于整合刑事执行、行政执行与民事执行，资源互补。解决审执分离的路径仍需不断摸索。

（三）办案责任制

十八届四中全会《决定》提出，明确司法机关内部各层级权限，健全内部监督制约机制。司法机关内部人员不得违反规定干预其他人员正在办理的案件，建立司法机关内部人员过问案件的记录制度和责任追究制度。完善主审法官、合议庭、主任检察官、主办侦查员办案责任制，落实谁办案谁负

---

① 见1999年《中共中央关于转发〈中共最高人民法院党组关于解决人民法院“执行难”问题的报告〉的通知》。

责机制。推进严格司法，明确各类司法人员工作职责、工作流程、工作标准，实行办案质量终身负责制和错案责任倒查问责制，确保案件处理经得起法律和历史检验。推进严格司法，必须建立科学的司法权力运行机制，办案质量终身负责是实现让审理者裁判、由裁判者负责，以及落实司法责任制的具体化要求。同时，实行责任倒查和问责制是从责任制度入手预防错案，分析错案原因、后果，达到事前预防与事后追责的双重效果。随着此次改革的推进，让审理者裁判、由裁判者负责的办案模式将逐步落实。

（四）司法人员分类管理

建立符合职业特点的司法人员分类管理制度是深化司法体制改革的基础性保障，长期以来中国对司法人员的管理模式等同于公务员管理，至今尚未完成司法职业化队伍建设。为此，中央全面深化改革领导小组第三次会议通过《关于司法体制改革试点若干问题的框架意见》以及《上海市司法改革试点工作方案》，对司法人员分类管理作出规定。

对司法人员分类管理有其现实必要性，中国法院、检察院长期以来沿用单一化管理模式，审判职能与行政职能不分，岗位职责不清，论资排辈，容易造成人才流失，在案件处理上容易造成检察人员承办、部门负责人审核、检察长决定的局面。从广义上讲，司法人员包括法官、检察官、司法辅助人员、司法行政人员等。2011 年 7 月中组部会同最高人民法院、最高人民检察院出台《法官职务序列设置暂行规定》《检察官职务序列设置暂行规定》，单独管理法官、检察官职务序列，淡化其行政色彩。基于司法权与行政权属性的差异以及法官、检察官的职业特点，对法官、检察官的管理应区别于公务员管理模式，从司法职业队伍建设来讲应建立法官、检察官员额制，提升其司法能力。

（五）推进司法公开

2013 年 5 月 23 日全国法院人民陪审工作电视电话会议提出，两年内将全国法院人民陪审员数量增至 20 万左右，提高工人、农民、进城务工人员、社区居民等基层群众比例。十八届三中全会提出，推进审判公开、检务公开，录制并保留全程庭审资料，增强法律文书说理性，推动公开法院生效裁判文书。最高人民法院开设“中国裁判文书网”并实现与各省法院裁判文书的联通。最高人民检察院推进检务公开，建立不立案、不逮捕、不起诉、不予提起抗诉决定书等法律文书公开制度，实现当事人通过网络查询案件流程信息。十八届四中全会提出，推进审判公开、检务公开、警务公开、狱务公开，依法及时公开执法司法依据、程序、流程、结果和生效法律文书，加强法律文书释法说理性，建立生效法律文书统一上网和公开查询制度。另外，在人民陪审制方面，针对长期以来存在人民陪审员“陪而不审”“审而不议”现象，提出在司法调解、司法听证、涉诉信访等司法活动中保障人民群众参与，保障公民陪审权利，扩大参审范围，提高人民陪审制公信力。

三　面临的问题

目前，司法体制改革的目标虽然清晰，但改革路线还不够明确，需要在探索中逐步推进。从本轮司法改革相关文件及实践中暴露的弊端可以看出，当前司法改革要解决的关键问题就是去除司法的地方化和行政化，建立符合司法职业属性的职业化司法管理制度，保障司法机关依法独立行使职权。本此改革的重要特点是先行试点，并鼓励试点采取不同模式，从而择优适用，避免盲目改革。2014 年 6 月中央全面深化改革领导小组第三次会议审议通过《关于司法体制改革试点若干问题的框架意见》，决定在东、中、西部选择上海、广东、吉林、湖北、海南、青海等 6 个省市先行试点。司法改革能否收到实际效果，改革方向的正确性是前提，但必不可少的是具体制度的设计能否到位，研究论证切实可行的改革方案已成为当前司法改革不得不重视的问题。

（一）改革措施与现行法的协调

司法改革往往有立法改革作为前奏，目的在于维护法律的统一适用以及防止司法机关以改革名义僭越立法权。在去除司法地方化的举措上，本次改革将司法机关人财物统一交由省级层面管理，这与中国《宪法》《人民法院组织法》《人民检察院组织法》等基本法的相关规定冲突[①]，表现为省级统管与人大任免模式之间的冲突。中国目前的司法改革方案与中国宪法关于人民法院以及审判制度的基本规定不一致，表面上看，似乎中国进行司法改革可以抛开宪法的约束，而实际上，在保障宪法权威的同时落实司法改革才是中国探索深化司法改革过程中必须坚持的原则。最根本的解决路径是修改以上基本法的相关规定，将地方人大及其常委会任免法院院长、检察院检察长改为由省级人大常委会决定，将两院报告的票决制改为不符合任职条件的罢免制。同时，中国《公务员法》[②] 也应作相关修改，将法官、检察官从公务员队伍中分离，使其脱离行政部门管理。

（二）省院统管与司法行政化

司法机关人财物由省级院统一管理，目的是去除司法地方化，但人事权与财政权提级管理是否会加深司法的行政化成了摆在面前的问题。对省级院统管进行制约就要对其进行民主监督，应提倡司法行政的民主化，避免采用传统集权的方式，尽可能把遴选权、提名权、任免权分散行使。同时，省院统一管理是否可以彻底去除司法地方化尚存疑虑，地方法外因素对司法的干预不只限于人财物的管理，其他因素如地方法官、检察官的亲属大多在其所在行政区划的地方单位供职，子女一般在当地上学，这些都对司法权运行或多或少造成影响。对于此项改革措施，一些基层法院、检察院领导仍对统一管理后是否能够及时足额保障办案经费表示担忧，即地方在省级统一管理经费保障不足的情况下给予财力支持，一定程度上又为司法地方化埋下了伏笔。因此，司法人员与地方利益的牵扯无法从根本上割断，这些法外因素尚可为地方权力干预司法人员办案提供可乘之机。

---

① 中国《宪法》《人民法院组织法》《人民检察院组织法》确立了各级人民法院的院长、检察长由同级人大选举和罢免。

② 中国现行《公务员法》第 2 条规定，“本法所称公务员，是指依法履行公职、纳入国家行政编制、由国家财政负担工资福利的工作人员”。

（三）司法权责统一与职业能力

中国宪法将审判权赋予的是法院而非法官个体独立行使，一定程度上导致中国评价司法效果，更多注重的是法院整体作用的发挥，而相对忽视对法官个体职业能力的提升。改革审判权运行机制与责任承担方式，涉及审判组织与法院内部管理者之间的关系，由单纯的行政管理模式转向审判监督模式。本次改革强调法官、检察官依法独立行使职权，实现审理者裁判、裁判者负责，关系到法官业绩考评。但从中国现实情况看，法官、检察官整体的职业素养有待提高，一些基层检察官坦言，过去检察官办案时，案件拿不准可以请示副检察长、检察长，而如今办案责任制使得很多检察官不敢负责。现阶段中国法官、检察官在履行职权过程中，为达到司法权责统一还应注重权力行使的受制性，有必要对法官、检察官设置惩戒和退出机制，从年龄、学历、阅历、经验等方面综合考虑法官、检察官的任职资格，同时加强对法官、检察官的职权监督，避免法官、检察官滥用职权。例如，作为改革先行先试的上海，率先组建了法官、检察官遴选（惩戒）委员会，负责全面考察法官、检察官人选的综合表现和业绩，并从专业角度给出遴选建议。另外，法官、检察官的职业保障措施仍显不足，影响法官、检察官履职的积极性。“广东方案”在审判权方面建立以主审法官和合议庭为核心的审判权运行机制，主审法官对其独任审理的案件自行签发裁判文书，承担办案责任，但同时又规定院长、庭长原则上不签发本人未参加审理案件的裁判文书①，这一留有余地的规定有必要加以明确。

（四）员额制改革与办案压力

实行司法人员分类管理后，根据员额制度重新确定法官、检察官员额，意味着一部分不适应办案要求的法官、检察官将被分流到其他部门或退出司

---

① 《广东公布司法体制改革试点方案》，http://legal.china.com.cn/2014-11/28/content_34176914.htm，最后访问时间：2014年12月5日。

法队伍，而在素来案多人少的办案压力下，即使扩充司法辅助人员的数量也难减小给承办法官带来的案件压力。因此，在优化司法职业队伍的同时，对于过渡时期面临的办案压力，应给以缓冲，以免造成司法人员资源的二度流失。而且，司法人员结构的调整往往伴随着利益的调整，涉及干部管理体制、财政体制等体制层面的变革，如何找到利益的平衡点也是关系此次改革实效的要素。目前，中国司法人员队伍不稳定，这是实行员额制改革应该考虑的问题。以上海试点为例，在2014年面向优秀律师遴选法官过程中，面向两个高级法官岗位的招考竟没有律师报名。在青海试点方面，以西宁市城西区为例，法院人员编制少，仅有87人，其中一线法官44人，2013年共承办案件2276件，有些法官一年承办案件140件，足见压力之大。根据《上海市司法改革试点工作方案》，上海法院将法官（检察官）、司法辅助人员、行政管理人员的员额分别确定在33%、52%、15%，其中的33%中包括面向优秀律师、法学专家等"体制外"人士招聘的人员；而上海全市现有约3700名法官①，其中综合部门约有500人，审判一线部门约有2000人，审判二线部门有1000余人，一线办案法官只有约1670人，占法官总数的45.1%。按照"上海方案"员额比率设定的33%，审判一线法官将被缩减至1200人左右，即将有700多人面临脱离法官职位。上海司法改革的亲历者表示，这是此次改革需要面对的最难点。对于通过扩大司法辅助人员来弥补法官员额减少的说法，每年5%－10%的案件增长率是无法回避的问题，加之青年法官的流失，案件压力令人担忧。

四　本轮改革展望

无论从理论上还是实践上来讲，司法改革都应是一场体系化变革，只是因改革力度不同而选择不同的变革范围而已。与以往司法改革单纯的庭审改革、检察改革不同，本轮司法改革涉及体制，影响到司法机关内部、司法机

① 参见2014年上海市高级人民法院工作报告。

关与立法机关之间、司法机关与行政机关之间以及司法机关与社会团体、公民个人之间的关系，对各方利益关系的处理决定了本轮司法改革的成效。

（一）司法规律引导改革

尊重司法规律才是司法体制改革的指导方针，由司法职业特点所决定，司法规律包括司法权力的配置规律、司法权力的运行规律、司法权力的制约规律等，偏离司法规律的改革注定是失败的。探索改革的路径需要深入基层实践、调查研究，绝不能闭门造车、人云亦云，先行试点的司法创新经验尤其应得到重视。本轮司法改革中很多改革措施都是尊重司法规律的体现，如十八届三中全会提出的确保法院、检察院依法独立公正行使审判权和检察权，四五改革纲要提出的以法官为中心、以服务审判为重心，十八届四中全会提出的领导干部干预司法活动、插手具体案件处理的记录、通报和责任追究制度，司法机关内部人员过问案件记录制度和责任追究制度等。有这些改革举措为政策导向，各地方试点在制订具体先行改革措施中将有据可循，避免因盲目改革造成司法资源浪费，同时便于形成制度体系，保障改革措施的统一实施。因此，尽管当前法院、检察院行使审判权、检察权仍存在受到地方权力干扰的因素，在保障司法机关权力行使独立性的改革宗旨下，经过地方试点的不断探索，司法机关的独立地位将逐渐提升。

（二）司法环境顺应改革

从改革精神上看，随着十八届四中全会《决定》的通过，有关人民法院、人民检察院依法独立行使职权的规定将相继出台。深化司法体制改革必须构建一个保障司法权力独立行使的司法环境。从本轮司法改革的内容和目标可以看出，加大司法公开是推进司法改革的突破口。为此，中国最高审判机关推出了重大敏感案件微博全程直播、裁判文书上网公开、开通官方微博微信等一系列强化司法公开的举措，并全面启动审判流程、裁判文书、执行信息三大公开平台。基于公民法律意识的提高，当纠纷进入司法程序后，除裁判结果之外，公众对于案件如何审理、应该适用什么程序、裁判理由是否充分以及判决能否被执行、如何执行愈加关注，而这些程序性问题，也正是司法裁判最容易出错的方面。司法公开对于减少实践中违背审理期限、推动责任追究倒查、维护司法权威大有助益。本轮司法改革所营造的司法环境更加公开透明，这对于司法办案人员来讲意味着更大的压力，但在提高办案质量、完成考核任务方面，也是动力。

（三）先行试点推动改革

习近平总书记在主持召开中央全面深化改革领导小组第二次会议中强调，凡属重大改革都要于法有据，是关于深化改革与依法治国的重要论断，通过立法手段巩固改革成果。而先行试点改革的做法也是在权力机关授权的前提下的渐进式改革，既保证了于法有据，规范有序，也发扬了法治创新精神，为本轮司法改革积累经验、探索进路。鉴于中国各地经济社会、法治状况发展不平衡，本轮司法改革坚持顶层设计与实践探索相结合，试点改革可以提高司法改革效率，从试点区域看基本覆盖东、中、西部，将已在探索中的上海、广东纳入试点则方便统一推进，增强权威性，可见本轮司法改革的紧迫与谨慎。

B.6

2014年行政审批制度改革与权力清单制度建设

卢 超*

摘 要： 行政审批制度改革是本届政府的核心工作之一，2014年度行政审批制度改革继续深入推行。与之前相比，2014年最为显著的特征在于权力清单制度建设的地方政策试验。本文通过对该年度地方层面权力清单制度建设的微观解读，将其放置于简政放权的宏观转型背景之下，试图解释权力清单制度建设的进步与不足，以及围绕行政审批制度改革、权力清单制度建设，政府规制与市场自我规制模式、事前审批与事后监管机制以及中央与地方政府之间的复杂博弈。

关键词： 权力清单 行政审批 地方试验

十八届三中全会作出的《中共中央关于全面深化改革若干重大问题的决定》提出，“要进一步简政放权，深化行政审批制度改革，最大限度减少中央政府对微观事务的管理，市场机制能有效调节的经济活动，一律取消审批，对保留的行政审批事项要规范管理、提高效率；直接面向基层、量大面广、由地方管理更方便有效的经济社会事项，一律下放地方和基层管理”。并且提出“推行地方各级政府及其工作部门权力清单制度，依法公开权力

* 卢超，中国社会科学院法学研究所助理研究员。

运行流程”。十八届四中全会作出的《中共中央关于全面推进依法治国若干重大问题的决定》进一步指出，“各级政府及其工作部门依据权力清单，向社会全面公开政府职能、法律依据、实施主体、职责权限、管理流程、监督方式等事项”。按照中共中央的战略部署，2014 年度，中央政府针对下一步的行政审批制度改革发布了大量重要的规范性文件，尤其是对于权力清单制度建设而言，依照中央政府的授意支持，各级地方政府展开了多个层面的政策试验。

一　国务院对于行政审批制度改革与权力清单制度的部署

本届政府的行政审批制度改革运动在 2014 年继续如火如荼地进行，早在年初 1 月 8 日，国务院常务会议就指出，2014 年按照全面深化改革的要求，要继续把简政放权作为“当头炮”，并决定推出深化行政审批制度改革的三项措施。一是公开国务院各部门全部行政审批事项清单，推进审批事项进一步取消和下放，促进规范管理，接受社会监督，切实防止边减边增、明减暗增。除公开的事项外，各部门不得擅自新设行政审批事项。向审批事项的“负面清单”管理方向迈进，逐步实现审批清单之外的事项，均由市场主体依法自行决定。二是清理并逐步取消各部门的非行政许可审批事项。对面向公民、法人或其他组织的非行政许可审批事项，原则上予以取消，确需保留的，要通过法定程序调整为行政许可，其余一律废止。堵住“偏门”，消除审批管理中的“灰色地带”。今后也不得在法律法规之外设立面向社会公众的审批事项，同时改变管理方式，加强事中事后监管，切实做到放、管结合。三是在 2013 年分三批取消和下放行政审批事项的基础上，重点围绕生产经营领域，再取消和下放包括省际普通货物水路运输许可、基础电信和跨地区增值电信业务经营许可证备案核准、利用网络实施远程高等学历教育的网校审批、保险从业人员资格核准和会计从业资格认定等 70 项审批事项，使简政放权成为持续的改革行动。

根据国务院的年初部署，各项行政审批制度改革措施有步骤地分步推行。2014年1月28日，国务院颁布的《国务院关于取消和下放一批行政审批项目的决定》（国发〔2014〕5号）再取消和下放64项行政审批项目和18个子项，另建议取消和下放6项依据有关法律设立的行政审批项目，国务院将依照法定程序提请全国人民代表大会常务委员会修订相关法律规定条款。

2014年3月5日，国务院总理李克强所作的政府工作报告中，再次重申了行政审批制度改革的重要性，计划在2014年再取消和下放行政审批事项200项以上，并建立行政审批权力清单制度，禁止在清单外创设和实施行政审批。

2014年4月14日，国务院发布《国务院关于清理国务院部门非行政许可审批事项的通知》（国发〔2014〕16号），将行政审批事项分为面向公民、法人或其他组织的审批事项和面向地方政府等方面的审批事项，将面向公民、法人或其他组织的非行政许可审批事项取消或依法调整为行政许可，将面向地方政府等方面的非行政许可审批事项取消或调整为政府内部审批事项，不再保留“非行政许可审批”这一审批类别。

2014年7月8日，国务院发布《国务院关于促进市场公平竞争　维护市场正常秩序的若干意见》（国发〔2014〕20号），进一步明确提出“禁止变相审批。严禁违法设定行政许可、增加行政许可条件和程序；严禁以备案、登记、注册、年检、监制、认定、认证、审定、指定、配号、换证等形式或者以非行政许可审批名义变相设定行政许可；严禁借实施行政审批变相收费或者违法设定收费项目；严禁将属于行政审批的事项转为中介服务事项，搞变相审批、有偿服务；严禁以加强事中事后监管为名，变相恢复、上收已取消和下放的行政审批项目”；并且要求“推行地方各级政府及其市场监管部门权力清单制度，依法公开权力运行流程。公示行政审批事项目录，公开审批依据、程序、申报条件等”。

2014年8月19日，国务院常务会议（第二十四次会议）决定推出进一步简政放权措施，使简政放权改革成为持续激发市场活力、优化市场环境的长效药。本次会议决定再次取消和下放87项含金量较高的行政审批事项。

将营利性医疗机构设置审批、养老机构设立许可等90项工商登记前置审批事项改为后置审批，强化事中事后监管。取消19个评比达标表彰项目，建立目录管理制度。进一步取消一批部门和行业协会自行设置、专业性不强、法律法规依据不足的职业资格许可和认定事项。

2014年11月5日，国务院常务会议（第三十三次会议）决定削减前置审批、推行投资项目网上核准，充分释放市场投资潜力，体现在四项具体措施：一是实行五个“一律”，更大程度上方便企业投资；二是确保企业中介服务由企业自主选择；三是推行前置审批与项目核准并联办理，加快办理速度；四是建立信息共享、覆盖全国的投资项目在线审批监管平台，实现网上办理、审批与监管，提升审批效率。

2014年12月12日，国务院总理李克强主持召开国务院常务会议（第三十八次会议），确定新一批简政放权、放管结合措施。一是进一步取消和下放108项主要涉及投资、经营、就业等的审批事项。二是将电信业务经营许可、道路货运经营许可证核发等26项工商登记前置审批改为后置审批，进一步降低市场准入门槛。三是取消景观设计师等68项职业资格许可和认定，推动市场化职业水平评价。会议还强调通过建立政府权力清单、责任清单，加强事中事后监管来构建激发市场活力的长效机制。

根据统计，2014年，国务院40次常务会议中超过20次会议对于简政放权改革措施进行了专项部署，可以说，行政审批制度改革成为2014年政府工作的核心事项。

二　权力清单制度改革中的地方试验与创新

根据中央部署，在行政审批制度改革的大背景下，全国各地纷纷以各类规范性文件的形式开展权力清单制度建设，按照简政放权与转变政府职能的要求，各地制定权力清单的主要任务在于结合行政审批制度改革，对各类行政权力事项进行全面清理，由此实现审批权力的取消、转移与下放。

取消审批权力是指对于无法律法规依据的行政权力，以及市场机制能有效调节的经济活动原则上予以取消。面向公民、法人或其他组织的行政许可以外的各类审批事项，原则上予以取消，需要保留的应按规定予以确认，并应当设定过渡期，过渡期满仍缺乏合法依据的，应当予以取消。虽有法律法规依据，但不符合全面深化改革要求和经济社会发展需要的行政审批权力，提请修改相关法规规章后予以取消。

转移审批权力是指行规行约制定、行业技术标准规范制定、行业统计分析和信息预警、行业学术和科技成果评审推广、行业纠纷调解等行业管理和协调事项，原则上应当转移给行业组织承担。对公民、法人和其他组织水平能力的评价、认定，以及相关从业、执业资格、资质类的管理，原则上交由社会组织实行自律管理。

下放审批权力则是指直接面向基层、量大面广、由下级地方政府管理更加方便、有效的经济社会管理事项，一律下放。对行政许可、行政确认、行政给付、备案、年检等类型的行政权力，按照效率主义、监管高效的原则，原则上应当下放至下级地方政府主管部门予以管理。

可以说，通过权力清单制度建设力图实现行政审批权力的取消、转移与下放，从性质上而言，实际上是旨在通过运动化治理的改革手段，来实现《行政许可法》第 13 条所构造的政府—市场、国家—社会的传统二元架构。《行政许可法》第 13 条规定，通过下列方式能够予以规范的，可以不设行政许可：①公民、法人或者其他组织能够自主决定的；②市场竞争机制能够有效调节的；③行业组织或者中介机构能够自律管理的；④行政机关采用事后监督等其他行政管理方式能够解决的。因此，权力清单制度建设的目的便在于履行《行政许可法》第 13 条确立的市场主义理念，将过度管理的行政审批事项交付市场自我规制机制、转移给社会自治组织，最大限度地向市场、社会、基层放权。

与此同时，地方政府在权力清单制度建设的各类通知与规范性文件中，纷纷着重强调了权力清单制度建设的三结合要求。

第一，将权力清单制度建设与政府职能转变目标相结合。各地需要按照中央关于改进政府治理方式的要求，进一步实现国家治理能力的现代化，健全完善事中、事后监管制度，加快实现政府管理方式从注重事前审批向事中、事后监管模式的转变。

第二，将权力清单制度建设与机构改革工作相结合。权力清单制度建设要与机构改革“三定”修订工作相统一，借此调整政府部门职责配置，推进机构内部的权限分配整合。进一步完善机构编制绩效评估制度，优化配置编制资源，由此实现机构人员编制的效用最大化。

第三，将权力清单制度建设与信息公开、电子政府建设相结合。通过权力清单“公开晒权”的方式，推进网上办事和行政权力行使的依据、过程、结果公开，借此实现建立完善电子政府，提高政府效率之目的。并且，按照信息公开的要求，政府需要公布行政权力清单和运行流程，并在政府门户网站、机构编制部门网站、各有关部门网站上予以公开①。对于清理后需保留的行政权力事项，需要编制行政权力运行流程图。除涉及国家秘密及依法不予公开的外，应当完整、准确地向社会公开每项行政权力的基本信息。

各地政府在权力清单制度建设中，除了上述依循中央对于简政放权、审批制度改革、电子政府建设的一般性要求之外，一些地方政府还通过政策创新与试验的方式，开展了诸多具有鲜明地方试验色彩的制度创新。

1.“一库四平台”制度

以山东为代表的诸多省份的制度创新在于，要求地方政府在制定权力清单的同时，结合电子政府建设，设立行政权力“一库四平台”制度，即行政权力项目库和行政权力运行平台、政务公开平台、法制监督平台、电子监察平台。要求全省范围内各部门、单位要将行政权力事项纳入“一库四平台”予以管理，固化行政权力行使程序，并结合上网运行、廉政风险防控

① 譬如，按照淮南市的具体要求，需要公开行政权力清单总表、分表和流程图，明确行政权力的项目名称、项目编码、实施主体、承办机构、实施依据、实施对象、办理时限以及廉政风险点、收费（征收）依据和标准等，明确行政权力运行的办理程序（包括申请、受理、审查、决定等）、涉及部门、承办机构和岗位、办理期限、服务方式、相对人权利、监督投诉途径等。详见《淮南市人民政府办公室关于推行行政权力清单制度的通知》（淮府办〔2014〕28号）。

的需要优化内部流程，通过网上政务大厅提供便民服务。通过“一库四平台”建设，不仅实现了对权力清单的有效控制，亦就此实现了电子政府的资源整合与完善。

2. 权力清单工作联席会议制度

地方层面另一项重要制度创新则是各地推行的权力清单工作联席会议制度与工作联络员制度。譬如，《福建省推行省级行政权力清单制度实施方案》（闽政〔2014〕40号）中设立的行政权力清单清理和行政审批制度改革工作联席会议制度，联席会议办公室设在福建省编制办公室，抽调相关成员单位人员集中办公，承担清理相关工作。同样，《杭州市人民政府办公厅关于开展部门职责清理　推行权力清单制度的通知》（杭政办函〔2014〕53号）中指出，杭州市政府建立由市编制委员会办公室牵头，市政府办公厅、市监察局、市财政局、市法制办、市审管办、市政府研究室等部门组成的杭州市权力清单工作联席会议制度，采用定期或不定期会议方式，研究解决权力清单制度推进过程中的重要问题，并对部门职责清理、推进权力清单制度各阶段工作相关事项进行会审。与此同时，为了实现权力清单制定工作中各级部门横向与纵向之间的沟通协调，诸多地区还设置了工作联络员制度。譬如，山东滨州等地便专门设立了权力清单制度工作联络员，来加强权力清单制度推行工作中的政策传达与信息沟通。

3. 权力清单制作中的“三报三审”程序

《太原市推行权力清单制度实施方案》（并政办发〔2014〕52号）中创设性地建立了“三报三审”的审议程序。①“一报一审”。“一报”：各部门对本部门及委托其下属事业单位执行的现有的权力事项进行认真梳理，并严格按照相关要求按时上报权力清单事项表格。“一审”：市审改办、市法制办、市财政局对报送资料进行分组初审，并提出修改意见。②“二报二审”。“二报”：市直各部门根据一审反馈意见对需要调整的权力事项内容研究提出补充答复意见，再次上报市审改办。“二审”：市审改办牵头，会同市政府办公厅、市发改委、市法制办、市财政局、市政务办等部门对全部内容开展联合审查，充分听取各方意见，研究汇总后再次反馈市直各部门。③“三报三审”。市直各部门对联审中反馈的重点事项和问题进行研究，进一步调整完善相关资料，第三次上报市审改办；市审改办对拟公布内容进行补充修改，初步形成《太原市权力清单》。与之类似的报送审查程序还有杭州市、宁波市等地的“三报三回”程序，基本上也是依循了类似的三次报送与反馈程序，通过反复的修改磋商，从而形成最终的权力清单审核稿。

4. 权力清单制定中的公众参与机制

在实践中，权力清单制定程序并非完全封闭于行政科层内部体系之中，诸多地区的权力清单制定程序中往往设定了公众参与的要求。譬如，《浙江省人民政府关于全面开展政府职权清理　推行权力清单制度的通知》（浙政发〔2014〕8 号）中便要求，“各级政府在组织相关职能部门开展职权审核的基础上，可邀请人大代表、政协委员、专家学者等参与审核，同时要建立社会参与机制，拓宽公众参与渠道，对于群众和企业反映强烈的权力事项，应通过座谈会、论证会等方式充分征求意见，进一步凝聚各方共识，形成改革合力”。设置公众参与机制不仅可以促进权力清单制度的民主合法性，而且专家学者的咨询论证程序亦提升了权力清单自身依据的科学性。

5. 权力清单动态调整机制

随着政府职能转变与简政放权的深入开展，权力清单的制定亦需要动态化的即时调整与重组，《宁波市政府办公厅关于开展部门职权清理　推行权力清单制度工作的实施意见》（甬政办发〔2014〕62 号）中便提出，“建立部门权力清单和权力运行流程动态调整机制，根据法律法规和机构职责调整情况，以及转变政府职能的要求，定期修改完善并审核公布，确保权力清单科学有效、与时俱进”。因此，诸多地方政府通过这种动态调整机制，来实现权力清单的目录动态化管理。

6. 权力清单制度建设的工作督查制度

地方政府在权力清单制度建设中，为了防止下级政府的怠惰执行，在各地的规范性文件中均设置了工作督查的相关条款。譬如，《滨州市推行行政权力清单制度实施方案》（滨政字〔2014〕112号）中便规定，各级政府要适时组织监督检查，简政放权工作领导小组办公室要及时跟踪了解工作进展情况，组织专门力量，定期调度、实地检查，确保按时完成任务。《河北省关于建立行政权力清单制度的实施方案》中亦规定，省编制委员会办公室和省政务公开办公室将适时对全省各级各部门的工作进行检查，对组织不力、不能按时完成工作任务的地方和部门，要予以通报批评，问题严重的，要进行行政问责。当前，在公共政策的执行领域被大量使用的约谈机制，在权力清单制度建设中也被诸多地方政府所采用。譬如，太原市在权力清单制度建设中，便要求对未按规定进度完成本级权力清单制度工作的部门及相关责任人进行约谈，同时对不落实权力清单制度的部门及相关负责人进行严格问责①。

三　当前行政审批制度改革与权力清单建设面临的困境

（一）运动式治理模式的弊端

本届政府的行政审批制度改革自2013年起，先后四次以国务院文件的形式展开行政审批事项的大规模清理，分别为《国务院关于取消和下放一批行政审批项目等事项的决定》（国发〔2013〕19号）、《国务院关于取消和下放50项行政审批项目等事项的决定》（国发〔2013〕27号）、《国务院关于取消和下放一批行政审批项目的决定》（国发〔2013〕44号）、《国务院关于取消和下放一批行政审批项目的决定》（国发〔2014〕5号），并以2014年全国层面的“权力清单”制定运动为顶峰标志。这种疾风骤雨式的改革尽管在数字管理上实现了政府职能改革的绩效考核目标，体现在中央以及地方层面上各类审批数目的大规模降低。然而，这种以运动式治理为特征

① 《太原市推行权力清单制度实施方案》（并政办发〔2014〕52号）。

的改革模式也存在诸多弊端，首先体现在缺乏改革的顶层制度设计，对于行政审批制度改革背后的国家—市场、中央—地方关系，缺乏更深层面的制度改革构想；其次，改革过程中缺失严格的法定程序规范，行政审批制度改革过程中缺乏相关公众、专家、企业等社会主体的法定多元参与机制，对于各类行政审批制度的存、改、废也缺乏类似于成本—收益分析的说明程序；最后，对于地方层面的权力清单、行政审批制度改革实践也缺乏法定的监督机制，中央与上级政府往往是采取专项督察与约谈问责手段，这种政治监控机制尽管见效快，但缺乏持久拘束效力，使得行政审批制度改革的简政放权效果仅能维持一段时间，而后又死灰复燃。

（二）地方政府的选择性放权现象严重

地方政府在行政审批制度改革中，基于部门利益与地区利益考虑，往往采取诸多手段避免审批权的流失，通过化整为零、虚报、挂靠等诸多方式，将一个审批项目中的几个环节作为几个审批项目予以上报，将早已明令取消的项目作为减少项目予以申报，或者把一些存在显著经济收益、寻租空间大的审批项目挂靠到绝对不会取消的项目之上，其运作逻辑便在于，将经济性规制领域中的审批事项尽量掌控在自己手中。

另外，诸多地方政府当前借行政审批制度改革与权力清单运动之际，将大量本应属于政府监管领域的社会性规制事项主动放权。譬如，环保许可领域中，环评审批的减少和提速获得不少地方的青睐，简化审批程序，压缩审批时间，成为诸多地区普遍采取的措施，然而环评审批并非审批机关可自由裁量是否豁免的事项①。很明显的是，诸多地方政府在行政审批制度改革之际，为了实现地方层面的GDP竞争，假借简政放权之名，行放弃社会性监管义务之实，使得诸多本应加强规制的领域出现监管真空。地方政府的选择性放权现象，可以说是“地方发展型政府”的制度特征在行政审批领域的典型体现。

---

① 沈岿：《解困行政审批改革的新路径》，《法学研究》2014年第2期。

（三）缺乏事中监管与事后监管的配套机制

政府在经济性、社会性规制领域，可以灵活采取信息规制、技术标准、违法事实公布、责任追溯等规制工具，对违反市场竞争原则的市场主体进行有效的事中、事后监管，以及借助私法中的惩罚性赔偿制度、产品（服务）质量保险制度、行业准入和生产经营标准管理制度，通过这些事后配套机制实现对于市场主体的立体化监管。然而，就当前政府的治理能力而言，尤其是诸多地方政府的监管能力存在显著差异，绝大多数地方政府在传统的行政审批思维下，并不熟悉或适应信息规制、标准控制、公私合作等现代化的监管工具。2014 年 8 月 27 日《国务院关于深化行政审批制度改革　加快政府职能转变工作情况的报告》中便鲜明指出，“个别部门和工作人员长期习惯于用审批方式管理经济社会事务，在宏观管理和事中事后监管方面经验不够、能力不足、办法不多，存在不会管、不想管的问题”。尽管就理想类型而言，从行政审批向事中、事后监管体系的衍化，的确代表了国家治理现代化的发展方向，但是，当前运动式的行政审批制度改革与权力清单建设，短期内将大量传统的行政审批事项取消或下放，完全寄托于事中、事后监管机制来填补监管真空，当前政府尤其是地方政府的治理能力恐怕无法满足需求。事前行政审批向事中、事后监管模式的转移，是一项长期且艰巨的治理革新任务，无法毕其功于一役，这不仅需要政府有计划地提升现代化的监管能力，亦需要侵权赔偿、产品质量保险等私法机制的发展与补充。

（四）市场自我规制手段的不足

就理论而言，在自我规制体系之下，更多应由行业组织或中介机构来凝聚行业、产业共识，主导规则和标准的制定。相对于传统政府监管机构而言，行业组织或者中介机构具有更多关于行业、产业的整体知识和信息，可以更为灵活、快捷地应对市场变化，形成能为产业界所接受的规则，有助于实现规制任务，降低规制成本①。因此，行业协会可以通过自我规制的方式，有效弥补国家监管层面的不足，实现对于企业和市场的合作规制与立体化监管。2014 年市场自我规制方面的确有了长足的法治进步，最为典型的是，2014 年颁布了《企业信息公示暂行条例》《社会信用体系建设规划纲要（2014 - 2020 年）》，旨在通过建立企业信用体系，以行业自我规制的模式实现对市场主体的约束。

然而，就现实情况来看，中国社会转型的确导致行业协会的结构发生了一定的变化，涌现出一大批由企业自发组建的行业组织。虽然这些民间协会有一定的独立性，但是对政府的依附性依然较强，长期形成的国家理念导致政府对协会的作用并不清晰，在许多方面协会的实质性参与和监督功能并没有形成②。当前，以运动式治理为主导的简政放权模式，在极短期限内迫使政府将大量许可审批事项交付行业自治组织，这些行业协会组织是否已经具备相应的监管能力，却存在很大疑问。与此同时，诸多行业协会组织与政府存在千丝万缕的密切关系，实际运作中仍然受控于地方政府的指令，目前的行政审批制度改革与权力清单建设即便将审批事项交付给行业协会，也并不一定就能够实现自我规制与简政放权的改革目标。

四 结语

从 2014 年行政审批制度改革与权力清单制度建设的力度来看，本届政府在简政放权的改革方向上有了跨越式的进展，对此需要予以支持与肯定。首先，不难看出，在行政审批制度改革与权力清单制度建设中，中央与地方政府的利益博弈，以及地方政府的选择性执行等固有难题仍未得以解决；其次，在国家治理能力现代化的进程中，地方政府市场规制工具的类型匮乏与

① Robert Baldwin & Martin Cave, *Understanding Regulation: Theory, Strategy, and Practice*, Oxford University Press, 1999, pp. 40 - 41.

② 义海忠、郑艳馨：《对我国行业协会性质错位的思考》，《河北法学》2008 年第 3 期。

治理能力的低下，以及市场自我规制机制的不成熟，将会严重影响与制约事前审批模式向事中、事后监管模式的转移；最后，尤其需要强调指出的是，当前的权力清单制度建设与行政审批制度改革，仍然带有过于浓重的运动式治理色彩。这种过于重视量化考核的运动式改革模式，尽管能带来短期的数字效应，但也会引发后续的不良影响与制度弊端。

B.7

2014年犯罪形势分析及2015年预测

冀祥德　吕升运*

摘　要：2014年度，中国社会总体形势稳中有升。尽管如此，一些领域的刑事犯罪仍然比较突出。恐怖主义犯罪依然屡有发生，在个别地区和领域甚至有所加剧；禁毒形势依然比较严峻，吸毒、贩毒案件屡禁不止；职务犯罪案件查办数量大幅攀升；网络犯罪较为突出，网络安全成为重要隐患；恶性暴力犯罪势头遏制效果不佳，社会广泛关注的惨案时有发生；未成年人犯罪、企业家犯罪以及涉黄涉赌犯罪等仍较严重。2015年，受相关因素影响，贪污贿赂犯罪、涉黄涉赌犯罪会在一定程度上得到遏制；极端暴力犯罪、网络犯罪、毒品犯罪、恐怖主义犯罪可能会继续影响社会稳定。

关键词：犯罪形势　现状分析　发展预测

一　2014年犯罪总体形势

2014年，中国一些领域的刑事犯罪仍然比较突出。恐怖主义犯罪依然屡有发生，在个别地区和领域甚至有所加剧；禁毒形势依然比较严峻，吸毒、贩毒案件屡禁不止；职务犯罪案件查办数量大幅攀升，“老虎”“苍蝇”各有体现；网络犯罪较高发，网络安全成为重要隐患；“狠化”犯罪势头遏

* 冀祥德，中国社会科学院法学研究所研究员；吕升运，北京大学法学院博士研究生。

制效果不佳，社会广泛关注的惨案时有发生；未成年人犯罪、企业家犯罪以及涉黄涉赌犯罪等仍较严重。以下将针对上述主要犯罪类型，进行简要的总结和分析。

二 2014年主要犯罪类型形势分析

（一）恐怖主义犯罪

2014年以来，先后发生了“2·14”新疆阿克苏地区乌什县暴力恐怖袭警案件、“3·1”云南昆明火车站暴力恐怖袭击事件、“4·30”新疆乌鲁木齐火车南站暴力恐怖袭击案件、“5·6”广州火车站暴力恐怖袭击事件、“5·22”新疆乌鲁木齐沙依巴克区严重暴力恐怖爆炸案件、“6·21”新疆叶城爆炸案、“7·28”新疆莎车暴力恐怖袭击案件、“9·21”新疆巴州轮台县阳霞镇爆炸袭击案等多起暴力恐怖案件。上述暴力恐怖袭击案件具有三个共性：一是多与宗教、民族问题紧密相关，绝大多数的暴恐分子都受到极端思想的影响或蛊惑；二是手段残忍，不区分人群，动辄伤及无辜百姓；三是暴力恐怖活动的组织性有不断加强的趋势。

针对暴力恐怖活动频发的问题，自5月23日开始，在新疆维吾尔自治区和公安部的统一部署之下，一项以新疆为主战场、为期一年的严厉打击暴力恐怖活动的专项行动全面启动，收效明显。从现阶段来看，坚决打击恐怖主义背后的暴力恐怖势力、民族分裂势力和宗教极端势力十分必要，但是，从长远着眼，妥善处理民族、宗教等问题才是根本之策。

（二）毒品犯罪

禁毒工作事关国家安危、民族兴衰与人民福祉。近年来，受国内外多种因素影响，尽管政府对涉毒犯罪始终保持高压严打态势，但是，不可否认的是，中国的禁毒形势依然比较严峻，吸毒、贩毒仍然屡禁不止。

据统计，截至2014年11月，全国登记的吸毒人员有276万名，实际吸毒人员应当在1300万人以上[1]。截至12月10日，全国共破获毒品犯罪案件3.8万起，抓获毒品犯罪嫌疑人4.4万名，查处吸毒人员18万人次，缴获各类毒品21吨，与2013年同期相比分别增长了11.66%、17.50%、37.74%和99.28%[2]；其中，百城禁毒会战所涉及的108个重点城市共破获毒品犯罪案件13628起，抓获毒品犯罪嫌疑人16244名，查处吸毒人员6.65万名，与2013年同期相比分别上升了17.82%、26.12%和42.00%；108个重点城市的破案数、抓获嫌疑人数、缴毒数占全国总量的比例均由往年的60%左右提升到近70%[3]。一些省、直辖市、自治区破获的毒品案件与往年相比，也有大幅上升。

从总体上看，2014年度的毒品犯罪呈现出以下一些新的特点。第一，武装化、暴力化倾向更加明显。在高额利润的驱使下，武装贩毒、枪毒同流成为毒品犯罪的一个显著特点。另外，一些不法分子自己也吸食毒品，在性格和认知上可能出现妄想等错觉，从而引发暴力倾向行为。第二，国际贩毒集团渗入力度加大，境外毒枭操纵大宗跨境贩毒活动的现象明显增多，侦查成本和难度进一步加大。第三，网络涉毒活动迅速增加。随着互联网技术的不断发展，越来越多的犯罪分子开始利用微信等新型媒体平台进行犯罪活动。第四，零星贩毒行为愈演愈烈。为逃避打击、降低风险，一些毒品犯罪集团将大宗毒品交易分割为零星毒品交易。这种方式交易时间短，隐蔽性强，不仅查获起来极其困难，而且在证据固定和认定上也存在困难。第五，利用物流快递邮寄毒品的案件呈明显上升趋势。由于邮递方式能够实现人毒分离，"见货不见人"，贩毒风险相对较小，因此，在贩毒方式上出现了由人体藏毒以及利用火车、长途车等交通工具向邮寄快递渠道迅速转移的趋势。第六，特殊人群贩毒现象日益严重。越来越多的贩毒团伙充分利用立法对特殊人群的特殊保护，更倾向于组织、利用未成年人、怀孕妇女等特殊人

① 刘子阳：《源头整治遏制毒品问题蔓延趋势》，《法制日报》2014年11月18日第5版。

② 张年亮：《全警动员全力以赴　因地制宜突出重点　不断掀起百城禁毒会战新高潮》，《人民公安报》2014年12月12日第1版。

③ 孙军、林笛：《百城禁毒会战50天战果盘点》，《人民公安报》2014年11月19日第2版。

群贩运毒品。第七，青少年吸毒现象十分严重。据统计，截至2014年4月底，35岁以下的吸毒青少年占登记在册吸毒人员总数的75%，已经成为中国吸毒人员中的最大群体①。

吸毒给社会和个人带来了严重的危害。据统计，中国每年消耗毒品总量近400吨，因毒品而消耗的社会财富超过5000亿元②，间接损失超过万亿元③。更为严重的是，由于涉毒犯罪的高发频发，由此引发的其他犯罪也呈不断增加态势。如何禁毒已经成为关涉平安中国建设的一个重要问题。今后，禁毒工作至少应当从以下几个方面着手开展。第一，综合采取多种措施进行治理，坚持“堵源”与“截流”相结合以及标本兼治的原则。第二，依靠群众，重奖举报，拓宽毒品犯罪线索来源。第三，大力推动物流快递收寄验视实名登记制度的试点工作。第四，加强网络监管，严惩涉毒问题突出的网络运营商和服务商。第五，建立和完善常态化的涉毒高危人员排查登记以及动态管控机制。第六，严厉打击操纵特殊人群贩毒的毒品犯罪。第七，严格易制毒化学品、药品的日常监管工作。第八，进一步研究对零星贩卖毒品等犯罪行为的惩治问题。第九，加强相关人才建设、经费保障和基础设施建设，加大对娱乐场所等重点场所的控制力度。第十，加强与各国的合作，逐步建立与各国案件侦查协作、情报传递共享的常态化机制，构建和完善跨国音视频作证制度等。

（三）职务犯罪

国家对腐败形势的严峻性高度重视，惩治腐败的力度如抓铁有痕，坚持“把权力关进制度的笼子里”，在反腐问题上一直保持高压态势。2014年度，全国检察机关查办职务犯罪数量比2013年同期有所攀升。据统计，与2013

---

① 陈菲、邹伟：《全国登记在册吸毒人员已达258万人》，新华网，http：//news. xinhuanet. com/2014 -06/25/c_ 1111317492. htm，最后访问时间：2015年1月5日。

② 刘子阳：《源头整治遏制毒品问题蔓延趋势》，《法制日报》2014年11月18日第5版。

③ 陈菲、邹伟：《全国登记在册吸毒人员已达258万人》，新华网，http：//news. xinhuanet. com/2014 -06/25/c_ 1111317492. htm，最后访问时间：2015年1月5日。

年同期相比，2014 年前三个季度全国检察机关反贪部门的立案贪污贿赂犯罪案件数（27235 件）、人数（35633 人）同比分别上升 9.9% 和 5.6%[①]。立案侦查的行贿犯罪数（5684 件）、人数（6500 人）同比分别上升 38.7%、35.1%，立案侦查的渎职侵权犯罪案件数（8386 件）、人数（12109 人）同比分别上升 2.8%、5.0%，其中重特大案件数（4898 件）同比上升 5.7%[②]。从总体上看，检察机关反贪工作效果显著，一大批腐败分子被绳之以法，昭示了执政党全力反腐的决心。

2014 年反贪工作有三个重要特点。第一，重视对行贿犯罪的查办，强调依法严厉打击严重行贿犯罪，扭转以往“重受贿打击而轻行贿打击”的局面。对于那些行贿人数、行贿次数较多的案件，以及行贿数额大、获取巨额不正当利益，行贿手段恶劣、造成严重后果的案件，加大了惩治的力度，取得了一定的效果。第二，重视对外逃贪官的追捕和追赃。2014 年上半年，全国检察机关通过加强反腐败的国际司法合作，积极运用引渡、劝返、移民遣返、执法合作等措施，共抓获潜逃境内外贪污贿赂犯罪嫌疑人 320 名。从 2014 年 7 月 22 日“猎狐 2014”行动启动至 12 月 4 日，从 60 个国家和地区缉捕 428 名境外在逃人员，其中涉案金额 1000 万元以上的 141 人，潜逃 10 年以上的 32 人，已有 231 人投案自首；特别是 2014 年 10 月 10 日，在公安部、最高人民法院、最高人民检察院、外交部发布了《关于敦促在逃境外经济犯罪人员投案自首的通告》之后，52 天已有 173 人主动投案，占自首人数的 75%[③]。第三，侦查手段愈来愈信息化、现代化。针对职务犯罪日益呈现智能化、高科技化、隐蔽化的特点，检察机关紧跟时代发展的步伐，不断加强侦查信息化和装备现代化建设，改变过去“一张嘴、一支笔”的传统侦查方式和“由供到证”的办案模式。

① 张磊：《最高检：前 9 月 3.5 万余人贪腐被立案》，《中国纪检监察报》2014 年 11 月 1 日第 1 版。

② 邢丙银、吴天琦：《最高检将成立国际追逃小组》，《东方早报》2014 年 7 月 26 日第 A06 版。

③ 简工博：《八问猎狐行动》，《解放日报》2014 年 12 月 15 日第 W06 版。

职务犯罪事关政府的公信力以及政权的合法性，必须“要以猛药去疴、重典治乱的决心，以刮骨疗毒、壮士断腕的勇气，坚决把党风廉政建设和反腐败斗争进行到底”。今后的工作应当至少围绕以下几个方面展开。第一，加强预防和惩治腐败的立法，尽快出台完善关于行政职权、财产申报、查办反腐败案件的法律制度。第二，稳固社会正义的最后一道防线，严厉查办发生在司法机关、司法领域的贪污贿赂犯罪案件。第三，推动社会诚信体系建设，不断完善工程建设、房地产、国土资源、金融证券以及铁路、交通、石油、石化、电力、电信等重点领域、行业的行贿犯罪档案查询制度，重点关注并严肃查办那些行贿人数、行贿次数较多的案件，以及行贿数额大、获取巨额不正当利益，行贿手段恶劣、造成严重后果等案件。第四，继续加强反腐败的国际合作，从严打击外逃犯罪分子。第五，从群众最关心、最直接、最现实的利益问题入手，围绕食品药品安全、生态环境保护、生产安全事故、征地拆迁、教育就业、社会保障等重点领域，严肃查办渎职犯罪，等等。总之，只有“把权力关进制度的笼子里，形成不敢腐的惩戒机制、不能腐的防范机制、不易腐的保障机制”，才能从根本上杜绝腐败的高发频发问题。

（四）网络犯罪

2014 年是中国接入互联网 20 周年。互联网在给人们的生活提供巨大便利的同时，也带来了很多问题。网络犯罪十分猖獗，已经严重影响了网络安全，并进而对中国的经济安全、社会安全和国家安全造成了较大的危害。从总体上看，以下类型的网络犯罪较为突出。

第一，网络诈骗犯罪愈演愈烈。据统计，在所有的网络犯罪案件中，最多的是网络诈骗、网络传销等侵财型案件，约占 40%[①]。由于具有犯罪方法隐蔽、犯罪成本低、犯罪时空性强以及社会危害性大等特点，网络诈骗迅速成为一种十分常见的犯罪方法，并且随着科技的发展，诈骗方式也在不断翻

① 周斌：《网络犯罪快速增长势头短期内不会变》，《法制日报》2014 年 11 月 25 日第 5 版。

新。比如：通过网银U盾升级来诱骗受害人登陆假冒钓鱼网站，获取其银行信息后实施盗窃；假冒政法机关，通过虚假电话、短信、网站等方式，谎称受害人涉案，以清查资金为由实施诈骗；建立虚假网站，发布提供招工、招生、承包工程、贷款等各类虚假信息进行诈骗；利用微博、微信发布打折商品信息，售卖假冒伪劣保健食品或者其他产品骗取钱财；利用免费Wi-Fi盗取“蹭网”用户的网银账号、密码等隐私信息；等等。

第二，利用网络侵害妇女、未成年人权益的犯罪较为突出。2014年10月21日，最高人民法院公布了“冯文东故意杀人、盗窃案”等7起利用网络实施侵害妇女、未成年人权益犯罪的典型案例。这7起案例之所以具有典型意义，原因在于上述针对妇女、未成年人的侵财型犯罪、性侵型犯罪和暴力型犯罪都是利用网络予以实施的。

第三，利用网络买卖违禁物品的犯罪日益突出。越来越多的犯罪分子通过“暗网”，也就是那些蓄意隐匿信息及身份，将不合法的交易搬到网上经营的网络站点，来贩卖毒品、剧毒化学品、爆炸物品、枪支弹药、弓弩、管制刀具、手机窃听软件、手机改号软件、车锁干扰器、假身份证件、银行卡，甚至人体器官、野生动物等违禁物品。

第四，境内外传播恶意程序以及恶意攻击的犯罪行为较为频繁。2014年上半年，中国有19万台电脑受到木马病毒的感染。来自全球的黑客攻击几乎从未间断过，中国的地方政府网站已经成为“重灾区”，移动互联网环境有所恶化。恶意程序也呈爆发式增长。信息经济安全堪忧，跨平台钓鱼攻击不断增长。域名系统的安全仍然薄弱，微信断网、宽带接入商路由劫持等事件屡见不鲜。利用智能手机、Wi-Fi、二维码、实时通讯软件、“伪基站”等是犯罪分子盗取信息、实施诈骗的常用方法。

第五，利用网络实施毒品犯罪日益严重。网络已经成为毒品犯罪的重要工具。犯罪分子往往利用网络聊天交友平台、网络购物平台以保健品等为名贩卖毒品或其他制毒原料；组织策划、居中联络和指挥毒品犯罪；学习制毒技艺、订购制毒原料，制造毒品并通过网络出售。

第六，网络赌博案件高发。比如，2014年前十个月，河北省共立案侦查网络赌博案48起，同比增长155%。其中网络棋牌类案件35起，网络赌球类案件13起①。

第七，互联网洗钱已成常态。由于存在客户身份识别难、可疑交易发现难、资金流向追踪监控难、完整信息掌握难等工作难点，洗钱犯罪呈现由传统支付工具向信息化支付工具转移的趋势，实践中犯罪分子往往利用在线支付业务、网络借贷平台等进行洗钱犯罪。

第八，智能手机引发的网络犯罪进入高发期。不法分子利用手机病毒或者恶意程序进行恶意扣费、窃取隐私和诱骗欺诈的案件层出不穷。

2014年度网络犯罪呈现出以下几个重要特点。第一，违法犯罪进入活跃期，发案率持续上升，尤其是各类侵财型犯罪案件高发频发。黑客犯罪不再迷恋单纯攻击，而更多地以牟财为目的。第二，传统的违法犯罪如赌博、吸贩毒、传销等借助互联网这一工具向网络空间迅速蔓延，涉及网络的犯罪类型迅速扩张，“黑客”犯罪、“网上钓鱼”等新型网络违法犯罪手法亦在不断翻新。第三，网络犯罪的链条化、组织化、产业化程度加强，涉案环节、人员呈逐渐增多的趋势。第四，大型跨国网络犯罪逐渐增多，国际警务合作加强。从2012年到2014年上半年，国家互联网应急中心处置的跨境事件多达1.5万起，向境外组织投诉的跨境事件多达1.2万余起②。

网络犯罪严重危及中国的经济安全、社会安全和国家安全。第一，需要将网络安全上升到国家核心战略的高度来对待。第二，加大立法力度，尽快制定网络安全法来保障网络安全，努力做到依法治网、依法管网。第三，以中央网络安全和信息化领导小组为中心，整合全社会力量，进行综合治理、系统治理、源头治理。第四，加大网络核心技术的自主研发，争取网络安全保护的主动性。毕竟，解决问题的根本之道还在于技术进步。第五，进一步加强网络安全领域的国际合作，有效治理跨国界的网络安全问题。第六，充分利用企业在网络空间治理方面的技术优势和专家优势，激励其在网络空间

① 周宵鹏：《新旧违法犯罪齐向网络蔓延》，《法制日报》2014年12月2日第8版。

② 陈静：《多方合作织密安全大网》，《经济日报》2014年11月25日第8版。

治理中发挥应有的作用。第七，对于公民个人来讲，应当仔细设置账号和密码，谨慎保管个人信息；及时更新程序和打补丁；不随意下载来路不明的程序、接收陌生文件或点击陌生链接；不在陌生的网络环境中使用支付账号或网银；不随意将个人信息发布到网络或存储的云空间中；谨慎使用公共Wi-Fi；杜绝浏览不良网站；等等。

（五）暴力犯罪

2014 年，“狠化”犯罪势头遏制效果不佳，社会广泛关注的惨案时有发生。该年度发生了一系列灭门惨案和一系列针对女大学生的犯罪，引起社会广泛关注。另外，该年度还发生了一系列其他类型的暴力犯罪。比如，“5·28”山东招远邪教组织成员故意杀人案等。

暴力犯罪关涉人的健康、生命和自由，是对社会危害最为严重的一类犯罪，因而也是最值得关注和寻求解决之道的一类犯罪。从治标的角度看，减少暴力犯罪的基本环节至少包括以下三个：一是完善立法，依法严惩暴力犯罪；二是依法加强对暴力犯罪分子的教育改造，切实降低累犯、再犯率；三是强化社会治安综合管理，建立完善社会治安防范体系。从治本的角度看，减少暴力犯罪的根本途径，还是有赖于社会经济、政治、文化的全面协调发展以及国民整体素质的全面提高。

（六）其他犯罪

第一，未成年人犯罪。调查显示，未成年人犯罪趋向低龄化，14－16 周岁群体数量呈逐年上升趋势；外来未成年人所占比重较高，在一些地方约占受审查起诉未成年人总数的 1/4，甚至更高；罪名主要集中在盗窃罪、抢劫罪、故意伤害罪、寻衅滋事罪等 5 种犯罪，占全部受理案件人数的 81%；少年黑帮是未成年人犯罪的最大特点；犯罪手段暴力化倾向严重；共同犯罪居多，兼具耦合性。调查还显示，未成年人主要在夜晚实施犯罪，其中抢劫罪、盗窃罪、贩毒罪主要发生在夜晚 10 时以后。犯罪地点主要分布于街头、娱乐场所（如网吧、酒吧、KTV 等）和学校附近，比例分别为 48.6%、

26.4%和14.8%。留守儿童、孤儿、服刑人员子女等处于困境的未成年人犯罪比例较大，其中留守未成年人、未成年孤儿以及服刑人员的未成年子女分别占12.5%、1.7%和1.6%。闲散未成年人犯罪呈下降趋势，其所占比例56.9%与2001年的61.2%相比，下降了4.3个百分点①。为规范未成年人犯罪的审判工作，更好地保护未成年人的合法权益和依法惩治未成年人犯罪，2014年11月24日，最高人民法院公布了98起有关未成年人审判工作的典型案例，重点涉及未成年人缓刑适用、抚养权纠纷和性侵害等一系列热点问题，对各地未成年人审判具有指导意义。对未成年人犯罪的控制，应当在建立健全法律制度、科学执法的同时，发挥家庭、学校和社会的预防和帮教功能，注重未成年罪犯的回归和教育问题。

第二，黄赌犯罪。据统计，2014年度，全国公安机关共侦破涉黄涉赌犯罪案件3.7万余起，抓获犯罪嫌疑人8.7万余名，破获134起公安部挂牌督办的重大案件，打掉了一大批涉黄涉赌犯罪团伙，依法查处了一大批涉黄涉赌场所窝点。其中，自2014年10月中旬公安部部署各地开展"打黄赌·铲源头"行动至2014年底，全国共侦破涉黄涉赌刑事案件9516起，抓获犯罪嫌疑人2.1万名②。12月28日，公安部公布了包括"成人奶妈"网站组织卖淫案、"5·26"特大跨国赌博网站开设赌场案等在内的20起破获的涉黄涉赌典型案例。这在一定程度上有助于威慑涉黄涉赌犯罪分子，有助于遏制该类犯罪的进一步扩张和蔓延。而要有效遏制该类犯罪的发生：其一，不能一味依赖运动式的治理方式，而是应当进一步健全完善法制化、常态化的治理机制；其二，要不断增强治理的针对性与有效性，做到"三个重点"——重点打击团伙犯罪、网络犯罪和跨境跨区域犯罪，重点惩处组织者、经营者、获利者以及幕后"保护伞"，重点查处高档会所、地下赌场等相关场所窝点。

---

① 申宁、吕春妍：《调查显示：六成未成年人犯罪时不知道触犯法律》，人民网，http://edu.people.com.cn/n/2014/1202/c1053-26134226.html，最后访问时间：2015年1月8日。

② 王旭东：《134起部督黄赌案全告破》，《人民公安报》2014年12月30日第1版。

三　2015年犯罪形势预测

犯罪的产生有其深刻的社会根源，这也就决定了在社会基础未发生较大改变的情形下，一个国家的犯罪形势很难有根本性的改观。尽管如此，仍然存在一系列因素，在一定程度上影响着来年犯罪形势的发展。有些犯罪可能会在一定程度上受到遏制，有些犯罪则可能出现新的特点，或者体现出相对稳定的特征。

（一）可能影响今后犯罪形势变化的几个因素

影响2015年犯罪形势变化的因素至少包括以下两点。第一，十八届四中全会精神的贯彻落实。随着十八届四中全会的召开，依法治国被提升到一个前所未有的高度。十八届四中全会公报明确指出，要“努力让人民群众在每一个司法案件中感受到公平正义”。该次全会通过的《中共中央关于全面推进依法治国若干重大问题的决定》更为具体地提出了一系列保障公正司法、提高司法公信力、加强法治工作队伍建设的具体举措，如完善确保依法独立公正行使审判权和检察权的制度、优化司法职权配置、推进严格司法、保障人民群众参与司法、加强人权司法保障、加强对司法活动的监督，建设高素质的专门队伍、加强法律服务队伍建设、创新法治人才培养机制等。这必将在相当程度上促进中国的社会治安状况朝好的方向转化，从而有效遏制刑事犯罪的高发势头。第二，2014年对诸多大案要案的集中办理。2014年，中国在极端暴力犯罪、未成年人犯罪、涉黄涉赌犯罪，尤其是职务犯罪等多个领域，集中办理了一大批大案要案，显示了执政党和政府严格执法、控制犯罪的决心，这必将在一定程度上对相关领域的潜在犯罪分子有震慑作用。

（二）可能受到遏制的几种犯罪

2015年，贪污贿赂犯罪、涉黄涉赌犯罪会在一定程度上得到遏制。第一，2014 年，中央“打虎灭蝇”，“既坚决查处领导干部违纪违法案件，又切实解决发生在群众身边的不正之风和腐败问题”，效果显著，震慑了潜在的腐败分子，加之中央强调“反腐倡廉必须常抓不懈，拒腐防变必须警钟长鸣”，可以预见，国家在贪污贿赂问题上的持续高压态势，会在一定程度上引致贪污贿赂犯罪数量的下降。第二，涉黄涉赌犯罪之所以可能受到遏制，一方面与中国反腐力度的加大有极大关系，另一方面也与 2014 年政府在打击涉黄涉赌犯罪上的不遗余力和效果显著有关。

（三）可能继续影响社会稳定的几种犯罪

2015 年，极端暴力犯罪、网络犯罪、毒品犯罪、恐怖主义犯罪可能会继续影响社会稳定。第一，作为一种自然犯，极端暴力犯罪从来都是刑事犯罪的基本类型之一，更何况在社会矛盾持续集聚的当下，自然难以有明显的改观。第二，随着互联网技术的进一步发展以及网络知识的进一步普及，网络已经逐步成为人们一种不可或缺的生活方式。在这种情况下，网络犯罪具有生存和发展的稳定土壤和广阔空间。可以预见，在 2015 年，尽管政府会进一步加大网络安全防范力度，但是网络犯罪仍然会高发频发，甚至会进一步凸显。尤其是侵财型犯罪，仍然会是网络犯罪的最主要类型。第三，毒品犯罪之所以难以在短期内得到有效遏制，一方面是因为在高额利润的驱使下，毒品犯罪分子往往会铤而走险，另一方面也与毒瘾本身的难以戒除有关。第四，恐怖主义犯罪的高发频发与其背后的极端暴力恐怖势力、民族分裂势力和宗教极端势力有极大关系。可以断言，只要国内宗教、民族等问题没有得到妥善解决，这一类犯罪就难以从根本上得到遏制。从总体上看，以长期稳定发展为目标，有计划、分步骤，持续深入地推进民主与法治建设，才是解决或者缓解刑事犯罪问题的根本之道。

B.8

近年商品领域反价格垄断执法工作分析报告

卢延纯*

摘　要：为实施反价格垄断工作，主管部门采取了加强配套立法、完善执法体制、规范执法程序、加大执法力度等举措。近年来，主管部门依法查处了液晶面板价格垄断案、茅台和五粮液公司纵向价格垄断案、乳粉企业纵向价格垄断案、汽车整车及零部件价格垄断案等商品领域一系列典型案例。2015年将坚定不移地推进反价格垄断执法，加强法律宣传，推动经营者依法合规经营，并研究完善反价格垄断制度，不断提高反价格垄断执法能力和水平。

关键词：价格垄断　典型案例　反价格垄断

在中国，查处价格垄断行为是由国家发展和改革委员会（以下简称"发展改革委"）负责，根据国务院规定，其主要查处以下三方面的不正当行为：一是涉及垄断协议的行为，二是滥用市场支配地位行为，三是滥用行政权力排除限制竞争行为。《反垄断法》实施以来，发展改革委加强监管，维护市场公平竞争秩序，特别是近两年来，发展改革委和经授权的省级价格主管部门依法查处了一批反垄断案件，引起了广泛关注。

* 卢延纯，国家发展和改革委员会价格监督检查与反垄断局副巡视员。

一 反价格垄断工作总体情况

（一）加强配套立法

发展改革委一直高度重视立法工作。《反垄断法》出台之后，发展改革委就开始着手研究制定配套规章问题，经过3年多的努力，2010年12月29日颁布了《反价格垄断规定》和《反价格垄断行政执法程序规定》两部配套规章，于2011年2月1日起实施。这两部规章是对《反垄断法》有关法律规定的进一步细化，为反价格垄断执法提供了更为明确具体的法律指导。近几年来，反价格垄断的立法工作不断加强，修订完善了一批部门规章和规范性文件。2013年，发展改革委发布了修订后的《价格行政处罚程序规定》，对价格行政执法程序作出规定。同时，修订《价格行政处罚证据规定》《价格行政处罚文书示范文本》和《价格行政处罚案卷管理规定》等规范性文件，对价格行政执法予以规范。

（二）完善执法体制

《反垄断法》将反垄断执法明确规定为中央事权，因此有必要建立统一由国务院领导的反垄断执法工作机构。根据工作需要，国务院反垄断执法机构授权省级人民政府，建立相应机构，负责反垄断执法工作。2008年底，发展改革委授权各地方政府的价格主管部门负责本行政区域内的反价格垄断执法工作，并负责配合发展改革委开展反价格垄断的调查工作。2011年开始实施的《反价格垄断行政执法程序规定》进一步规定，国务院和各地方政府价格主管部门可在法定权限内委托下一级政府部门进行价格垄断调查。

（三）依法开展执法工作

2008年至2014年9月，价格主管部门共查处了72个案件，涉及335家企业和相关行业协会。被调查主体覆盖较广，国有企业、民营企业、外资企业、境外企业、行业协会都在调查范围内。违法行为类型也多种多样，目前发展改革委查处的价格垄断案件涉及各种垄断行为，包括横向价格垄断协议、纵向垄断协议、滥用市场支配地位、滥用行政权力等。从执法领域来看，涉及液晶面板、医药、白酒、乳粉、汽车、黄金饰品、建筑材料、化工原料、保险、电信、知识产权等近 20 个行业；对部分滥用行政权力排除限制竞争的案件也进行了调查处理。从案件调查分析方法看，运用了突击调查、宽大制度等多种手段，对如何界定相关市场、如何分析垄断行为对市场竞争和消费者利益的影响进行了积极探索实践。从案件处理结果来看，有依法实施行政处罚的案件，也有因经营者作出承诺而中止调查的案件。

（四）严格遵循执法程序

执法依据为《反垄断法》《行政处罚法》和《反价格垄断行政执法程序规定》，其程序包括立案、调查取证、案件审理、听取意见、集体讨论、事先告知、陈述申辩等，保障执法公平公正。在反垄断执法过程中，发展改革委始终依法保障当事人陈述意见、进行陈述申辩、听证和寻求司法救济的权利。在作出行政处罚之前，发展改革委书面告知当事人拟作出的行政处罚决定以及理由和依据，并告知其依法享有陈述申辩或者提出听证申请的权利。为充分保障当事人权利，《价格行政处罚程序规定》还明确规定，反垄断执法机构不得因当事人陈述、申辩和听证而加重处罚。比如，在汽车零部件价格垄断案中，住友提出了书面陈述申辩意见，发展改革委依法进行了采纳，对住友的罚款由告知书中的 3. 4272 亿元调减到决定书中的 2. 904 亿元。对于执法机构已经作出的行政处罚，根据相关法律规定，当事人对决定不服的，还可以依法申请行政复议或者提起行政诉讼。

二　反价格垄断执法典型案例

（一）液晶面板价格垄断案

2013 年，发展改革委对韩国三星、LG 等六家国际大型液晶面板企业的价格垄断行为进行了查处，主要查处的是2001年至2006年的价格垄断行为。查处结果为：责令涉案企业退还国内彩电企业多付的价款1.72亿元，没收违法所得3675万元，并处罚款1.44亿元，经济制裁总金额3.53亿元[①]。涉案企业承诺今后严格遵守中国法律，向所有客户公平供货，提供同等的高端产品、新技术产品采购机会，并且承诺彩电的面板保修服务期限由18个月延长到36个月，仅此一项每年可为中国彩电企业节约维修成本3.95亿元。这是中国首次对境外企业开展反价格垄断执法，维护了公平竞争秩序，保护了经营者和消费者的合法权益。

（二）茅台、五粮液公司纵向价格垄断案

2013年，发展改革委对贵州茅台、四川五粮液公司限定具有独立法人资格的全国经销商销售白酒的最低价格行为进行了调查处理。这是中国首次调查处理纵向价格垄断案件。发展改革委对茅台和五粮液公司的限定价格行为进行了认真分析、研究、论证，认为两公司利用自身的市场强势地位，通过合同约定、管理约束、价格管控、考核处罚、区域监督等方式，对全国经销商向第三人销售白酒的最低价格进行限定和控制，产生了排除、限制竞争的效果，违反了《反垄断法》第14条的规定，且两公司不能证明该行为符合第15条规定的豁免条件。经研究，责成贵州省物价局、四川省发展改革委依法定程序分别进行了处理，合计罚款4.49亿元，其中茅台2.47亿元，五粮液2.02亿元。

（三）乳粉企业纵向价格垄断案

2013年发展改革委对多美滋、美赞臣、惠氏、贝因美、合生元、雅培、富仕兰（美素佳儿）、恒天然、明治等九家企业在销售婴幼儿配方乳粉过程中涉嫌价格垄断进行了调查，掌握了乳粉企业对经销商和零售商进行价格控制的确凿证据。鉴于乳粉企业达成并实施了销售婴幼儿配方乳粉的纵向价格

---

① 国家发展改革委员会有关负责人就液晶面板价格垄断案答记者问。

垄断协议，排除限制了竞争，维持了市场高价，损害了消费者的合法权益。发展改革委依法对其中六家乳粉生产企业的价格垄断行为进行了处罚，合计罚款6.6873亿元，对主动报告有关情况并提供重要证据的三家企业免除处罚。

（四）水泥公司横向价格垄断协议案

2013年，根据举报，发展改革委对部分水泥企业及地区水泥协会进行了反垄断调查。调查发现，2011年以来，部分水泥企业和水泥协会通过组织“市场协同”“限产保价”等行为共同协商水泥价格，组织、达成并实施水泥价格垄断协议，排除和限制了市场竞争，违反了中国《反垄断法》第13条的规定。2014年，发展改革委责令吉林省物价局依法对北方水泥、亚泰水泥和冀东水泥三家公司共处罚款计1.14亿元。在水泥行业产能过剩的背景下，部分企业通过垄断协议进行限产保价，规避市场竞争，损害了市场公平竞争秩序和消费者利益。《反垄断法》第15条规定了对部分垄断协议予以豁免的条件，除满足因经济不景气、为缓解销售量严重下降或者生产明显过剩的，还应满足“不会严重限制相关市场的竞争”和“能够使消费者分享由此产生的利益”两个条件[①]。该案中仅产能过剩一个因素，并不能满足垄断协议得到豁免的法定要件。最终反垄断执法及时制止以垄断协议等方式损害市场秩序的行为，推动企业通过公平竞争、优胜劣汰、兼并重组、产业转型等市场化手段解决产能过剩问题。

（五）美国数字交互公司（IDC公司）涉嫌滥用专利市场支配地位案

2013年5月，发展改革委接到举报，美国数字交互公司涉嫌在无线通信标准专利市场实施垄断行为、滥用支配地位。比如，美国数字交互公司对中国企业设定不公平的高价许可费、中国企业所持有的专利须向美国数字交互公司申

---

① 刘春宏、路艳：《聚焦反垄断法：反什么，谁来反》，《地方财政研究》2006年第8期。

请免费反许可、捆绑许可非标准必要专利和标准必要专利等。针对调查，数字交互公司提出了消除涉嫌垄断行为后果的具体措施，如取消对中国企业征收高价许可费、不再对非标准必要专利与标准必要专利进行捆绑许可、不再要求中国企业所持专利向美国数字交互公司申请免费反许可等。由于美国数字交互公司尚未在中国境内取得销售收入，且其在保证中国企业公平地参与市场竞争、恢复市场竞争秩序、消除涉嫌垄断行为的后果方面提出了具体措施，发展改革委根据《反垄断法》第45条的规定，决定对数字交互公司中止调查，但将严格监督数字交互公司的承诺履行状况，纠正涉嫌违法行为。

（六）汽车整车及零部件、轴承价格垄断案

一是八家汽车零部件企业价格垄断案。经调查，2000年1月至2010年2月，为减少竞争，以最有利的价格得到汽车制造商的零部件订单，日立、电装、爱三、三菱电机、三叶、矢崎、古河、住友等八家日本汽车零部件生产企业就起动机、线束等13种产品多次进行双边或多边会谈、接触，协商价格，达成价格协议并付诸实施。经价格协商的零部件主要用于本田、丰田、日产、铃木、福特等20多种车型，截至2013年底，价格协商后的相关零部件订单仍在供货中国市场。据此，发展改革委对八家企业达成并实施横向价格垄断协议行为处罚8.3196亿元[①]。二是四家轴承企业价格垄断案。发展改革委调查发现，2000年至2011年6月，不二越、精工、捷太格特、NTN等四家轴承生产企业就轴承涨价及幅度、涨价时间召开了多次会议，达成价格协议并实施涨价行为。为此，发展改革委依法对达成并实施横向价格垄断协议行为的四家轴承企业罚款4.0344亿元。三是一汽大众奥迪及十家经销商价格垄断案。湖北省价格主管部门根据举报，对一汽大众奥迪进行了反垄断调查。经查明，一汽大众奥迪利用厂商强势地位，通过特许经销商协议强制限定汽车整车和零部件的终端销售价格，并多次召开会议，强迫经销商签订实施《武汉地区奥迪限价表》《华中小区价格方案保证书》，组织

① 《国家发展改革委员会开出反垄断最大罚单》，《中国经济时报》2014年8月21日。

经销商达成整车销售和售后服务的价格联盟，违反了中国《反垄断法》的规定。湖北省物价局在计算本省相关销售额基础上依法对一汽大众奥迪罚款2.48亿元，对十家经销商罚款2996万元，合计罚款2.78亿元。四是克莱斯勒汽车及三家经销商价格垄断案。上海市价格主管部门根据举报对克莱斯勒汽车进行了反垄断调查，查明克莱斯勒存在对下游经销商进行价格控制行为，并组织部分克莱斯勒的经销商达成价格联盟。上海市发展改革委在计算本市相关销售额基础上依法对克莱斯勒汽车罚款3168万元，对三家经销商罚款214万元，合计罚款3382万元。

三 反价格垄断展望

十八届三中全会通过的《中共中央关于全面深化改革若干重大问题的决定》指出，“经济体制改革是全面深化改革的重点，核心问题是处理好政府和市场的关系，使市场决定配置资源是市场经济的一般规律，健全社会主义市场经济体制必须遵循这条规律”。竞争是市场经济的核心机制，对于促进资源优化配置，推进经济转型和产业升级，促使经营者创新，增进消费者福利，具有重要意义。发展改革委将进一步加强反价格垄断工作，致力于维护公平竞争的市场秩序，保护消费者利益；同时，也将充分听取和吸收各方面的意见和建议，不断提高反价格垄断执法能力和水平。

一是坚定不移地依法推进反价格垄断执法。对于执法机构来说，执法是发展改革委的中心工作，也是维护竞争的重要基础。通过执法，促使市场主体主动加强对《反垄断法》的学习，增强竞争意识，自觉依法开展生产经营。很多方面关注发展改革委开展反垄断执法的重点领域是什么，作为执法者，发展改革委并不预设对哪个领域进行重点调查，只要存在垄断行为，发展改革委都将依法开展调查处理。对于依法举报的线索，不管是什么领域，发展改革委必须按照法律要求开展必要的调查。当然，在工作过程中，发展改革委也会对民生领域、社会关注的重点领域进行相关研究，依法开展工作。

二是进一步加强反垄断法律宣传。反垄断执法初期，最重要的工作是要加强法律宣传，培育正当竞争的文化。从发展改革委执法的实际情况看，目前市场主体对《反垄断法》的理解和认识还不到位，有的经营者不清楚其行为违反不正当竞争相关法律，甚至还在网络上公布相关不正当行为。所以，必须进一步加大法律法规的宣传力度，增强社会各方面对《反垄断法》的理解和认识。发展改革委也将继续大力推进案件公开，促使经营者和社会各方面更加准确地理解执法机构的执法取向和尺度，进一步明确市场竞争规则。

三是推动经营者依法合规经营。当前，中央大力推进深化改革、简政放权，作为政府监管机构，发展改革委有责任有义务加强事中和事后监管，为所有企业提供一个公平竞争的良好环境。经营者是市场的主体，是开展创新、提升效率、增强经济活力的主力和源泉，竞争有序的市场环境将最大程度地激发这种活力。发展改革委价格监督检查与反垄断局将通过开展相关培训、推进价格诚信建设等多种措施，加深市场主体对《反垄断法》的理解和认识，推动经营者依法合规经营，共同维护市场竞争秩序。

四是逐步研究完善有关反价格垄断制度。中国《反垄断法》实施时间还不长，反垄断执法基本上还处于起步阶段，特别是一些复杂的价格垄断案件刚开了个头，有关制度和规定仍有待进一步补充细化和完善，反价格垄断执法能力和水平需要提高。发展改革委将认真总结反价格垄断执法经验，分析工作中面临的一些问题，研究细化相关制度，根据执法的实际情况，科学评估有关行业的市场竞争状况，进一步引导市场预期，明确市场竞争规则。

B.9

新《环境保护法》的颁布与实施展望

刘洪岩*

摘　要：2014年，第十二届全国人大常委会第八次会议表决通过了新的《环境保护法》。以新环保法的颁布和实施为标志，中国环境法治的发展开始从强调“立法中心主义”向关注“民主立法与公众参与法律实施”的维度迈进；从侧重“环境管制主义”理念逻辑向“多元共治、社会参与”的现代环境治理方式转变。新环保法的颁布将对中国的环境立法体系完善、环境执法方式转变，以及环境司法能力和水平的提升等诸多方面产生积极而深远的影响，为中国未来环境法治的发展发挥方向性的指引作用和提供基础性的制度保障作用。

关键词：新《环境保护法》　环境法治　环境执法　环境司法

回顾中国环境法治的发展历程，如果把环境立法的发展维度作为考察的切入点，从新中国第一部《环境保护法》1979年的试行，到1989年《环境保护法》的正式颁布，再到25年之后的《环境保护法》首次全面修订，从最初的“小步走”到现今的“大步跑”，一方面体现了中国环境法治近年来突飞猛进的发展，另一方面也折射出中国多年来忽视环境保护的超速经济发展积累的日益严峻的环境问题，导致了人与自然之间对抗性矛盾的日益严

* 刘洪岩，中国社会科学院法学研究所研究员。

峻。应该说，此次《环境保护法》的全面修订与颁布，立足中国国情，顺应社会民意，适应了中国经济转轨和社会转型发展的现实需要。最重要的一点是，新《环境保护法》的修订、颁布和实施，开启了中国环境法治发展的新维度。新《环境保护法》立足中国现实国情和直面中国严峻的环境问题，回应了中国以生态文明为未来社会建构方向的时代诉求。新《环境保护法》确立和夯实了未来中国在环境立法、环境执法、环境司法和环境守法等诸多领域的价值原则、基本标准、程序规范及法律后果，改变了多年以来《环境保护法》“中看不中用”“没有大错也没有大用”的现实境况和尴尬窘境。自此，中国的环境法治开始从侧重“立法中心主义”的体系构建，向关注“民主立法与公众参与法律实施”的发展维度迈进，从过去侧重“环境管制主义”理念逻辑向“多元共治、社会参与”的现代环境治理方式转换。

一　千呼万唤始出来——新环保法的修订、颁布与实施

第十二届全国人民代表大会常务委员会（以下简称“全国人大常委会”）第八次会议表决通过了新的《环境保护法》，2015 年 1 月 1 日开始实施。新环保法从 2011 年 1 月被列入全国人大常委会立法规划到颁布实施，历时四年之久。该法历经四次审议和两次向社会公开征求意见，此次环保法的修订，修改内容幅度之大、历时之长和审议次数之多均创造了中国立法史（不仅仅是环境立法）上鲜见的纪录。基于该法对未来国家和社会发展的重要意义及与公民权保护的紧密联系，新环保法启动修法程序之前的十几年，就引发了包括学界在内的社会各界的广泛参与和关注。

关于环保法的修订问题，早在 20 世纪 90 年代中期，受有关部门的委托，学界部分学者就开启了相关的研究工作。从 20 世纪末到 21 世纪初的十余年间，环保法的修订问题引发了学界的高度重视，有大量的研究成果发表。同时，面对日益严峻的环境状况，包括政府在内的社会各界也给予高度

关注并广泛参与。

有关1989年《环境保护法》是否应该修改的问题，社会各界看法不一，主要存在三种态度①：一是“存”，即不主张改，主要是认为修改时机不成熟，不如等以后修改；二是“废”，即主张此法已无存在价值，应废除；三是“改”，又有几种改法，小修小补的修正，大修大改的修订。按照周珂教授的说法，在对环保法的修订过程中有三个没想到：一是没想到学界和立法机构会闹得那么僵，二是没想到新环保法审议次数会那么多，三是没想到新环保法修改的幅度那么大。这次《环境保护法》的修订，学界发挥了巨大的作用，并一定程度上影响了环保法修订的时间和进程。

《环境保护法》修订的缘起绝非偶然。从1995年八届全国人大三次会议到2011年十一届全国人大五次会议，全国人民代表大会（以下简称“全国人大”）有2474人次及中国台湾代表团、海南代表团共提出设计修改《环境保护法》的议案78件。其主旨思想就是：鉴于现行环保法是经济体制改革初期制定的，经历几十年的发展，已经不适应社会发展要求，社会各界对修法的呼声很高。为此，十一届全国人大常委会将修改《环境保护法》列入五年立法规划的论证项目。从2008年至2010年，全国人大环境与资源保护委员会（以下简称“环资委”）开展了《环境保护法》及相关法律的后评估工作，根据后评估的结果，形成了一系列的论证报告，并认为，环境保护的相关法律比较完善，编撰环境保护法典是长期任务，修改现行《环境保护法》应当将推动法律的实施和行政责任的落实作为当务之急。环保法的修订应主要体现21世纪以来国家提出的环境保护指导思想，修改的重点应放在强化政府责任和加强环境违法责任追究，修改与后来制定的单行法不衔接的一些规定，推动专项法律的实施等方面。十一届全国人大常委会第十八次会议同意了环资委的意见，将《环境保护法》列入全国人大常委会2011年立法工作计划。

2011年1月，全国人大环资委启动了《环境保护法》条文修改工作，

---

① 该观点援引自周珂教授2014年10月21日在中国政法大学作学术讲座的相关内容。

多次听取环境保护部等国务院相关部委及专家的意见。2011 年初，全国人大委托环境保护部研究起草建议稿。当年的 4 - 9 月多次赴湖南、福建、重庆、江苏、陕西、湖北等地开展实地调研，并在江苏省徐州市组织召开了包括各省、自治区、直辖市人大环资委、提议案的部分人大代表及全国人大常委会法制工作委员会（以下简称“全国人大法工委”）参与的《环境保护法》修改专题研讨会。同时环资委就环境保护规划、环境监测、排污收费和限期治理等召开了专家和部门的座谈会。在《环境保护法修正案（草案)》的起草过程中，环资委还征求了全国人大法工委、最高人民法院、中央机构编制委员会办公室（以下简称“中编办”）等 18 个中央机构、国务院部门和 31 个省、自治区、直辖市人大的意见，同时听取了全国人大五次会议四件代表议案领衔人和地方的意见。

2011 年 7 月，环保部将起草后的建议稿提交全国人大法工委。2012 年 8 月 27 日，时任全国人大环资委主任的汪光焘在第十一届全国人民代表大会常务委员会第二十八次会议上作了关于《环境保护法修正案（草案)》的情况说明。在新环保法一稿修正案草案中，基本遵循了环资委“小修小补、好看好用”的要求。修改的幅度有限，修正案草案对 1989 年环保法仅仅作了不大的小手术，共修改了 21 条，新增 4 条，合并 8 条，修改后的法律草案共 7 章 47 条。从内容上看，修正案草案突出强调政府责任、监督和法律责任。与 1989 年环保法相比，在有关政府责任规定方面，将 1989 年环保法仅有的一条原则规定拓展为一章“监督检查”，规定了上级政府机关对下级政府机关的监督、政府定期向人大报告环保工作等。这样的小修小补与社会期待显然存在巨大差距，这种思路实际上回避了《环境保护法》作为环境基本立法的立法模式选择[①]，为此，一审稿遭到了包括学界在内的社会各界的强烈批评。很多学者纷纷向相关立法机构提出自己的建议和意见，在指出修正案草案不足之处的同时，认为这样的修改会白白浪费等待了二十几年的

① 参见汪劲《〈环保法〉修改从“有限”实现“有效”必须解决的十大课题》，载《环境保护》2011 年第 11 期。

修法机会，与其这样还不如不改。《环境保护法修正案（草案）》一审后，第一次向社会公开征求意见。一个月内，共收到 9572 位网友的 11748 条意见。环保部将社会各界和环保系统的建议总结了四个方面的主要意见，共计 34 项建议，提交给相关部门。由于社会各界对《环境保护法修正案（草案）》存在诸多质疑和批评，修正案草案曾被一度暂时搁置。2012 年 11 月，党的十八大召开，首次将生态文明确立为社会建构的基本方向，并将“生态”纳入“五位一体”国家社会治理的总体布局之一。此时，十一届人大任期结束，环保法的审议工作列入新一届人大常委会的议事日程。

2013 年 6 月，全国人大法律委员会向十二届全国人大常委会提请对《环境保护法修正案（草案）》的二审。二审稿与一审稿相比，在立法理念创新、公民参与、公益诉讼、强化监管和违法处罚等方面均有所突破。尤其是将环境保护坚持“保护优先”确立为环保法的基本原则，具有很强的超前性和前瞻性，是中国生态文明社会构建目标首次在立法中的体现。根据与会许多代表的建议，对《环境保护法》不应该局限于“小修小补、好看好用”的面子修改，应该从“面”到“里”作全面修订。二审后，对《环境保护法修正案（草案）》再次向社会征求意见，有 822 人参与，提出 2434 条修改意见。

2013 年 10 月，全国人大法律委员会向人大常委会提请《环境保护法》“修订草案”三审说明。需要注意，此时，已将一审、二审的《环境保护法》“修正案（草案）”的措辞悄然变更为“修订草案”，虽然只有一字之差，但意味深远、意义重大。“修正”仅仅是对法律部分条文的小范围修改，发布形式也是由全国人大常委会以“决定”的方式颁布实施；而“修订”则意味着是对法律条文作大幅度修改，并以国家主席令的方式颁布实施。这样的改变，无论在法律重要性还是效力级别上，二者都有所不同。可见，环保法的修订已经成为自中国生态文明社会构建目标提出以来一件非常重大的法治事件，同中国国家和社会的建构方向紧密相连。环保法修订案草案的三审稿与二审稿相比，在内容上作了全面修改，尤其对国家环境责任的规定作出了突破。规定了政府实行环境保护目标责任制，以及对其实行考核评价制度（第26条）；公益诉讼主体由二审规定的中华环保联合会扩大至全国性环境保护组织。最终，全国人大常委会以151票赞成、3票反对、6票弃权的表决结果通过修订后的《环境保护法》。新环保法的四审稿同三审稿相比，在环境保护预防、公民环境教育、环境监察、生态脆弱区的环境监控、环境责任追究、环境公益诉讼等环境制度完善方面均有可圈可点之处。譬如：在环境保护预防预警方面增加了生态保护红线、资源环境承载能力监测预警机制及环境污染公共预警机制（如应对雾霾等）等相关规定；在公民环境教育方面确立了“环境日”，增加了加强环保宣传、提高公民意识等内容；在环境监察方面，确立环境监察机构的法律地位及对未完成质量目标地区的“限批”规定；对违法单位的查封扣押、按日计罚等。尤其是在公益诉讼主体方面的规定，在三审稿的基础上进一步扩大至“设区的市级民政部门登记的相关社会组织”。

二　新《环境保护法》文本修订的主要内容及亮点分析

客观来讲，与1989年环保法相比，对新环保法具有“里程碑式的历史进步”的评价一点也不过分。如果同1979年试行的环保法相比，其进步意义不言而喻。环保法应当发现和识别社会现实问题，合理地识别和选择法律问题，积极回应与解答现实问题和法律问题[①]。新环保法“新”在何处、“亮”在哪里？我们可以从新法文本的立意定位、制度完善、机制创新、监管强化、责任严格几个方面作如下梳理和分析。

（一）立意定位

（1）新环保法的法律地位。中国《环境保护法》自颁布实施之日起，一直饱受诟病。究其原因就是该法的法律地位一直不够明确。环保法到底是

① 参见柯坚《环境法的生态实践理性原理》，中国社会科学出版社，2013，第6页。

环境保护领域的基本法，抑或是与其他单行环境污染治理、资源保护类法律平行的一般性法律，这个问题一直困扰着学界和实务界。如果将其看作环境保护领域的基本法，但其通过的主体又是人大常委会，而不是人民代表大会。无论从法律位阶，还是通过的主体来看都不符合基本法的特征。地位不明，权威难立。2014 年 4 月 24 日，全国人大委员长张德江在十二届全国人大常委会第八次会议闭幕会上的讲话明确了环保法的地位，指出“环境保护法是环境保护领域的基础性、综合性法律”。

（2）新环保法的目的价值。新环保法在开篇即确认将“生态文明”建设、促进经济社会可持续发展作为立法目的。同时将环境保护作为国家的基本国策加以确立，这表明环境保护已经成为国家意志的重要组成部分，具有强制性的属性和效力，充分体现了国家在环境保护领域的积极作为和坚定信念。同时，新环保法规定，国家采取有利于节约和循环利用资源、保护和改善环境、促进人与自然和谐的经济、技术政策和措施，使经济社会发展与环境保护相协调（第 4 条）。这些规定一改过去“唯 GDP 论”的落后环保理念，开始关注“人与自然”的和谐、经济社会发展与环境保护的相互协调，用生态文明建设和可持续发展来替代旧法中的社会主义现代化建设，这更符合中国当前经济社会发展面临的实际情况和迫切需要，这种替代最明显的就是从以往单纯强调经济建设和物质利益的目标转变为更加全面和长远的综合性、协调性发展目标，充分彰显了新法的人文关怀和生态理念。

（3）新环保法的问题导向。多年来，各国面对的一个共同问题就是如何平衡经济发展和环境保护二者的矛盾。中国几十年的经济高速增长也是以环境破坏为代价的。在“发展是硬道理”的信条鼓动下，当经济发展和环境保护二者发生矛盾之时，环境保护总是要作出让步和牺牲，这也是中国环境法制在实现跨越式发展的同时却不能有效遏制环境状况日趋恶化的根本原因。新环保法在应对经济发展与环境保护二者矛盾方面，确立了保护优先的基本原则（第 5 条）。当然，也有学者将其解读为在环境保护方面的保护优先，而不包括在经济价值与环境价值取舍方面的保护优先。这种解读显然有失偏颇，逻辑和文法不通，环境保护本身就包含了优先的价值，而无须作画蛇添足的解读。保护优先这项原则还体现在自然资源利用问题上，也可以解读为自然资源保护相对于自然资源开发利用具有优先性。按照以往环境资源保护立法的规定，基本上都是将开发利用优先置于保护自然资源之上。当今时代，我们已经无法回到小国寡民的自然经济时代，经济发展和环境保护对于一个国家和民族的发展同等重要，不能将二者割裂开来。真正实现“经济社会发展与环境保护相协调”，不以牺牲环境为代价的可持续发展才是代表未来社会发展的重要趋势。

（二）制度完善

新环保法在自然资源保护、污染防治、区域治理、环境监测与环境损害、风险预警、公民环境权保护等诸多方面都有制度创新。具体内容如下。

（1）在自然资源保护方面，确立生态保护红线制度。根据十八届三中全会决定精神和要求，新环保法将生态保护红线明确写入法律条文（第 29 条），规定国家在重点生态功能区、生态环境敏感区和脆弱区等区域划定生态保护红线，实行严格保护。生态红线划定的法律意义在于：首先，它是生态安全的底线，超越这条底线将面临生态系统崩溃的危险；其次，它是生命安全的底线，包括公众在内的生命和健康高于经济和一般性法律利益；最后，它是法律责任的底线，超越了这条底线就意味着要承担严厉的法律责任，故不可越雷池半步。此外，新环保法还规定，省级以上人民政府应当建立环境资源承载能力监测预警机制。

（2）在污染防治方面，确立了一系列的预防制度。其中包括排污许可证管理制度，新环保法将排污许可证管理制度作为一项基本管理制度明确下来，规定企业事业单位和其他生产经营者应当按照排污许可管理的要求排放污染物（第 45 条）。

此外，制定了环境影响评价制度。新环保法对环境影响评价制度进行了重大完善。一是政府责任的明确。新环保法规定，国务院有关部门和省、自治区、直辖市人民政府组织制定经济、技术政策时，应当充分考虑对环境的影响（第 14 条）。二是规划环境影响评价的确立。新环保法明确规定，对于未依法进行环境影响评价的开发利用规划，不得组织实施；未依法进行环境影响评价的建设项目，不得开工建设（第 19 条）。三是对“未批先建”的处罚。新环保法规定，可以责令相关责任主体停止建设，处以罚款，并可以责令恢复原状（第 61 条）。四是建设项目“三同时制度”与环境影响评价协调问题。新环保法规定，建设项目中防治污染的设施，应当与主体工程同时设计、同时施工、同时投产使用。防治污染的设施应当符合经批准的环境影响评价文件的要求，不得擅自拆除或者闲置（第 41 条）。五是违反环境影响评价的责任追究。新环保法规定，对项目实施过程中拒不执行停止建设决定的责任人处以拘留处罚（第 63 条）。

（3）在区域治理方面，新环保法规定了跨行政区域的联合防治机制。针对近年来中国水体、大气的跨流域、跨区域污染形势，以及应对近年来雾霾问题日益恶化的现实之需，同时结合中国多年来开展跨区域污染联防联控的经验，新环保法规定，国家建立跨行政区域的重点区域、流域环境污染和生态破坏联合防治协调机制，实行统一规划、统一标准、统一监测、统一防治的措施（第 20 条）。

此外，新环保法还规定了总量控制和区域限批制度。规定重点污染物排放总量控制指标由国务院下达，省、自治区、直辖市人民政府分解落实。对超过国家重点污染物排放总量控制指标或者未完成国家确定的环境质量目标的地区，省级以上人民政府环境保护主管部门应当暂停审批其新增重点污染物排放总量的建设项目环境影响评价文件（第 44 条）。

（4）在环境监测与环境损害方面，新环保法规定了环境监测制度和环境与健康监测、调查和风险评估制度。根据规定，针对实践中环境监测缺乏规划、重复建设、规范不一致、信息发布不统一的情况，新环保法作出如下应对：一是规定了国家环境质量监测站（点）设置的统一规划，以及建立环境监测数据共享机制；二是有关行业、专业等各类环境质量监测站（点）的设置应当符合法律法规规定和监测规范的要求；三是监测机构应当使用符合国家标准的监测设备，遵守监测规范；四是监测机构及其负责人对监测数据的真实性和准确性负责（第 17 条）。此外，新环保法坚持以人为本，注重环境污染对公众健康的影响，并规定了国家建立健全环境与健康监测、调查和风险评估制度；鼓励和组织开展环境质量对公众健康影响的研究，采取措施预防和控制与环境污染有关的疾病（第39条）。

（5）在环境风险预警方面，制定了环境应急制度。新环保法规定：一是县级以上人民政府应当建立环境污染公共监测预警机制，依法及时公布预警信息，启动应急措施；二是企业事业单位制订突发环境事件应急预案，并在发生突发环境事件时立即采取措施处理，及时通报和报告；三是人民政府应当及时组织评估事件造成的环境影响和损失，并公布结果（第47条）。

（6）在公民环境权保护方面，规定了信息公开和公众参与制度。这次修法虽然没有明确规定保障公民环境权，多少留下些许遗憾，但新环保法专门增设了“信息公开和公众参与”一章，赋予了公民环境知情权、参与权、举报权和监督权，并明确了提起环境公益诉讼的社会组织范围，为社会共同参与环境保护提供了法律依据（第五章规定）。同时，新法对各级人民政府环境保护主管部门和其他负有环境保护监督管理职责的部门提出了责任性规定，即应当依法公开环境信息、完善公众参与程序，为公民、法人和其他组织参与和监督环境保护提供便利。这无疑对于推动中国环境民主、培育和夯实社会生态文化具有重大的积极意义。

（三）机制创新

在机制创新方面，新环保法一改过去政府和相关部门包揽一切、单打独斗的传统，立足环境保护规划、治理模式、治理手段、政策引导、司法救济等方面，从社会经济发展方式上寻源头、找办法、求出路。

（1）在环境保护规划方面，新环保法对环境规划的理念、思路、发展方向和创新重点作了翔实规定，不仅明确了国家和政府在环境保护领域的工作目标和具体责任，同时体现了环境决策源头治理的理念。新环保法规定，县级以上人民政府应当将环境保护工作纳入国民经济和社会发展规划。国务院环境保护主管部门会同有关部门，根据国民经济和社会发展规划编制国家环境保护规划，报国务院批准并公布实施（第13条）。新环保法确立了环境规划的法律地位和决策权威，标志着环境保护规划成为指导环境保护工作的纲领性制度和顶层设计，规划内容从“重污染防治、轻生态保护”向“污染防治和生态保护并重”转变。环境保护规划的内容应当包括生态保护和污染防治的目标、任务、保障措施等（第13条），同时指出，环境保护规划应与主体功能区规划、土地利用总体规划和城乡规划等相衔接（第13条）。

（2）在治理模式方面，新环保法体现了多元共治、社会参与的现代环境治理理念。所谓多元共治是指，参与治理的主体由过去的单一政府行政，向包括企业担责和公民参与在内的综合治理模式转变。新环保法规定，一切单位和个人都有保护环境的义务。地方各级人民政府应当对本行政区域的环境质量负责。企业事业单位和其他生产经营者应当防止、减少环境污染和生态破坏，对所造成的损害依法承担责任。公民应当增强环境保护意识，采取低碳、节俭的生活方式，自觉履行环境保护义务（第6条）。国家、企业、个人在环境保护的公共治理中各司其职、各负其责，三者都有环境保护的义务，体现了国家、企业和个人环境保护公共治理的新理念和新机制。

（3）在环境治理手段上，运用财政、税收、价格、政府采购等多种手段，国家鼓励环保产业发展（第21条）。政府支持企业事业单位和其他生产经营者的节能减排，政府依法采取财政、税收、价格、政府采购等方面的政策和措施予以鼓励和支持（第22条）。新环保法通过多种治理手段的运用，使得参与节能减排和环境保护的企业事业单位和其他生产经营者意识到环保产业的“有利可图”，从而避免先前“谁环保、谁吃亏”被动环保的不利局面。

（4）在保护政策引导方面，国家建立健全生态保护补偿制度，并从加大财政转移支付力度、落实生态保护补偿资金、指导生态保护补偿等几个方面规定了具体举措（第31条），从而解决了重点生态功能区、生态环境敏感区和脆弱区由于“封山育林”所导致的“政策性贫穷”矛盾。对可能存在环境安全风险的产业，国家鼓励投保环境污染责任险（第52条）。此外，对排放污染物的企业事业单位和其他生产经营者，应当按照国家有关规定缴纳排污费（第43条）。

（5）在司法救济方面，新环保法最大的亮点之一就是规定了环境公益诉讼制度。环境公益诉讼制度在新环保法中的确立，历经了“制度从无到有，原告主体从单一向多元扩展”的博弈和波折。新环保法将提起环境公益诉讼的原告资格扩大到在设区的市级以上人民政府民政部门登记的社会公益性组织，拓宽了提起环境公益诉讼的主体范围，顺应了社会民意，体现了公民参与和民主立法的基本精神。

（四）监管强化

新环保法在强化环境保护监管方面，主要包括如下内容。

首先，确定政府的职责范围。新环保法第6条规定，地方各级人民政府应当对本行政区域的环境质量负责。各级人民政府应当加大保护和改善环境、防治污染和其他公害的财政投入，提高财政资金的使用效益（第8条）。同时，又规定了国家实行环境保护目标责任制和考核评价制度，考核结果应当向社会公开（第26条）。此外，县级以上人民政府应当每年向本级人民代表大会或者人民代表大会常务委员会报告环境状况和环境保护目标完成情况，对发生的重大环境事件应当及时向本级人民代表大会常务委员会报告，依法接受监督（第27条）。这些规定都是新环保法的首创。新法一改过去政府在环境管理过程中只享有行政权而无相应责任义务的弊端，体现了权力与责任均衡发展的特点。新环保法还首次作出了关于乡级环保职权的规定：县级、乡级人民政府应当提高农村环境保护公共服务水平，推动农村环境综合整治（第33条）。

其次，强化环保部门的监管职权。环境保护监督管理职责部门有权对排放污染物的企业事业单位和其他生产经营者进行现场检查（第24条）；环境保护监督管理职责部门对违反法律法规规定排放污染物，造成或者可能造成严重污染的企业事业单位和其他生产经营者，可以查封、扣押造成污染物排放的设施、设备（第25条）。

再次，强化企业事业单位和其他生产经营者责任。中国企业事业单位和其他生产经营者在环保法中的角色通常是被动的被管理者，很少积极主动地参与环保。有些组织由于跟政府存在千丝万缕的利益关系，在环境执法过程中经常出现无视环保部门监督管理的情况。为此，新环保法对企业事业单位和其他生产经营者违法排放污染物，受到罚款处罚，被责令改正，拒不改正的，环保行政机关可以自责令改正之日的次日起，按照原处罚数额按日连续处罚（第59条）。对企业事业单位和其他生产经营者超过污染物排放标准或者超过重点污染物排放总量控制指标排放污染物的，环境保护主管部门可以责令其采取限制生产、停产整治等措施；情节严重的，报经有批准权的人民政府批准，责令停业、关闭（第60条）。

最后，强化环境行政监管部门相关人员的行政问责。针对过去环境行政执法有法不依、执法不严，有关人员不作为或渎职等情况，新环保法突出强调了对相关环境行政部门直接负责的主管人员和其他直接责任人员给予记过、记大过或者降级处分；造成严重后果的，给予撤职或者开除处分，其主要负责人应当引咎辞职（第68条）。

（五）责任严格

之所以新环保法的法律责任追究史上最为严格，主要根据在于新环保法对企事业单位和其他生产经营者及环境行政主管部门的相关人员违法行为的责任追究，规定得具体且严格，其中不乏涉及对相关人员人身自由的限制。新环保法第63条规定，对企业事业单位和其他生产经营者的主管人员和直接负责人未批先建、无证排污、违法排污、生产使用违禁农药等几类违法行为，尚未构成犯罪的，处以10日以上15日以下拘留；情节较轻的，处5日以上10日以下拘留。对于经营主体而言，除了按日计罚、关闭停产、责令退出等处罚措施外，最严格的责任承担方式莫过于对相关责任人的人身自由的限制，比照旧法，新环保法对经营主体主要负责人的人身罚的规定不啻为新法的亮点之一。这样的规定，能够有效地震慑违法经营主体，使其能够有意识地约束自己的经营行为，有效地预防环境违法行为的发生。

有关对环境保护行政部门相关人员的违法行为法律责任的追究，新环保法第68条规定了九种情况：①不符合行政许可条件准予行政许可的；②对环境违法行为进行包庇的；③依法应当作出责令停业、关闭的决定而未作出的；④对超标排放污染物、采用逃避监管的方式排放污染物、造成环境事故以及不落实生态保护措施造成生态破坏等行为，发现或者接到举报未及时查处的；⑤违反本法规定，查封、扣押企业事业单位和其他生产经营者的设施、设备的；⑥篡改、伪造或者指使篡改、伪造监测数据的；⑦应当依法公开环境信息而未公开的；⑧将征收的排污费截留、挤占或者挪作他用的；⑨法律法规规定的其他违法行为。对直接负责的主管人员和其他直接责任人员给予记过、记大过或者降级处分；造成严重后果的，给予撤职或者开除处分，其主要负责人应当引咎辞职。中国以往环保法对环境保护行政部门责任人员的规定偏重于“权”而失之于“责”，此次修订的环保法大大加强了对相关人员的环境行政责任追究，构成中国新环保法的又一亮点。

值得一提的是，新环保法首次规定了生产经营者的社会诚信档案制度。新环保法第54条第3款规定，环保等有关部门应当将企业事业单位和其他生产经营者的环境违法信息记入社会诚信档案，及时向社会公布违法者名单，有利于约束企业违法失信行为，增强企业的环保守法观念。俗话说，“人无信则不立”，“信用”是市场经济的“基石”。2013年12月，环保部联合发展改革委、人民银行、银监会发布了《企业环境信用评价办法（试行）》。2014年1月，国务院原则通过《社会信用体系建设规划纲要（2014－2020年）》，为中国社会诚信体系的构建提供了法律和政策依据。现代社会的商业交往如果没有良好的信誉作为保障，无疑会失信于社会，无法实现更好的经营。新环保法这种“软”的“耻辱刑”的威慑力一点儿也不亚于“硬”的法律责任追究。

三　新《环境保护法》的实施对中国未来环境法治发展走向的影响

新环保法比照旧法的进步不仅仅体现在条文上的变化，新法在政府责任强化、公民环境教育、环境监测、环境信息公开、公众参与保障、公益诉讼主体扩大以及提高企业的违法成本、落实企业责任方面都有所突破，一定程度上回应了社会日益要求强化环境保护的呼声和诉求，必将对未来中国环境法治的发展和完善产生积极的影响。

（一）对未来中国环境立法体系完善之影响

尽管新环保法基本法法律地位问题目前尚存争议，其争议的焦点在于：根据《立法法》的相关规定，通过新环保法的机构为全国人大常委会而不是全国人民代表大会，因而，新环保法目前尚不具备环境与资源保护领域基本法的资质和地位。但从现实的情况看，从新法起草者的立法本意看，还是将新环保法确立为环境和资源保护领域的基本法地位本意毋庸置疑。从实践层面看，2014 年度以来启动的很多立法规划实践（其中包括修订旧法、制定新法），修订和制定相关立法的原则精神在新《环境保护法》中都能找到相关的依据，其中很多修订内容已经关注到与新《环境保护法》相关规定在内容上的衔接问题，新环保法的基本法地位得到了相关立法在实践层面的认可和确认，其中包括 2014 年度全国人大常委会立法工作计划中启动的《大气污染防治法修正案（草案）》初次审议稿和《野生动物保护法》预备立法规划的相关内容。

2014 年初国务院及相关部委的立法规划中，都提出将推进生态文明建设、保护生态环境作为本年度的立法目标之一，这正是新环保法的价值理念在部门立法中的集中体现。2014 年度国务院法制办在环境法领域提出了包括 3 件一档立法项目、4 件二档立法项目、15 件三档立法项目的共计 22 件亟须制定或者修订的涉及环境保护的法律、行政法规立项规划。到目前为止，虽然上述规划并未全部完成，但是均有不同程度的推进。

从国务院、环保部及相关部门颁布的一系列行政法规、规章和文件中，我们都可以找到与新环保法相关立法精神及制度措施相呼应的内容规定。例如，在2014年生效的行政法规《畜禽规模养殖污染防治条例》《国务院办公厅关于改善农村人居环境的指导意见》等13项规范性法律文件，《企业环境信用评价办法（试行）》《消耗臭氧层物质进出口管理办法》《核与辐射安全监督检查人员证件管理办法》《环境监察执法证件管理办法》《关于废止〈环境污染治理设施运营资质许可管理办法〉的决定》及其他3项相关部门规范性文件。此外，国务院法制办公室公布了《大气污染防治法（修订草案征求意见稿）》，环境保护部制定中的《环境保护按日连续处罚暂行办法》《实施环境保护查封、扣押暂行办法》《环境保护限制生产、停产整治暂行办法》《企业事业单位环境信息公开暂行办法》等4个配套文件向全社会公开征求意见，充分体现了新环保法“民主立法与公众参与”的环境立法原则和精神。其中《环境保护按日连续处罚暂行办法》在新环保法中都能找到上位法的依据，将有望彻底解决“守法成本高、违法成本低”的环境执法老大难问题；此外，根据新环保法的“保护公众健康”规定，《农药管理条例》的修订工作被列入国务院相关部门的审议日程之中。综上所述，我们有理由相信，新环保法的颁布实施，必将对进一步完善中国环境法律体系起到基础性的指引作用。

（二）对未来中国环境执法之影响

新环保法明确了有关对环境保护行政部门相关人员的违法行为法律责任的追责制度，改变了过去“重权力、轻责任”的环境执法问题。同时在环境保护治理手段上运用了包括财政、税收、价格、政府采购等多种治理手段，改变过去只侧重“政府的环境行政管制”，开始向“强化政府监管责任，关注国家、社会和公民个人多元共治”的环境执法范式转变。

新环保法确立的“强化政府责任、相关部门相互协作”原则精神在未来环境执法部门的执法实践中必将越来越受到重视。2014年《环境监察稽查办法》颁布，该法要求对环境执法队伍进行规范化管理，强化执法管理队伍素质。2014 年环境保护部联合相关部门开展环保专项执法活动，强化执法理念，加强执法队伍建设，创新执法机制，健全“统一监管、分工负责”和“国家监察、地方监管、单位负责”的监管体系，取得重要成效。

开展污染治理专项规划。2014 年度，环境保护部与 31 个省（区、市）签署《大气污染防治目标责任书》；淘汰黄标车，环境保护部等六部委联合印发《2014 年黄标车及老旧车淘汰工作实施方案》，完成 2014 年淘汰黄标车及老旧车 600 万辆的任务；环境保护部、国家发展改革委、工业和信息化部、司法部、住房和城乡建设部、国家工商总局、国家安全监管总局、国家能源局等国务院八部委部署 2014 年全国整治违法排污企业、保障群众健康环保专项行动，环境保护部在华北地区开展无人机执法检查行动；环境保护部、公安部、工业和信息化部、工商总局、质检总局联合印发《关于印发新生产机动车环保达标监管工作方案的通知》，对新生产机动车环保标准实施监管。此外，在大气污染防治方面，京津冀、长三角、珠三角等重点区域建立联防联控协作机制及区域协作机制；建立区域监测网络和应急响应体系，联合应对重污染天气。在水污染防治方面，建立流域环境综合管理模式，促进海洋环境保护与流域污染防治有效衔接等。

在严格环境执法人员责任和加强自律方面，2014 年初，环保部对 62 名环境影响评价工程师违法“挂靠”环境影响评价机构问题进行处理并公示，规范环境影响评价机构和人员的诚信体系建设；挂牌督办一批环境违法案件，如对辽宁省鞍山钢铁集团公司化工总厂、黑龙江省哈尔滨亚麻纺织有限公司、广西壮族自治区百色融达铜业有限责任公司环境违法案件进行挂牌督办；根据 2013 年度主要污染物总量减排核查和日常督查情况，对减排存在问题的地区和企业进行处罚；根据环保部设立“12369”环保举报热线受理群众举报情况和 2013 年环保举报热线工作情况的通报，处理 1870 件群众举报案件和 36 个典型案例，取得了良好的社会效果；根据环境保护部公布的 2014 年第一季度和第二季度重点环境案件处理情况、2014 年 7 月和 8 月重点环境案件处理情况，环保部对其实行监督，地方执法部门处理一批严重违法的环境案件。

（三）对未来中国环境司法之影响

新环保法在公民环境权保护方面，规定了信息公开和公众参与制度，规定了公益诉讼的条件及程序，开启公民环境权利司法救济的途径，一改过去对公民环境权利受侵害及公民参与权“有权利规定，无司法救济途径”的尴尬窘境。

2014 年 6 月，最高人民法院发布《关于全面加强环境资源审判工作为推进生态文明建设提供有力司法保障的意见》，规划本年度的环境司法建设，具体内容主要有：最高人民法院设立环境资源审判庭、发布典型案例、颁布司法解释等。2014 年 7 月，最高人民法院首次设立专门环境资源审判庭。环境资源专门审判机构的设立，保障了环境资源法律的全面正确施行，统一司法裁判尺度，理顺环境案件的审判机制，规范环境案件的审判程序，实现环境司法专门化。截至 2013 年已有 16 个省（区、市）设立了 134 个环境保护法庭、合议庭或者巡回法庭，依法审判了一批有影响的环境资源类案件。据 2014 年最高人民法院工作报告，2013 年各级法院一共审结资源开发、环境保护案件 2464 件，取得了良好的法律效果和社会效果，并在环境资源专门化审判方面积累了有益经验。

环境案件不同于传统案件，具有专业性强、跨区域广、公益性强等特点，目前环境案件审判中存在的主要问题有：环境案件往往涉及刑事、民事、行政多种程序，单一程序模式审理无法满足环境审判需要；跨区污染现象普遍，行政权力配置与生态系统割裂，导致管辖困难；收集证据困难，污染者占据信息、资金和技术等优势，导致原告收集证据困难等诸多问题。为此，最高人民法院发布 9 个典型案例，对上述问题通过一系列有益的案例指导进行制度探索尝试，为类似案件的审理提供可资借鉴的模式。例如，中华环保联合会、贵阳公众环境教育中心与贵阳市乌当区定扒造纸厂水污染责任纠纷案，贵阳环境保护法庭对环境保护案件实行集中管辖和三审合一的模式，据此清镇法院受理被告的乌当区案件；实行跨行政区域管辖，采取先予执行措施，及时保全证据并与环境保护行政主管部门协调联动，有效避免污染扩大。在上海市松江区叶榭镇人民政府与蒋荣祥等水污染责任纠纷案中，上海市松江区人民法院通过刑事责任、行政责任、民事责任三种责任方式的综合运用，提高污染者的违法成本并对潜在的污染者形成有效震慑，达到防治危险废物污染的目的。在朱正茂、中华环保联合会与江阴港集装箱公司环境污染责任纠纷案中，朱正茂是居民代表，同时又是环境污染的受害者，其与中华环保联合会共同作为原告起诉后被受理，对环境公益诉讼的原告主体资格确定进行有益的实践。

环保公益诉讼关涉社会公共利益，且环境污染、生态破坏具有即时性、紧迫性和不可逆性等特点，决定了其审理程序有别于普通的民事诉讼案件，新的环保法第 58 条授予社会组织提起环境公益诉讼的权利，与《民事诉讼法》第 55 条相结合，成为环境公益诉讼的相互支持条款，但是本条规定较为笼统，操作性不强。为此，2015 年 1 月 7 日最高人民法院颁布《关于审理环境民事公益诉讼案件适用法律若干问题的解释》，进一步明确了公益诉讼的主体，并规定社会组织通过诉讼牟取经济利益将受罚，具体规定了公益诉讼与行政监管的衔接制度、举证责任分担方式与责任承担方式、公益和私益二者如何兼顾、公益诉讼和私益诉讼的受偿顺序等具体问题，解决上述没有实际具体、可操作性的规定的问题。但是司法解释亦有不足之处：举证方式不利于原告举证，《关于审理环境民事公益诉讼案件适用法律若干问题的解释》第 12 条规定，原告举证责任的承担，仍部分延续“谁主张，谁举证”的举证方式，由于环境损害因素的复杂性、危害的潜在性，原告举证存在困难；责任承担方式不规范，“生态环境修复期间服务功能的损失”中对“生态环境修复”的表述不准确；具体问题需要进一步规定，如“应当判令被告向环境公益诉讼专项资金账户支付”，专项资金账户由谁负责管理，具体操作方式需要进一步规定。上述环境司法的实践不足和“试错”也为环境公益诉讼制度的进一步完善提供了问题导向，甚至为催生“环境专业诉讼律师”这一职业群体提供了实践上的某种可能性。

综上所述，2014 年度，以新环保法的颁布为标志，中国的环境法治无论在环境立法、环境执法还是在环境司法方面均取得可圈可点的成绩，为中国生态文明建设在制度构建和法律保障方面作出了一定的贡献。新环保法的颁布和实施，充分体现了科学立法和民主立法的精神要旨，秉持了开放整合的立法思路，开创性地拓展中国未来环境法治的作为空间，为推动中国未来环境法治的多维发展、包容的环境公共治理体系的构建和生态文明法治社会的建构提供了基础性的法律保障。尽管新环保法依然存在效力等级有限，偏污染治理、轻环境保护等诸多亟须完善的问题，中国环境执法仍然存在地方干扰、取证困难、强制措施实施难度大、执法联动配合工作不协调、执法力度不够等诸多瑕疵，中国环境司法在环境法庭专业法官缺乏、专业化程度不够、环境法律适用无具体可操作依据诸多弊端，但毋庸置疑的是，2014 年中国在环境法治建设方面取得的骄人成绩和进步，虽然与社会的期待还有相当大差距，但上述环境法治建设的不足，恰恰为未来进一步完善中国环境法治明确了基本的建构方向和时代任务。

B.10

中国教育法治发展报告（1978－2014）

马京安　蔡乐渭*

摘　要： 改革开放以来，中国教育事业快速发展，教育管理不断创新，教育法治建设取得了重大进展，实现了教育治理理念从“法制”到“法治”的转变，初步构建起教育法律体系，形成了一套较为完整的教育管理制度，努力促进教育公平，切实保障公民受教育权。与此同时，教育法治建设中也存在诸多不足之处。本报告梳理了中国自1978年以来教育法治建设的成就与问题，进而对未来教育法治建设的发展提出建议，以期促进中国教育法治的进一步发展。

关键词： 教育法治　受教育权　教育管理制度　教育治理理念

一　新时期中国教育法治的总体状况

改革开放以来，中国教育管理从单纯的国家行政管理逐步走向教育行政法制，又进一步向教育法治建设道路过渡，教育法治建设的各个方面均取得了显著的成就。

---

* 马京安，首都师范大学政法学院宪法学与行政法学专业研究生；蔡乐渭，首都师范大学政法学院副教授。

（一）教育法律体系初步形成

改革开放以后，国家越来越重视法制建设在推进教育事业发展中的重要作用，提出教育法制建设的要求。全国人大及其常委会、国家教育行政部门以及各有关地方人大、地方政府先后启动教育立法工作。中国教育立法工作逐步完善，形成以《宪法》为根本大法、以《教育法》为基本法、以单行教育法律为主干、以教育法规为枝干的教育法律体系。

现行《宪法》第19条规定，“国家发展社会主义的教育事业”，第46条规定，“公民有受教育的权利和义务”，这些规定奠定了中国教育法治建设的基础，成为中国教育立法的根本依据和教育立法起点。据此，国家先后制定并颁布各项教育法律规范和制度规范。据不完全统计，中国现行的专门教育法律共有8部[①]，包括《教育法》《义务教育法》《职业教育法》《教师法》《高等教育法》《民办教育促进法》《国家通用语言文字法》《学位条例》。国务院教育行政法规70余部，包括“《校车安全条例》、《教育督导条例》、《教师资格条例》、《幼儿园管理条例》、《教学成果奖励条例》、《残疾人教育条例》、《学校卫生工作条例》、《学校体育工作条例》、《民办教育促进法实施条例》、《少数民族教育条例》”[②] 等。此外，还制定了《高等学校学术委员会规程》《高等学校章程制定暂行办法》《特殊教育学校暂行规定》等百余项教育部门规章，以及一大批地方性教育法规与规章。

除专门的教育法律法规之外，中国现行的《未成年人保护法》规定了未成年人的受教育权，《残疾人权益保障法》明确要保障残疾人的受教育权，《行政复议法》《行政诉讼法》等法律法规中也有关于教育权救济的内容，这些散见于各项法律中的教育法规范也是中国教育法律体系的重要组成部分。

---

① 教育部官网，http：//www. moe. edu. cn/，最后访问时间：2014年7月8日。

② http：//www. hledu. net/xzbb/xzfg/jyxzfg/，最后访问时间：2014年7月8日。

（二）各项教育制度得以确立

1. 学校教育制度

学校教育是中国教育的主要载体，以学习阶段为划分标准，学校教育可分为学前教育、初等教育、中等教育、高等教育四个阶段。学校教育制度是中国教育制度的基础制度与关键制度，是以学制、教育招生制度、教育考试制度、教育评价制度、学历认证制度等为主体形成的制度体系。经过30余年的发展，中国的学校教育制度体系已相对完整，各项具体制度运行良好，成为中国教育事业得以蓬勃发展的有力保证。

2. 教育管理制度

早在1999年颁布的《教育部关于加强教育法制建设的意见》就已经规定，要“逐步完善教育行政决策和管理制度，做到严格、规范地履行法定职责，提高依法行政水平；建设一支具有较高素质的教育行政执法队伍，形成公开、公正、公平的教育行政执法与执法监督制度；落实各级各类学校的办学自主权，做到依法自主管理学校”①。近年来，教育行政管理逐渐从教育法制向教育法治转变，教育行政部门对学校的管理形式由上下级式的行政管理转变为宏观指导，扩大了学校的自主管理权，政府与学校的权限有了较为清晰的界分，加大了对公立学校的监管力度，鼓励民办教育发展的同时提倡分类管理，积极推动大学章程制定和大学自治，形成了较为科学合理的教育管理体系。

3. 教育监督制度

教育督导是政府对教育进行行政管理的重要的宏观管理形式②，是中国教育监督制度的典型代表。中国的教育督导制度最早见于1995年《教育法》，其中规定了“国家实行教育督导制度和学校及其他教育机构教育评估

---

① 参见1999年教育部《关于加强教育法制建设的意见》，http：//baike. baidu. com/view/2987356. htm，访问时间：2014年7月12日。

② 劳凯声、覃壮才、郭志成：《中国教育法制建设五十年回顾与展望》，《中国教育法制评论》2002年第1辑，第160页。

制度”。《教育督导暂行规定》于1991年颁布后，它成为中国教育督导制度正式确立的标志性文件，教育督导制度也在实践中逐步健全和完善。从2012年开始，教育部又先后颁布《中等职业教育督导评估办法》《学前教育督导评估暂行办法》《县域义务教育均衡发展督导评估暂行办法》等规章，充分发挥教育督导在教育发展和教育法治建设中的作用，完善教育督导制度已成为教育法治建设的重要内容之一。

4. 教育救济制度

改革开放后，最初建立的教育救济制度是申诉制度，给予相对人教育申诉权，允许相对人向学校、教育行政部门提出申诉以获得救济。行政复议制度建立后，特别是《行政复议法》实施后，教育领域内的行政复议也成为权利救济的一个重要途径。近年来，随着实践中一批重要典型案件的出现，教育司法也取得一定的进展，教育行政诉讼成为教育领域权利救济的最后一道屏障。至此，教育领域内三大救济制度已经确立。随着教育案件数量的增多，公民在教育领域的法治意识明显增强，能够运用法律武器维护自己的教育相关权利，进一步推动了中国教育法治的发展。

（三）教育治理理念从法制到法治的转变

伴随改革开放的推进与国家治理理念的变革，教育领域的治理理念也经历了从教育法制到教育法治的转变。

教育法制的基础是20世纪80年代倡导的“有法可依、有法必依、执法必严、违法必究”[①]十六字方针，主要侧重于将法律作为教育行政管理的工具规范其行政过程，手段化色彩明显，注重教育行政管理的制度化和有效性，呈现出一种“自上而下的治理方式”[②]，是对法律的工具理性依赖与崇拜。教育法制要求国家健全各种教育制度，包括教育管理制度，强化行政对教育的管理与控制，教育行政权力相对集中，教育行政管理部门与

① 参见1978年十一届三中全会公报，http：//news. xinmin. cn/domestic/shizheng/2008/12/02/1456542. html，最后访问时间：2014年7月14日。

② 刘晓巍：《教育法治话语转换的理想与现实》，《教育评论》2013年第4期，第6页。

各教育组织之间的关系主要依托行政命令维系，教育机构的设立、管理、运行都要经过教育行政部门的审批决定，缺乏对教育行政权力行使的有力整合与规范，教育行政权力行使程序被忽视，教育组织内部的治理方式也充满行政化色彩，学校权利相对弱化，学术自治能力较弱。例如，1999 年教育部颁布的《关于加强教育法制建设的意见》就明确提出了中国教育法制的目标："遵循社会主义法制统一原则和'有法可依、有法必依、执法必严、违法必究'的基本方针，将教育事业的管理与发展全面纳入法治的轨道，形成与教育改革和发展需要相适应的，层次合理、内容完备的教育法律法规体系；逐步完善教育行政决策和管理制度，做到严格、规范地履行法定职责，提高依法行政水平；建设一支具有较高素质的教育行政执法队伍，形成公开、公正、公平的教育行政执法与执法监督制度。"①

相对于教育法制，教育法治强调教育行政权力的规范化与目标化，更加注重教育行政权力运行目的的实现，注重教育管理内容的合理与否及教育的实质公平与否，因此，教育行政权力的规范与教育公平的实质效果成为教育法治最重要的两大内容。教育法治不仅要求教育法治内容的合理性、教育行政权力的来源正当，同时还要求教育行政权力的程序合法，关注受教育权的实现与教育公平的实质结果。因此，教育法治是一种价值理性，强调通过法律规范教育行政权力的运行、实现对教育行政权力的合法控制，保障受教育主体的受教育权利，实现教育公平的最终目的。

中国"建立社会主义法治国家"目标的确立与法治理念的形成，促使教育行政权力趋向法治理性，教育治理的话语也从工具性到目的性逐步过渡②。由此，教育法治化的要求被提出，国家通过各种努力逐步实现教育治理理念向法治化转变。首先，实现教育组织权的重新分配，进行教育体制改革，打破国家权力对教育的垄断，允许民间力量参与办学，颁布《民办教

① 参见 1999 年教育部《关于加强教育法制建设的意见》，http：//baike. baidu. com/view/2987356. htm，最后访问时间：2014 年 7 月 14 日。

② 刘晓巍：《教育法治话语转换的理想与现实》，《教育评论》2013 年第 4 期，第 7 页。

育促进法》，政府的作用主要是以宏观管理和综合服务为主。其次，更加强调教育行政权力的规范行使，要求教育行政部门必须遵循法治的要求，依法行政，依法开展对教育事务的管理。再次，更加注重教育公平的实现，扶持中西部地区的教育事业，加大农村地区的教育投入，注重实现区域教育公平和城乡教育公平，鼓励发展特殊教育，满足特殊群体的教育需求。最后，公民教育权利进入有司法保障的时代，司法途径逐步成为教育领域公民寻求权利救济的重要途径。

（四）注重促进教育公平

教育公平问题是近些年来国家和社会普遍重视的问题，国家也在采取措施促进教育公平，取得了一定的进展。2010 年《国家中长期教育改革和发展规划纲要（2010－2020）》再度重申公平在教育领域的重要作用，把教育公平作为国家教育发展的重要战略目标，形成了包括教育公平在内的五大基本工作方针。为促进地区教育公平，国家加大对中西部欠发达地区的教育投入。重视特殊群体教育需求的满足，扶持特殊教育的发展，保障残疾人享有接受教育的机会和权利。出台相关教育服务措施，保障弱势群体能够获得较为良好的受教育条件。2012 年国务院发布的《2012 年中国人权事业的进展》白皮书显示，国家相继实施了全国中小学校舍安全工程、农村义务教育薄弱学校改造计划等项目，启动农村义务教育学生营养改善计划；全国现有 1393.87 万进城务工人员随迁子女在城市接受义务教育，占义务教育阶段学生总数的 9.7%，少数民族适龄儿童、青少年的受教育权的实现程度有了显著提高。《教育部 2014 年工作要点》进一步明确，2014 年度内中国要不断改革教育资源配置方式。首先，实现教育资源在区域、城乡、学校之间的均衡配置，部分地区取消重点校与非重点学校的划分，资助家庭困难的学生，国家财政设专项给予扶持；其次，进一步保障少数民族适龄青少年能够充分享有受教育权，并进一步保障其语言权利，实行双语教育，并且给予其在招生、培养和就业方面的优惠政策扶持。

二　中国教育管理体制的发展

（一）教育行政机关职能与管理方式的转变

教育行政管理体制有狭义与广义之分，狭义的教育行政管理体制主要是针对教育行政部门的管理权，广义的教育行政管理体制主要包含了两项权限，即教育组织权和教育管理权。教育行政管理体制包括教育行政机构的设置、各级教育行政机关的关系及其职权划分、政府与学校之间的关系等，其核心是教育行政权力的分配。

1. 教育组织权的分配

行政体制改革的本质要求是简政放权，政府不再直接管控各项事业，而是仅保留对重要领域的干预权，将政府职能由具体管控转变为宏观指导。在教育领域，国家对教育组织权力进行了重新整合和配置，允许民间力量参与办学。自 2000 年之后中国的民办学校数量大幅度增加，民办学校不仅包括普通的学制教育，还包括职业教育、特殊教育等教育类型，成为中国教育发展的重要力量。2002 年中国通过了《民办教育促进法》，这是中国教育组织权力配置方式的重大转变，确立了民办教育的法律地位。目前，教育组织权的分配主要分为三种类型：一是保留原有的政府组织办学，以公立学校为主要组织形式，集中于重要的教育领域，由国家统一组织；二是政府将教育组织权力交给重要的社会组织，如一些重要的协会组织举办教育，国家承认其办学资质；三是仿照公司制的组织形式，吸纳民间资本举办的教育机构，其办学资格需要依照《行政许可法》的规定获得相应教育行政部门的审批。2010 年《国家中长期教育改革与发展规划纲要（2010 - 2020）》指出："各级政府要切实履行统筹规划、政策引导、监督管理和提供公共教育服务的职责，建立健全公共教育服务体系，逐步实现基本公共教育服务均等化，维护教育公平和教育秩序。"据此，教育组织权改革的目标在于形成"政府—社会组织—学校"多元化的教育组织体系。

2. 教育管理权的分配——自主管理、大学自治

对教育管理权限的划分是实现教育行政管理法治化的重要步骤，中国教育管理权限的划分主要包括中央与地方之间的权限划分和教育行政管理部门与教育机构之间的权限划分。在中央与地方之间，通过中央向地方放权，理顺中央与地方在教育管理权限上的关系，中央层面负责统一制定教育规划及基本标准，统筹教育全局发展的协调性，地方教育行政部门则依照各项法律规定，制订相应的措施，落实各项教育制度，形成了“中央和地方相互配合的教育管理权分配格局”①。教育行政管理部门给予学校一定范围的自主办学权，明确了各级教育行政部门对学校的监管职责，实现“管、办、评”三者的分离，并且在各项教育法律法规中均规定了教育行政部门的责任，权责统一，以期形成良好的教育管理秩序。但是，长久以来受计划经济体制的影响，中国的学校教育行政化色彩浓厚，总体而言学校的自主管理权相对较少，实现学校自主管理依赖进一步的教育管理体制改革。

（二）重构学校内部治理结构

自1985年启动教育体制改革以来，通过政府向学校下放权力，学校获得了一定的自主办学和自主管理权，但是依旧行政化色彩浓重，其中在各高等院校表现最为明显，形成了行政化管理和学术自由之间的矛盾冲突。解决此问题不能仅依靠政府对学校放权，还需要重构学校内部的治理结构。教育部将扩大高校自主权、完善学校内部治理结构作为工作重点来抓，强调要综合运用法律、政策、标准、公共服务等各种手段，推进学校内部治理结构的改善，努力构建以“依法办学、自主管理、民主监督、社会参与”四项基本内容为依托的现代学校制度。采取措施促进行政管理权力与学术自由的协调，合理划定两者之间的界限，积极促进大学章程的制定与大学自治，出台“高等学校学术委员会规程”“学校教职工代表大会规定”，重新配置高等学

① 胡伶：《公共治理范式下的地方教育行政职能转变研究》，华东师范大学硕士学位论文，2010，第13页。

校内部管理层的权属，重视大学自治力量的培养。国家对学校治理结构的优化改革不仅局限在公立学校，也积极推进民办学校的科学管理模式改革，目前正在尝试对民办学校实行分类管理，探索民办学校法人治理结构的规范化，实现公立与民办学校内部治理结构的协调改革。

（三）教育行政信息公开

教育行政信息公开程度是衡量中国教育法治建设的一个重要指标。作为关系公民基本权利的重要权力，教育行政权力依法行使、有效运行是行政法治原则的基本要求。要规范教育行政权力、保障公民对教育事务享有知情权和监督权，教育行政信息必须公开。自2007年中国《政府信息公开条例》出台以来，教育行政部门加大了对教育行政信息公开的力度，2012年，教育部强化了官网的建设，优化网页的设计，充分发挥门户网站作为第一平台进行信息公开的重要作用。截止到2014年，各级教育行政部门网站基本设有“信息公开”或“政务公开”专栏，按照中国《政府信息公开条例》的要求公开教育领域的重要信息①。但是目前中国的教育行政信息公开状况仍存在不少问题。从信息数量来看，教育行政信息较少或者只是简单列一些标题，没有充分具体地将信息完整呈现给公众，有的信息链接出现错误，还有一些信息更新速度较慢；从信息质量看，公开的信息多是一些教育法律法规、教育行政决策、新闻时事等，对于关系公众切身利益的一些重要信息尚未公布。因此，各教育行政部门应更加重视信息公开的作用和意义，充分利用这一平台，做到教育行政的透明化与公开化，保障公民对教育行政权力行使的有效监督。

三　受教育权及其他权利的法律保障

教育体制改革和教育法治建设的最终目的是保障公民平等地享有受教育

① 参见张天雪、高莎《我国教育门户网站教育信息公开情况的调查》，《宁波大学学报》（教育科学版）2014年第2期，第31～35页。

权。经过几十年的努力，中国公民的受教育状况有了很大的改善，较好地保障了公民受教育权的可提供性、可获得性、可接受性和可调试性。

（一）基础教育

基础教育是公民受教育权内容中最重要的教育阶段，该阶段的教育在人的一生中有着不可估量的作用。因此，公民基础教育阶段受教育权的保障状况是衡量一个国家教育权利实现与保障状况的首要指标。1982 年《宪法》明确规定了国家普及义务教育和保障公民受教育权的责任，肯认了受教育权作为公民的基本权利而存在，成为中国教育法治建设的宪法依据及相应规范的效力来源。此后制定的《教育法》《义务教育法》等法律，进一步确立了基础教育阶段公民受教育权的法律地位。依据《宪法》的要求，结合中国现阶段的经济社会发展水平，中国实行了基础教育阶段的九年义务教育制度。义务教育阶段的费用应当由国家财政承担，2008 年，中国真正实现了义务教育免除学杂费，由国家财政保障公民九年义务教育，公民基础教育阶段的受教育权得到了切实保障①。这是中国教育事业的重大发展，是中国教育法治建设中的重大进步。

（二）教育公平

教育公平是国家发展教育事业、推进教育法治化的本质要求。作为宪法赋予公民的基本权利，公民应当平等地享有国家提供的教育资源，平等地享有接受教育的机会，公平性是发展教育、配置教育资源的根本原则，也是教育法治建设的指导原则。当前中国还存在一些教育公平方面的问题，主要包括城乡之间的教育公平问题、社会不同群体间的教育公平问题、区域教育公平问题、民办教育与公办教育的教育公平问题等。

针对城乡教育资源配置不平衡，2004 年教育部颁发了《2003－2007 年

① 来源于人民网，http：//www. humanrights. cn/cn/zt/xwgzrd/2014/05/6/t2011174111. htm，最后访问时间：2014 年 7 月 15 日。

教育振兴行动计划》，旨在解决农村教育资源不足的问题，明确省、市、县政府在农村教育管理中的责任；2012 年，为缩小区域教育差距，教育部颁布《县域义务教育均衡发展督导评估暂行办法》，努力推进县域基础教育阶段教育资源配置的均衡化。

有关社会弱势群体的受教育权问题，目前比较受关注的社会弱势群体包括：进城务工随迁子女的入学问题，以及残疾人等存在自身障碍的社会人员的教育问题。针对进城务工人员子女的教育问题，教育部、公安部、发展改革委、财政部、人力资源和社会保障部等部门联合发布《关于进一步做好进城务工人员就业农民子女义务教育工作的意见》，要求人力资源流入地的政府相关部门负责安排进城务工人员子女接受义务教育阶段的基础教育。2010 年开始，国家又逐步推行异地高考，这是中国教育体制的重大变革，将促进教育公平的深化。保障残疾人的受教育权一直为国家所重视，中国颁布了《残疾人权益保障法》《残疾人教育条例》等法律法规，并于 2008 年签署联合国《残疾人权利公约》。依据上述法律法规、国际文件精神，中国积极发展特殊教育等教育形态、鼓励兴办聋哑学校等，积极保障残疾人基本教育权利的实现，保障弱势群体的教育公平。

为实现区域教育公平目标，国家扶持中西部地区教育事业，开展西部教育扶持计划，为西部地区培养定向师资力量，加强西部地区教育设施建设。教育部 2013、2014 年的年度工作重点都把发展西部民族教育、促进区域公平作为重要内容。

此外，国家积极扶持民办教育，通过制定《民办教育促进法》《民办教育高等学校设置暂行规定》等法律法规，确立了民办教育的法律地位，民办学校享有同公立学校同等的保障机会，给予民办教育系统职工同等待遇，民办学校的学生平等享有宪法和法律所保障的受教育权，民办教育在一定程度上已成为教育公平发展的重要组成部分。

（三）学校安全

学校安全不同于一般的公共安全问题，它密切关系学校学生的生命财产安全以及受教育权等基本权利。近些年来频发的学校安全事故反映出中国教育法治建设中的法治空白。在中国现行教育法律体系中，学校安全问题主要由教育部的两部行政规章即《学生伤害事故处理办法》和《中小学幼儿园安全管理办法》进行规范，全国人大及其常委会并没有制定专门法律对此进行规范，也没有在法律中以专门章节对此进行规范，仅仅是在相关的法律中有所涉及。总体来看，当前的相关规定虽然一定程度上为处理学校安全问题提供了法律依据，但这些规定内容繁杂，相互之间存在交叉和重叠现象，位阶关系界限不明，缺乏体系化的梳理，仍不足以有效应对学校安全问题，因此亟待国家制定一部完整的学校安全法。2012 年，国务院出台《校车安全管理条例》，明确了各部门及责任单位保障校车安全的责任，这也是学校安全法治化的新起点。

四　中国教育领域权利救济的状况

（一）教育领域的侵权现状

近年来，教育领域的侵权案件频发，受到了社会各界的普遍关注。教育侵权纠纷案件根据法律关系主体不同可分为三类：学生与学校等教育机构之间的侵权纠纷、教师与学校之间的侵权纠纷、教师与学生之间的侵权纠纷。其中，学校和学生之间的侵权纠纷最为严重，多表现为学生受教育权被侵犯、人格尊严受侵犯、学生财产权受侵犯等类型。自 1995 年首例高校招生纠纷案发生以来，中国出现了大量学校与学生之间因侵犯受教育权等权利而引发的案件，如齐玉苓案、田永案、刘燕文案、罗彩霞案等，这些案件受到了中国司法界以及法学理论界的广泛关注，开启了中国公民受教育权侵权救济新路径的尝试与探讨。公民受教育权侵权案件成了教育领域最典型的侵权案件，由于缺乏对于教育权利保护的具体诉讼法规定，法院只能依靠个案情况寻求民事诉讼或者行政诉讼的救济可能，一旦无法认定，可能就会出现救济真空的情况，无法启动受教育权保护的司法程序。

教师与学校之间的侵权纠纷主要围绕劳动人事关系、教师处分、学校管理等问题产生，此类法律纠纷多按照劳动纠纷和普通民事侵权加以处理，目前对于教师权利的救济并未纳入行政诉讼的范畴。教师与学生之间的侵权纠纷，多表现为教师体罚学生、私拆学生信件侵犯学生隐私权等行为，一般也按照普通民事侵权依据《民法通则》与《侵权责任法》进行救济。

总体而言，中国教育领域的侵权案件呈现出总量增多、类型多样、救济渠道多元的特点，呈现出公民教育法治意识增强、开始寻求司法救济途径维护自身权利的倾向，这是教育法治的进步。但学校与学生的法律关系定位不明等因素导致受教育权利司法救济途径仍存在障碍，亟须完善相关法律救济机制，以有效救济公民相关权利。

（二）教育申诉制度

中国教育领域权利救济渠道总体包括两大类：一是诉讼救济渠道，二是行政救济渠道。教育申诉制度是行政救济渠道中的重要制度。1990 年，原国家教委颁布的《高等学校校园秩序管理若干规定》明确规定了教育申诉制度，1995 年颁布的《教育法》第 42 条正式确立了此制度。由此，教育申诉制度成为教育权利救济的重要途径之一。教育申诉制度一般分为校内申诉和行政申诉两个环节，校内申诉是最常见的一种申诉方式，学生不服处分或者认为学校侵犯了其合法权益均可提出。校内申诉机制由于缺少中立的第三方裁断，申诉结果往往难以得到申诉人的认可。行政申诉制度是目前教育行政救济途径中使用率最高的一类救济方式。申诉人向相应的教育行政主管机关提出口头或书面申请之后，主管机关必须认真调查核实，根据具体情况作出相应答复和处理。教育行政申诉制度可在相关侵权案件和行政复议及行政诉讼之间搭起一座桥梁，有力促进申诉人权利的保障。

（三）教育行政复议制度

教育行政复议制度是国家依法治国和依法行政理念的产物。不同于教育申诉制度，教育行政复议制度是教育行政体制内自我审查的机制，在相对人对教育申诉结果不服时可通过另一个渠道获得救济，拓宽了中国教育领域内权利救济的途径，是中国教育领域权利救济体系的重要内容。中国教育行政复议制度的完善与发展依托于复议法律规范的健全与司法实践的需要。中国于1999年和2007年颁布了《行政复议法》《行政复议法实施条例》，伴随着教育领域内侵权案件的大量增加，相对人对权利救济途径的客观需求也在逐渐强化。但是在实践中，中国的教育行政复议制度实践应用相对较少，原因有二：其一，教育行政复议是行政体系内部的自我审查，缺乏中立性，相对人对其复议结果的信任度不高；其二，中国对学校的法律地位界定不明确，学校作出的处理结果能否直接纳入行政复议的范畴仍然模糊不清。这两个方面因素共同导致了目前中国教育行政复议制度的运行状况不甚理想。在加强教育法治建设的目标指引下，教育行政复议制度需要进一步完善，做好申诉、复议和诉讼的衔接工作，塑造统一完备的教育领域权利救济体系。

（四）教育行政诉讼制度

长期以来，中国的教育领域并没有司法权的介入，中国实体法和程序法中均没有对公民受教育权的司法救济进行规定，公民的受教育权很难通过诉讼的途径得到有关救济。20世纪90年代之后，教育领域出现了一些重要案件，公民的受教育权作为一项基本权利该如何得到保护、能否获得司法救济引发了人们的探讨。因此，中国教育诉讼的直接动力来源于现实案件的需要，而不是制度构建的结果。最初，公民的受教育权受到侵犯往往以民事权利保护为名寻求司法保护。1999年后，出现了田永诉北科大案、刘燕文诉北京大学案等案件，均是以提起行政诉讼的方式寻求司法救济，标志着中国公民的受教育权可以通过行政诉讼获得维护，教育行政诉讼制度由此确立。教育行政诉讼侧重于教育领域对教育具体行政行为的合法性审查，是司法对教育领域侵权进行救济的独特方式，是对保护公民受教育权发挥司法功能的重要体现。近些年来，随着依法治教、依法治校的呼声越来越高，教育类的案件数量增加，人们越来越重视教育行政诉讼的应用，教育行政诉讼已经成为教育类案件公民权利救济中必不可少的渠道。

五　当前中国教育法治存在的问题

（一）教育法律体系尚需进一步完善

从中国现行的教育法律体系来看，教育法律仅有8部，教育行政法规以及部门规章共72部，其余以地方性法规和地方性规章及其他规范性文件的形式存在，各规范性文件的制定时间和制定背景不同，导致不同位阶效力法律规范在内容上存在不一致的地方，有待进一步梳理和整合，修正一些有严重矛盾的内容，废止不适宜教育法治建设发展的内容，以保障教育法律体系的完整性、统一性和时代性。从教育法律规范的实质来看，教育领域中仍存在一些法律空白地带亟须立法加以规范。例如，中国针对基础教育、高等教育、职业教育等不同教育阶段均有法律规范，对于学前教育阶段却没有涉及。此外，教育法律法规对学校的法律地位等法律规定不明，使得教育行政管理体制改革和教育侵权救济都存在很大的障碍。

（二）教育治理能力有待规范提高

中国经历了从教育法制到教育法治的转变过程，教育法治的建设有赖于教育行政体制改革的进一步推进，有赖于教育行政部门职能的转变和权力的合理配置。目前，教育行政权力的法治化运行方面仍存在不少问题，政府与学校的权力界分模糊、大学自治权未得到有效保障、学校内部治理结构不良、教育行政监督机制不完善、政府教育服务的均衡化有待加强、政府对民办学校等教育组织的监管不力等，这些都表明教育治理体系构建步伐推进有待加速，教育治理能力有待规范提高。

（三）教育公平有待进一步实现

保障公民平等地享有受教育权是国家的义务，公民教育权的实现必须获得实质性的保障，教育公平是国家教育法治建设不可忽视的目标。纵观中国目前教育权的保障状况，教育不公平和教育不均衡的问题虽然得到了一定程度的缓解，但是教育公平仍是今后国家教育法治发展不可忽视的重要环节。中国教育资源的配置仍不均衡，教育资源匮乏，师资力量不足，中西部地区和广大农村贫困地区尚存在大量的适龄儿童不能享受合格的义务教育。教育资源的区域配置不平衡，学前教育、职业教育等发展不足，少数民族教育结构亟待优化，特殊群体的教育需求无法切实保障，新类型的残疾人如心理障碍人群的受教育权也需要国家加以保障。因此，教育公平问题仍是中国教育法治发展中的重要问题。

（四）教育救济体系的完备化仍需实质加强

中国教育领域权利救济体系自建立至今仅有30余年时间，整体上权利救济体系还不甚完备，教育权利救济机制仍有待加强。一是教育申诉制度的规范性不足，申诉程序的规定性、中立性不明确，影响了人们对通过教育申诉制度维权的信任程度，导致出现重复申诉、申诉不服而诉讼的情形。二是教育行政复议制度的应用较少，学校的法律地位以及与教育行政部门的关系模糊，学生对学校侵权提起复议申请往往会遇到各种障碍，教育行政复议制度的功能难以得到有效发挥。三是教育司法救济制度的救济作用不能得到最大限度的发挥。对于教育权利的司法救济经常只能以迂回的方式间接寻求民法的保护。一些重要权利的救济仍处于司法救济的边缘状态，教育领域内教师权利救济与学生权利救济的差异化，导致权利救济的有效性受到阻碍。另外，教育救济体制中各项制度的衔接不到位，救济体系缺乏整体性和统一性，严重影响了权利人寻求法律救济的实际效果。

六　中国教育法治发展展望

面对目前中国教育法治发展的现状，我们需要理性地分析当前的形势，肯定已经取得的成效，正视仍存在的缺陷与不足。按照国家已制定的科学的教育法治发展规划，不断完善不足，推进依法治教的进程，将教育法治的发展融入未来教育体制和教育发展的过程，全面推进教育法治目标的实现。

总体而言，国家要实现教育法治化需要具备四项基础要素：行为法治，即政府的教育管理行为必须有法律依据，做到教育行政权力合法合理行使；保障公平，即政府实现教育法治化的最终目标是保障公平，必须以能否保障公平作为检验行为正当合理与否的标准；保障参与，教育法治建设必须使公民的教育权保障与教育决策参与权相结合，在扩大公民受教育权保障范围的同时，建立教育行政信息公开与监督机制，确保公民的教育参与权；救济通畅，即教育领域内权利救济体系完善通畅，保障公民享有通畅、便捷有效的权利救济途径。要做到以上几点，需要国家积极作为，履行教育权利保障的相应职责，全面推进教育事业和教育法治的发展。《国家中长期教育改革和发展规划纲要》《全面推进依法治校实施纲要》提出了中国教育法治建设的基本思路，即通过完善教育法律体系，不断加强教育行政的法治化，完善监督和问责机制。结合上述分析，针对中国教育法治当前存在的问题，未来的教育法治发展应当着重加强以下几个方面的工作。

（一）坚持教育法治理念，优化教育行政权力配置，理顺政府、学校和其他教育组织的法律关系

教育法治的核心是依法治教，即必须明确教育行政权力的合理配置，主要包括政府与社会教育权力的配置、中央和地方教育权力的配置、教育行政部门与相关行政部门的教育权力配置、教育行政部门与学校等教育机构教育权力的配置。为此，首先，要完善教育法律法规体系，明确政府、学校教育机构的法律地位和各自责任。其次，在政府转变职能的行政体制改革背景下，要抓住政府简政放权的契机，合理确定政府对教育的监管范围，明确各级政府责任，扩大省级政府各自行政区域内的教育统筹权。再次，通过行政审批制度改革，合理设置民办教育的审批条件和程序，对民办教育进行分类监管，推进管、办、评三者的分离，使得政府对教育的监管方式更加科学化、规范化。

（二）改革学校的内部治理模式，强化保障学校自治权，建立现代学校制度

推进依法治教、依法治校工作需要逐步确立学校的自主法律地位，保障学校合理的自治权，具体表现为两个方面：一是学校要具备享有一定自主管理权的法律地位；二是要改革学校的内部治理模式，加快构建“依法办学、自主管理、社会参与”的现代学校制度，保障学校的自治权。改善学校的内部治理结构要重视学校章程的作用，充分保障学校内部管理的民主，充分发挥学校职工代表大会的作用，构建良好的民主参与氛围。对于高等学校的内部治理结构改革，必须重视学术委员会的作用，有效推动高校内部治理结构的优化转变，促进国家教育治理能力的现代化发展。

（三）改革教育资源配置方式，进一步促进教育公平

教育法治要坚持保障公平，转变教育资源的配置方式，实现缩小区域差异、城乡教育差异，减少人为因素导致的教育不公现象，进一步加大对公民受教育权的保障力度。要继续促进义务教育均衡化，保障基础教育阶段的均衡发展，加大对民族地区教育、学前教育等薄弱环节的支持力度，发展特殊教育形式，保障特殊人群的特殊教育需求得到满足。提供高质量的教育公共服务，利用现代科技，发挥优势打造教育资源共享平台，促进教育资源的共享与合理分配，保障教育公平与公民受教育权的实质实现。

（四）完善教育行政信息公开制度、教育监督制度和教育权利救济制度，全面保障公民受教育权的实现

促进教育法治化还要完善教育行政信息公开机制，确保教育行政权力运行的公开化、透明化，保障公民的知情权，防止教育行政权力的滥用。更加重视教育督导制度，坚持“督政与督学并重、监督与指导并重”的方针，发挥其在教育监督中的重要作用，促进教育监督机制的完善。尽快梳理修正教育领域内权利救济法律规范不合理的内容，保障其统一性，构建较为完备

统一的权利救济体系。推进教育申诉制度、教育行政复议制度、教育诉讼制度三者的有效衔接，保障公民受教育权获得顺畅的权利救济途径，从受教育权的提供、受教育权的实现、受教育权的救济等各个方面全方位促进公民受教育权的实现。

综上所述，中国自改革开放进入新时期以来，教育事业稳步发展，教育法治建设取得了巨大的进步，初步构建起了教育法律体系，教育治理理念实现了从“法制”到“法治”的转变，形成了一套较为完整的教育管理制度，教育法治朝着更加公平、切实保障公民受教育权的方向发展。与此同时，中国教育法治建设领域也存在诸多不足，教育管理制度仍需深化改革、教育领域的权利保障仍需进一步加强。因此，国家应在总结经验教训的基础上，不遗余力地完善中国教育法律体系，加强教育制度建设，积极改革教育资源的配置方式，促进教育公平，推进教育行政信息公开、教育督导等监督制度、教育权利救济体系的建设，实现教育法治的全面发展。

法治指数测评报告

Reports on the Assessment of Indices of the Rule of Law

B.11

中国政府透明度指数报告（2014）

——以政府网站信息公开为视角

中国社会科学院法学研究所法治指数创新工程项目组*

摘　要：本文选取54家国务院部门、31家省级政府、49家较大的市政府，围绕政府信息公开目录、依申请公开、政府信息公开年度报告制度的实施情况，以及工作信息、规范性文件、环境保护信息、行政审批信息的公开情况，分析了当前实施政府信息公开制度取得的进展和存在的问题，并就未来完善政府信息公开制度提出了建议。

关键词：透明度　法治指数　政府网站　政府信息公开

* 项目组负责人：田禾，中国社会科学院法学研究所研究员。项目组成员：吕艳滨、王小梅、栗燕杰、缪树蕾、赵千羚、张誉、刘迪、郑博、王旭、慕寿成、张多、张爽、周震、赵凡、沙元冲、郑瑶、孙琳、张丽、邹奕、王艳萍、王璐、颜云云、赵雪、万琪珑。执笔人：吕艳滨，中国社会科学院法学研究所副研究员。刘迪、张多、张爽、周震、赵凡等参与了部分内容的写作。

2014 年，中国社会科学院法学研究所法治指数创新工程项目组（以下简称“项目组”）继续从政府网站公开政府信息的情况入手，对《政府信息公开条例》（以下简称《条例》）的落实情况进行调研和测评，本报告对此次调研和测评情况进行总结分析。

一　测评对象、指标及方法

2014 年的测评对象包括 54 家国务院部门、31 家省级政府、49 家较大的市。其中，国家新闻出版广电总局的网站并没有进行整合，而是两个网站（http：//www. gapp. gov. cn/与 http：//www. chinasarft. gov. cn/）同时运行，因此，实际测评的国务院部门网站为 55 个。

国务院部门的测评指标包括 5 个部分，总分 100 分（见表 1），分别是：政府信息公开目录（以下简称“目录”，权重为 20%）、工作信息（权重为 20%）、规范性文件（权重为 25%）、依申请公开（权重为 25%）、政府信息公开年度报告（以下简称“年度报告”，权重为 10%）。

省级政府和较大的市的测评指标分别包括 6 个部分，总分 100 分（见表 2），分别是目录（权重为 15%）、规范性文件（权重为 15%）、行政审批信息（权重为 15%）、环境保护信息（权重为 15%）、依申请公开（权重为 30%）、年度报告（权重为 10%）。

测评时间从 2014 年 3 月 5 日开始，12 月 31 日截止。其中，年度报告的调研时间为 2014 年 3 月 5 日至 4 月 1 日。依申请公开的测评为测评对象作出答复预留了多于法定答复期限的时间。测评中除了采取观察的方法对相关政府网站的栏目和信息进行浏览外，还对有关的信息链接、检索系统、依申请公开平台等的有效性进行了实际验证。为了慎重起见，凡是测评人员无法找到信息内容、无法打开网页的，均由其他测评人员共同再次进行确认，利用多个主要搜索引擎进行查找，采取更换计算机及上网方式、变更上网时间等方式进行验证。在依申请公开方面，项目组对邮寄渠道和在线申请平台的有效性和畅通性进行了验证。

表 1　政府透明度指数指标体系（国务院部门）

一级指标及权重	二级指标及权重
政府信息公开目录(20%)	目录栏目(10%)
	目录的内容链接有效性(20%)
	目录信息分类(10%)
	目录检索功能(20%)
	目录信息的更新及时性(20%)
	目录信息的全面性(20%)
工作信息(20%)	领导信息(20%)
	内设机构与职能(40%)
	年度工作信息(40%)
规范性文件(25%)	规范性文件栏目设置(10%)
	规范性文件的链接有效性(20%)
	规范性文件草案(20%)
	规范性文件解读(25%)
	规范性文件效力与清理信息(25%)
依申请公开(25%)	依申请公开指南(20%)
	申请渠道畅通性(40%)
	申请答复规范化(40%)
年度报告(10%)	年度报告栏目设置(10%)
	年度报告的可获取性(20%)
	主动公开数据(35%)
	依申请公开数据(35%)

表 2　政府透明度指数指标体系（地方政府）

一级指标及权重	二级指标及权重
政府信息公开目录(15%)	目录栏目(10%)
	目录的内容链接有效性(20%)
	目录信息分类(10%)
	目录检索功能(20%)
	目录信息的更新及时性(20%)
	目录信息的全面性(20%)

续表

一级指标及权重	二级指标及权重
规范性文件(15%)	规范性文件栏目设置(10%)
	规范性文件的链接有效性(20%)
	规范性文件草案(20%)
	规范性文件解读(25%)
	规范性文件效力与清理信息(25%)
行政审批信息(15%)	行政服务中心网站建设情况(10%)
	行政审批信息一致性(20%)
	行政审批事项信息(20%)
	行政审批办理指南(25%)
	行政审批办理结果(25%)
环境保护信息(15%)	固体废弃物监管信息(15%)
	辐射安全信息(15%)
	环境影响评价信息(20%)
	排污收费信息(15%)
	环境行政处罚信息(15%)
	环境信访投诉信息(10%)
	企业环保信用信息(10%)
依申请公开(30%)	依申请公开指南(20%)
	申请渠道畅通性(40%)
	申请答复规范化(40%)
年度报告(10%)	年度报告栏目设置(10%)
	年度报告的可获取性(20%)
	主动公开数据(35%)
	依申请公开数据(35%)

二　测评结果的总体情况

2014 年，政府透明度整体上呈现积极推动、有序发展的趋势，从中央到地方，政府部门实施政府信息公开制度的情况均取得不同程度的进展。

第一，政府信息公开工作正成为政府治理的新手段。公开政府信息，不仅仅是打造阳光政府的要求，而且也是政府治理的重要手段，是体现国家治理能力现代化的重要方面。2014 年，国家出台了多项法规，进一步明确将公开政府信息作为政府管理的重要手段。《企业信息公示暂行条例》在简政放权的背景下，提出公开政府机关掌握的企业信息，加强企业自律，构建诚信经营的市场环境。《关于依法公开制售假冒伪劣商品和侵犯知识产权行政处罚案件信息的意见（试行）》要求公开假冒伪劣和侵权行政处罚案件相关信息。《国务院办公厅关于加强环境监管执法的通知》（国办发〔2014〕56 号）也将公开作为加强环境监管执法的重要方面。“公开”成为 2014 年转变政府管理理念与管理方式的新路径与新手段。

第二，自上而下的指导督促助推政府信息公开工作。根据《条例》的规定，国务院办公厅是全国政府信息公开工作的主管部门，负责推进、指导、协调、监督全国的政府信息公开工作。近年来，国务院办公厅每年以发布政府信息公开重点工作安排或者政府信息公开要点的形式，推动全国的政府信息公开工作。《2014 年政府信息公开工作要点》对当年应当重点公开的事项作了更加细化的要求，为各级政府机关公开政府信息提供了更明确的指引，重点领域的信息公开及解读回应工作进展明显。结合工作要点，国务院办公厅开展了督查，各级行政机关在自身门户网站和中央政府网站公开了 2014 年落实信息公开工作要点的情况，接受社会评议与监督。

第三，政府网站建设水平明显提升。2014 年，中央政府网站（www. gov. cn）改版。新网站以“国务院”“新闻”“专题”“政策”“服务”“问政”“数据”“国情”8 个栏目统辖网站全部信息，功能更加明确，设计风格更加清新、简洁、大气，信息查询更加方便，不少行政机关纷纷效仿。

第四，政府机关更加关注重要政策法规的解读。对重大政策法规作出解读，是行政机关正面、主动阐释政策出台背景、依据和具体管理思路的重要手段，有助于人民群众全面、准确地理解相关决策的内涵，有效保护其合法权益，提升政策法规的实施效果。不少行政机关十分重视重要政策法规的解读工作，在门户网站设置了专门的政策法规解读栏目，不少行政机关做到了全部解读本部门、本地方发布的重大政策法规，而不是简单转载上级部门的解读信息。宁波市针对企业办事依据信息公开不集中、企业查询信息不方便的情况，专门在门户网站开通了“宁波市企业政策查询平台”，在市本级及所属部门发布的每一条政策法规后附有“政策解读”子栏目，提供解读信息。为了方便企业理解相关政策法规，所有政策法规后还根据需要提供相关的政策，以及主管部门的联系电话，方便企业通过电话咨询，可见其工作的细致与用心。

第五，被测评对象的政府信息公开水平整体呈上升趋势。从测评情况看，虽然测评指标逐年细化、要求逐年严格，但各测评对象在各测评板块的得分及总分均显著提升。虽然分数不是测评的重点，并且，总体上看，政府信息公开工作与社会发展和公众期待还有差距，但这也可以表明，各测评对象的政府信息公开水平在显著提升。这离不开国家自上而下的推动，也离不开各测评对象对政府信息公开工作的高度重视。

2014 年，国务院部门中测评结果排在前列的有：教育部、商务部、国家安全生产监督管理总局、国家发展和改革委员会、国家卫生和计划生育委员会、国家质量监督检验检疫总局、科学技术部、国家宗教事务局、环境保护部、交通运输部（见表3）。

表 3　2014 年国务院部门透明度总体测评结果（总分：100 分）

测评对象	目录（20%）	工作信息（20%）	规范性文件（25%）	依申请公开（25%）	年度报告（10%）	总分
人力资源和社会保障部	76.7	50	64	56.9	67.0	62.27
工业和信息化部	73.3	48	69	31.0	57.0	54.96
中国人民银行	53.3	48	72	90.0	75.0	68.26
中国气象局	78.3	47	30	72.5	68.5	57.54

续表

测评对象	目录（20%）	工作信息（20%）	规范性文件（25%）	依申请公开（25%）	年度报告（10%）	总分
中国民用航空局	76.7	35	72	84.6	10.0	62.49
中国地震局	48.3	33	22	100.0	57.0	52.46
中国证券监督管理委员会	83.3	30	60	80.9	87.0	66.59
中国保险监督管理委员会	78.0	30	87	96.9	52.0	72.78
中国银行业监督管理委员会	71.7	40	34	90.0	79.5	61.29
水利部	65.0	58	54	94.0	54.5	67.05
公安部	85.0	27	40	77.9	77.0	59.58
文化部	66.7	50	47	77.9	55.0	60.07
外交部	66.7	40	35	74.6	38.5	52.59
司法部	16.7	35	42	86.9	42.0	46.77
民政部	60.0	30	69	81.0	77.0	63.20
交通运输部	66.7	55	75	94.0	63.5	72.94
农业部	73.3	34	69	77.9	62.0	64.39
财政部	65.0	50	70	86.9	39.5	66.18
住房和城乡建设部	91.7	45	27	83.8	35.0	58.54
环境保护部	81.7	45	80	87.5	62.0	73.42
国土资源部	50.0	65	39	90.0	38.5	59.10
国有资产监督管理委员会	80.0	65	48	60.0	43.5	60.35
国家工商行政管理总局	46.7	50	45	71.5	65.0	54.97
国家卫生和计划生育委员会	90.3	60	70	75.6	77.0	74.16
国家中医药管理局	83.3	35	27	41.3	10.0	41.74
国家文物局	60.0	45	37	75.3	37.0	52.78
国家外汇管理局	16.7	50	45	62.4	47.0	44.89
国家外国专家局	83.3	27	20	83.8	10.0	49.01
国家民族事务委员会	60.0	55	42	94.0	32.0	60.2
国家发展和改革委员会	76.7	68	69	88.0	62.0	74.39

续表

测评对象	目录（20%）	工作信息（20%）	规范性文件（25%）	依申请公开（25%）	年度报告（10%）	总分
国家安全生产监督管理总局	81.7	70	63	85.0	77.0	75.04
国家邮政局	66.7	38	60	90.9	83.5	67.02
国家体育总局	85.0	43	39	87.8	52.0	62.49
国家林业局	56.7	71	65	56.9	52.0	61.22
国家知识产权局	56.7	93	52	87.5	73.5	72.17
国家质量监督检验检疫总局	66.7	75	80	65.9	90.0	73.82
国家宗教事务局	60.0	90	45	100.0	72.0	73.45
国家信访局	67.0	65	75	62.5	55.5	66.33
国家食品药品监督管理总局	73.3	55	72	57.5	52.0	63.24
国家测绘地理信息局	43.3	60	68	47.5	40.0	53.54
国家统计局	33.3	35	55	81.2	55.0	53.21
国家铁路局	66.7	55	58	80.9	60.0	65.07
国家旅游局	33.3	63	42	84.0	29.5	53.71
国家烟草专卖局	65.0	40	30	62.5	50.0	49.13
国家海洋局	33.3	38	57	80.7	39.5	52.64
国家能源局	66.7	33	46	68.4	72.0	55.74
国家税务总局	50.0	70	60	60.0	50.0	59.00
国家粮食局	26.7	52	55	74.6	59.5	54.09
审计署	76.7	65	23	78.0	52.0	58.79
科学技术部	70.0	63	57	100.0	77.0	73.55
海关总署	66.7	65	53	81.0	62.0	66.04
教育部	83.3	60	75	81.5	77.0	75.49
商务部	86.7	55	65	87.5	87.0	75.17
新闻出版广电总局	76.7	40	37	62.5	72.0	55.42

注：部门名称按汉字笔画排序，各板块满分100分。

省级政府中排在前列的有：广东、上海、安徽、浙江、山东、天津、海南、河南、福建、北京等（见表4）。

表4　2014年省级政府透明度总体测评结果（总分：100分）

测评对象	目录（15%）	规范性文件（15%）	行政审批信息（15%）	环境保护信息（15%）	依申请公开（30%）	年度报告（10%）	总分
上　海	77.78	45	80	95	88.0	92.0	80.27
山　东	62.22	57	86	90	86.0	77.5	77.83
山　西	50.56	25	55	94	66.3	65.0	60.07
广　东	63.33	72	100	100	77.8	67.0	80.34
广　西	11.11	44	85	94	65.5	57.0	60.47
天　津	57.78	45	65	95	100.0	77.0	77.12
云　南	66.67	47	75	93	60.0	88.5	69.10
内蒙古	54.44	52	85	66	56.5	82.0	63.77
甘　肃	60.00	50	90	80	60.6	77.0	67.88
北　京	50.00	48	100	64	90.0	87.5	75.05
四　川	76.67	37	100	88	74.6	69.5	74.58
宁　夏	22.22	35	60	87	47.5	52.5	50.13
辽　宁	47.78	49	100	83	69.0	72.0	69.87
吉　林	56.67	45	100	71	56.5	72.0	65.05
西　藏	63.33	55	80	47	20.0	82.5	51.05
江　西	63.33	37	60	98	79.0	67.0	69.15
江　苏	62.22	40	100	98	70.0	64.5	72.48
安　徽	56.67	67	90	92	94.0	57.5	79.80
青　海	46.11	32	90	91	84.0	59.5	70.02
河　北	53.33	45	45	92	47.5	14.5	51.00
河　南	63.33	57	90	98	78.0	65.0	76.15
陕　西	53.33	45	70	91	80.6	42.0	67.28
贵　州	60.00	73	75	96	62.5	90.0	73.35
重　庆	65.56	50	60	98	74.9	72.0	70.70
浙　江	71.11	70	100	98	68.4	67.0	78.09
海　南	68.22	75	95	84	75.0	62.5	77.08
黑龙江	58.89	33	80	94	28.0	47.0	52.98
湖　北	70.00	57	100	74	72.4	58.5	72.72
湖　南	54.44	44	100	90	81.5	30.0	70.72
新　疆	32.22	35	65	93	51.3	55.0	54.67
福　建	57.78	57	70	100	88.0	67.5	75.87

注：省级政府名称按汉字笔画排序，各板块满分100分。

较大的市中排在前列的有：广州、宁波、无锡、苏州、厦门、杭州、青岛、长沙、成都、福州等（见表5）。

表 5　2014 年较大的市政府透明度总体测评结果（总分：100 分）

测评对象	目录（15%）	规范性文件（15%）	行政审批信息（15%）	环境保护信息（15%）	依申请公开（30%）	年度报告（10%）	总分
大　　同	74.44	30	0	29	10.0	30.0	26.02
大　　连	77.78	68	90	79	54.0	82.0	71.62
广　　州	66.67	69	100	78	96.9	80.0	84.12
无　　锡	82.22	59	100	82	94.0	62.0	82.88
太　　原	56.67	32	80	45	10.0	52.0	40.25
长　　沙	66.67	60	100	60	94.0	42.0	75.40
长　　春	48.89	42	80	28	71.8	67.0	58.07
乌鲁木齐	48.89	27	95	35	10.0	5.0	34.38
本　　溪	11.11	55	60	34	10.0	42.0	31.22
石 家 庄	70.0	59	65	64	10.0	27.0	44.40
包　　头	37.78	25	80	55	44.4	27.0	45.69
兰　　州	33.33	47	100	59	71.8	72.0	64.64
宁　　波	87.78	77	100	96	75.3	72.0	83.91
吉　　林	50.0	35	85	67	10.0	77.0	46.25
西　　宁	11.11	55	90	56	77.9	42.0	59.39
西　　安	36.67	47	80	62	63.8	52.0	58.18
成　　都	88.89	82	85	90	50.0	77.0	74.58
合　　肥	68.89	77	85	78	81.3	25.0	73.21
齐齐哈尔	77.78	55	90	59	10.0	59.5	51.22
汕　　头	75.56	42	95	81	28.0	38.5	56.28
抚　　顺	37.78	39	90	37	60.0	47.0	53.27
邯　　郸	68.89	30	85	76	10.0	22.0	44.18
苏　　州	88.33	67	75	83	100.0	39.5	80.95
沈　　阳	64.44	40	65	43	10.0	62.0	41.07
武　　汉	56.11	47	90	80	74.9	41.5	67.59
青　　岛	64.44	67	100	62	96.9	70.0	80.09
拉　　萨	61.67	30	85	5	10.0	45.0	34.75
杭　　州	54.44	65	85	77	100.0	79.5	80.17
昆　　明	57.78	30	70	70	24.0	92.5	50.62
呼和浩特	0.00	47	70	55	28.0	5.0	34.70

续表

测评对象	目录（15%）	规范性文件（15%）	行政审批信息（15%）	环境保护信息（15%）	依申请公开（30%）	年度报告（10%）	总分
郑　州	70.00	45	100	94	59.0	75.0	71.55
南　宁	17.78	64	50	74	56.5	42.0	52.02
南　昌	62.22	47	75	40	91.0	62.0	67.13
南　京	66.67	57	90	86	66.1	87.0	73.48
贵　阳	93.33	57	90	60	66.1	80.0	72.88
哈尔滨	72.22	77	85	49	47.5	39.5	60.68
洛　阳	30.00	73	80	57	62.4	57.5	60.47
济　南	61.11	69	85	48	70.0	67.0	67.17
珠　海	63.33	67	90	89	70.0	64.5	73.85
徐　州	77.22	54	75	57	90.0	75.0	73.98
唐　山	77.78	53	75	88	10.0	24.5	49.52
海　口	70.00	59	70	56	10.0	75.0	48.75
银　川	54.44	27	60	25	40.0	5.0	37.47
淮　南	62.22	63	80	67	40.0	49.5	57.78
深　圳	53.33	61	90	78	56.9	54.5	64.87
淄　博	66.67	60	90	56	34.0	64.5	57.55
厦　门	70.00	72	90	75	87.5	82.5	80.55
福　州	69.56	68	100	80	55.0	100.0	74.13
鞍　山	11.11	27	80	23	60.0	48.5	44.02

注：城市按汉字笔画排序，各板块满分 100 分。

但是，调研和测评显示，政府信息公开工作仍然存在一些问题，应当在今后推动政府信息公开工作过程中引起重视。

第一，未设置政府信息公开专门机构和未配备专门人员的情况还较普遍。目前，绝大多数行政机关没有专门的机构和人员负责政府信息公开工作。不少行政机关的政府信息公开工作机构都是议事协调性的虚设机构，无编制、无固定人员，只是依靠现有工作人员兼职负责处理政府信息公开工作，或者临时抽调其他部门人员帮忙，难以保证工作的专业性、连续性。

第二，多头管理制约着政府信息公开效果。政府信息公开工作的多头管理问题由来已久，目前，国务院办公厅层面已经对政府信息公开、政务公开、政府公报管理、微博微信管理等职能进行了整合，公开效果显著提升。

但国务院部门乃至地方政府层面，多头管理的问题还比较突出。在一些行政机关，政府信息公开的工作由办公厅（室）负责，新闻发布会、微博微信管理由新闻宣传部门负责，门户网站则由信息中心管理，热点回应归口为宣传部门或者专门的舆情监测部门。有的地方政府建有多个门户网站，分属于政府办公厅、党委宣传部门。例如，长春市同时运行两个网站，一个是 http：//www.changchun.gov.cn/，显示为中共长春市委、长春市人民政府主办，一个是 http：//www.ccszf.gov.cn，显示为长春市人民政府主办。多头管理、各自为政，非但没有提升政府信息公开的效果，往往还会导致信息公开的内耗，对外公开的信息口径不一、相互矛盾，使政府的公信力大受影响。

第三，政府信息公开质量还亟待提升。公示的统计数据显示，各行政机关每年都公开了大量的信息，但公开质量仍不高。首先，公众需要的信息公开得少。不少政府机关目前仍把重点放在新闻类信息的公开上，更多展示的还是领导行踪信息，但公众办事需要的信息往往不公开、公开不及时或者公开了难获取。其次，新旧信息有时难以做到协同公开。例如，在国务院层面，中央机构编制委员会办公室 2014 年初公开各部门行政审批事项清单后，不少国务院部门只是简单地转发了本部门清单，但并没有在门户网站上同步更新本部门的行政审批事项，部分国务院部门门户网站上发布的行政审批事项清单仍是 2011 年、2012 年的信息，出现了新旧清单存在矛盾的情况。此外，规范性文件的公开方面，不少部门的规范性文件的效力问题难以从公开的信息中获知。各行政机关多年来制定并发布了大量的规范性文件，有的已经失效、被废止或者被新的文件所取代，但从各部门发布的信息看，一般难以判定其效力。此外，多数行政机关发布新文件时把旧文件撤下。因为一些规范性文件虽然不再有效，但对于人民群众了解相关政策的延续性，或者对于解决一些历史上的争议问题仍然是很有意义的。

第四，政府信息公开的运动式色彩还较浓。从目前看，不少行政机关的政府信息公开工作还没有摆脱“运动式”色彩，未完全做到常规化运行，往往上级部门督促得紧，就公开得好些，不督促就可能出现松懈的情况。

第五，网站建设水平和运行稳定性有待提升，影响公开效果。有些部门的网站运行状况较差，出现阶段性打不开等情况，如新疆维吾尔自治区、石家庄市的门户网站在调研期间多次出现无法打开的情况。有的地方政府未专门设立政府法制办公室的网站或者网站链接无效，如鞍山市、福州市、唐山市未设政府法制办网站，长春市政府法制办网站无法打开。此外，国家能源局、国家粮食局的网站搜索功能无效，国家质检总局、吉林省政府门户网站未提供检索功能。有些网站的兼容性存在问题，有些网站设计要求屏幕分辨率为1024×768，公众在查阅行政审批事项时常遇到屏幕显示问题，是政府服务公众，还是公众要适应政府，值得反思。有的网站存在叠字现象，通过多台计算机、多种浏览器和多类系统考察结果亦然。

三　政府信息公开目录

2014 年，项目组对政府网站的目录栏目、目录的内容链接有效性、目录信息分类、目录组合检索有效性、目录信息的更新及时性、目录信息的全面性进行了测评。地方政府目录部分还调研了其所属政府部门、下级政府机关和公用事业单位的目录情况（测评结果分别见表 3、表 4、表 5）。

调研和测评显示，2014 年的目录配置状况较 2013 年有了较大的进步。目录的配置情况、目录信息的链接有效性、目录便利性、检索功能有效性及目录信息更新及时性都有了不同程度的改善。

第一，目录配置情况良好。绝大多数政府网站都配有政府信息公开目录，其中 31 家省级政府网站全部设置了政府信息公开目录，且配备了目录信息链接。55 家国务院部门网站全部配置了比较完善的目录。49 家较大的市政府网站中有 48 家提供了较为完善的目录。目录设置情况较 2013 年进一步改善。

第二，信息链接有效性提高。项目组随机抽查了信息公开目录中的 10 条信息，其中全部有效的有 50 家国务院部门网站（占 90.91%；2013 年为 49 家，占 89.09%），26 家省级政府网站（占 83.87%；2013 年为 28 家，占 90.32%），42

家较大的市政府网站（占85.71%；2013年为40家，占81.63%）。

第三，目录便利性增强。首先，对目录进行多重分类的部门及政府显著增加。2014年对目录进行多重分类的国务院部门网站由29家增加为30家，省级政府网站仍为10家。其次，目录组合检索有效性增强。2014年有33家国务院部门、12家省级政府和24家较大的市政府的网站检索有效，其中14家国务院部门、2家省级政府和9家较大的市政府的网站组合检索有效（2013年有21家国务院部门、9家省级政府和19家较大的市政府的网站组合检索有效，2012年分别为17家、7家和15家）。

第四，提供公用事业单位目录的地方政府数量有了大幅提高。2014年提供公用事业单位目录的省级政府网站有8家（2013年为4家），较大的市政府网站有28家（2013年为22家）。

第五，信息更新更加及时。有31家国务院部门网站、25家省级政府网站和34家较大的市政府网站有调研前一周内的信息。

政府信息公开目录建设存在的问题主要表现在以下几个方面。

第一，不配置目录的情况及目录链接无效的情况仍然存在。2014年，呼和浩特市政府门户网站的目录链接无效。仍有个别政府机关仅提供目录列表，列表内的信息未配置链接，导致目录流于形式，如广西壮族自治区、南宁市、沈阳市、本溪市。司法部网站的信息公开目录中有链接的部分均可以打开，打开是各部门的情况介绍，剩下的内容均链接无效。国家粮食局的目录信息打开后只有概述没有正文。

第二，栏目设置不合理。一些地方政府网站虽然设置了政府信息公开目录，但是点击进入后是政府各部门的列表。而政府办公厅的信息公开目录中出现了本级政府的公开信息，所以办公厅的信息公开目录实际为本级政府的信息公开目录，这种现象并非罕见，6家省级政府和9家较大的市都出现了这种情况。有些政府网站目录混乱，多个目录入口链接混乱，如浙江省和大连市，不同的入口打开的界面不相同。

第三，目录便利性有待提高。未提供多重分类的情况仍普遍存在。2014年有22家国务院部门、13家省级政府和17家较大的市政府网站仅提供一种分类，或者没有分类，给查询信息带来不便。

第四，目录的检索功能配置仍不理想。一些部门或地方政府的检索功能无效甚至不设置检索，不利于文件的查找。有些部门或地方政府的网站组合检索虽然全面，包括了文号、索引号、标题、主题词、正文、时间等内容，但是文件中未提供文号、主题词等，导致组合检索流于形式，不能真正发挥“组合”的作用。有些部门的网站检索隐藏在目录的子栏目中或是仅存在于信息公开栏目中，不能方便大众。众多组合检索的个别检索功能不能使用，或者有些信息可以检索出来、有些信息则检索不出来。

第五，提供公用事业单位目录的地方政府数量较少。地方政府对公用企事业单位政府信息公开目录的重视程度仍有待加强，一些地方政府虽然设置了公用企事业单位的目录，数量也较 2013 年有大幅度增长，但省级政府中只有四川省公共事业单位的信息链接全部有效，大部分省份和较大的市政府网站虽然设置了目录栏目，但其信息链接或者连接到部门的门户网站，或者无效。

第六，目录信息全面性较差。按照《条例》和国务院办公厅历次发文的要求，政府信息公开目录是行政机关管理政府信息、方便公众查询信息的重要保障机制，但目前如何处理政府信息公开目录与政府门户网站各栏目之间的关系，一直是不明确的。从评估情况看，许多行政机关的政府信息公开目录未能包含本级政府门户网站中发布的政府信息，即便将应进入目录的信息范围缩小到《党政机关公文处理工作条例》中所规定的各类可公开的文件形式，仍然普遍存在大量信息未纳入目录管理的情况，目录与门户网站建设“两张皮”的现象十分普遍。网站发布的很多信息未纳入目录中，导致目录功能弱化。有 5 家国务院部门、8 家省级政府和 8 家较大的市政府门户网站的信息在公开目录中都能找到。

四　工作信息

工作信息是政府工作基本情况的反映，公开行政机关的工作信息可以让公众了解行政机关的职权职责、机构设置情况、职权及履行职权的基本情况，也是方便公众办事、了解国家方针政策、有效监督政府所必需的。为此，2014 年项目组继续对国务院部门的工作信息公开情况进行调研和测评。测评包括政府领导信息、内设机构与职能信息和年度工作信息三方面内容。其中政府领导信息包括领导成员名单、领导简历和领导分工；机构职能信息包括本部门职责、内设机构及内设机构分工职能、内设机构负责人信息、内设机构联系方式、内设机构的处室设置及分工、部门的下属单位网站链接及下属单位职责；年度工作信息包括本部门年度工作总结和年度工作要点或计划（测评结果表 3）。

测评发现，国务院部门在工作信息的公开方面有以下几点做得较好。

首先，在政府领导信息方面，被调研的国务院部门都提供了本部门正副职领导的名单。其中，49 家提供了本部门领导的简历信息，占 89.09%；28 家提供了领导的工作分工情况，占 50.91%。

其次，在机构职能信息方面，各部门基本能够提供本部门职责、本部门内设机构与下属单位的基本信息。其中 53 家提供了本部门职责，54 家提供了本部门内设机构列表，48 家提供了内设机构职能信息；35 家提供了各内设机构的处室列表，6 家提供了全部处室的工作职能分工；24 家提供了全部内设机构的联系信息。

再次，与 2013 年相比，国务院部门下属企事业单位信息的公开情况有明显改进。除部分无下属企事业单位的部门外，仅有 2 家没有提供下属企事业单位信息。

最后，在年度工作信息方面，有几家部门公开了年度工作计划和工作总结。公开本部门的年度工作总结和工作要点、计划等，是向社会展示本部门工作成效、主动接受社会监督的重要方式。公开这些信息既有助于满足公众了解相关部门工作情况的需求，也有助于提升本部门的公信力。4 家国务院部门公开了上一年度本部门的工作总结和之前的年度总结，9 家公开了本年度的工作要点或者工作计划，8 家公开了 2013 年及之前的工作要点或者工作计划。国家宗教事务局和国家知识产权局在此方面一直做得比较规范。这表明，这几类信息并非不能公开，有些部门不愿意公开，主要还是存在认识误区。

工作信息公开方面也仍存在一些问题，应引起注意。

第一，部门领导信息公开不完整。调研和测评显示，仍有 4 家未提供部门领导的个人简历，2 家提供了部分领导的简历；25 家未提供部门领导的分管情况，2 家仅提供部分领导的分管情况。

第二，内设机构的信息公开情况还有待提升。例如，5 家仅提供了本部门部分内设机构的职责信息，1 家完全未提供，1 家测评时网站无法有效访问，14 家未提供本部门内设机构的处室列表，43 家未提供所有内设机构处室工作分工，28 家完全没有提供内设机构的联系方式。

第三，部门年度工作计划、总结信息还普遍未公开。绝大部分部门年度工作计划、总结信息的公开情况不理想。造成这种结果与不少部门的认识有关系。在对一些部门的访谈中，有的工作人员明确表示，此类信息与公众无关，只需内部掌握即可，且不少信息可能涉及不宜公开的内容。

五　规范性文件

规范性文件数量多、涉及面广，关系到公共利益、社会秩序和公民的切身利益，在现实生活中发挥着重要的作用。规范性文件的公开程度是考察政府透明度和依法行政水平的重要内容。虽然有的规章以下的规范性文件只规定适用于行政机关内部，但是考虑到现实中大量的规范性文件直接或者间接作用于行政管理相对人，并对相对人设定权利义务或者对其权利义务有实质性影响，因此，本测评不对其内部性与外部性进行区分，而将各级政府及其内设机构制定的所有规章以下的规范性文件的公开情况作为考察对象。

调研与测评集中于政府网站设置规范性文件栏目情况、规范性文件栏目的集中性、规范性文件栏目的统一性、规范性文件栏目的便利性、规范性文件的更新情况、规范性文件链接的有效性、规范性文件起草过程的公开情况、规范性文件的解读信息、规范性文件的废改信息，以及地方政府规范性文件的备案信息。

从调研结果看，规范性文件的栏目集中性、栏目统一性、规范性文件的更新情况、规范性文件起草过程的公开情况有了明显的进步（测评结果见表3、表4、表5）。

第一，所有被调研对象，都提供了规范性文件栏目，集中发布本部门制定的规范性文件，公众可以直接通过网站查询下载。

第二，规范性文件栏目中信息发布的统一性增强。2014 年共有 19 家国务院部门、10 家省级政府和 28 家较大的市政府的规范性文件与信息公开目录中的规范性文件信息一致。例如，西藏自治区政府规范性文件的公布比较规范，其门户网站在信息公开目录下设了一个专门的规范性文件栏目。

第三，规范性文件的更新情况较好。2014 年共有 48 家国务院部门、31 家省级政府、48 家较大的市政府的规范性文件栏目中全部提供了 2014 年的规范性文件。

第四，不少行政机关公开了规范性文件的效力信息。为了防止“红头文件”的规定违法，进而侵害人民群众的合法权益，不少地方政府近年来加强了对规范性文件的备案审查力度，并定期公布经过备案审查的文件目录。有 18 家省级政府在其门户网站或者政府法制办公室网站公开了规范性文件备案审查的目录；深圳、大连、宁波、青岛、厦门等城市也公开了经过备案审查的规范性文件目录。湖南省还在门户网站开设了“规范性文件清理”栏目，集中标注规范性文件是否有效。此外，不少政府机关在公开栏目中标注了规范性文件的效力。有的国务院部门在发布的规范性文件中标注了效力，如海关总署公布的规范性文件中绝大多数标注了是否有效。有的国务院部门公示了现行有效的规范性文件目录，如国家外汇管理局。不少地方政府也在文件目录列表上加注了是否有效的说明，如重庆、湖南。部分地方政府同时发布了失效类文件清单，如江西和四川。部分地方政府在文件正文的最后一条明确交代了文件实施的起止时间，如上海、天津、山东、湖南、陕西、青海、深圳、青岛、大连、厦门等。

第五，规范性文件起草过程的公开情况有了较大改善。2014 年有 26 家国务院部门、6家省级政府和17家较大的市政府提供了草案征集栏目；21家国务院部门、6家省级政府和15家较大的市政府提供了2014年的规范性文件草案信息；35家国务院部门、7家省级政府和21家较大的市政府针对规范性文件草案提供了相应的征集渠道。例如，国家食品药品监督管理总局有专门的草案征集栏目，而且对于草案制定目的、草案本身、草案具体条文的说明很详细。

第六，规范性文件的有效性有所提高。随机抽查十条规范性文件，链接全部有效的数量为51家国务院部门、30家省级政府和49家较大的市政府的网站。

但是，规范性文件的公开情况中依然存在不少问题。

第一，规范性文件栏目设置混乱、信息放置错误以及更新不及时。首先，大多数国务院部门和地方政府仍设置了政策法规、政府公报、通知公告、规划计划等多个规范性文件栏目，且与政府信息公开目录中的规范性文件栏目信息不一致。网站只提供唯一的规范性文件栏目的只有23家国务院部门、12家省级政府和25家较大的市政府的网站。其次，部分国务院部门和地方政府对规范性文件的定位不准确，规范性文件放置随意，有的规范性文件放置在公示公告栏目中，有的放置在要闻通告栏目中。例如：民政部门户网站的“政策法规”栏目放了一些非法规类文件；住房和城乡建设部将一部分处罚决定发布在“政策发布”栏目中；教育部在“规章”栏目放置了高校章程；工业和信息化部有的规范性文件栏目放的不是规范性文件，如“文件发布”栏目中放了很多行政审批结果信息。信息放置混乱不利于公众快捷便利地获取相关信息，影响公开效果。

第二，规范性文件栏目的便利性有待加强。国务院部门和地方政府在规范性文件按照事项分类和部门分类方面有待改善。根据调研结果，2014年仅有6家国务院部门、1家省级政府和3家较大的市政府网站对规范性文件进行了事项分类，而按照部门分类的仅有1家省级政府网站。

第三，规范性文件起草过程的公开情况虽较2013年有所进步，但仍有待改善。首先，仍有一部分国务院部门和地方政府网站未设置规范性文件草案征集栏目。其次，设置了草案征集栏目的国务院部门或地方政府网站公开的规范性文件草案数量较少，在草案栏目中公布了3条以上（包括3条）草案且链接均有效的仅有20家国务院部门、3家省级政府和12家较大的市政府网站。再次，公开的内容不够全面，基本上仅公开草案而未公开制定目的及草案具体条文的说明，对其中一个草案进行抽查，包括制定目的、草案本身、草案具体条文说明的仅有26家国务院部门、6家省级政府和12家较大的市政府网站，如国家文物局网站，经搜索发现相关修订草案的征集意见，但是却未提供文件草案。最后，绝大多数国务院部门和地方政府网站没有提供规范性文件草案意见征集的反馈情况，根据2014年的调研结果，国务院部门和地方政府网站都未提供2014年规范性文件草案意见征集的反馈信息。

第四，对重要文件的解读还需要加强。测评发现，部分行政机关的政策解读栏目所公开的解读信息并不限于本地区的政策文件，还转载了大量国家相关部门的政策解读信息，如湖南、湖北、贵州、内蒙古等均转载了不少国务院部门的解读信息，自身的解读信息反倒较少。而且，政策文件的解读质量还有待提升。多数行政机关发布的解读内容多来源于新闻媒体不同角度的报道，缺乏政府主导下的全面性解读。此外，不少解读信息只是把制定有关法规、规章及规范性文件的说明照搬到网上，不仅形式呆板，信息量也十分有限。

第五，提供备案信息的地方政府数量以及更新进度有待提高。规范性文件的备案工作机制只存在于地方政府，国务院部门并没有此工作机制。2014年提供备案信息的省级政府为18家、较大的市政府为29家。例如洛阳、济南关于规范性文件备案的最新信息是2012年的。

第六，规范性文件废改信息公开状况不佳。调研结果显示，提供2014年规范性文件废止信息的仅有10家国务院部门、7家省级政府和12家较大的市政府，提供规范性文件修改信息的政府数量分别是4家、5家和9家。而且，公布规范性文件效力信息的形式也不统一。大体有如下几种方式：其一，定期公布现行有效的规范性文件，如商务部；其二，在政府信息公开目录中标注文件的有效性，如海关总署；其三，设置专门的公布现行有效的规范性文件栏目，如民政部；其四，随机公布规范性文件的清理结果，如西宁、福州、农业部等。

六　环境保护信息

2014年对环境保护信息的测评内容包括环境保护部门关于危险废物、辐射安全、建设项目环境影响评价、建设项目竣工环保验收、排污费征收、对环境问题或环境污染信访投诉的处理与反馈、行政处罚、企业环保信用等（测评结果见表4、表5）。

测评发现，2014年环境保护信息公开有许多方面值得肯定。

第一，省级环境保护部门环境保护信息公开透明度高。从测评得分来看，与较大的市环境保护部门相比，省级政府部门的环境保护信息公开情况较多，环保信息公开较为全面、规范。

第二，省级政府与较大的市环境保护部门都注重建设项目环境影响评价信息的公开。31家省级政府、45家较大的市环保部门提供了建设项目环境影响评价的受理公告信息，30家省级政府、40家较大的市环保部门提供了建设项目环境影响评价的审批前公示信息，31家省级政府、49家较大的市环保部门提供了建设项目环境影响评价的审批后公告信息。从上述数据可以看出各环保部门对建设项目环境影响评价工作的重视。

第三，政民互动方式多样，创新不断。政民互动平台是实现公众参与环保政务的重要方式，互动方式创新不断。绝大部分环保部门通过政民互动这一平台来实现该类信息的公开。26家省级政府、31家较大的市环保部门提供了调研日前6个月公众对环境问题或者对企业污染环境的信访投诉及其处理反馈结果。

第四，有的地方环保部门对企业环保信用信息公开较好。例如，广州、苏州对2013年度企业按红、黄牌等进行排序，方便查找和了解，福建则是在栏目中对企业的环保信用按“良好”和“不良”进行评价。

第五，环保部门网站日趋便民。测评的过程也是作为一名公众访问不同环保部门网站的过程，能够明显感受到越来越多的环保部门网站注重公众查询信息的便捷程度。宁波市环保局网站将网站分为公民站、企业站、环保站，有针对性地公开信息、提供服务，公示信息图文并茂、简洁明了。有部分网站对审批信息和验收信息进行了分类，并按照受理、拟审批和审批后进行分类，非常方便查询，如广东省和福建省。

测评也发现了环境保护信息公开方面存在的问题。

第一，部分环境保护信息未有效公开。4个省和15个较大的市的环保部门没有提供建设项目竣工环境保护验收的受理公告信息，8个省和30个较大市的环保部门没有提供危险废物跨省转移申请审批情况。2个省份和24个较大的市的环保部门没有提供辐射安全许可证发证信息（如北京和西藏），3个省和17个较大的市的环保部门没有提供辐射项目环评审批信息，4个省和16个较大的市的环保部门没有提供辐射项目环保验收信息。

第二，信息更新滞后。省级和较大的市的环境保护部门都存在信息更新缓慢的问题，部分较大的市的环境保护局信息公开滞后尤为明显。较大的市的环境保护部门网站中，提供调研日前6个月内的危险废物经营许可证发证信息、危险废物跨省转移申请审批情况、辐射安全许可证发证信息、辐射项目环评审批信息、辐射项目环保验收信息、企业环境保护信用信息的分别为15家、11家、15家、16家、9家、23家。31家省级环保部门网站提供调研日前6个月内的危险废物跨省转移申请审批和企业环境保护信用信息的分别为20家、11家。

第三，建设项目环评审批、环保验收信息公开不完整。完整的建设项目信息应当包括建设项目环评审批受理信息、环评审批前公示、环评审批后公示和建设项目竣工环保验收的受理信息、环保验收审批前公示、环保审批验收后公示六个方面的信息。但部分地方的环保部门公开这方面信息还不理想。比如：没有公开建设项目环境影响评价受理公告信息的，有4家较大的市的环保部门；未提供建设项目环境影响评价审批前公示信息的，有1家省级环保部门和9家较大的市的环保部门；未提供建设项目竣工环境保护验收的受理公告信息的，有4家省级环保部门和15家较大的市的环保部门；未提供建设项目竣工环境保护验收的审批前公示信息的，有2家省级环保部门和13家较大的市的环保部门；未提供建设项目竣工环境保护验收的审批后公告信息的，有4家省级环保部门和6家较大的市的环保部门。

第四，网站栏目的建设不规范，有些网站中，危险废物许可证和辐射审批信息甚至排污收费和行政处罚栏目不在其所属的栏目，给查询信息带来诸多不便。另外，建设项目环评审批、环保验收信息栏目的设置不是很完善，大部分信息都混淆在一起（如南宁、无锡）。只有少部分网站进行了很详尽的区分，还有一些拟审批信息却放在审批后栏目中。

第五，企业环保信用信息公开不规范。《企业信息公示暂行条例》要求，政府部门应当公示其在履行职责过程中产生的企业行政处罚信息，这是企业信用信息的重要组成部分。但绝大多数环保部门没有提供企业环保信用信息专栏，企业环保信息放置随意，不利于公众查找；部分网站设置了企业环保信用栏目，但栏目中没有提供相关信息。

七 行政审批信息

行政审批信息的调研和测评内容主要包括：行政服务中心或政务服务中心网站的建设情况，行政审批事项列表及链接有效性，行政服务中心与本级政府网站行政审批事项信息的一致性，审批事项的办事依据、办事条件、申请材料、审批程序、审批时限、审批部门信息以及联系电话等事项的网上公示情况。调研中主要对各地政府行政服务中心或政务中心等实体中心网站的行政审批信息公开情况进行了测评和调研，无行政服务中心或政务中心的，则主要对其政府网站的办事服务栏目以及相关部门的审批信息公开情况进行测评和调研（测评结果见表4、表5）。

从2014年的测评情况看，行政审批信息在以下方面的亮点值得关注。

第一，行政审批信息网上公开平台建立情况良好。31家省级政府和49家较大的市，都能以行政服务中心网站、专门的行政审批网站或政府网站在线办事栏目的形式为行政审批信息的公开提供网络平台。这些网站的建设使得政府的行政审批项目、权限更加透明，便利了企业和人民群众的办事与生活。

第二，发布行政审批权力清单，提升公开效果。测评发现，绝大多数政府能够主动在其行政服务中心或者政府网站内公布行政审批权力清单或者行政审批项目清单。海南省人民政府政务服务中心在其网站首页建立专门栏目列出了省级行政审批权力清单和进驻省政务中心的审批权力清单，并配有行政审批单位、行政审批事项（包括子项）、管理服务事项（包括子项）、互联网申报事项、全流程互联网审批事项的实时数量信息。其他行政中心网站或政府网站也能够运用自己的方法对行政审批权力清单进行公示。

第三，省级政府在行政服务中心与政府网站或部门网站发布的行政审批事项信息的一致性有所增强。有 22 家省级政府行政服务中心网站提供的行政审批事项信息与政府网站或部门网站是一致的，有 20 家较大的市行政服务中心网站提供的行政审批事项信息与政府网站或部门网站是一致的。

第四，公开的行政审批事项信息在形式上相对完整。项目组在各个政府的行政服务中心网站或在线办事网站随机抽取 10 条行政审批信息，观察其行政审批事项的有效性。结果发现，31 家省级调研对象全部能够提供链接有效的行政审批信息。49 家较大的市中有 48 家能提供链接有效的行政审批事项信息。在行政审批事项信息内容完整性上，项目组分别对具体行政审批事项是否包括办事依据、办事条件、申请材料、审批程序、审批期限、审批部门信息、联系电话这七类信息分别作了考察。31 家省级政府调研对象能够通过对应的网络平台在抽样的行政审批事项中全部或者部分提供办事依据、办事条件、申请材料、审批程序、审批期限、审批部门信息和联系电话。全部能够提供办事依据的有 22 家，全部能够提供办事条件的有 17 家，全部能够提供申请材料的有 17 家，全部能够提供审批程序的有 19 家，全部能够提供审批时限的有 21 家，全部能够提供审批部门信息的有 22 家，全部能够提供联系电话的有 13 家，部分能提供这七项信息的分别为 9、14、14、11、10、7、16 家。49 家较大的市调研对象能够通过对应的网络平台在抽样行政审批事项中全部能够提供办事依据、办事条件、申请材料、审批程序、审批时限、审批部门信息、联系电话的，分别有39、25、41、37、45、44、22家，部分能够提供这七项信息的分别为8、18、7、9、3、2、17家。没有提供这七项信息的分别为2、6、1、3、1、3、10家。

第五，政府网站更加重视行政审批信息获取的便捷性。31家省级政府和49家较大的市政府行政服务中心网站或政府网站在线办事栏目均按照公民办事、企业办事、审批部门对行政审批信息进行分类。有些网站设立重点审批信息公告栏，有针对性地公开行政审批信息、提供相应服务，公示的行政审批信息图文并茂、简洁明了。

第六，审批依据的相关解释彰显了政府的依法行政和细心为民。不少行政服务中心或在线办事网站对行政审批所依据的法律、法规、规章、规范性文件公开细致。例如，海南省网上审批大厅在列明行政审批依据的同时，对每一条审批依据都进行了解释。

第七，网站界面友好美观，便民服务措施更加贴心实用。随着网络技术的不断发展，政府行政服务中心的建设也借助了先进的网络科技。例如，北京市、上海市等地政府门户网站的在线办事栏目提供了无障碍浏览、办理服务，语音、动画齐全，图文并茂。沈阳市政务服务中心等则是通过网站首页视频介绍的方式为办事者提供指引。广东省、合肥市等省市则运用现代网络科技打造了虚拟的办事服务大厅，让人有身临其境之感。另外，针对办理行政审批过程中的疑问，有的网站还开通了在线协助服务，办理者可通过在线交谈、邮件、电话等方式解决办理过程中的疑难问题。

第八，行政审批办件动态信息实时公开。不少网站专门在首页设立了办件动态公示栏目滚动播放审批信息，有的网站则设立了办件查询栏目，让公众能够及时了解办件动态，查询办理的进程和结果。

行政审批信息的公开主要存在以下问题。首先，行政审批事项信息在专门的行政服务中心或者审批网站与同级政府网站或其部门网站提供的信息存在不一致。其次，行政审批事项信息提供不全面。省级政府中能够全部提供办事依据、办事条件、申请材料、审批程序、审批时限、审批部门信息、联系电话信息的，只有11家；较大的市中只有14家。最后，某些网站中不同部门行政审批事项信息的提供存在差异性，有的部门行政审批事项信息公开得完整或较完整，而有的行政审批事项信息公开得很不全面。

八　依申请公开

依申请公开是《条例》赋予公众的重要权利，也是行政机关公开政府信息的重要方式。本次测评的内容主要包括对各测评对象通过门户网站发布政府信息公开申请指南的情况、网络在线申请和邮寄申请两种渠道的畅通情况、答复申请的规范化情况。

从2014年11月20日起，项目组陆续以个人名义，采取特快专递邮寄、在线申请的方式进行验证。对地方政府的邮寄申请，主要是向各地国土资源管理部门申请公开当地2014年1～10月份收取的国有土地出让金的总额。部分地区反馈，此项信息由财政部门掌握，对此，项目组又向当地财政部门发送了申请。对国务院部门邮寄渠道与在线申请渠道的验证及对地方政府的在线申请渠道的验证则采取随机确定申请内容的方法。项目组根据快递签收及邮件发送时间确定了申请送达时间，并预留了多于法定答复期限的时间，等待各政府机关作出回复。

测评发现，绝大多数部门都在网站公开了依申请公开的条件、流程信息。有的部门还积极探索依申请公开指南的新形式，如卫生和计划生育委员会在依申请公开栏目中公示了此前处理的较为典型的申请案例及卫生和计划生育委员会作出的答复，以提示申请人提交的申请规范性及对可能的答复结果作出合理预期。

项目组发送申请后，各被测评对象总体上能够作出积极回复，有的部门反复通过电话确认申请内容等事项。

测评发现，目前依申请公开还存在不少问题。

第一，部分行政机关的依申请公开说明欠缺。对依申请公开的条件、流程等作出说明，有助于人民群众正确提出申请。部分行政机关没有提供依申请公开说明或依申请公开说明的设置位置不合理，不方便申请人查找相关信息。仍然有些部门没有发布相关的申请说明或者公开指南，还有的指南不便查找。例如：国家公务员局、黑龙江省财政厅、大连市财政局的网站上没有提供政府信息公开指南和申请说明；海南省财政厅虽然提供了政府信息公开指南，但是指南里并没有关于依申请公开的说明；外交部和中国证监会网站上的政府信息公开指南经过网页搜索才能找到。

第二，部分行政机关提供的申请方式单一。根据《条例》的要求，申请公开政府信息可以采取现场申请、邮寄申请、在线申请等多种方式，以满足不同人群的需要。邮寄方式是最普遍的申请方式，几乎每个行政机关都提供了邮寄的申请渠道，但部分行政机关只提供部分或仅提供一种申请方式。有 12 家行政机关（8 家国务院部门和 4 家省级财政部门）门户网站没有提供在线平台或电子邮件的申请方式。9 家行政机关（7 家国务院部门和 2 家省级财政部门）不接受现场申请。有 5 家行政机关（3 家国务院部门和 2 家市级财政局）仅提供一种申请渠道，公安部、国家信访局、国家林业局的网站上仅提供邮寄申请方式，宁波财政局和大连财政局仅接受在线申请。

第三，部分行政机关关于申请方式的说明与实际不符。有 30 家行政机关（17 家国务院部门和 11 家省级财政部门、2 家市级财政局）网站上的政府信息公开指南对申请方式的说明与实际不符。其中，有 7 家行政机关（4 家国务院部门和 3 家省级财政部门）的政府信息公开指南显示该行政机关提供在线申请平台，但是在其网站上无法找到申请平台，分别是国家工商行政管理总局、国家测绘地理信息局、国家外汇管理局、国家中医药管理局、内蒙古自治区财政厅、宁夏回族自治区财政厅、河北省财政厅。广东省财政厅的网站上虽然提供了在线申请平台，但是该申请平台只对广东户籍的申请人开放。行政机关网站上不同栏目提供的申请方式不一致会误导申请人，并且在一定程度上可能延误申请人的申请，损害申请人申请政府信息公开的权益。

第四，政府信息公开申请受理机构信息不全。政府信息公开申请受理机构信息是申请人正确提交信息公开申请的前提，但是在实践中，部分行政机关没有提供全面的受理机构信息，使申请人在申请时无法填写收件人信息，以致无法提交申请。例如，国家信访局和新疆维吾尔自治区财政厅的政府信息公开指南上没有提供受理机构的地址，山西省财政厅、海南省财政厅和新疆维吾尔自治区财政厅的政府信息公开指南里没有提供受理机构的邮编。有7家行政机关（6家部委和1家省级财政厅）的政府信息公开指南没有提供受理机构的联系电话，分别是住房和城乡建设部、卫生和计划生育委员会、国家质量监督检验检疫总局、中国保险监督管理委员会、中国证券监督管理委员会、国家能源局和国家铁路局、新疆维吾尔自治区财政厅。有24家行政机关（15个部委、7家省级财政厅和2家市级财政局）的政府信息公开指南没有提供电子邮箱，分别是外交部、财政部、住房和城乡建设部、公安部、司法部、人力资源和社会保障部、农业部、文化部、国家林业局、国家信访局、中国民用航空局、国家外汇管理局、国家粮食局、国家海洋局、国家邮政局、山西省财政厅、甘肃省财政厅、四川省财政厅、浙江省财政厅、海南省财政厅、湖北省财政厅、新疆维吾尔自治区财政厅、青岛市财政局、深圳市财政局。

第五，有的政府部门对信息公开申请的答复不够规范。有的行政机关仅在电话中告知了答复结果，不出具书面答复书。一些以电子邮件方式出具的回复中，答复内容较为随意。例如，江西省国土厅向申请人发送了两封邮件，这两封邮件的内容不同，使用的邮箱也不相同，有一封邮件正文只有一句话："请登陆江西省国土资源交易网查询"，没有抬头或落款。有8家行政机关没有告知作出答复的依据，分别是上海市国土资源局、山东省国土资源厅、广西壮族自治区国土资源厅、内蒙古自治区国土资源厅、辽宁省国土资源厅、浙江省国土资源厅、黑龙江省国土资源厅和湖北省国土资源厅。此外，不少测评对象发出的不公开决定书也未明确告知救济途径。

九　政府信息公开年度报告

政府信息公开年度报告是政府机关对上年度本机关政府信息公开工作的总结，按照《条例》规定，年度报告应于每年3月31日前对社会发布，接受社会检验和监督。本次测评的内容为：年度报告发布情况，以及报告的内容是否全面。早在2014年3月31日前，项目组就已经完成了对年度报告发布情况的评估工作。评估显示，绝大部分政府机关能在规定的时间内发布年度报告。项目组在各政府机关网站对其年度报告进行了检索。截止到2014年3月31日24时，被评估的国务院部门中，按时发布了上一年度的年度报告的有51家，省级政府及计划单列市全部都做到了按时发布。

多数年度报告内容较为翔实，大多详细列明了主动公开政府信息、依申请公开政府信息的情况及相关行政复议和行政诉讼的情况，指出了本级政府在信息公开工作方面存在的主要问题，并明确提出了改进的措施和努力方向。

一些行政机关注重公众查询年度报告的便利性。有的行政机关在年度报告的外观上注重多样性和生动性，有的还注重内容的可读性。比如，北京、上海和四川的年度报告制作成Flash文件，样式精美，内容完整，集创新与实用于一体。不少行政机关在年度报告中加入了详细的图表，增强了年度报告的可视性。有的报告还将本年度的情况与往年作了对比，使报告的内容更加完整丰富，直观易懂。有的行政机关在年度报告中列出了主动公开法规、规章及规范性文件的名称列表，还可以直接链接到文件内容。有的省级政府在年度报告栏目中加设市级政府年度报告。上海市政府采用相应的技术措施，在年度报告栏目中设置查询下拉框，方便公众查询。上述设计和方法都为公众理解内容、查询信息提供了极大便利。

值得一提的是，有的国务院部门提供了政府信息公开月度统计报告，有助于公众实时了解其信息公开状况，如商务部和国家文物局。国家文物局还公开了地方文物管理机构报送的月度统计信息。

但从目前来看，年度报告发布还有不少待规范之处，比较突出的问题是年度报告对一些重要数据披露不详。据统计，有26家国务院部门提供了申请数量居前几位的事项，19家提供了申请人按照不同申请方式提交申请的数量，21家按照答复决定的内容（如公开、不公开、部分公开等）提供了分类数据，有9家按照不公开的理由（如涉及国家秘密、个人隐私等）提供了分类数据，能够将投诉、行政复议和行政诉讼同时提供的只有6家。有8家省级政府按照本级政府、下级政府、所属部门三类信息详细提供收到申请的数量，有14家仅提供了本级政府与下级政府或者本级政府与所属部门收到申请的数据；7家提供了申请数量居前几位的部门，21家提供了申请数量居前几位的事项；20家提供了申请人按照不同申请方式提交申请的数量，24家按照答复决定的内容（如公开、不公开、部分公开等）提供了分类数据，有9家按照不公开的理由（如涉及国家秘密、个人隐私等）提供了分类数据，能够将投诉、行政复议和行政诉讼同时提供的只有11家。

此外，一些部门年度报告关于依申请公开的情况描述过于简单，有的只用一句话来概括。例如，某省政府2013年的报告中提到领导很重视，但是依申请公开方面的内容只有寥寥几句，既不说明是否公开，也未说明不公开的理由。

十　完善建议

第一，加强并整合政府信息公开工作机构。各级各类行政机关应成立专门的政府信息公开工作机构，由专门人员负责政府信息公开工作。同时，应由专门机构统一领导包括政府信息公开、网站建设、对外宣传、微博微信运营维护、舆情观测与应对在内的各项工作，形成政府信息公开的合力。

第二，逐步明确主动公开重点领域的公开标准和要求。建议在现有每年发布一个政府信息公开要点的基础上，选取几个重点领域，联合相关部门共同明确相关信息的公开要求和标准。可以考虑就某些行业自上而下梳理权力清单，明确上下级机关间的职责职权划分，确立行政审批、处罚、强制等信息的公开标准和范式。此外，国务院部门可以参考教育部2014年发布高校信息公开清单的做法，梳理本行业应主动公开的政府信息，以清单的形式对外发布，作为各行政机关公开相关信息的最低要求，并根据法律法规的修改完善及社会发展的需要进行动态更新。政府信息公开年度报告的发布也应当设定严格标准，避免出现连续几年的报告在框架、结构、内容上严重雷同，只是更换个别统计数据的情况。

第三，进一步加强依申请公开工作。从目前各行政机关面临的依申请公开形势看，未来申请量仍会逐步攀升，申请的复杂性仍会不断加剧，借助政府信息公开申请实现信访、维权等目的的情况短期内还可能增加。为此，应规范各行政机关的依申请公开处理流程，确保对依申请公开的指南描述准确，渠道多元化且畅通。应保证处理政府信息公开申请的人员编制，有专门人员专职处理申请。建立疑难、重大、繁杂申请会商机制，遇到难以处理的申请事项，邀请相关业务主管部门、专家参与论证。还要定期开展培训，结合实务中遇到的问题，开展有针对性的培训。各级办公厅（室）应发挥领导和指导作用，宏观掌控本级政府的政府信息公开申请处理工作，对疑难、重大、复杂的申请事项，应及时介入，指导和帮助有关部门做好论证和答复。

第四，将政府信息公开工作与法治政府建设同步推进。政府信息公开工作不但不是孤立的，而且还紧密联系着各级政府的法治政府建设。一些地方和部门的政府信息公开申请工作压力大、难处理，除了与公开与否的标准还不够明确、操作性不强等有关外，更多的则是因为依法行政还不到位，不少权力的运行还未能符合依法行政的要求，管理过程中的不规范还在一定程度上存在。一旦遇到政府信息公开的申请，有关部门没有公开的自信和底气。因此，政府信息公开不能孤立对待，必须与法治政府建设同步发展，做好政府信息公开工作除了要解决一些政府信息公开工作自身存在的问题外，还要加大依法行政的力度，进一步规范权力运行。公开有助于规范权力，只有规范的权力运行才能真正实现公开。

B.12

中国司法透明度指数报告（2014）

——以法院网站信息公开为视角

中国社会科学院法学研究所法治指数创新工程项目组*

摘　要：2014年，中国社会科学院法学研究所法治指数创新工程项目组对最高人民法院和31个省、自治区、直辖市的高级人民法院以及49个较大的市的中级人民法院的司法透明度进行了量化评估。据评价结果，中国司法公开已经发展到了纵深阶段，表现为庭审直播常态化、减刑假释全方位公开、重视司法信息整合等。然而，要取得进一步的突破性发展，必须正确处理内部公开与外部公开、集中公开与分散公开以及公开与宣传、收费、保密之间的关系，进行精细化制度设计。

关键词：司法透明度　法治指数　法院网站　司法公开

司法公开作为司法改革的切入口，近年来受到全社会的高度重视，最高人民法院继提出司法“六公开”之后，于2013年推出审判流程公开、裁判文书公开、执行信息公开“三大平台”建设，并于2014年陆续发布了一系列关于司法公开的规范性文件，如《最高人民法院裁判文书上网公布暂行办法》《最高人民法院关于减刑、假释案件审理程序的规定》《最高人民法

* 项目组负责人：田禾，中国社会科学院法学研究所研究员。项目组成员：吕艳滨、王小梅、栗燕杰、赵千羚、张誉、刘迪、郑博、任娇、单颖、郑雪、马胜男、董如茵。执笔人：王小梅，中国社会科学院法学研究所副研究员。本报告在指标设计、调研和报告写作过程中，得到了许多学者、法官、律师的支持与帮助，在此一并致谢。

院审判流程公开暂行办法》等。2014 年 10 月召开的中国共产党第十八届中央委员会第四次全体会议通过了《中共中央关于全面推进依法治国若干重大问题的决定》，提出“构建开放、动态、透明、便民的阳光司法机制”，推进以审判公开为龙头的政法信息公开（检务公开、警务公开、狱务公开）。为客观评价中国司法透明度，聚焦司法公开存在的深层次问题，探索司法公开的完善路径，从 2011 年开始，中国社会科学院法学研究所法治指数创新工程项目组以法院网站为视角对中国法院的司法公开情况进行年度评估，2014 年是第四个年度，评估截止时间为 2014 年 12 月 15 日。

一　评估对象与指标体系

（一）评估对象

2011 年、2012 年中国司法透明度指数评估涉及省、市两级法院，从 2013 年开始，评估对象延伸至民族自治地方，并首次将最高人民法院纳入了测评范围，因为最高人民法院不仅是司法公开的推动者，也是司法公开的践行者。2014 年沿袭 2013 年的做法，中国司法透明度指数的评估对象总计 81 家法院，覆盖最高人民法院和 31 个省、自治区、直辖市的高级法院以及部分较大的市的中级法院三个层次。鉴于《立法法》正处于修改阶段，拥有地方立法权的较大的市还未最后确定，因此，2014 年中国司法透明度指数评估仍将中级法院这个层次的评估对象限定为省、自治区人民政府所在地的市、经济特区所在地的市和经国务院批准的 18 个较大的市，总计 49 个城市。

（二）指标体系

每年的中国司法透明度指数评估都会根据司法公开的实际情况对指标体系进行优化和微调。2014 年中国司法透明度指数评估仍坚持将审务公开、立案庭审公开、裁判文书公开和执行信息公开作为四个一级指标（评估指标体系见表 1）。

表1　中国司法透明度指数测评指标体系

一级指标及权重	二级指标及权重
审务公开(30%)	法院网站建设情况(20%) 人员公开(30%) 财务公开(30%) 数据公开(20%)
立案庭审公开(30%)	诉讼指南(30%) 开庭公告(10%) 庭审直播(20%) 减刑、假释公开(20%) 案件查询系统(20%)
裁判文书公开(20%)	中国裁判文书网链接(10%) 裁判文书更新性(20%) 裁判文书完整性(20%) 裁判文书处理规范性(20%) 不上网文书数量公开(15%) 庭审笔录公开(15%)
执行信息公开(20%)	执行栏目(10%) 执行指南(20%) 被执行人曝光(40%) 执行案件查询(30%)

说明：由于最高人民法院执行案件和减刑、假释案件甚少，因此一级指标中，最高人民法院的执行公开指标不适用，其审务公开、立案庭审公开和裁判文书公开的权重分别是35%、35%和30%；二级指标中减刑、假释公开指标不适用，其立案庭审公开的二级指标包括诉讼指南、开庭公告、庭审直播、案件查询系统，权重分别为30%、20%、30%、20%。

审务公开的内容主要涉及与审判有关的人、财、物等司法行政事务，包括法院概况（法院地址、交通图示、联系方式、管辖范围、下辖法院、内设部门、机构职能、投诉渠道等）、人员信息（法院领导姓名、学习工作简历、职务及分管事项，审判人员的姓名、学历及法官等级，书记员姓名，人民陪审员姓名、工作单位或职业）、财务信息（预决算及“三公”经费信息）、工作报告和司法统计数据等。随着司法公开的推进，司法机关普遍做到了通过网站公开法院概况，因此，法院概况不再作为考察指标。立案庭审公开与裁判文书公开都属于审判公开范畴，系司法公开的核心，前者侧重于庭审过程公开，属于动态公开，后者是审判结果的公开，属于静态公开。根据审判流程，立案庭审公开的内容主要包括诉讼指南信息（立案条件、申请再审、申诉条件及要求、诉讼流程、诉讼文书样式、诉讼费用标准、缓减免交诉讼费用的程序和条件、诉讼风险提示等）、开庭公告、庭审直播、减刑假释公开、旁听、案件查询等。根据最高人民法院《关于推进司法公开三大平台建设的若干意见》，2014 年度对测评对象公开重大案件庭审笔录的情况进行了测评。2014 年度裁判文书公开指标大幅度压缩，原因在于最高人民法院出台了裁判文书上网规范，并建立了全国统一的裁判文书公开平台，各个法院之间的差异不大，为此，本报告转而侧重对裁判文书上网制度本身的考察。2014 年度尝试对不上网裁判文书的数据公开进行了测评，以期推动裁判文书上网，规范不上网审批工作。执行难和执行腐败一直是影响司法公信力的主要因素，2014 年度执行信息公开指标主要考察执行曝光和阳光拍卖情况。庭审笔录公开及裁判文书不上网审批数据公开作为引导性指标，权重极低。

二　评估结果

81 家被评估的法院的建网率达到 97.5%，比 2013 年提高了近 4 个百分点。2014 年，贵州高院进行网站改版，截至评估结束，网站上传内容极为有限，因此未对其进行测评。本次评估结果见表 2。81 家法院司法透明度指数的平均分为 56.7 分，及格率为 46.9%。排名前 20 位的法院分别是宁波中院、广州中院、浙江高院、北京高院、杭州中院、成都中院、深圳中院、山东高院、四川高院、海口中院、广东高院、海南高院、厦门中院、南京中院、陕西高院、福建高院、哈尔滨中院、武汉中院、上海高院、湖南高院。最高人民法院在 81 家被测评法院中排名第 39 位，得分为 59.66 分。

表2　中国法院司法透明度指数测评结果（满分：100分）

排名	法院	审务公开	立案庭审公开	裁判文书公开	执行信息公开	总分
1	宁波中院	85.9	97.50	70	100	89.02
2	广州中院	79.5	100.00	70	100	87.85
3	浙江高院	80.0	89.50	70	100	84.85
4	北京高院	79.4	100.00	65	90	84.82
5	杭州中院	69.5	100.00	65	92	82.25
6	成都中院	75.0	100.00	70	74	81.30
6	深圳中院	67.0	100.00	60	96	81.30
8	山东高院	75.5	83.00	70	92	79.95
9	四川高院	71.0	86.75	70	84	78.13
10	海口中院	81.0	74.25	65	84	76.38
11	广东高院	70.0	100.00	65	60	76.00
12	海南高院	67.0	89.50	60	84	75.75
13	厦门中院	79.0	76.25	60	76	73.78
14	南京中院	47.0	92.00	65	92	73.10
15	陕西高院	66.5	73.75	70	84	72.88
16	福建高院	66.5	81.50	65	74	72.20
17	哈尔滨中院	34.4	100.00	65	92	71.72
18	武汉中院	66.3	81.50	60	76	71.54
19	上海高院	41.0	86.75	65	100	71.33
20	湖南高院	45.0	75.25	70	100	70.08
21	安徽高院	61.0	75.00	70	76	70.00
21	广西高院	53.4	75.25	65	92	70.00
23	河北高院	44.2	84.25	70	84	69.32
24	云南高院	58.9	84.25	65	66	69.15
25	黑龙江高院	55.0	84.25	60	76	68.98
26	石家庄中院	47.0	83.25	65	82	68.48
27	甘肃高院	57.9	79.50	60	76	68.42
28	苏州中院	44.5	100.00	65	56	67.55
29	江苏高院	56.0	82.00	60	68	67.00
30	重庆高院	41.0	72.00	65	100	66.90
31	淄博中院	35.5	75.25	65	92	64.63

续表

排名	法院	审务公开	立案庭审公开	裁判文书公开	执行信息公开	总分
32	南宁中院	23.4	92.25	65	84	64.50
33	徐州中院	74.5	44.25	70	74	64.43
34	宁夏高院	16.0	100.00	70	76	64.00
35	天津高院	42.4	84.25	65	60	63.00
36	沈阳中院	77.4	60.50	60	40	61.37
37	唐山中院	33.2	67.25	70	84	60.92
38	包头中院	44.4	63.75	65	76	60.65
39	最高人民法院	44.5	70.25	65	—	59.66
40	西安中院	58.9	57.00	60	60	58.77
41	济南中院	50.4	59.50	65	58	57.57
42	珠海中院	72.9	56.75	65	28	57.50
43	邯郸中院	12.5	81.75	70	74	57.08
44	齐齐哈尔中院	27.8	75.25	70	56	56.12
45	汕头中院	55.4	45.25	60	66	55.40
46	河南高院	47.3	60.50	65	50	55.34
47	无锡中院	50.5	53.75	60	56	54.48
48	呼和浩特中院	48.4	44.75	65	60	52.95
49	吉林高院	46.2	52.75	60	56	52.89
50	本溪中院	55.0	46.25	70	40	52.38
51	新疆高院	53.4	44.75	65	48	52.05
52	青岛中院	20.0	86.75	60	38	51.63
53	郑州中院	44.8	60.50	60	40	51.58
54	银川中院	12.0	67.00	70	60	49.70
55	昆明中院	26.4	80.00	60	28	49.52
56	长沙中院	54.0	47.00	60	30	48.30
57	青海高院	50.0	43.25	70	30	47.98
58	湖北高院	48.5	55.25	70	10	47.13
59	长春中院	17.4	54.25	60	66	46.70
60	南昌中院	35.2	60.00	60	30	46.56
61	大连中院	45.5	40.50	70	30	45.80
62	合肥中院	50.0	42.25	65	18	44.28
63	辽宁高院	37.9	44.75	60	34	43.60
64	福州中院	25.8	50.25	70	28	42.40

续表

排名	法院	审务公开	立案庭审公开	裁判文书公开	执行信息公开	总分
65	大同中院	29.0	36.25	70	40	41.58
66	洛阳中院	40.0	37.25	60	30	41.18
67	山西高院	50.0	20.00	60	40	41.00
68	兰州中院	40.8	34.25	60	28	40.10
69	鞍山中院	62.9	19.75	60	16	40.00
70	西宁中院	40.5	25.25	60	40	39.73
71	太原中院	47.0	41.75	65	0	39.63
72	吉林中院	23.6	35.25	60	38	37.24
73	抚顺中院	48.4	25.25	60	10	36.10
74	乌鲁木齐中院	27.0	42.50	60	10	34.85
75	淮南中院	56.5	12.75	60	10	34.78
76	内蒙古高院	48.4	14.25	60	10	32.80
77	江西高院	44.0	15.75	60	10	31.93
78	贵阳中院	25.0	30.50	60	10	30.65
79	贵州高院	—	—	—	—	—
79	西藏高院	—	—	—	—	—
79	拉萨中院	—	—	—	—	—

31 家高级人民法院平均分为 59.6 分，浙江高院以 84.85 分的成绩夺魁。总分排名前十位的依次是：浙江高院、北京高院、山东高院、四川高院、广东高院、海南高院、陕西高院、福建高院、上海高院、湖南高院。

49 家较大的市的中级人民法院平均得分为 55 分，宁波中院以 89.02 分的成绩居于榜首，排名前十位的依次为：宁波中院、广州中院、杭州中院、成都中院、深圳中院、海口中院、厦门中院、南京中院、哈尔滨中院、武汉中院，其中深圳中院和成都中院并列第 4 位。

三　司法公开向纵深阶段发展

（一）庭审直播常态化

审判公开最核心的是庭审公开，即允许案件相关人士以及社会公众进行旁听。然而，受法庭容纳人数的限制以及实地庭审的交通等方面诸多不便因素影响，实际进入法庭旁听的人数有限，为了消除这些限制和不便因素，并且随着数字法庭的普及，进行网上庭审直播不失为司法公开的一种创新形式。与前几年相比，2014 年庭审直播呈现常态化，81 家法院中近七成的法院有庭审直播，并且近六成的法院做到了及时更新（见图 1）。

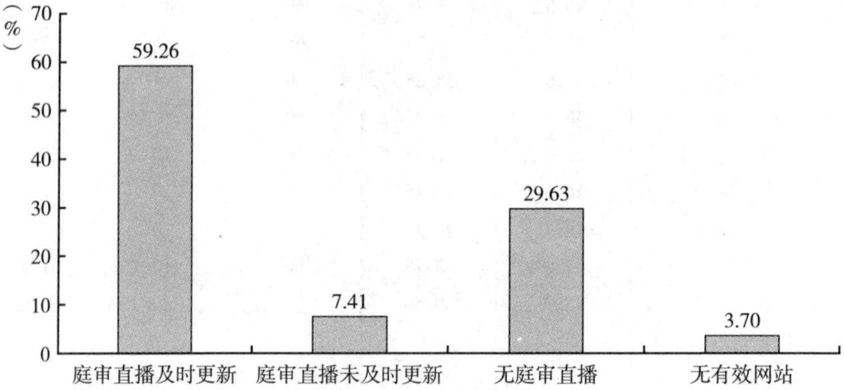

图 1　庭审直播情况

为规范庭审直播，广州中院还于 2014 年 4 月发布了《广州市中级人民法院庭审网络直播实施细则（试行）》，并推出“全日制”庭审网络直播项目，基本实现“天天有直播，件件有直播”的常态化庭审公开。上海高院、广州中院的庭审网络直播形式包括视频直播、图文直播。视频直播和图文直播各有优缺点，视频直播的优点在于直观、真实，给观众强烈的现场感，但是要观看一场完整的视频直播需要耗费时间，图文直播则可以节约时间。为了扩大庭审直播的影响力，一些法院还借助于地方有影响的媒体进行庭审直播，如徐州中院在中国徐州网开设法院频道，无锡中院在太湖明珠网开设法制频道，珠海中院的庭审直播栏目直接链接到珠海新闻网的庭审直播栏目。

（二）重视相关信息整合

早期的司法公开呈现碎片化，所公开的信息相互割裂，像一个个信息孤岛。2014 年评估发现，司法机关开始重视信息整合。首先，实现了全国司法专项信息的整合。最高人民法院通过建设统一平台，对全国司法专项信息进行整合，形成司法大数据。例如，“中国裁判文书网”“中国执行信息公开网”“全国减刑、假释、暂予监外执行信息网”的开通，实现了全国司法专项信息的整合，不仅统一规范了全国司法专项信息的发布，而且方便进行深层次的数据挖掘。其次，部分法院重视站内信息整合。北京高院在进行司法信息公开的同时还公开了相关制度文件，如在裁判文书公开栏目附有裁判文书公开技术处理标准、裁判文书公开信息的查询方法、裁判文书公开的范围；在执行公开栏目，公开了《最高人民法院关于公布失信被执行人名单信息的若干规定》（节选）、执行信息公开范围、查询方法等。宁波中院的开庭公告公开了席位数。为了帮助观众了解完整的案件事实，成都中院在视频网页下方附有该案件的裁判文书链接。福建高院在减刑、假释公示栏目公开了减刑、假释案件的裁前公示，提供高级检索功能，并附有减刑、假释说明。对相关信息整合之后进行司法公开，不仅能让公众知其然，更知其所以然，以便更好地进行监督。

（三）减刑、假释案件神秘不再

随着三大平台建设的推进，司法公开不再满足于细枝末节或者表面化的公开，一些关键领域的司法权行使开始进入公众视线，接受社会监督。一直以来，减刑、假释环节不透明备受社会诟病，有些部门不严格遵守法律规定，滥用建议权或裁定权，导致犯罪分子在刑罚执行环节减轻或逃避制裁。为了回应社会关切，最大限度减少减刑、假释环节的腐败发生，最高人民法院 2014 年 6 月 1 日起施行《最高人民法院关于办理减刑、假释案件具体应用法律若干问题的规定》。根据该规定第 3 条、第 9 条和第 19 条，减刑、假释案件应向社会公示，包括裁前公示、开庭公告、裁后公示、裁定文书上网等。为落实该规定，地方法院纷纷在网站上开设减刑、假释栏目，对受理的减刑、假释案件进行公示。最高人民法院开通了“全国减刑、假释和暂予监外执行信息网”，在全国范围内对减刑、假释、暂予监外执行等案件进行集中公开。有些高级法院在本院网站开设减刑、假释专栏或网页，在省内实现了减刑、假释案件的集中公开。例如：广东高院减刑、假释案件公示栏设有“裁前公示”和“裁判结果公示”；浙江法院公开网的减刑、假释栏目，分设“立案公示”“开庭公告”“庭审直播”和“裁判文书”，对社会关注度高的案件的减刑进行了庭审直播；江苏高院建有减刑、假释公示公告网页；海南高院在天涯法律网设立了海南法院减刑、假释信息平台，设立法律法规、减刑假释公告、减刑假释公示、办理流程、案件信息查询、裁判文书等栏目。还有些法院对减刑、假释裁定书进行了集中公示，如宁夏法院在网站上明确公开减刑、假释裁定书，成都中院在裁判文书网页中专门开设减刑、假释、暂予监外执行的文书公开栏目。

评估数据显示，在除最高人民法院之外的80家测评对象中，80%的法院对受理的减刑、假释案件进行裁前公示，至少58%的法院公开了减刑、假释案件的裁判结果，并将裁定书上网公示（中国裁判文书网所公开的裁判文书包括减刑、假释裁定书，因此很难准确计算出公开减刑、假释裁定书的法院数量）。

（四）旁听可预约

旁听是体现庭审公开的最直接的形式，实践中，一些社会关注度高的案件旁听会有难度，有些是因为法庭席位有限等客观原因，也有主观因素的阻挠。例如，对于重大敏感案件，法院不愿意接受普通公众旁听。为了维护和保障公民的案件庭审旁听权，有些法院创新网上预约旁听制度。例如：广东高院在网站上提供了旁听申请和旁听申请结果查询，并公开了旁听指南；武汉中院和南京中院开设庭审旁听预约平台，并提供往期预约结果查询；济南中院提供电话、网络、现场三种旁听预约方式。

（五）人员、财务透明度大幅提升

与2013年相比，2014年公布领导工作学习简历的法院由14家上升为

18家，公开部分法院领导信息的法院由35家上升为42家。2014年，公开审判人员信息的法院从2013年的10家上升至36家。值得一提的是，河南高院在网站上单设审务公开栏目，公开了审判业务庭室人员名单、办公室、联系方式；郑州中院在网站公告栏目公开了各法庭的人员（包括书记员）姓名、职务、办公地点、办公电话；珠海中院公开了法院领导的分管工作；成都中院将人员信息分为审判人员信息和审判辅助人员信息予以全面公开；甘肃高院公开了内设部门正职和副职负责人的姓名、工作电话和分工。与审判人员信息公开相比，书记员的信息公开不理想，原因在于书记员属于外聘人员，流动性大，司法机关应该重视司法辅助人员队伍建设，增强司法保障体系。

法院作为公共财政供养部门，其预算信息、三公经费信息均应公开透明。从2013年开始，中国司法透明度指数评估连续两年考察了本年度预算信息、上一年度决算信息和三公经费信息的公开情况。评估结果显示，2014年与2013年相比，在81家评估对象中，公开本年度预算信息的法院所占的比例由38.27%上升为69.13%，公开三公经费信息的法院比例由30.81%上升为79.02%，50.62%的法院不仅公开了本年度三公经费预算，还公开了上年度三公经费支出信息。2014年，61.72%的被测评法院公开了上年度决算信息。司法财务信息公开的不足之处在于，除了少数法院（如福建高院、武汉中院、厦门中院等）在网站上专门开设司法政务公开或财务公开目录栏目外，多数法院是通过新闻或公告公开预决算信息，给公众查询带来一定的困难。

（六）案件进度开始接受公众监督

案件进度查询系统通常是向案件当事人或其代理人开放。2014年，一些法院借助审判流程平台建设，开始向公众开放案件查询系统。例如，广东高院、汕头中院对公众开放了审判、执行案件流程信息，广州中院公开了在办执行案件信息，公众可以看到案件的进度，如是否已结案等信息，从而实现社会监督。

（七）司法信息公开申请制度粗具雏形

完整的信息公开制度包括主动公开和依申请公开两部分。与政府信息公开相比，中国的司法公开制度还主要限于主动公开，虽然实践中公众也会向司法机关提出信息公开申请，但是由于缺乏明确的制度规定，司法机关的回应五花八门，随意性强。为便于公民、法人或者其他组织了解司法信息，广州中院率先尝试制定司法信息申请制度。2014 年 3 月 13 日，广州中院施行《关于办理司法信息公开申请的实施办法（试行）》，设计了“依申请公开”制度，即当事人和社会公众对应当公开而没有公开的司法信息，可以通过立案窗口递交书面申请向广州中院提出司法信息公开申请，并在网站上提供“司法信息公开申请表”下载服务。但存在的问题是，作为自然人的申请人，须提交有效身份证件原件与复印件以供核对和存档，这会在一定程度上限制司法公开申请。另外，广州中院还进一步细化收费制度，对于少量的、公益性的司法信息公开申请，可以免收检索费、复制费；对于商业用途的信息公开申请，可以适当提高检索费、复印费等成本收费标准。

四　司法透明的困境与突围

任何一项改革发展到一定阶段，都会进入深水区，遭遇理念和制度的双重瓶颈，司法公开也不例外。发展到纵深阶段的司法公开陷入了选择困境。例如，是选择内部公开还是外部公开，集中公开还是分散公开，网站定位于公开还是宣传，是免费公开还是坐地收费，如何划清公开与例外的界限，只有破除这些选择困境，才能实现司法公开的理念和制度突围。

（一）内部公开与外部公开

司法公开的对象是当事人和社会公众，因此关乎当事人权益和公共利益的司法信息均应该进行外部公开。严格来说，法院作为公共部门，纯粹的内部事务是很少的，一些看似关乎法院内部流程的规定，也应该向社会公布，因为公众只有了解该信息，才能监督法院的内部流程是否规范到位。调研发现，最高人民法院出台的一些司法公开文件并未在其官方网站上公开，仅限于法院系统内部传达。最高人民法院继2013年先后推出《关于推进司法公开三大平台建设的若干意见》、《关于人民法院在互联网公布裁判文书的规定》（以下简称《裁判文书上网规定》）、《关于人民法院执行流程公开的若干意见》之后，2014年又陆续推出《最高人民法院裁判文书上网公布暂行办法》（2014年2月17日）、《最高人民法院关于减刑、假释审理程序的规定》（2014年4月23日）、《最高人民法院审判流程公开暂行办法》（2014年8月1日）、《最高人民法院关于人民法院执行流程公开的若干意见》（2014年9月3日）等事关司法公开的重大规范性文件。然而，除了《最高人民法院关于减刑、假释审理程序的规定》向社会公开之外，其余文件皆以规范司法机关内部操作为由未对社会公开。这些文件虽然是指导司法机关的操作规范，然而司法公开文件不应当是简单的内部规范性文件，司法公开本身就关涉当事人和公众的知情权，如果文件不公开，司法公开具体落实得如何，有没有完全按照规定动作执行，外界无从监督。相比之下，广州中院做得较好，其在网站上单设规章制度栏目，将本年度颁布的规范性文件予以全文公示，如《广州市中级人民法院关于全面提升司法公开水平的工作方案》等。

（二）集中平台与分散平台

中国司法公开平台建设经历了一个由分散向集中的过程。早期，地方法院通常依托中国法院网通过开设地方频道的形式建设法院网站。后来，随着司法信息公开力度的加强，有的法院对网站进行改版，也有的另起炉灶，重新开通新的政务网站。随着网络时代的来临，最高人民法院还提出实现“一院一网”的建设目标。显然，早期的司法公开平台采取的是分散模式。然而，与政府信息相比，司法信息同质化程度很高，为了实现全国范围内的信息整合，最高人民法院开始建设全国统一的司法专项信息公开平台（见表3），同时，一些省市的高院和中院也在管辖范围内建设统一的地方司法公开专项信息平台。至此，中国司法公开平台建设存在三种模式，即集中、局部集中和分散。三种模式并存导致信息重复上传、平台建设维护成本高、公众无所适从等弊端。以裁判文书为例，有的法院需将一份裁判文书同时上传至本院网站、省级统一平台和中国裁判文书网，并且由于中国裁判文书网在上传格式上的限制，通常情况下，传至省级平台的裁判文书数量要远远高于传至中国裁判文书网上的文书数量。

表3　全国司法公开专项平台一览

平台名称	网址	主办单位
人民法院诉讼资产网	http://www.rmfysszc.gov.cn/	最高人民法院
人民法院知识产权审判网	http://www.court.gov.cn/zscq/	最高人民法院
中国知识产权裁判文书网	http://ipr.court.gov.cn/	最高人民法院
中国裁判文书网	http://www.court.gov.cn/zgcpwsw/	最高人民法院
中国审判流程信息公开网	http://www.court.gov.cn/zgsplcxxgkw/	最高人民法院
全国法院被执行人信息查询	http://zhixing.court.gov.cn/search/	最高人民法院
中国执行信息公开网	http://shixin.court.gov.cn/	最高人民法院
全国人民法院减刑、假释、暂予监外执行信息网	http://111.205.123.166/	最高人民法院
公告网	http://rmfygg.court.gov.cn/	人民法院报社
中国法院庭审直播网	http://ts.chinacourt.org/	人民法院报社
中国法院视频网	http://tv.chinacourt.org/	人民法院报社

中国司法透明度要进一步提升，必须解决好司法公开平台建设是遵循集中建设还是分散建设模式的问题。首先，要根据司法信息的类别区分集中公开还是分散公开。有些信息，如减刑假释、裁判文书、执行信息，适合采取全国集中公开模式；还有的信息，如庭审直播，占用存储空间大，上传及传输速度受限，不易采取全国集中公开模式，可以采取局部集中公开或分散公开模式。其次，对于实行全国集中公开的司法信息，则不必重

复上传至本院网站或局部集中公开平台，只需要在本院网站上添加相应的链接就可以了，但前提是全国司法公开专项信息平台本身设计要科学。另外，随着大量的司法信息上传至全国专项司法公开平台，真正需要在本院网站上公开的信息量会大大减少，因此也没有必要耗费大量的人力资源和财力成本建设与维护基层法院的网站，省级高院拥有一个三级法院共享的平台就可以了。因此，从长远来看，司法信息的集约化公开模式是中国司法公开迈向成熟阶段的必然选择。

（三）宣传本位与公开本位

法院网站建设的优劣与网站的定位密切相关。早期依托中国法院网建立起来的法院网站，以宣传为本位，网站内容多是领导行踪、新闻报道、优秀法官、书画展示等，信息公开只是副产品。随着司法公开的提出和推进，民众对司法信息的需求日益旺盛，一些法院开始重新定位网站的功能，对原来的网站进行改版，司法公开的功能得到强化。然而，从2013年最高人民法院提出三大平台建设开始，特别是2014年11月中国审判流程信息公开网的开通，不少地方法院开通司法公开平台，将原来的法院网站定位为政务网站，有的法院甚至把原来的法院网站直接更名为新闻网站。

专门构建司法公开平台，对于现阶段推进司法公开是有意义的。现在的司法公开平台一改从前法院网站凌乱的界面，新闻报道让位于公开板块，公开的内容更丰富、方式更便捷，法院网站可以借此完成从宣传本位到公开本位的华丽转身。但是，从长远来看，完全没有必要区分政务网站和司法公开网站，法院信息除了司法信息之外，属于司法行政信息的数量有限，况且多数司法行政信息也应该纳入司法公开的范畴。另外，法院也没有必要单独建设新闻网站，司法新闻完全可以作为一个板块放入司法公开网站。因此，未来的司法公开，一个法院动辄拥有两三个网站（政务网站、司法公开平台、人民法院网地方频道）的时代必然会过去，法院网站应以公开为本位，公开是最好的宣传。

（四）免费公开与坐地收费

免费与创收之间的矛盾是中国司法公开遭遇的深层次问题。首先，创收直接阻碍了信息公开。以最高人民法院的法院公报为例，法院公报主要记录和反映法院一个时期的动态，如重要会议、重大活动、人事任免以及制度文件等。公报公开是信息公开制度发展的初期阶段，中国的政府公报、人大常委会公报均实现了网上全文公开，然而，最高人民法院的法院公报却一直未能上网免费公开，而是对外有偿销售。其次，创收限制了司法信息的公开范围。为了扩大庭审直播的影响面，最高人民法院下属的人民法院网开通中国法院庭审直播网，最高人民法院还将其链接放在政务网站和中国审判流程信息公开网的首页。然而，项目组在调研中了解到，这个最高人民法院承认的官方网站却向地方法院收费进行庭审直播，一些地方法院因费用限制而放弃在这个全国性平台上直播庭审。再次，网络技术的发展带来的低成本让收费丧失合法性基础。根据最高人民法院的文件，法院公告必须在《人民法院报》统一刊登。《人民法院报》在社会上究竟有多大的影响力暂且不论，《人民法院报》基于成本的考虑，向有特殊需求的当事人收取公告费用也可以理解，但是，随着网络时代的到来和公告网的开通，最高人民法院不应该继续将《人民法院报》作为法院公告的唯一官方载体，而应该允许当事人选择单独在公告网上刊登公告，而单独在公告网上发布公告显然不应该再按照字数、版面收费了。

（五）公开原则与保密例外

裁判文书上网是司法公开的重要方面，以公开倒逼法官审慎行使裁判权，认真撰写裁判文书，提升裁判文书说理性，同时也有助于法制宣传、法学研究、案例指导、统一裁判标准等。2014 年 1 月 1 日开始施行的《裁判文书上网规定》，与 2010 年的规定相比，改进很大，如将裁判文书从生效到公开的期限由 30 日缩短为 7 日，体现了司法公开的及时性原则；将裁判文书由“可以”上网改为“应当”上网，并规定了“不上网审批制”。不可否认，在最高人民法院的推动下，各地裁判文书上网的数量激增，然而与不上网的数量相比，还是无法体现司法信息“以公开为原则、以不公开为例外”的精神。细究起来，制度本身不适当的规定会成为裁判文书透明度进一步提升的障碍。

1. 不宜一概将调解方式结案作为裁判文书公开的例外

《裁判文书上网规定》第 4 条规定了裁判文书公开的例外情形，包括涉及国家秘密、个人隐私的，涉及未成年人违法犯罪的，以调解方式结案的，其他不宜在互联网公布的。该规定将国家秘密、个人隐私和未成年人违法犯罪案件作为公开的例外，体现了尊重国家秘密和人权的原则，但是不宜将“调解结案”的案件完全排除在公开范围之外。双方当事人在法院的主持下自愿达成调解协议，其实质是双方意志的表达，而非法院适用法律作出的裁判，法院不应该强制予以上网公开。但是司法调解毕竟动用了司法资源，调解结案的案件还是应该保持一定的公开度，特别是对于那些“被调解”案件，公开会起到监督作用。实践中，有时法院为了提高调解率，会动员或者诱使当事人接受调解，如果一概将调解结案的裁判文书排除在公开范围之外，则起不到监督作用。因此，对于调解结案的案件，应将是否公开的决定权留给当事人，原则上，法院可以不予上网公开，但是双方当事人同意公开的除外。另外，有些刑事附带民事诉讼调解书的公开对于公众了解该刑事案件也是有意义的，实践中也确实进行了公开。

2. 例外事项不宜设计兜底条款

《裁判文书上网规定》第 4 条在规定裁判文书的例外情形时表述为“其他不宜在互联网公布的”。兜底条款的存在给司法机关留下了自由裁量权空间，尽管按照文件规定不宜公开的裁判文书要经过审批，但是司法机关作为裁判主体，会避重就轻，将不愿公开的裁判文书以不宜公开为借口回避上网。为最大限度地推进裁判文书公开，除涉及国家秘密、个人隐私和青少年违法犯罪案件属于法定不公开之外，裁判文书均应该上网公开，取消司法机关“不宜公开”的自由裁量权。

3. 不宜将生效作为裁判文书上网的前提

尽管《裁判文书上网规定》将裁判文书从生效到上网的最长期限缩短至7日，但由于裁判文书生效涉及送达当事人的日期，实践中，具体何时送达的只有司法机关才掌握，外界很难知晓，因此对于法院是否按时公开了裁判文书无从监督。

裁判文书作为公文，司法机关作出之后即应具有公定力和公信力，对当事人送达于否仅会对其权利义务具有影响，非经法定程序，不得更改或撤销。因此，裁判文书的公开时限不应该从生效之日起算，而应该从裁判文书作出之日起计算。也有人担心，裁判文书在二审中一旦被变更或撤销，提前公开会对当事人造成不利影响，也起不到对社会的引导作用。但是由于再审制度的存在，即使生效的裁判文书也存在被撤销或改变的可能性，显然担心案件有变的理由不成立。司法机关通过对有变化的裁判文书及时进行标识，完全可以消除不利影响，还可以与变更后的裁判文书一起接受社会监督。

4. 裁判文书实名公开不宜“一刀切”

裁判文书包含当事人信息，涉及个人隐私或商业秘密，因此裁判文书公开一方面要保障公众的知情权，另一方面也要注重保护个人信息和商业秘密。为了平衡信息公开与个人信息保护，《裁判文书上网规定》要求法院在公开裁判文书时对当事人的身份证号、详细家庭住址等个人信息进行处理，但不得隐去当事人的姓名。这种对裁判文书实名公开“一刀切”的做法在现阶段需要慎重。目前，民众对打官司仍抱有偏见，民众也不习惯自己的名字出现在网络上，为了减少当事人对裁判文书上网的抵触情绪，不应该一概实名公开，应该区分案件类型，如涉及人身权益、婚姻家庭的民事案件中，自然人的姓名等可予以隐名处理。

五　结语

司法公开发展到纵深阶段，要推动法院进行实质性公开，可以在解决深层次矛盾的基础上，再做一些创新和突破。司法公开的核心是审判公开，包括庭审公开和裁判文书公开。可选择社会关注度高、重大典型的案件，尝试推动庭审笔录公开，增加文书公开类型，如起诉书、答辩状、代理词等，未来还可以逐步将不予上网的裁判文书的数据（数量、案件号、案由）纳入公开范围。

B.13

中国海事司法透明度指数报告（2014）

——以海事法院网站信息公开为视角

中国社会科学院法学研究所法治指数创新工程项目组*

摘　要：2014年，在进一步完善中国海事司法透明度测评指标体系的基础上，中国社会科学院法学研究所法治指数创新工程项目组对全国10家海事法院的司法公开情况进行了第二次测评，用量化数据直观反映海事法院通过网站进行审务公开、立案庭审公开、文书公开和执行公开的状况，总结和分析了海事法院司法公开的亮点与不足，提出了完善海事司法公开制度的对策建议。

关键词：海事法院　海事司法透明度　法院网站　司法公开

海事审判是中国法院最早利用互联网等现代信息技术推行司法公开的领域。截至2014年12月31日，全国10家海事法院均已开通网站和官方微博，网络成为展示中国海事法治文明的重要平台。

2014年2月24日，中国社会科学院法学研究所发布了《中国海事司法

* 项目组负责人：田禾，中国社会科学院法学研究所研究员。项目组成员：吕艳滨、王小梅、栗燕杰、张文广、任娇。执笔人：张文广，中国社会科学院国际法研究所副研究员。本报告在指标设计、调研和报告写作中，得到了许多学者、法官、律师的支持和帮助，在此一并致谢。

透明度指数报告（2013）》，首次提出了海事司法透明度指数的概念及其测评体系，引起了航运界、理论界和海事司法界的广泛关注。

为了进一步提高中国海事司法透明度，2014 年，中国社会科学院法学研究所法治指数创新工程项目组（以下简称“项目组”）继续以中国海事法院网站的司法公开为视角，对中国海事司法透明度进行了第二次调研和测评。

一 概述

海事审判是人民法院审判工作的重要组成部分，具有专业性、技术性、国际性强的特点。全国 10 个海事法院依照《民事诉讼法》《海事诉讼特别程序法》以及《最高人民法院关于海事法院受理案件范围的若干规定》等有关司法解释的规定，实行跨行政区划管辖，受理海事侵权纠纷案件、海商合同纠纷案件、其他海事纠纷案件和海事执行案件等 4 类 63 种案件，不受理刑事案件①。

海事法院—所在地的高级人民法院—最高人民法院，“三级法院二审终审制”的海事审判机构体系的形成，使中国成为世界上海事审判机构最多、最齐全，海事案件收案最多的国家，成为当之无愧的亚太地区海事司法中心。随着中国海事审判国际公信力的日益提高，中国海事审判案例陆续被多家有国际影响的刊物刊载或者援用，成为国际航运界、国际海事司法界关注和研究亚太地区海事司法动态的重要参考依据②。

2014 年是中国设立海事法院 30 周年。最高人民法院宣布，中国海事审判初步确立亚太海事司法中心地位。9 月 2 日，最高人民法院对外发布了《中国海事审判白皮书（1984－2014）》，公布了海事审判十大典型案例。站在新的历史起点上，海事司法公开应进一步向纵深推进。

---

① 最高人民法院：《中国海事审判白皮书》，2014 年 9 月。

② 李阳：《30 年，海事审判的中国运笔》，《人民法院报》2014 年 9 月 6 日。

第一，多个国家战略的实施需要海事司法公开。

党的十八大提出，要“提高海洋资源开发能力，发展海洋经济，保护海洋生态环境，坚决维护国家海洋权益，建设海洋强国”。

2013 年，国家提出丝绸之路经济带和 21 世纪海上丝绸之路（以下简称“一带一路”）的战略构想，2014 年中央经济工作会议将“一带一路”确定为 2015 年重点实施的三大战略之一。“一带一路”是党中央实施新一轮对外开放、建设海洋强国的重要举措，是新时期的国家重大战略布局。

2014 年 10 月，中共十八届四中全会公布了《中共中央关于全面推进依法治国若干重大问题的决定》。决定明确提出要“加强涉外法律工作”，“运用法律手段维护我国主权、安全、发展利益。强化涉外法律服务，维护我国公民、法人在海外及外国公民、法人在我国的正当权益，依法维护海外侨胞权益”。这给涉外海事审判工作提出了全新的要求和挑战①。

此外，上海及多个沿海城市提出了建设国际航运中心的目标；自由贸易试验区进入逐步推广的阶段；最高人民法院也提出，要进一步巩固中国亚太海事司法中心的地位。

上述目标的实现，需要海事审判提供司法保障。海事司法公开，事关开放型经济新体制的建设和海洋强国战略的实施，事关中国法治文明形象和国际地位，必须从战略高度上予以重视②。

目前的国际竞争中，“软实力”的作用日益凸显。海事法治建设及其在国际航运中的话语权，在未来全球国际航运竞争中越来越具有关键性作用。中国是海运需求第一大国，世界海运需求增量的 2/3 源于中国③。目前，中国已是国际上公认的贸易大国、航运大国、港口大国和造船大国。随着国际航运中心东移，各种航运要素也将进一步向中国汇聚。

① 罗书臻：《潮平两岸阔　风正一帆悬——近五年来全国涉外商事及海事审判工作综述》，2014 年 11 月 17 日。

② 罗书臻：《潮平两岸阔　风正一帆悬——近五年来全国涉外商事及海事审判工作综述》，2014 年 11 月 17 日。

③ 李国光：《扬帆远航正当时——纪念中国海事法院成立三十周年》，《中国海商法研究》2014 年第 3 期。

然而，硬实力的增长并没有带来“软实力”的增强，中国在国际海运规则制定中的话语权仍与我国的实力不相匹配。目前，中国海事法院每年受理的海事案件比其他国家受理同类案件的总和还多。推进海事司法公开，有助于增强中国海事审判的国际影响力，有利于增强中国在制定国际海运规则中的话语权和引领力，有利于巩固中国亚太地区海事司法中心的地位。

第二，海事司法公开是海事审判系统的庄严承诺。

海事审判是中国法院最早利用互联网等现代信息技术推行司法公开的领域①。广州海事法院于2000年10月开始上网公布生效裁判文书并在文书中公开法官的不同意见②。2002年1月1日，中国涉外商事海事审判网正式开通，成为公开全国生效海事裁判文书和海事司法动态的专门网站。

2006年8月，上海高院制定了全市法院关于涉外商事、海事生效法律文书上网规范，明确生效涉外商事、海事案件的判决书、裁定书及调解书，还应在中国涉外商事海事审判网上发布③。

2006年，最高人民法院在《最高人民法院关于海事审判工作发展的若干意见》中明确提出，海事海商案件的立案、开庭、裁判结果依法应当公开的，均要公开。所有生效的涉外海事海商判决书要在中国涉外商事海事审判网以及各法院的门户网站上公布，并在三年内实现全部生效裁判文书对外公布④。

2013年7月1日，“中国裁判文书网”正式开通。2014年1月1日，《最高人民法院关于人民法院在互联网公布裁判文书的规定》正式生效。裁判文书上网公开成为硬性要求。

第三，推进海事司法公开，有利于加强公众对海事审判的了解和信心；

---

① 李阳：《30年，海事审判的中国运笔》，《人民法院报》2014年9月6日。

② 广州海事法院课题组：《关于海事审判实施精品战略情况的调研报告》，《人民司法·应用》2010年第9期。

③ 高万泉：《上海法院公开裁判文书》，《华东新闻》2006年12月11日。

④ 最高人民法院：《最高人民法院关于海事审判工作发展的若干意见》（法发〔2006〕27号）。

有利于规范和统一裁判尺度，提升海事审判的公信力；有利于扩大海事审判的国际影响力，提升中国海事“软实力”。

中国是世界上设立海事审判机构最多最完善的国家。中国的海事审判不仅有单独的实体法——《海商法》，还制定了专门的程序法——《海事诉讼特别程序法》，形成了系统独立的海事审判专门法律制度，成为国内立法和国际立法的首创和独创①。

针对海事案件数量较少、收案范围比较集中、法官队伍专业化程度高等特点，最高人民法院在第三次全国涉外商事海事审判工作会议上提出了实施精品战略的总体要求②；在“发挥海事司法职能、服务保障国家海洋战略暨中国海事审判三十周年座谈会”上要求，要大力实施海事审判精品战略，公正裁判涉外海事案件，努力实现海事审判现代化，树立中国司法的良好形象，向全世界展示中国现代司法文明③。

公开，是自信的表现。公开，也有助于国外当事人了解中国的海事审判制度，增加他们对中国司法制度的信心，吸引他们选择来中国进行诉讼和仲裁。海事法院通过互联网公布裁判文书起步较早，效果较好。数据显示，自中国加入世界贸易组织 15 年来，至少有 2000 余件纠纷的外籍当事人自愿选择到中国海事法院申请扣船、起诉④。中国的海事审判已经引起国际组织和各国法律界、航运界、贸易界的关注，真正成为中国司法的对外窗口⑤。

公开倒逼改革，有利于中国海事审判质量和效率的不断提高。中国的海事司法透明度越高，公信力越强，当事人就越有可能约定由中国的法院来管辖。当事人来中国法院进行诉讼的数量越多，中国的亚太地区海事司法中心

---

① 最高人民法院：《中国海事审判白皮书》，2014 年 9 月。

② 孙晓光：《推进涉外商事海事审判精品战略的实施　服务经济社会发展大局——访最高人民法院民四庭庭长刘贵祥》，《人民司法·应用》2010 年第 9 期。

③ 罗书臻：《潮平两岸阔　风正一帆悬——近五年来全国涉外商事及海事审判工作综述》，2014 年 11 月 17 日。

④ 欧阳开宇：《最高法：公正裁判涉外海事案件　增强国际公信力》，中国新闻网，http：//www.chinanews.com/fz/2014/09－02/6555969.shtml，最后访问时间：2014 年 12 月 29 日。

⑤ 王淑梅：《碧水蓝天间的公正——中国海事审判二十年》，http：//www.chinacourt.org/article/detail/2003/04/id/48272.shtml。最后访问时间：2014 年 12 月 9 日。

地位就越牢固，乃至成为国际海事司法中心。

第四，海事司法公开可为专门法院和跨行政区划法院的司法公开提供经验。

党的十八届四中全会提出，探索设立跨行政区划的人民法院和人民检察院，办理跨地区案件。2014年12月2日，中央全面深化改革领导小组第七次会议审议通过了《设立跨行政区划人民法院、人民检察院试点方案》。2014年12月28日，上海市第三中级人民法院的揭牌，标志着中国首家专门审理跨行政区划案件的新型人民法院正式成立，这是在推进司法改革中迈出的历史性的一步①！

未来法院管辖划分的趋势是以案件类型来划分，与行政区划的分离是改革的趋势。作为成立较早的专门法院和跨行政区划法院，海事法院的司法公开，可为全国法院司法体制改革提供可复制、可借鉴的有益经验。

第五，海事司法公开可以为研究提供有价值的素材，提升中国海商法的研究水平，助力中国引领国际海事规则的制定。

2012年以来，全国受理一审海事案件年均两万多件，远超英美等西方传统航运大国，中国已经成为世界上受理海事案件数量最多的国家。很多问题在西方找不到答案，但在中国却可以找到现成的案例。海事案例的公开，可以为学术研究提供很好的素材，有助于提升中国海商法研究的水平，有利于中国海事法律制度的完善，有助于中国引领国际海事规则的制定。

二　测评方法及指标

本次测评，是项目组对中国10家海事法院司法透明度的第二次测评。项目组秉承以下原则：第一，在突出海事法院特色的前提下，尽量与中国司法透明度指标体系保持一致，没有理由或理由不充分的，指标不变；第二，2014年度重点测评海事法院门户网站建设状况及海事法院在全国性司法公开平台上的更新状况；第三，各板块权重与上一年度保持不变，但指标有所调整。

① 本报评论员：《跨行政区划法院，跨出历史性的一步》，《人民法院报》2014年12月29日。

本次测评的具体板块及权重是：审务公开 10%，立案庭审公开 25%，裁判文书公开 40%，执行信息公开 25%（评估指标见表 1）。每一板块满分 100 分。

自 2014 年 11 月 1 日至 12 月 31 日，项目组对全国 10 家海事法院门户网站、10 家海事法院在中国涉外商事海事审判网、省级及全国性司法公开平台的更新状况进行了测评。为慎重起见，凡是调查人员无法找到信息内容、无法打开网页的，均由其他调查人员利用互联网上的多个主要搜索引擎进行查找，采取更换计算机及上网方式、变更上网时间等进行多次验证。

表 1　中国海事司法透明度指数测评指标体系

一级指标及权重	二级指标及权重
审务公开(10%)	法院网站建设情况(15%) 网站友好性(5%) 全网的搜索引擎(10%) 人员状况(25%) 法院财务信息(25%) 法院统计数据(20%)
立案庭审公开(25%)	诉讼指南(50%) 开庭公告(20%) 庭审文字录播(10%) 庭审录像录音(10%) 庭审笔录(5%) 案件查询系统(5%)
裁判文书公开(40%)	中国裁判文书网链接(20%) 裁判文书网上更新性(30%) 裁判文书内容完整性(20%) 裁判文书内容处理规范性(20%) 裁判文书不上网公开情况公示(10%)
执行信息公开(25%)	执行栏目设置情况(10%) 执行常识(10%) 拍卖公告(20%) 执行曝光(40%) 执行线索电话或邮箱配置(10%) 被执行人信息查询渠道(10%)

三　总体评估结果

测评发现，2014 年度，中国海事法院司法透明度总体状况稳中有升，亮点纷呈。

第一，海事法院司法公开的意识进一步提升，司法公开的方式更加多元化。2014 年，天津海事法院门户网站开通，青岛海事法院门户网站重新启用，大连海事法院开始在网上公开信息。广州、宁波、北海等多家海事法院对网站进行了改版，服务性功能进一步凸显。截至 2014 年 12 月 31 日，全国 10 家海事法院的门户网站和官方微博全部开通，且处于有效运行的状态。

第二，海事法院司法公开特色鲜明，由形式公开向实质公开的趋势日益明显。北海海事法院推出了在线诉讼，并将庭审笔录上网。北海海事法院对涉及海事纠纷的 70 个案由进行了简要解释，多数案由还附有一个或多个典型案例，供当事人权衡诉讼风险。广州海事法院继续坚持在裁判文书中公布不同意见。武汉海事法院网站裁判文书栏目开通了“文书评论”。上海在上海市高级人民法院司法公开平台上将“海事案件文书”单列，统一公开一审、二审海事案件文书，降低了公众获取裁判文书的难度。多家海事法院对辖区内重要的海事案件采取了视频直播、微博直播等多种公开方式，满足了公众的需求。

第三，海事法院司法公开进步明显，裁判文书的上网情况较为令人满意。与 2013 年相比，2014 年度海事法院网站建设水平大幅提升。北海、宁波、广州海事法院网上公开的力度进一步加大。青岛、天津海事法院进步明显。全国 10 家海事法院中，在总体情况测评中，2 家海事法院在 80 分以上，2 家海事法院在 70 – 79 分，3 家海事法院得分在 60 – 69 分，2 家海事法院得分在 50 – 59 分，1 家海事法院得分在 40 – 49 分（见表 2）。调研发现，全国 10 家海事法院均在中国裁判文书网上更新裁判文书，文书的制作较为规范，内容较为完整，对信息的处理也较为规范。裁判文书公开状况进步明显是 2014 年度海事法院司法透明度测评总体得分大幅提高的主要原因。

表 2 海事法院司法透明度总体测评结果（满分：100 分）

单位：分

海事法院	得分	海事法院	得分
广州	74.6	武汉	42.2
大连	54.5	厦门	65.0
上海	73.9	宁波	83.5
青岛	62.0	海口	50.9
天津	65.7	北海	82.5

但是，测评发现，海事法院司法公开中也存在以下不足。

第一，多平台运行的情况仍然存在，增加了公开的成本和信息查找的难度。

以裁判文书公开为例，目前公开的平台有：海事法院的门户网站、海事法院所在省司法公开平台、中国裁判文书网和中国涉外商事海事审判网。对于裁判文书公开，10 家海事法院的做法不一。有的海事法院在其门户网站上说明了裁判文书的查询方法和反馈渠道，仅在中国裁判文书网上更新信息。有的海事法院同时在其门户网站和中国裁判文书网上更新信息。有的海事法院在其门户网站、中国裁判文书网和中国涉外商事海事审判网等多个平台上更新信息。然而，测评发现，选择同时在多个平台上更新裁判文书的海事法院，尚无一家能做到更新的内容相同、时间一致。

10 家海事法院在中国涉外商事海事审判网的更新状况也不甚理想。除广州海事法院坚持更新外，有 4 家海事法院停止在中国涉外商事海事审判网上更新裁判文书，另外 5 家海事法院 2014 年全年仅更新了几个案例。作为中国涉外商事海事生效文书公布指定的网站，中国涉外商事海事审判网下一步该如何发展，是一个值得研究的问题。

第二，公开的主动性尚显不足，互动性有待加强。

一些重要的新闻，仅在传统媒体和新媒体平台上报道，在海事法院门户网站上反而没有反映。例如，根据媒体报道，2014 年度，武汉海事法院和山东省高级人民法院均发布了海事审判白皮书并公布了典型案例，但截至

2014 年 12 月 31 日，上述信息在其各自的门户网站上都无法找到。“康菲”案引起了公众的普遍关注和媒体的广泛报道，天津海事法院也对庭审状况进行了微博直播，但庭审实录直到测评结束也没有在其门户网站上找到。此外，项目组还曾对多个实名认证的海事法院微博进行了询问，但绝大多数情况下都没有得到回复。

直到测评末期，大连海事法院网站上才集中更新了一些内容。其门户网站上的院长信箱形同虚设。课题组成员曾给网站上的“院长邮箱”致信，询问司法公开事宜，但一直没有得到回复。

上海海事法院留言板存在删帖行为。2014 年 9 月 2 日，最高人民法院发布了《中国海事审判白皮书》，并公布了十大典型海事案例。中威轮船公司、陈震、陈春与商船三井株式会社定期租船合同及侵权损害赔偿纠纷案（以下简称“中威”案）被列为十大典型海事案例之首。“中威”案本是一个普通的涉外海事案件，但由于裁判文书没有公开，引起了一些质疑。尽管有学者撰文对此案进行解读，上海海事法院也在其网站上刊登了说明，但仍无法完全消除各界的困惑。项目组成员曾在留言板留言，询问“中威”案裁判文书公开事宜。令人遗憾的是，上海海事法院先是很长时间不予回复，后来干脆将帖子删除。截至 2014 年 12 月 31 日，该案的裁判文书并未在网上公开。此外，上海海事法院曾承诺将其发布的海事审判白皮书全文上网，但截至测评结束，海事审判白皮书的全文仍无法在其网站上找到。

第三，网站栏目设置有待规范，检索功能亟须加强。

目前，10 家海事法院的栏目繁简不一、差别较大。有的海事法院依托省级人民法院网建立，本身的栏目设置非常简单，大量的信息要到省级法院网上查找。但是，多数海事法院所在地的省级法院网在公开时，并没有考虑到海事审判的特殊性，相应信息要么没有公布，要么被淹没在信息的汪洋中，增加了公众查找的时间和难度。有的海事法院网站栏目设置受其他法院网站栏目设置的影响，甚至是照搬其他法院栏目的设置，从而导致很多栏目内容空白。

随着网上公开信息量的不断增多，公众对网站检索功能的要求也越来越高。目前，一些海事法院网站仅能提供简单的检索功能，中国裁判文书网的检索功能也不能令人满意。比较而言，市场上一些免费的法律网站，其检索功能就比较强大，基本可以做到“按分类检索”“按当事人检索”和“按法院检索”。强大的检索功能，可以减少公众获取信息的时间和难度，是海事司法公开向纵深发展的必然要求。

四 各板块测评情况

（一）审务公开

审务公开板块测评的内容主要有：法院网站建设情况、人员状况、财务信息公开状况、统计数据公开状况、网站的检索功能等（测评结果见表3）。

表3 海事法院审务公开板块得分情况（总分：100分）

单位：分

海事法院	得分	海事法院	得分
广州	60.0	武汉	27.0
大连	25.0	厦门	55.0
上海	47.0	宁波	97.0
青岛	60.0	海口	52.0
天津	49.0	北海	87.0

在法院网站建设方面，全国10家海事法院网站均处于有效运作状态。2014年度，宁波、北海和广州海事法院对网站进行了改版。天津海事法院开通了官方网站，青岛海事法院也重新开始在其官网上更新内容。

在人员状况方面，武汉海事法院和大连海事法院未公开领导信息和审判人员信息；青岛海事法院领导信息公开做得最好；5家海事法院公开了审判人员的部分信息；除了北海海事法院外，其余9家海事法院均未公开书记员信息；6家海事法院未公开人民陪审员信息。

在法院财务信息方面，5家海事法院公布了2014年度预算，比2013年多2家；5家海事法院公布了2014年度预算编制说明，比2013年多4家；3家海事法院公布了上年度决算，与2013年持平；3家海事法院对支出进行了说明，与2013年持平；5家海事法院公布了“三公”经费信息，比2013年多2家。

在法院统计数据方面，仅有宁波海事法院和北海海事法院公布了2014年度工作报告和上年度工作报告；青岛海事法院公布了2014年度报告。2014年度，广州、宁波、上海、北海、天津等5家海事法院和山东高级人民法院、最高人民法院发布了海事审判白皮书。其中，广州、宁波、北海、天津海事法院还将白皮书全文在网上公开。

在网站检索方面，5家海事法院网站提供了综合检索功能，另有3家海事法院网站提供了简单搜索功能。

（二）立案庭审公开

立案庭审公开板块测评的主要内容有：诉讼指南、开庭公告、庭审录播、案件查询系统等（测评结果见表4）。

表4　海事法院立案庭审公开板块得分情况（总分：100分）

单位：分

海事法院	得分	海事法院	得分
广州	65.0	武汉	10.0
大连	35.0	厦门	70.0
上海	71.0	宁波	76.0
青岛	55.0	海口	20.0
天津	85.0	北海	86.0

在诉讼指南方面，6家海事法院公开了当事人的诉讼权利和义务、诉讼流程、法律文书样本、诉讼风险等诉讼指南信息，3家海事法院公开了部分诉讼指南信息，仅有1家海事法院没有公开诉讼指南信息。

在开庭公告方面，5家海事法院在调研前3个月内有开庭公告上网；1

家海事法院开庭公告不显示上传日期；仅有2家海事法院未被发现晚于开庭前3天通过网络发布开庭公告，2家海事法院部分公告晚于开庭前3天发布。

在庭审录播方面，2家海事法院通过网络公开庭审录像直播或录播，且公开有最近3个月的记录；3家海事法院通过网络对庭审进行文字录播或直播，且公开有近3个月的记录。

在案件查询系统方面，4家海事法院提供了案件审理进度查询系统，且系统链接有效。

（三）裁判文书公开

裁判文书公开，是本次测评的重中之重。测评以海事法院在中国裁判文书网上的公开为主，兼顾海事法院在其他平台上的公开状况。测评的主要内容包括：与中国裁判文书网链接的有效性，裁判文书栏目更新性，裁判文书内容完整性，裁判文书内容信息处理，裁判文书上网数据、裁判文书不上网的数据及理由等（测评结果见表5）。

表5　海事法院裁判文书公开板块得分情况（总分：100分）

单位：分

海事法院	得分	海事法院	得分
广州	84.0	武汉	80.0
大连	80.0	厦门	80.0
上海	85.0	宁波	90.0
青岛	90.0	海口	80.0
天津	80.0	北海	90.0

测评发现，2014年度，2家海事法院的裁判文书在中国裁判文书网上存在错置现象，1家海事法院上传的裁判文书存在内容不完整的现象，3家海事法院没有在中国裁判文书网上公开过1起执行案件。

截至2014年12月31日，仅有3家海事法院网站提供了中国裁判文书网的有效链接，且点击链接后能直接显示本院裁判文书网；另有 1 家海事法院网站提供了中国裁判文书网的链接，但无法直接显示本院裁判文书网；其余 6 家海事法院仍未提供中国裁判文书网的链接。

在裁判文书栏目的更新性方面，在测评前 3 个月内，10 家海事法院均在中国裁判文书网上更新过内容。

在裁判文书内容的完整性方面，抽查发现，绝大多数的上网裁判文书内容完整。

在裁判文书内容信息处理方面，抽查发现，仍有 1 家海事法院的裁判文书未对自然人信息进行处理。

截至 2014 年 12 月 31 日，尚无海事法院公开了裁判文书上网的数据、不上网的数据及理由。

（四）执行信息公开

执行信息公开板块主要测评以下内容：执行栏目或执行网页、执行常识、拍卖公告、执行曝光、执行线索电话或邮箱、被执行人信息查询等（测评结果见表 6）。

表 6　海事法院执行信息公开板块得分情况（总分：100 分）

单位：分

海事法院	得分	海事法院	得分
广州	75.0	武汉	20.0
大连	45.0	厦门	40.0
上海	70.0	宁波	75.0
青岛	25.0	海口	35.0
天津	30.0	北海	65.0

在执行栏目或执行网页方面，7 家海事法院提供了有效的执行栏目或能够链接到执行网页，比 2013 年多 2 家。

在执行常识方面，仅有 3 家海事法院提供了申请执行案件的受理条件、申请执行人的举证责任、执行收费标准、执行期限等信息，与 2013 年数据持平。另有 5 家海事法院提供了部分执行常识，比 2013 年多 2 家。

在拍卖公告方面，8 家海事法院在人民法院诉讼资产网上提供了拍卖公告，且有最近 3 个月的信息；有 1 家海事法院未在人民诉讼资产网上提供信息，但在中国扣押与拍卖船舶网上发布了公告；另有 1 家海事法院既未在人民法院诉讼资产网上提供信息，也未在中国扣押与拍卖船舶网上发布公告。

在执行曝光方面，仅有 2 家海事法院提供了“老赖”名单，并且在调研前 3 个月内有更新；另有 2 家海事法院提供了高消费限制名单，且近 3 个月内有更新；尚无海事法院提供出境限制名单。

在执行线索电话或邮箱方面，仅有 3 家海事法院提供公开执行线索的受理电话或被执行人举报电话或邮箱。

在被执行人信息查询方面，仅有 3 家海事法院网站提供了全国被执行人信息查询系统的有效链接，另有 1 家海事法院网站提供了错误链接。

值得注意的是，在海事司法透明度测评中，宁波海事法院网站执行信息公开得分较高。但是，在浙江阳光司法指数测评中，宁波海事法院执行信息公开的得分却不甚理想①。这种现象提醒我们，在网络公开方面，海事法院虽然起步较早，但优势已不明显。海事法院若想继续担任网络公开的排头兵，需要付出更大的努力。

五　完善建议及下一年度测评的重点

第一，将海事司法公开提至战略高度，以公开促公正，以公开树公信。

21 世纪是海洋的世纪。国际航运中心东移，各种航运要素正在向中国集中。中国已成为举足轻重的贸易大国、航运大国、造船大国和港口大国。进一步提升海事司法透明度，可以增强中国海事审判的国际公信力和影响力，吸引外国当事人选择来中国诉讼和仲裁，巩固中国亚太地区海事司法中心的地位。本次测评结果显示，法院领导人尤其是“一把手”的重视程度，

① 参见本书的《浙江法院阳光司法指数报告（2014）》。

是海事司法公开成功与否的重要因素。宁波海事法院和北海海事法院网站建设相对较好，与院领导尤其是“一把手”的重视不无关系。中国应进一步完善司法公开制度，使海事司法公开不因领导人的改变而改变，不因领导人的看法和注意力的改变而改变。

第二，海事司法公开应采取“统分结合”的模式，强化检索功能。

在大数据时代，网站应是司法公开的第一平台。重要消息的发布可以采取多种渠道、多种方式，但同时也应在网站上有所反映。海事法院应采取“独立网站+统一平台”的模式。网站应定位为政务网站，打造“一站式”服务，强化搜索功能，减少公众查找信息的时间和成本。在裁判文书公开方面，目前将海事案件纳入民事案件公开的做法，既淹没了海事案件的特色，也增加了查找的难度。建议中国裁判文书网将“海事案件”单列，方便公众查询。在条件成熟的时候，整合中国涉外商事海事审判网、中国扣押与拍卖船舶网的资源，打造专门的中国海事司法公开平台——中国海事审判网。

第三，发布年度海事审判白皮书，公布年度典型案例。

发布海事审判白皮书，通过整合案件资源，可以较早发现航运领域中带有趋势性、规律性的现象，更好地服务于国家战略。2010年，上海海事法院率先在全国海事法院中向社会公开发布《海事审判情况通报》（即海事审判白皮书）。2014年，多家法院发布了海事审判白皮书，取得了良好的法律和社会效果。

编撰典型案例，可以进一步统一法律适用，提高海事审判的质量。从2009年起，最高人民法院要求各海事法院及其上诉审高级人民法院每年报送典型案例5-10篇，从中筛选一批具有典型意义、示范意义和规则宣示意义的典型案件，在《最高人民法院公报》《人民法院案例选》《涉外商事海事审判指导》和中国涉外商事海事审判网等平台发布①。典型案例的发布，有利于发挥正确适用法律的导向作用，有利于进一步规范自由裁量权，统一裁判尺度。

实践证明，发布年度海事审判白皮书、公布典型案例有助于统一法律适

① 最高人民法院：《中国海事审判白皮书》，2014年9月。

用、提高审判质量、推进海事审判精品工程，有利于提升中国海事审判的公信力、扩大中国海事司法的国际影响力、增强中国海事司法的“软实力”。最高人民法院和全国10家海事法院应将海事审判白皮书的发布和典型案例的公布常态化、制度化，及时将海事审判白皮书及典型案例的全文上网公开，适时推出“中国海事审判报告”。

本次测评是对海事法院进行的第二次测评。多项指标中，项目组仅进行了形式审查，暂时没有测评公开的质量。因此，有的网站尽管公开的内容较少，但由于涵盖的范围广泛，整体得分相对较高。有的网站内容相对丰富，更新速度也快，但由于公开的类别不全、力度不够和栏目设置存在问题、与全国性司法公开平台缺乏有效链接等，得分反而不够理想。下一年度的测评重点主要有：裁判文书的质量、典型案例的公开及检索功能的完善。在大数据时代，互联网思维模式下的海事司法公开正处于“进行时”。项目组将进一步完善指标体系的科学性和客观性，提升测评的真实性和准确性，努力推动海事司法公开向前发展。

B.14

中国检务透明度指数报告（2014）

——以检察院网站信息公开为视角

中国社会科学院法学研究所法治指数创新工程项目组*

摘　要：2014年度中国社会科学院法学研究所法治指数创新工程项目组根据深化检务公开相关要求，依托检察院网站信息公开情况，继续对最高人民检察院，31个省、自治区、直辖市的人民检察院和49个较大的市的人民检察院的检务公开工作进行测评。相较2013年度，2014年度检务公开的测评对象未作调整，但基于新增规范性文件以及实践中存在的突出问题，更新了测评所依据的指标体系。报告总结了2014年度中国检务公开的现状以及存在的问题，并对完善检务公开工作提出了建议。

关键词：检务透明度　检务公开　检察院网站　法治指数

检务公开是推进司法公开的重要方面。《中共中央关于全面深化改革若干重大问题的决定》提出，健全司法权力运行机制，推进检务公开。《中共中央关于全面推进依法治国若干重大问题的决定》提出，构建开放、动态、透明、便民的阳光司法机制，推进检务公开。为此，中国社会科学院法学研究所法治指数创新工程项目组（以下简称“项目组”）继续开展检务透明度指数测评。

---

* 项目组负责人：田禾，中国社会科学院法学研究所研究员。项目组成员：吕艳滨、王小梅、栗燕杰、赵千羚、张誉、刘迪、郑博、宋君杰、朱文军、张娅妮、谢燕环、张姝慧。执笔人：郑博，中国社会科学院法学研究所博士后研究人员；田禾，中国社会科学院法学研究所研究员。

一　测评对象及评价指标

项目组自2014年6月至2014年12月对81家检察院的检务公开情况进行测评，其中包括最高人民检察院，31个省、自治区、直辖市的人民检察院，49个较大的市的人民检察院。

在测评方法上，项目组仍然以测评对象门户网站为依托。因为以网络渠道进行公开已经成为现今最为便捷、经济的公开方式，而且随着移动电子设备的普及，社会公众也更乐于通过这种方式获取相关信息，并借助电子网络与信息发布方进行互动交流。

2014年度测评的指标主要包括四个板块，即基本信息、检务指南、工作信息、统计数据，各板块权重分别为15%、30%、40%、15%，总计100分（见表1）。与2013年相比，2014年度更加侧重检察院检务指南、工作信息公开情况的测评，提高了检察院业务信息公开的权重，增加了对举报电话、职务犯罪查扣冻处理情况、重大案件查办情况、申诉复查结果等信息的测评。

表1　检务透明度测评指标体系

一级指标及权重	二级指标及权重
基本信息(15%)	网站建设(15%) 人员信息(30%) 机构设置(30%) 举报电话(25%)
检务指南(30%)	栏目设置(10%) 检务制度公开(15%) 国家刑事赔偿(10%) 法律援助(15%) 权利义务(20%) 司法警察职权义务(5%) 举报须知(15%) 咨询平台(10%)

续表

一级指标及权重	二级指标及权重
工作信息(40%)	网络公开与办事平台(15%) 审查活动公开(10%) 文书公开(20%) 职务犯罪(10%) 典型案例(15%) 重大案件查办(15%) 刑事案件申诉复查结果(5%) 行贿案件档案查询(5%) 宣传接待(5%)
统计数据(15%)	年度工作报告(60%) 财政信息(40%)

二 总体测评情况

（一）检务公开取得的进展

2014 年，最高人民检察院发布的系列文件以及中共十八届四中全会对推进检务公开的要求，引导各级人民检察院深化检务公开，增强检务工作透明度。2014 年 6 月 20 日最高人民检察院第十二届检察委员会第二十四次会议通过《人民检察院案件信息公开工作规定》，明确提出人民检察院应当公开案件程序性信息、重要案件信息、法律文书以及其他案件信息。各级人民检察院为推进检务公开进行积极探索，2014 年 9 月，人民检察院案件信息公开网开通。项目组测评结果显示，检察院信息公开工作相比往年取得了以下进展。

一是检察机关更加重视检务信息的网上公开。有 30 家省级人民检察院建有有效的门户网站，建网率达到 96.77%，有 41 家较大的市的人民检察院建有有效的门户网站，建网率达到 83.67%。青海省人民检察院、四川省人民检察院、河南省人民检察院在 2013 年度测评期间未建有门户网站，但在2014年度测评时已建有有效的门户网站。在2013年度测评中曾发现建有门户网站的哈尔滨市人民检察院、鞍山市人民检察院，在2014年度测评时未发现其门户网站或者网站链接无效；在2013年度测评期间没有开通门户网站的邯郸市人民检察院、呼和浩特市人民检察院、石家庄市人民检察院、唐山市人民检察院，在2014年度测评期间已经建有有效的门户网站（见表2）。

表2　测评期间未建有官方网站的检察院

检察院类型	数量	检察院
省级人民检察院	1	西藏
较大的市的人民检察院	8	大同、本溪、西宁、抚顺、哈尔滨、鞍山、拉萨、包头

二是检察机关案件信息公开从分散趋于集中。案件信息公开事关当事人知情权，对司法公信力有较大影响，是推进检务公开的关键性举措。2013年度测评结果显示，检察院案件信息公开渠道呈现多样化，包括向当事人及其代理人提供用户名、密码，方便其在本院门户网站查询案件信息；或将本院案件直接公开在本院门户网站，供当事人、社会公众查询案件信息等。2014年，《人民检察院案件信息公开工作规定》要求，各级人民检察院互联网网站应当建立人民检察院案件信息公开系统的链接。人民检察院整合案件信息后，直接公开于统一的“人民检察院案件信息公开网”，并分为案件程序性信息查询、辩护与代理网上预约、重要案件信息以及法律文书公开四个板块进行公开。如此设置，使检察机关的信息发布更加集中，增强了当事人查询案件信息的便捷性，提高了查询效率。测评结果显示，有24家省级检察院门户网站设有“人民检察院案件信息公开网”的链接，并打开有效，占全部被测评省级人民检察院的77.42%；有23家较大的市的检察院门户网站设有“人民检察院案件信息公开网”的链接，并打开有效，占全部被测评较大的市的人民检察院的46.94%。有16家省级人民检察院链接到“人民检察院案件信息公开网”后，直接显示的是本院页面，占51.61%；有15家较大的市的人民检察院链接到“人民检察院案件信息公开网”后，直接显示的是本院页面，占30.61%。最高人民检察院门户网站既可以链接

到“人民检察院案件信息公开网”，同时跳转后直接显示的是本院信息。

三是越来越多的检察院通过门户网站公开各类检务信息。2013 年，省级人民检察院中只有 10 家提供了国家赔偿的流程信息，占被测评省级人民检察院的 32.26%；较大的市的人民检察院中只有 7 家公开了国家赔偿的流程信息，占被测评的较大的市的人民检察院的 14.29%。2014 年，有 11 家省级人民检察院公开了国家赔偿流程信息，12 家较大的市的人民检察院公开了国家赔偿流程信息，分别占 35.48%、24.49%。又如，不少检察院开始在网站公开起诉书等法律文书。起诉书等法律文书的内容涉及当事人的权利和义务及检察权行使的独立、公正，应当接受社会监督。2013 年，只有 1 家省级人民检察院和 3 家较大的市的人民检察院公开了起诉书。2014 年，公开起诉书的检察院大幅增加，有 15 家省级人民检察院和 19 家较大的市的人民检察院公开了起诉书，分别占 48.39%、38.78%。最高人民检察院、2 家省级人民检察院以及 11 家较大的市的人民检察院的网站既有起诉书文库，又有三个月内的信息。相比 2013 年，2014 年度起诉书公开率的提升得益于最高人民检察院关于《人民检察院案件信息公开工作规定》以及推进检务公开的要求。

四是司法数据统计更加全面。司法数据是对检察机关信息公开的量化总结，其表现形式为检察机关年度工作报告、年度预算决算、三公经费等。例如：2013 年有 5 家省级人民检察院提供了近三年的工作报告全文，占 16.13%；2014 年度，有 12 家省级人民检察院提供了近三年的工作报告全文，占 38.71%。

2013 年有 3 家省级人民检察院和 1 家较大的市的人民检察院同时提供了 2013 年度预算信息、2012 年度决算信息；2014 年测评显示，有 14 家省级人民检察院和 6 家较大的市的人民检察院同时提供了 2014 年度预算信息、2013 年度决算信息，并且仅提供了年度预算、决算中一项信息的，相较 2013 年度也有提升。

从总体测评结果看，最高人民检察院居被测评检察院之首，排名前 15 位的依次为：最高人民检察院、上海市人民检察院、辽宁省人民检察院、内蒙古自治区人民检察院、天津市人民检察院、厦门市人民检察院、北京市人民检察院、深圳市人民检察院、海南省人民检察院、福建省人民检察院、宁波市人民检察院、广东省人民检察院、南宁市人民检察院、沈阳市人民检察院、宁夏回族自治区人民检察院（见表3）。省级人民检察院中排名前5位的依次为：上海（66.13分）、辽宁（62.80分）、内蒙古（62.65分）、天津（62.57分）、北京（61.64分）。较大的市的人民检察院中，排名前10位的依次为：厦门（62.47分）、深圳（60.13分）、宁波（55.18分）、南宁（54.42分）、沈阳（54.32分）、南京（53.26分）、珠海（52.54分）、大连（50.43分）、汕头（48.54分）、银川（47.42分）。

表3　2014年检务透明度指数测评结果（满分100分）

单位：分

排名	检察院	基本信息（15%）	检务指南（30%）	工作信息（40%）	统计数据（15%）	总分
1	最高人民检察院	58.5	83.0	63.1	75.0	70.17
2	上海	71.5	88.0	47.5	66.7	66.13
3	辽宁	79.0	79.8	42.5	66.7	62.80
4	内蒙古	47.8	66.1	57.9	83.3	62.65
5	天津	64.5	91.3	45.0	50.0	62.57
6	厦门	64.5	64.6	55.4	75.0	62.47
7	北京	58.5	53.0	54.9	100.0	61.64
8	深圳	45.5	61.4	54.4	87.5	60.13
9	海南	71.5	57.0	50.5	75.0	59.28
10	福建	67.8	65.9	50.0	50.0	57.43
11	宁波	77.5	30.0	52.0	91.7	55.18
12	广东	77.5	50.7	49.3	54.2	54.69
13	南宁	85.0	35.0	52.9	66.7	54.42
14	沈阳	51.5	59.3	47.0	66.7	54.32
15	宁夏	71.5	64.6	47.5	33.3	54.10
16	安徽	77.5	43.2	50.2	58.3	53.41
17	南京	71.5	55.7	58.3	16.7	53.26
18	新疆	67.8	89.5	21.7	50.0	53.19
19	珠海	77.5	69.5	39.2	29.2	52.54
20	江苏	71.5	48.8	40.2	66.7	51.45

续表

排名	检察院	基本信息（15%）	检务指南（30%）	工作信息（40%）	统计数据（15%）	总分
21	吉林	51.5	44.6	46.4	75.0	50.92
22	大连	57.5	40.0	49.5	66.7	50.43
23	四川	32.5	25.0	53.6	100.0	48.82
24	汕头	71.5	68.0	27.9	41.7	48.54
25	河南	65.5	33.6	48.6	58.3	48.09
26	重庆	71.5	56.8	44.2	16.7	47.95
27	湖北	71.5	22.0	54.5	58.3	47.87
28	河北	71.5	32.5	36.4	83.3	47.53
29	银川	71.5	53.8	38.9	33.3	47.42
30	海口	77.5	36.6	54.5	16.7	46.91
31	成都	51.0	69.5	45.0	0	46.50
32	浙江	57.5	35.0	40.3	75.0	46.50
33	山东	71.5	50.4	38.6	33.3	46.28
34	石家庄	52.5	66.8	32.9	33.3	46.07
35	黑龙江	54.8	76.4	36.7	0	45.81
36	青海	77.5	35.0	32.5	66.7	45.13
37	江西	71.5	46.1	36.1	33.3	43.99
38	福州	65.5	35.0	45.6	33.3	43.56
39	青岛	65.5	49.8	39.2	16.7	42.95
40	陕西	64.5	25.0	45.2	41.7	41.51
41	无锡	51.0	40.0	54.5	0	41.45
42	武汉	77.5	35.5	37.5	25.0	41.03
43	云南	51.5	49.3	43.6	0	39.96
44	广州	48.0	47.1	45.2	0	39.41
45	兰州	77.5	45.4	21.4	33.3	38.80
46	湖南	61.8	41.4	31.7	25.0	38.11
47	甘肃	71.5	23.2	31.8	50.0	37.91
48	贵州	77.5	25.0	27.5	50.0	37.63
49	乌鲁木齐	50.0	52.0	29.5	16.7	37.41
50	洛阳	53.8	68.0	7.5	33.3	36.46
51	广西	38.5	17.0	41.4	58.3	36.18
52	西安	71.5	55.9	18.9	0	35.06
53	淄博	65.5	28.2	37.5	8.3	34.53
54	贵阳	57.5	20.0	24.2	66.7	34.31

续表

排名	检察院	基本信息（15%）	检务指南（30%）	工作信息（40%）	统计数据（15%）	总分
55	济南	65.5	61.3	15.0	0	34.22
56	山西	65.5	35.0	27.5	16.7	33.83
57	长沙	71.5	62.5	10.7	0	33.76
58	郑州	28.8	43.2	41.2	0	33.75
59	昆明	51.5	28.0	36.4	8.3	31.93
60	杭州	54.8	35.5	25.0	8.3	30.11
61	呼和浩特	77.5	37.1	16.4	0	29.32
62	徐州	64.0	29.1	13.1	16.7	26.08
63	淮南	77.5	37.1	0	16.7	25.26
64	苏州	52.5	0	17.5	33.3	19.87
65	长春	25.0	10.0	30.4	0	18.91
66	齐齐哈尔	45.5	35.0	2.5	0	18.33
67	唐山	47.8	22.1	10.0	0	17.79
68	合肥	51.5	20.0	5.0	12.5	17.60
69	太原	64.0	9.6	2.5	16.7	15.99
70	南昌	44.0	2.5	12.5	20.8	15.47
71	吉林市	38.5	10.0	7.5	0	11.78
72	邯郸	57.5	10.0	0	0	11.63
73	抚顺	0	0	0	0	0.00
74	西藏	0	0	0	0	0.00
75	大同	0	0	0	0	0.00
76	本溪	0	0	0	0	0.00
77	西宁	0	0	0	0	0.00
78	哈尔滨	0	0	0	0	0.00
79	鞍山	0	0	0	0	0.00
80	拉萨	0	0	0	0	0.00
81	包头	0	0	0	0	0.00

注：各板块满分 100 分。

（二）检务信息公开存在的问题

与往年相比，2014 年度检务公开工作取得显著的进步，但以公开的全面性、必要性、及时性为标准，检察机关的检务公开工作还存在以下问题。

一是网站栏目建设缺乏科学性，不易查询。检察院门户网站板块内容较为丰富，但板块信息、栏目信息的分类较混乱，或者文不对题，栏目下内容与所在栏目名称不符。有1家检察院门户网站首页同时建有“检务公开”与“检务公告”栏目，二者公开的内容完全一样，属于网站栏目的重复建设。有的检察院门户网站既有“检务指南”栏目，又有本院单独的“阳光检务网”，将检察机关业务信息通过专门网站公开可以实现信息集中、方便查找，但两者中部分信息是重合的，是网站重复建设的典型表现。有1家检察院门户网站首页各个一级栏目没有下拉框设计，不便于查询信息。

广州市检察院网站是测评对象中唯一一家使用场景引导的检察院网站，但欲进站浏览，必须下载视图插件，否则无法获取任何网站信息。而且，下载插件进站后，鼠标箭头的路径引导很不实用，反而不如传统的网站模式更易于查找相关信息。这在操作的便利性、友好性上有待改进。

二是网站不稳定、网站信息更新时间滞后。有的检察院门户网站信息的最后更新时间为2014年9月16日，且其中很多栏目只有2010年的一条消息，门户网站信息更新不及时，疑似数月无人管理、维护。有的检察院门户网站在测评期间处在试运营中，网站栏目如检务公开相关内容不完整，在该院网站搜索引擎中输入关键词后，页面跳转到本省其他地区人民检察院，且除检察院名称外，无任何检索结果显示。

三是一些重要栏目设置疏漏，形同虚设，同时，存在栏目链接无效或无内容的情况。在测评的所有对象中，有8家检察院没有检务指南栏目，占9.88%；有2家检察院虽然有检务指南栏目，但无法打开或打开后没有内容，占2.47%。有的检察院门户网站有“检务中心”栏目，但下一级栏目“办事指南”链接无法打开；有的检察院门户网站“检务公开”栏目下部分子栏目无法打开。有3家检察院门户网站设有职务犯罪预防栏目，但打开后无内容，占所有测评对象的3.7%。此外，有的虽设有统计数据栏目，但该栏目链接无效；有的门户网站虽设有“人民检察院案件信息公开网”链接，但链接无效；检察院门户网站的多数栏目，如“申诉流程”“办案流程”等打开后，页面显示暂无记录；首页部分栏目链接无效；有些栏目点击链接后又跳转至本院门户网站首页，无法找到相关内容。

四是实质性信息公开不足。检务信息公开应以与检察机关业务相关的实质性信息为主，目的是提高检务工作的透明度，接受社会各界的监督。而检察机关文化建设、内部管理的相关信息可以选择在检察系统内网或在门户网站次要位置公开。测评发现，部分检察院门户网站公开的多是公众并不关心的检察院文化建设信息，包括检察机关的摄影展、书画展、美文欣赏等，占用大量网络版面。

三　各板块测评情况

（一）基本信息

这里的基本信息包括四个方面，分别为网站建设、人员信息、机构设置、举报电话。对检察机关而言，基本信息公开有助于社会公众了解检察院的基本情况。网站界面是否简洁、友好，院领导、人民监督员、特约检察员、专家咨询委员会成员信息是否完整，机构设置中部门介绍信息、部门职能信息是否全面，检察院举报电话是否公开，门户网站有无浮动窗口以及是否可以关闭，网站有无搜索引擎以及功能是否有效，以上四个方面虽不是检察机关的主要业务信息，也并非检务公开主要的实质性信息，但这些基本信息是检察院的基础信息。

所有测评对象中，有30家省级人民检察院建有有效的门户网站，占被测评省级人民检察院的96.77%；有41家较大的市的人民检察院建有有效的门户网站，占83.67%。在人员信息公开方面，31家省级人民检察院中有21家公开了院领导信息，占67.74%。其中，无锡市人民检察院公开的院领导介绍信息较为全面，涵盖了职务、教育背景等信息。有9家省级人民检察院公开了人民监督员信息，占29.03%；较大的市的人民检察院中，有21家公开了院领导信息，有11家公开了人民监督员信息，分别占42.86%、22.45%。机构设置的信息方面，有93.55%的省级检察院、69.39%的市级检察院提供了部门设置介绍。

被测评对象的建网情况、机构设置情况较好，但仍存在一些问题。首先，1 家检察院网站有浮动图标，且无法关闭。设计浮动图标的初衷是引起注意，因此浮动内容应是极重要事项，否则没有设置必要，影响视线，多此一举。其次，人员信息公开不完整，只有 12 家被测评检察院较全面地公布了院领导姓名、职务、职责范围、教育背景、工作经历信息，只有 3 家检察院较全面地公布了人民监督员信息。再次，网站检索功能设置不到位。检索功能可帮助公众迅速查找信息，但测评发现搜索引擎有效率较低。在测评的省级人民检察院中，有高级检索功能且有效的有 7 家，较大的市的人民检察院中，有高级检索功能且有效的有 12 家，分别占 22.58% 和 24.49%；在测评的省级人民检察院中，有简单检索功能且有效的有 18 家，较大的市的人民检察院中，有简单检索功能且有效的有 18 家，分别占 58.06% 和 36.73%。在 81 家被测评对象中，有 3 家检察院虽有搜索引擎，但经验证检索功能无效，占全部对象的 3.70%；有 11 家检察院官方网站没有设置搜索引擎，占 13.58%；有 1 家检察院虽设置了搜索引擎，但用关键词检索后，直接跳转到其他地方人民检察院检索结果页面，但只有检察院的名称，没有任何其他内容。

（二）检务指南

检务指南是指检察机关的工作制度、办案规则及流程，以及当事人、其他诉讼参与人参与检察活动时的规则、相关权利义务等具有办事指南性质的信息，具体包括检察机关各项专门业务活动规范依据、流程的介绍，国家刑事赔偿制度、流程，司法警察职权责任以及当事人、其他诉讼参与人权利义务、刑事诉讼法律援助、举报须知等内容。其中检务活动规范制度包括自侦案件常识公开、刑事简易程序常识公开、刑事申诉须知、行政案件申诉须知、民事案件申诉须知、监所检察须知、刑事不起诉须知等制度。检务指南信息的公开是检务公开的实质性内容，对当事人与社会公众有指引作用。

81 家被测评对象中，门户网站设置了检务指南栏目的有 62 家，占 76.54%，有 42 家检察院提供了当事人或其他诉讼参与人的权利义务信息，占 51.85%，有 59 家检察院公布了举报须知，占 72.84%，其中 47 家检察院同时公布了举报检察系统外的机关或人员以及检察系统内机关或人员的须知信息，占58.02%。多数检察院已建有检务指南栏目，这说明，检察机关已逐渐意识到指南性信息公开的重要性。

而在检务制度公开、国家刑事赔偿、法律援助、司法警察职权责任等方面，公开的情况还不好。81家被测评对象中，只有16家检察院列明了贪污贿赂犯罪案件、渎职侵权犯罪案件的立案标准和流程，占19.75%，有10家检察院列明了刑事案件简易程序适用的范围、工作流程，占12.35%。公布申诉公开审查信息的也很少，提供刑事申诉公开审查流程以及本院刑事申诉联系方式的有7家，占8.64%；提供民事案件申诉流程以及本院民事案件申诉联系方式的有6家，占7.41%；提供行政案件申诉流程以及申诉联系方式的有6家，占7.41%；13家检察院提供了刑事不起诉案件公开审查流程，占16.05%，无一家检察院提供了全面的监所检察须知信息，提供部分监所检察须知信息的有20家，占24.69%。从制度公开的情况看，刑事简易程序、申诉须知、不起诉须知、监所检察须知均关系当事人合法权益的维护，加大公开力度实属必要。

国家刑事赔偿是对被侵权人人身、财产损失的事后救济，但申请程序、赔偿标准及流程不公开会减损司法权威，甚至是对被侵权人的二次侵害。但实际情况是，只有24家检察院公开了国家刑事赔偿流程，在81家被测评对象中占29.63%，可见对权利救济的重视程度还不够。

2013年2月4日，最高人民法院、最高人民检察院、公安部、司法部发布《关于刑事诉讼法律援助工作的规定》，进一步加强和规范刑事法律援助工作，但为方便申请人及时申请、获得法律援助，应公开法律援助申请流程。但刑事诉讼法律援助的申请条件、流程公开不足，仅19家检察院同时提供了申请条件和流程，在81家被测评对象中占23.46%。

（三）工作信息

工作信息是反映检察机关执法办案各种业务活动及其结果的信息，是检务公开的重要组成部分，本板块测评内容主要包括文书公开、审查活动公开、职务犯罪预防、典型案例公开、刑事案件申诉复查结果公开、行贿案件档案查询、网络公开与办事平台、检察宣传日、检察接待日及新闻发布等事项。2011年12月29日最高人民检察院通过的《人民检察院刑事申诉案件公开审查程序规定》及2014年6月20日最高人民检察院公布的《人民检察院案件信息公开工作规定》，对刑事申诉公开审查、案件程序性信息查询服务、重要案件信息公开、法律文书公开、配置人民检察院案件信息公开系统链接、设置辩护与代理预约平台提出了要求。

文书公开主要考察了起诉书、量刑建议书、检察建议书、检察意见书、抗诉书、不起诉决定书、刑事申诉复查决定书的公开情况。所有文书中起诉书公开率较高，81家被测评对象中，有35家检察院公开了起诉书，占43.21%，但仅有20家检察院公开的文书中有测评前3个月的信息。其他文书的公开情况更不理想，81家被测评对象中除9家检察院无网站外，完全无量刑建议书、无检察建议书、无检察意见、无抗诉书、无不起诉决定书、无刑事申诉复查决定书的分别为59家、59家、58家、45家、57家、49家。

典型案例与重大案件查办公开情况较好，81家被测评对象中51家检察院公布了典型案例，占62.96%，54家检察院公开了重大案件查办情况，占66.67%。

此外，提供案件信息公开网链接、辩护与代理预约平台、案件查询系统等信息的情况也较好，分别有48家、40家、52家检察院予以公开，在81家被测评对象中占比分别为59.26%、49.38%和64.20%，且多数公开于人民检察院案件信息公开网。

公开刑事审查活动的检察院很少，仅1家检察院提供了刑事申诉公开审查公告，2家检察院虽有公告但链接无效；无一家检察院提供刑事不起诉公开审查情况。刑事申诉公开审查是为增强办理刑事申诉案件的透明度，不起诉案件公开审查是为充分听取侦查机关、犯罪嫌疑人、被害人等对案件处理的意见，二者均是保证检察机关接受社会监督、提高办案质量、促进矛盾化解的途径，但与预期相比，此类信息的公开工作任重而道远。

2013 年 2 月《最高人民检察院关于行贿犯罪档案查询工作的规定》提出，建立全国行贿犯罪档案库，向社会提供查询服务。但在门户网站提供该查询平台链接的检察院为数不多，仅有 18 家，在 81 家检察院中占 22.22%。

在检察宣传日、检察接待日及新闻发布方面，检察院也普遍做得不好。4 家检察院网站提供了检察宣传日预告，5 家检察院网站提供了检察长接待日预告，27 家检察院网站提供了 2013 年以来召开过的情况通报会，在 81 家被测评对象中分别占 4.94%、6.17%、33.33%。可见在对外宣传接待方面，互动性有待提高。

（四）统计数据

统计数据是检察机关检务活动的司法数据信息，主要包括年度工作报告与财政信息，基于对数据更新性以及往年数据可能存在的保存与迁移问题，2014 年度对工作报告的测评以 2012 年、2013 年、2014 年为主，财政信息则包括年度预算、决算以及三公经费的公开。

工作报告是检察院对自身工作的年度总结，其中的司法数据可以反映检察机关的办案能力，便于更好地接受人大及社会的监督。关于工作报告，有 27 家检察院网站将工作报告单列栏目，在 81 家测评对象中占 33.33%，方便查询。26 家检察院网站较全面地提供了 2012 年工作报告，在 81 家测评对象中占 32.1%；全面提供 2013 年、2014 年工作报告全文并附有相关统计数据的分别有 23 家、24 家，分别占 28.4% 和 29.63%。从总体情况看，工作报告的公开仍然欠缺，同时提供近三年工作报告的检察院不足 1/3。

在财政信息公开方面，有 20 家检察院同时公布了 2013 年度决算与 2014 年度预算情况，在 81 家测评对象中占 24.69%；12 家检察院公布了 2013 年度三公经费与 2014 年度三公经费情况，在 81 家测评对象中占 14.81%。

四　完善建议

《中共中央关于全面推进依法治国若干重大问题的决定》提出，必须完善司法管理体制和司法权力运行机制，规范司法行为，加强对司法活动的监督。为此，决定提出，要构建开放、动态、透明、便民的阳光司法机制，推进检务公开，杜绝暗箱操作。今后，提高检务透明度应注意强化认识，明确标准，扩大公开范围，提升公开效果。

第一，各级检察机关要强化认识，变被动公开为主动公开。在中国，检察机关的定位为法律监督机关，而学界也素有关于“谁来监督监督者”的热议，基于检察机关的法律属性以及接受社会监督的意识不强，以致检察机关在检务公开工作中更显被动，中国现阶段检务公开之所以表现出上述问题，根源之一就是缺乏主动公开的积极性。实践中，有些检察机关将检务公开仅仅看作完成工作任务的条件之一，或者将其视为党风廉政建设的一项措施，这种认识具有被动性和片面性，以此为出发点，无疑会影响检务公开的实际效果。另外，从整体上看，中国现阶段检察机关的司法服务意识并不强，往往将检务公开工作视为一项限权活动，认为落实检务公开是对检察机关监督权力的限制，以致在公开中不积极、不主动。正是这种认识使得检察机关应当公开的信息不愿公开。因此，检察机关应当提升认识，变“要我公开”为“我要公开”。

第二，加大程序性信息公开力度。实体正义是司法工作追求实现的目标，但实现实体正义离不开程序的公正。“迟来的正义非正义”，加强对程序性信息的监督，才能及时纠正违法行为，让实体正义以看得见的形式实现。

第三，进一步细化标准，明确责任。尽管《人民检察院案件信息公开工作规定》明确了检务公开的相关内容，但标准还不细，也未规定不公开的责任，《最高人民检察院关于“检务公开”具体实施办法》也只明确了检察机关在信息公开中不履行告知义务的责任。检务公开制度的落实除依靠各级人民检察院的自觉性与责任感外，仍需要进一步细化公开各类信息的标准，并完善一系列的监督制约机制。

第四，及时进行信息分类、同步汇总。检察机关信息公开是否及时关系到当事人合法权益能否及时实现，以保证知情权为前提，才能保障当事人对自身权益进行合法处置。检察机关在办案过程中应将检务信息及时归类，并同步在门户网站进行公开，做到及时更新，及时保障当事人合法权益的实现并广泛接受社会监督。

第五，提高网站技术运用水平，解决技术性问题。针对测评中出现的栏目链接无效、无法打开的情况，应加以重视，对于网站栏目重复建设、栏目名称模糊等问题应作技术处理。门户网站的建设涉及技术手段的应用，各级检察机关在本院的门户网站投入使用后，不应不闻不问。形式再完美的网站若不能有效使用，终归是虚设，而网站因技术性问题无法正常发挥信息公开的作用，绝不应成为检察机关不公开相关信息的理由。在对检务信息及时进行分类汇总后，应不定期地检测本院门户网站以及各栏目板块是否能够正常运行，一旦发现问题应立即维护，同时注意对上传信息的留存。

第六，广泛征求社会各界对检务公开的意见和建议。检务公开工作既是检验检察机关办案质量、增强司法威信的活动，更是一项便民措施，有助于维护当事人的合法权益。为推进检务公开，提升检务活动的透明度，应广泛吸纳社会意见，如以互动的形式征求专家意见、调查分析，从而提高自身检务公开水平。另外，以省为单位，各级检察机关可以组织检务公开评比竞赛等相关活动，引进社会公众参与评价检务公开工作，交流经验，互相促进。

B.15

浙江法院阳光司法指数报告（2014）

中国社会科学院法学研究所法治指数创新工程项目组*

摘　要：受浙江省高级人民法院委托，中国社会科学院法学研究所法治指数创新工程项目组2014年从审务公开、立案庭审公开、裁判文书公开和执行信息公开4个方面，对全省三级105家法院司法公开的情况进行了测评。测评显示，浙江各级法院2014年高度重视司法公开工作，优化门户网站，司法公开规范化程度明显提升。但司法公开还面临观念有待提升、平台建设关系待理顺、司法公开制度设计尚需明确等问题，且司法公开还需破解案多人少、个别案件情况复杂等难题。

关键词：司法公开　阳光司法　浙江法院　法治指数

受浙江省高级人民法院的委托，中国社会科学院法学研究所法治指数创新工程项目组（以下称“项目组”）2014年继续对浙江省三级105家法院进行阳光司法指数测评。本报告是对总体测评情况的分析。

---

* 项目组负责人：田禾，中国社会科学院法学研究所研究员。项目组成员：吕艳滨、王小梅、栗燕杰、缪树蕾、王旭、赵千羚、郑博、张誉、刘迪、慕寿成、刘雅茜、张爽、赵凡、胡增姗、张多等。执笔人：吕艳滨，中国社会科学院法学研究所副研究员；田禾，中国社会科学院法学研究所研究员。

一　测评内容

2014 年度测评包括 4 个一级指标，分别是审务公开、立案庭审公开、裁判文书公开和执行信息公开。其中，审务公开包括网站建设、法院概况、法院文件、人员信息、工作报告、统计数据；立案庭审公开包括诉讼指南、案件信息查询、权利义务及重大事项告知、定案证据质证度、档案电子化、庭审录音录像；裁判文书公开包括裁判文书公开平台、裁判文书不上网公开审批；执行信息公开包括执行指南、执行拍卖（含拍卖公告与司法网拍）、执行措施透明度、举报电话有效性（见附表 1）。

裁判文书公开方面，从 2014 年开始，由于裁判文书主要通过中国裁判文书网及浙江法院公开网集中对外发布，因此，本年度对各法院裁判文书公开的测评内容主要是本院门户网站的公开平台建设情况和裁判文书不上网公开审批的规范性，权重由 2013 年的 20% 调整为 10%。

此外，由于被执行人失信信息公开已经统一由浙江法院公开网发布，因此，本年度不再测评各中院、基层法院的此项内容。

总体而言，2014 年的测评无论是内容上，还是具体测评标准上，与 2013 年度相比，测评点及指标权重的设定都更加注重实质性内容的公开，测评要求也更加严格。

二　测评结果

（一）总体情况

根据 4 大板块的测评结果以及权重分配，项目组核算并形成了全省 105 家法院的总体测评结果（见附表 2，各板块得分情况见附表 3、4、5、6）。

从 2014 年度的最终测评结果看，江北法院、东阳法院、景宁法院分别跻身前三名，其中，江北法院以总分 77. 11 分高居榜首。中级法院中，湖州中院、宁波中院、丽水中院跻身前20名。在基层法院单独排名中，宁波市的基层法院中有5家跻身前20名。此外，丽水市的4家法院，湖州市的3家法院，杭州、台州各有2家，温州、嘉兴、金华、舟山各有1家，进入了前20名（见图1）。

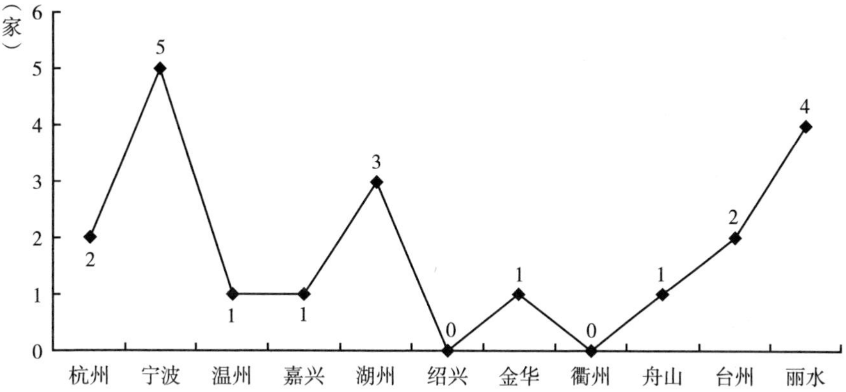

图1　各中院所辖基层法院总分排名前20位的分布情况

从测评结果看，2014年度测评呈现以下特点。

第一，在测评难度加大的情况下，总体分数仍较2013年有大幅提升。2013年，最高分为70.44分，平均分为53.28分，得分超过60分的有14家法院；2014年，最高分为77.11分，平均分为59分，得分超过60分的有51家法院。2013、2014年两个年度所采用的指标体系、测评内容及各自权重有所不同，2014年度突出实质性公开，2013年度测评侧重手续性、程式化及基础设施等保障性指标。鉴于浙江三级法院基础设施等保障指标均已达到较高水准，从深化的角度考虑，2014年度部分基础性指标没有再纳入测评。在难度加大的情况下，总体分数仍有显著提升，足以表明各法院司法公开情况进步显著。因此，也可以说2014年度的测评是浙江法院阳光司法指数升级版的测评。

第二，测评结果的名次有较大变化。测评结果显示，2014年度的排名与2013年度相比，发生了较大变化，不少法院名次变化显著。这种变化属于正常现象，表明全省法院在司法公开工作方面出现了你追我赶的局面，2013 年测评结果排名领先的法院被一些较落后的法院迎头赶上。有的法院在测评得分上取得了非常明显的进步，如浙江高院、东阳法院、景宁法院、拱墅法院、安吉法院等。也有的法院排名出现了较大的波动，如衢州中院在执行指南、执行举报电话、执行措施告知情况方面失分较多，舟山中院在司法网拍、裁判文书不上网公开规范化方面失分较多，海盐法院在裁判文书公开平台、执行指南等方面失分较多，桐乡法院在裁判文书不上网审批、诉讼指南栏目等方面失分较多，三门法院在裁判文书板块、执行措施告知情况、档案电子化等方面失分较多。排名波动的原因在于测评内容发生了变化，测评标准更加严格，也说明有的法院在相关公开措施、工作力度上还存在明显短板。

（二）发现的亮点

1. 重视程度明显提升

2014 年度测评发现，全省三级法院都将司法公开作为 2014 年工作的重点，并针对 2013 年测评结果进行了整改。自 2014 年 6 月份项目组陆续提交阶段性分报告以来，各法院纷纷反馈，有说明情况的，有表明态度的，有列出整改意见的，有提出异议的，表明各法院对阳光司法工作的重视程度得到明显提升。从调研访谈及各法院的反馈情况看，几乎所有的法院都对本院司法公开工作提出了更高的要求，院领导亲自抓公开工作的落实，加强组织领导，细化标准、明确责任、监督检查。

2. 制度机制更加完善

为进一步做好司法公开工作，浙江高院根据最高人民法院《关于推进司法公开三大平台建设的若干意见》《关于人民法院在互联网公布裁判文书的规定》等文件的规定，结合 2013 年度阳光司法测评工作，陆续出台了一系列规范性文件，如《关于打造司法公开三大平台　全面深化阳光司法的工作要点及分工方案》《关于在互联网公布裁判文书的实施细则》《关于规范全省法院门户网站栏目设置和运营管理的意见》等。这些规定细化了司法公开的规定，具体要求更具刚性、实质性和可操作性，且均以信息化为支撑，使各级法院的司法公开工作有了明确的抓手。

3. 注重提升司法公开的规范化程度

不少法院针对司法公开工作，制订了细化的标准。例如，杭州中院制定了《诉讼权利义务和重大程序事项告知清单（附业务庭常用告知事项样本)》，萧山法院制定了《司法公开标准化操作细则》，南浔法院编制了《阳光司法工作操作规程表》等。这些做法为进一步提升司法公开的规范化程度奠定了重要的基础。

4. 加强司法公开平台建设

2014 年度，浙江高院在原有门户网站基础上，专门开通了浙江法院公开网，集中了全省三级 105 家法院的审务信息、裁判文书、执行信息。省市县三级法院一体化公开、一站式服务使司法公开的内容实现了标准化和格式统一，大大提升了司法公开的全面性、互动性、便民性。此外，浙江全省的 12368 司法服务热线开通运行，成为当事人与法院联系、法院向当事人公开信息的新平台。

（三）存在的问题

当然，2014 年度测评也发现了一些值得注意的问题。需要指出的是，应客观全面地看待测评中发现的问题，存在的各种问题并不能否定浙江法院司法公开工作取得的巨大进步。

1. 司法公开的观念有待提升

首先，对于为什么要推进司法公开，有的法院、法官仍有不同认识。通过实地调取案卷、与部分法院工作人员进行交流以及接受部分法院的反馈信息，项目组发现，有人认为司法公开是上级法院硬压下来的任务，且对于提升司法水平、提高法院地位并无帮助。认识不清的结果可能导致：个别人还没有认识到司法公开是法院工作的有机组成部分，是法定的责任与义务，没有将其与规范司法权力运行有机结合，遇到上级检查或者第三方评估时则更多是应付了事，且只注重表面工作。

其次，有人认为，有些事项的公开可有可无。测评发现，对于各类信息的公开，不少人存在不同看法，特别是在当事人权利义务及重大事项的告知方面，不少法院反馈表示，当事人权利义务等一般采取当庭告知的做法，没有必要单独提前发送。比如，有的法院就测评结果反馈说，承办人认为诉讼风险是相对于起诉人而言存在败诉的可能性，故只需要向提起诉讼的原告发送，被告则不需要发送。但这个理由并不能成立，因为被告如果不能依法及时应诉或应诉准备不足，同样有败诉风险，法院没有理由不对其作出必要的提示。一些法官还对刑事案件中向被告人告知权利义务和重大事项表示了异议，如认为法律没有明确要求在开庭前向其告知合议庭组成人员。有人明确提出，《刑事诉讼法》没有规定要送达告知文书，只规定庭审时告知，不能以高院领导的讲话内容替代法律规定。有人提出，大量的二审案件被告人羁押在基层看守所，履行告知权利义务既无必要，也浪费司法资源。有人提出，民商事案件中应诉通知书、举证通知书及诉讼须知一审期间均已送达，二审中无须再送达，二审中向当事人送达的是受理案件通知书，再送达应诉通知书已无必要。如此种种意见表明，对于司法公开尚有一些问题需要进一步统一认识。

再次，对案卷的作用认识不到位。案卷是法院审判活动的最终记录载体，是回溯案件审理过程的重要线索，也是保护当事人和审判人员的重要依据。一旦当事人对案件审理过程和处理结果产生异议，就要通过案卷来回溯审理过程，因此，案件从受理到判决的全部材料和主要节点信息都应当记录在案，以备查询。但测评发现，不少人对此还有不同认识。如有人反馈，立案时立案人员已直接将受理通知书交给原告，原告在受理通知书存根（或副本）上签收就足矣，不用在案卷中保存相应的送达回证。但事实上，送达回证的目的是留存记录，一旦产生异议，可以核查有关文书是否按照规定的时间和方式送达当事人，因此，在送达回证上做好记录，包括由当事人签字确认并非可有可无。

2. 司法公开的基层动力不足

浙江阳光司法工作起步早，在全国的影响大，不少当事人、法官基于地域的横向比较和时间上的纵向比较，对司法公开在促进法院工作规范化方面的积极作用给予了相当高的正面评价。但不可否认的是，浙江司法公开工作目前还主要是依靠领导重视，并自上而下地推行，来自基层尤其是办案人员自发推进司法公开的动力并不大。据测评过程中与部分法院办案人员的交流，项目组发现，对司法公开持质疑、消极态度的情况也不容忽视。不仅仅是个别人员应付检查和测评，不少工作人员还对公开工作表露出反感、抵触的情绪。其根本原因在于，法官们本来就处于工作压力大、工作环境不佳、案件审理任务超负荷的状态下，司法公开工作又为其增加了许多额外的工作。依靠评比、排名、问责等手段可能会对法院领导工作有推动作用，但难以有效解决司法公开基层动力不足的问题。大量工作在一线的办案人员在维护法院的荣誉、维护社会公平正义方面作出了应有的努力，但他们也是普普通通的人，不能简单地用道德标杆去苛求他们，虽然推进司法公开是大势所趋，但也需要关注他们的实际工作状态，解决他们的实际困难，将其从繁重的事务性工作中解脱出来。只有这样，才能确保司法公开不仅有强大的外部助推力，更有持续的内部动力。

3. 信息公开平台建设的关系有待理顺

随着三大平台建设的深入推进，最高人民法院开发建设了多个专门的公开平台，涉及审判流程、庭审录像、裁判文书、执行信息等领域。此外，浙江法院建有其他不同的平台。司法公开平台建设日趋专业化，但如何处理各平台之间的关系成了一个很值得关注的问题。例如，浙江高院建有浙江法院新闻网和浙江法院公开网，两者虽然功能定位不同，但一家法院同步运行两个网站，很容易让使用者产生混淆。此外，各类信息的公开平台逐步上收后，下级法院的公开平台如何运行，也是一个难题。上下级法院的公开平台各自为战，容易造成公开不同步、公开内容不一致，且完全依据上级法院的公开平台有可能制约下级法院推进公开的积极性和创造性，特别是目前不少当事人在习惯上还更倾向于使用案件受理法院网站查找信息。此外，下级法院依照规定向上级法院平台报送了信息后，上级法院平台因管理或者技术原因未能及时、全面地将信息上传到互联网的，是否能视作下级法院没有依法及时公开信息，也是一个问题。因此，如何处理好各平台之间的关系将是今后司法公开平台建设方面需要注意和认真解决的问题。

4. 司法公开的管理水平和硬件使用水平还需提高

近年来，浙江三级法院在审判信息化方面投入了大量的财力与物力，硬件设施配备水平明显提升，但与之对应的管理水平、硬件使用水平还需要逐步提升。比如，目前，各法院的同步录音录像设备比较先进，但从评查情况看，设备的维护、使用还存在一定问题，个别法院存在因机械故障、人为因素不能正常录音录像的情况。再比如，网站建设方面，有的法院提出，门户网站上只能加载上级法院公开平台的链接，本院技术人员还不知道如何做到直接链接到该平台的本院页面。这说明，司法公开的推进不仅仅要依靠硬件设备的更新换代，还需要逐步提升工作人员的管理水平和硬件使用水平。

当然，对于测评发现的问题，需要客观全面地加以看待，即浙江法院的司法公开工作总体是大踏步前进的，每次测评都能发现一些问题，这并不意味着浙江法院司法公开做得不好，而恰恰是浙江法院重视司法公开工作、司法公开工作不断深化、公开要求不断提升的结果。随着对司法公开的要求不断提升以及测评工作的不断深入，一些过去不作为问题或者未发现的问题逐步显现，找出这些问题并一一加以改进，才能确保司法公开不断迈向新的高度。

（四）司法公开面临的困难

在充分认识、客观对待司法公开存在的问题的同时，还需要看到，目前的司法公开工作还面临一系列的困难，这些现实的困难如果不逐一加以解决，恐怕难以确保司法公开的持续性和稳定性。

1. 司法公开还存在法律上的模糊地带

三大诉讼法及最高人民法院的司法解释等都对司法审判各环节的信息公开作了规定，这些规定看上去已经比较严密，但项目组在实际测评中发现，仍有不少模糊地带。例如，关于向刑事案件被告人告知合议庭组成人员，这本来是保障被告人合法权益，特别是保障其依法行使申请回避的权利的最重要内容，实践中，浙江多数法院能够做到开庭前向当事人或者其辩护人告知此事项，但一些法院表示，由于法律没有明确规定，一般只是开庭或者提押时口头告知。再如，诉讼法对适用简易程序案件的告知要求规定得比较灵活，这有其合理性，但依据案情需要将简易程序转换为普通程序后，是否应当按照普通程序履行相应的告知义务，法律并未明确规定，也就造成了实践中做法不规范、不统一的情况。

2. 司法公开面临案多人少的压力

司法公开的目的之一是倒逼法院和法官提升司法水平、规范司法权力运行，这就要求审判、执行流程各个环节都做到依法、规范，必然要耗费大量的人力。但各级法院普遍面临着案多人少的压力，尤其是在目前司法体制改革提出削减法官人数的形势下，人均办案数量只会增加不会减少。另外，十八届四中全会提出，改革法院案件受理制度，变立案审查制为立案登记制，对人民法院依法应该受理的案件，做到有案必立、有诉必理。这意味着法院案多人少的情况短期内难以得到根本转变，必然会对法院司法公开工作造成一定的影响。特别是目前的案件信息管理系统需要录入大量的信息，特殊的情况下，每个案件有上千个信息点需要录入，这无疑给办案人员带来了巨大的工作负担。在这种情况下，如何协调好司法公开与高效高质量办案的关系，值得关注和探讨。

3. 纷繁复杂的案件情况让司法公开面临不少困难

从近两年的测评及部分法院的反馈看，不少信息的告知、公开的确存在客观上的困难，甚至出现送达不能、告知不能的情况。比如，有的法院反馈，合议庭组成人员的告知方面，如果被告人在押，因为看守所距离较远，来回需要数小时车程，所以仅在提押时口头告知；如果被告人取保候审，会将传票送达；对于有辩护人的，由于辩护人一般在外地，来不及邮寄送达开庭通知，让辩护人专门来领又不方便，所以都是通过电话口头告知合议庭组成情况。有的法院反馈，人民陪审员参与庭审的案件中，一般都是在开庭前才能确定陪审员，如果提前确定，开庭前人员变动需要重新安排开庭，也会影响告知。还有的法院提出，《民事诉讼法》规定“人民法院应当在立案之日起五日内将起诉状副本发送被告”，但这在实施中也有困难，一是送达难的问题难以解决，二是根据诉讼费用缴纳办法规定，“原告自接到人民法院缴纳诉讼费用通知次日起7日内缴纳案件受理费”，一般采取原告缴纳诉讼费用后再将案件移交业务庭的做法，这样也难以做到立案之日起五日内向被告发送相应文书。也有法院反馈，在民商事案件中，举证通知和风险提示书一般随传票一起发放，但如有财产保全，须待保全后发送，防止被告提前得知消息后转移财产，故有可能存在不在规定时间内发送文书的情况。还有法院反馈，有的案件合议庭组成后即打电话给原告，原告代理人答应第二天即来领取通知书，结果未取，后经催促，来领取时已超过法定期限。这些情况表明，司法公开面临的是十分复杂的情况，理论上要向公众和当事人最大限度地公开信息，法律规定也要求向其告知各类信息，但实践中确实存在各种影响公开工作的情况。

三　完善建议

《中共中央关于全面推进依法治国若干重大问题的决定》提出，全面推进依法治国，总目标是建设中国特色社会主义法治体系，建设社会主义法治国家。在中国共产党的领导下，坚持中国特色社会主义制度，贯彻中国特色社会主义法治理论，形成完备的法律规范体系、高效的法治实施体系、严密的法治监督体系、有力的法治保障体系，形成完善的党内法规体系，坚持依法治国、依法执政、依法行政共同推进，坚持法治国家、法治政府、法治社会一体建设，实现科学立法、严格执法、公正司法、全民守法，促进国家治理体系和治理能力现代化。但决定也指出，执法司法不规范、不严格、不透明、不文明现象较为突出，群众对执法司法不公和腐败问题反映强烈，成为制约推进依法治国的因素。为此，决定明确要求，构建开放、动态、透明、便民的阳光司法机制，推进审判公开、检务公开、警务公开、狱务公开，依法及时公开执法司法依据、程序、流程、结果和生效法律文书，杜绝暗箱操作；加强法律文书释法说理性，建立生效法律文书统一上网和公开查询制度。实行司法公开，是不断深化司法体制改革的重要内容，也是建设公正高效权威的社会主义司法制度的重要方面。结合2014年阳光司法指数测评，建议今后注意以下几点。

（一）进一步提升司法公开的意识，将司法公开有机融入审判执行工作

司法公开的意义与作用已经多有论述，在此不予赘述。需要指出的是，司法公开不是凭空想象的任务，不是额外附加的工作，而是审判执行活动的有机组成部分，是维护司法公正、保护当事人合法权益的必然要求。司法公开的各项要求本来就是人民法院审理案件、开展执行工作必须要做到的。建议进一步加大司法公开的宣传力度，特别是要使法院一线人员认识到司法公开的重要性和意义，使其把司法公开与审判执行工作有机结合起来，以确保司法公开工作在切实提升司法能力和水平、规范司法权力运行、提升司法公信力方面发挥应有的作用。

（二）进一步明确公开标准

鉴于测评中发现一些事项公开标准不统一、不明确的问题，建议自上而下地加以细化和明确。对于那些法律中规定较为原则、不够明确，但现实中从规范司法权运行和保护当事人合法权益角度确有必要加以公开的事项，建议从立法层面逐步加以明确，或者由最高人民法院、高级人民法院统一规定，如案件审理过程中应向当事人告知哪些事项、如何告知，等等。此外，一些告知内容应研究建立统一的模板，如诉讼指南应包括什么内容、以什么样的形式展现，最好在调研和征求意见的基础上制定统一的模板，作为公开诉讼指南的最低要求，并允许各下级法院在此基础上根据本院实际作一定的创新。

（三）向技术要生产力

案多人少的矛盾在相当长时期内难以得到有效解决，因此，要化解此矛盾，改变司法公开基层动力不足的问题，不能仅仅依靠宣传、考核、问责，更需要研究如何借助科技手段，提升工作效率，降低工作成本。比如，通过

有效的数据共享，减少信息录入工作量，如刑事案件受理后，可以通过提取公安机关、检察机关的案件信息，执行案件立案后可以通过提取案件审理流程信息，避免重复录入。据项目组了解，浙江高院已经在做类似工作。又比如，可以借助信息技术，创新送达、告知的方式方法。项目组注意到，北京高院开通了手机 APP 软件，当事人注册后，案件审理流程信息会实时推送到用户终端，免去了书面告知、送达的流程；重庆法院在案件受理通知、应诉通知上附加了二维码扫描功能，使用手机扫描后，即可实时了解案件审理流程信息。前期调研中，项目组也了解到，浙江高院也开发了 12368 短信平台，可以实时推送信息给当事人。这些技术手段一定程度上可以缓解目前送达难、告知难的问题，未来则应从法律上对其效力加以明确，以免实际应用时产生争议。

附表 1　2014 年度浙江法院阳光司法指数指标体系

单位：%

一级指标	二级指标	权重
审务公开(20%)	网站建设	20
	法院概况	10
	法院文件	15
	人员信息	25
	工作报告	20
	统计数据	10
立案庭审公开(40%)	诉讼指南	15
	权利义务及重大事项告知	25
	案件信息查询	10
	定案证据质证度	10
	档案电子化	15
	庭审录音录像	25
裁判文书公开(10%)	裁判文书公开平台	60
	裁判文书不上网公开审批	40
执行信息公开(30%)	执行指南	20
	执行拍卖	35
	举报电话有效性	15
	执行措施透明度	30

附表 2　2014 年度浙江法院阳光司法指数测评总体结果（满分 100 分）

单位：分

排位	法院	总分	排位	法院	总分	排位	法院	总分
1	江北法院	77.11	37	龙泉法院	63.46	72	滨江法院	55.22
2	东阳法院	74.81	38	浙江高院	62.59	73	定海法院	55.06
3	景宁法院	74.36	39	苍南法院	62.58	74	柯城法院	55.05
4	海宁法院	71.90	40	平阳法院	62.49	75	瓯海法院	55.00
5	余姚法院	71.60	41	淳安法院	62.24	76	三门法院	54.72
6	镇海法院	70.89	42	缙云法院	62.00	77	瑞安法院	54.63
7	椒江法院	70.12	43	杭州中院	61.80	78	衢州中院	54.43
8	遂昌法院	69.79	44	岱山法院	61.45	79	嘉兴中院	54.37
9	鄞州法院	69.18	45	建德法院	61.39	80	柯桥法院	54.08
10	临海法院	69.00		嵊泗法院	61.39		龙游法院	54.08
11	吴兴法院	68.77	47	宁海法院	61.24	82	嘉善法院	53.41
12	南浔法院	68.67	48	象山法院	61.15	83	玉环法院	52.80
13	余杭法院	68.59	49	绍兴中院	60.70	84	黄岩法院	52.71
14	湖州中院	68.49	50	德清法院	60.36	85	秀洲法院	52.43
15	北仑法院	68.48	51	常山法院	60.01	86	龙湾法院	52.34
16	宁波中院	68.11	52	新昌法院	59.87	87	临安法院	52.31
17	文成法院	67.94	53	上城法院	59.85	88	江山法院	51.53
18	丽水中院	67.85	54	海曙法院	59.13	89	永嘉法院	51.26
19	普陀法院	67.75		平 均 分	59.13	90	宁波海事法院	51.03
20	萧山法院	67.60	55	南湖法院	59.09	91	永康法院	50.96
21	长兴法院	67.49	56	江干法院	58.65	92	磐安法院	50.87
22	青田法院	66.87	57	金东法院	58.11	93	浦江法院	50.85
23	云和法院	66.43	58	鹿城法院	57.92	94	桐乡法院	49.96
24	慈溪法院	66.16	59	兰溪法院	57.86	95	海盐法院	49.77
25	安吉法院	65.99	60	下城法院	57.83	96	西湖法院	47.87
26	松阳法院	65.95	61	仙居法院	57.19	97	台州中院	47.76
27	温岭法院	65.86	62	江东法院	56.92	98	富阳法院	47.30
28	莲都法院	65.58	63	上虞法院	56.88	99	越城法院	47.03
29	洞头法院	64.88	64	武义法院	56.86	100	诸暨法院	46.21
30	平湖法院	64.85	65	开化法院	56.72	101	义乌法院	44.28
31	拱墅法院	64.15	66	奉化法院	56.63	102	天台法院	42.49
32	温州中院	63.94	67	乐清法院	56.49	103	杭州开发区法院	42.01
33	庆元法院	63.76	68	婺城法院	56.39	104	衢江法院	38.78
34	嵊州法院	63.59	69	桐庐法院	55.88	105	杭州铁路运输法院	21.40
35	金华中院	63.54	70	泰顺法院	55.74			
	路桥法院	63.54	71	舟山中院	55.47			

附表 3　审务公开板块测评总体结果（满分 100 分）

单位：分

排位	法院	总分
1	东阳法院	85.9
2	吴兴法院	83.7
3	柯桥法院	82.4
4	苍南法院	82.1
5	遂昌法院	80.9
6	余姚法院	80.4
7	青田法院	80.1
8	泰顺法院	79.7
9	龙湾法院	79.1
10	乐清法院	78.8
11	温岭法院	78.6
12	文成法院	78.5
13	安吉法院	78.1
14	莲都法院	77.0
15	路桥法院	76.5
	丽水中院	76.5
17	长兴法院	75.7
18	婺城法院	74.4
19	湖州中院	74.0
20	宁波海事法院	73.9
21	椒江法院	73.4
22	温州中院	73.2
	诸暨法院	73.2
24	海宁法院	72.9
25	余杭法院	72.7
26	南浔法院	72.6
27	鄞州法院	72.1
	黄岩法院	72.1
29	南湖法院	72.0
	嵊州法院	72.0
31	洞头法院	71.8
32	鹿城法院	71.7
	庆元法院	71.7
34	岱山法院	71.6
35	江北法院	71.4
36	慈溪法院	71.1
37	上虞法院	70.4
38	滨江法院	70.2
	江东法院	70.2
	常山法院	70.2
41	临海法院	70.1
42	宁波中院	69.8
43	镇海法院	69.4
44	绍兴中院	69.2
	景宁法院	69.2
46	嘉兴中院	69.1
	秀洲法院	69.1
48	缙云法院	68.8
49	龙泉法院	68.7
50	宁海法院	68.4
51	北仑法院	68.3
52	越城法院	68.0
53	象山法院	67.9
54	上城法院	67.6
55	金华中院	67.5
56	云和法院	67.2
57	兰溪法院	67.1
58	建德法院	66.9
59	淳安法院	65.5
60	新昌法院	65.3
61	武义法院	65.2
62	天台法院	65.1
63	龙游法院	64.8
64	义乌法院	64.5
	三门法院	64.5
	平均分	64.5
66	永嘉法院	64.2
67	台州中院	64.1
68	金东法院	63.9
69	瑞安法院	63.1
70	平阳法院	62.9
71	萧山法院	62.8
72	江干法院	62.5
73	桐乡法院	62.1
74	平湖法院	61.0
75	嵊泗法院	60.7
76	杭州中院	60.0
77	开化法院	59.5
78	永康法院	59.1
79	拱墅法院	58.3
80	浙江高院	57.9
	德清法院	57.9
	磐安法院	57.9
83	浦江法院	56.4
84	仙居法院	55.4
85	普陀法院	54.6
86	衢州中院	54.4
	柯城法院	54.4
88	江山法院	53.4
89	海盐法院	53.3
90	瓯海法院	52.3
91	衢江法院	51.6
92	桐庐法院	51.5
93	临安法院	50.8
	海曙法院	50.8
95	松阳法院	50.4
96	舟山中院	50.3
97	定海法院	48.0
98	富阳法院	43.4
99	下城法院	41.1
100	奉化法院	40.9
101	玉环法院	39.8
102	西湖法院	35.3
103	嘉善法院	34.1
104	杭州开发区法院	16.8
105	杭州铁路运输法院	0

附表 4　立案庭审公开板块测评总体结果（满分 100 分）

单位：分

排位	法院	总分	排位	法院	总分	排位	法院	总分
1	北仑法院	83.0	37	吴兴法院	64.9	72	柯桥法院	56.3
2	江北法院	82.7	38	湖州中院	64.4	73	浙江高院	55.9
3	丽水中院	78.7	39	杭州开发区法院	64.2	73	安吉法院	55.9
4	衢州中院	78.1	40	定海法院	64.1	75	越城法院	55.7
5	椒江法院	77.9	41	建德法院	63.9	76	苍南法院	55.6
6	洞头法院	76.1		宁海法院	63.9	77	平湖法院	55.1
7	景宁法院	75.6		舟山中院	63.9	78	衢江法院	54.9
8	松阳法院	75.0	44	宁波海事法院	63.8	79	义乌法院	54.7
9	余杭法院	74.4	45	滨江法院	63.7		磐安法院	54.7
10	嵊泗法院	74.2	46	拱墅法院	63.4	81	南湖法院	54.6
11	普陀法院	73.5	47	海宁法院	63.1	82	黄岩法院	54.0
12	文成法院	72.9	48	缙云法院	62.6	83	温州中院	53.7
13	龙泉法院	72.5	49	鄞州法院	62.3	84	柯城法院	53.4
14	象山法院	72.0	50	嘉兴中院	61.9	85	临安法院	53.2
15	江东法院	71.6	51	金华中院	61.7	86	开化法院	52.6
16	瓯海法院	71.5	52	仙居法院	61.3	87	西湖法院	51.2
17	镇海法院	71.3	53	江干法院	61.2	88	金东法院	50.8
18	青田法院	71.2		平　均　分	60.9	89	秀洲法院	50.6
19	宁波中院	70.5	54	常山法院	60.8	90	温岭法院	50.1
20	余姚法院	70.3	55	浦江法院	60.7	91	嘉善法院	49.7
21	下城法院	69.4	56	淳安法院	60.5	92	瑞安法院	49.5
22	莲都法院	69.3	57	平阳法院	60.4	93	绍兴中院	49.1
	云和法院	69.3		武义法院	60.4	94	江山法院	48.0
24	临海法院	68.8	59	新昌法院	59.9	95	兰溪法院	47.9
25	玉环法院	68.4	60	长兴法院	59.6	96	台州中院	47.5
26	海曙法院	68.3	61	鹿城法院	59.5	97	富阳法院	47.3
27	奉化法院	68.2		泰顺法院	59.5	98	海盐法院	46.6
	嵊州法院	68.2	63	婺城法院	58.8	99	龙游法院	45.7
29	上城法院	68.1	64	遂昌法院	58.6	100	乐清法院	45.3
30	南浔法院	67.9	65	上虞法院	58.3	101	桐乡法院	43.7
31	岱山法院	67.6	66	桐庐法院	57.8	102	永嘉法院	43.6
32	庆元法院	66.9		路桥法院	57.8	103	天台法院	39.2
33	慈溪法院	66.8	68	三门法院	57.5	104	诸暨法院	36.8
34	萧山法院	66.1	69	永康法院	57.3	105	杭州铁路运输法院	26.0
35	东阳法院	65.9	70	龙湾法院	57.2			
36	杭州中院	65.0	71	德清法院	57.1			

附表 5 裁判文书公开板块测评总体结果（满分 100 分）

单位：分

排位	法院	总分
1	宁海法院	83.8
2	东阳法院	80.2
3	湖州中院	79.2
4	上城法院	79.0
5	平湖法院	77.2
6	杭州中院	74.8
7	嵊泗法院	74.2
8	丽水中院	73.0
9	萧山法院	72.4
	金华中院	72.4
11	江干法院	71.2
12	普陀法院	70.0
13	宁波中院	69.0
14	温州中院	68.2
	海宁法院	68.2
16	长兴法院	64.0
17	临海法院	62.8
18	下城法院	62.2
19	南浔法院	62.0
	遂昌法院	62.0
21	安吉法院	61.72
22	温岭法院	60.4
23	吴兴法院	59.4
24	拱墅法院	59.2
	滨江法院	59.2
	绍兴中院	59.2
	椒江法院	59.2
28	定海法院	59.0
29	路桥法院	57.4
30	淳安法院	54.4
31	鹿城法院	53.2
	元 法 院	53.2
33	鄞州法院	52.4
34	龙游法院	52.0
	云和法院	52.0
	松阳法院	52.0

排位	法院	总分
37	永嘉法院	51.4
	嘉兴中院	51.4
	衢州中院	51.4
40	缙云法院	50.8
41	秀洲法院	50.2
	海盐法院	50.2
	武义法院	50.2
	磐安法院	50.2
45	余杭法院	50.0
	江东法院	50.0
	镇海法院	50.0
	慈溪法院	50.0
	象山法院	50.0
	德清法院	50.0
	莲都法院	50.0
52	台州中院	48.4
53	金东法院	47.0
	平 均 分	46.23
54	建德法院	46.0
55	洞头法院	44.8
56	余姚法院	43.6
	平阳法院	43.6
	黄岩法院	43.6
59	瓯海法院	42.4
60	杭州经济技术开发区法院	41.2
	苍南法院	41.2
	文成法院	41.2
	泰顺法院	41.2
	嘉善法院	41.2
	上虞法院	41.2
	三门法院	41.2
	景宁法院	41.2
68	浙江高院	39.0
69	桐庐法院	38.0
	江北法院	38.0

排位	法院	总分
69	北仑法院	38.0
	奉化法院	38.0
	桐乡法院	38.0
	越城法院	38.0
	浦江法院	38.0
	常山法院	38.0
	仙居法院	38.0
	玉环法院	38.0
	龙泉法院	38.0
	舟山中院	38.0
81	兰溪法院	32.0
82	瑞安法院	29.2
	嵊州法院	29.2
	柯城法院	29.2
85	西湖法院	29.0
	龙湾法院	29.0
	南湖法院	29.0
	柯桥法院	29.0
	诸暨法院	29.0
	江山法院	29.0
	岱山法院	29.0
92	富阳法院	20.0
	杭州铁路运输法院	20.0
	乐清法院	20.0
	新昌法院	20.0
	婺城法院	20.0
	义乌法院	20.0
	永康法院	20.0
	衢江法院	20.0
	开化法院	20.0
	天台法院	20.0
	青田法院	20.0
	宁波海事法院	20.0
104	临安法院	14.0
105	海曙法院	8.0

附表6　执行信息公开板块测评总体结果（满分100分）

单位：分

排位	法院	总分	排位	法院	总分	排位	法院	总分
1	景宁法院	87.2	37	柯城法院	66.3	72	上虞法院	51.2
2	江北法院	86.5	38	苍南法院	66.0	73	三门法院	49.0
3	海宁法院	84.2	39	淳安法院	65.0	74	武义法院	48.8
4	浙江高院	82.5	40	临安法院	64.9	75	江干法院	48.5
5	鄞州法院	82.0	41	路桥法院	64.6	76	鹿城法院	48.2
6	温岭法院	80.2	42	余杭法院	64.3	77	永康法院	47.4
7	遂昌法院	79.9		瑞安法院	64.3	78	诸暨法院	46.5
8	镇海法院	78.3	44	宁波中院	63.5	79	定海法院	46.4
9	东阳法院	77.5	45	嵊州法院	63.3	80	象山法院	45.9
10	余姚法院	76.8	46	文成法院	63.2		丽水中院	45.9
11	平湖法院	76.3	47	江山法院	62.5	82	玉环法院	45.6
12	嘉善法院	75.3	48	桐庐法院	62.2	83	宁海法院	45.4
13	长兴法院	73.7	49	椒江法院	61.2	84	秀洲法院	44.5
14	兰溪法院	73.6	50	金华中院	60.4	85	磐安法院	41.3
15	安吉法院	72.8		缙云法院	60.4	86	黄岩法院	41.1
16	开化法院	72.6	52	建德法院	59.5	87	柯桥法院	40.6
17	平阳法院	71.3		常山法院	59.5	88	嵊泗法院	40.5
18	萧山法院	71.2	54	北仑法院	59.4	89	泰顺法院	39.6
19	绍兴中院	71.0	55	仙居法院	59.3	90	天台法院	39.3
20	拱墅法院	70.7	56	富阳法院	59.0	91	瓯海法院	39.0
21	临海法院	70.6	57	龙游法院	58.8	92	浦江法院	38.3
22	温州中院	70.0	58	莲都法院	58.2	93	上城法院	37.3
23	德清法院	69.8	59	西湖法院	58.1	94	台州中院	37.0
24	海曙法院	69.5	60	奉化法院	57.9	95	龙湾法院	35.8
	新昌法院	69.5	61	庆元法院	57.8	96	嘉兴中院	35.5
26	南浔法院	69.3		平均分	57.4	97	滨江法院	32.6
27	松阳法院	68.9	62	岱山法院	57.3	98	江东法院	30.8
28	乐清法院	68.7	63	龙泉法院	56.4	99	杭州铁路运输法院	30.0
29	普陀法院	68.1	64	杭州中院	54.4			
30	青田法院	67.9	65	桐乡法院	54.2	100	杭州开发区法院	29.5
31	金东法院	67.7	66	舟山中院	53.5			
32	慈溪法院	67.4	67	婺城法院	53.3	101	宁波海事法院	29.1
33	吴兴法院	67.1	68	永嘉法院	52.8	102	义乌法院	25.0
34	云和法院	66.9	69	下城法院	52.1	103	越城法院	24.5
35	湖州中院	66.7	70	洞头法院	52.0	104	衢江法院	15.0
36	南湖法院	66.5	71	海盐法院	51.5	105	衢州中院	13.8

B.16

北京法院阳光司法指数报告（2014）

中国社会科学院法学研究所法治指数创新工程项目组*

摘　要：2014年，受北京市高级人民法院的委托，中国社会科学院法学研究所法治指数创新工程项目组对北京市三级22家法院的司法公开进行了量化评估，用客观数据直观反映审务公开、立案庭审公开、裁判文书公开、执行信息公开的情况，并对重大权利事项告知情况和审判管理系统数据准确性进行评查，总结和分析了北京法院在推行司法公开过程中取得的进展和面临的困境，并就完善司法公开制度提出了对策建议。

关键词：司法公开　阳光司法　北京法院　法治指数

受北京市高级人民法院委托，中国社会科学院法学研究所法治指数创新工程项目组（以下简称“项目组”）于2014年对北京市三级共计22家法院开展了阳光司法指数评估。鉴于第四中级人民法院和知识产权法院刚成立不久，前者仍测评其前身北京市铁路中级法院，后者暂不纳入评估范围。

---

* 项目组负责人：田禾，中国社会科学院法学研究所研究员。项目组成员：吕艳滨、王小梅、栗燕杰、赵千羚、张誉、刘迪、郑博、常君、张多、张爽、周震、李家琛、任娇、刘桂亮、徐霖、郝珠、宋君杰、杜娟、董晋、蔡康苗、张亮。执笔人：王小梅，中国社会科学院法学研究所副研究员；田禾，中国社会科学院法学研究所研究员。周震参与了部分内容的撰写。

一　测评指标体系及测评方法

（一）测评指标体系

北京法院阳光司法指数与2013年开始的浙江法院阳光司法指数测评均是对一个地方三级法院开展司法公开的情况进行评估。但一个城市的法院公开工作与一个省仍有不少差异。特别是北京法院较早实现了审判、执行信息集中发布，三级法院在对公众进行一般司法信息的公开方面差异不大，而推动面向当事人的审判、执行流程信息及面向公众的裁判文书公开方面则是其目前司法公开的重点。因此，北京法院阳光司法指数评估指标体系与浙江法院阳光司法指数略有不同，包括六个一级指标（见表1）：审务公开（20%）、立案庭审公开（20%）、裁判文书公开（20%）、执行信息公开（20%）、权利义务及重大事项告知（10%）和案件流程节点信息录入的准确性（10%）。

审务公开是司法公开的基础，立案庭审公开、裁判文书公开和执行信息公开是司法公开的核心，也是最高人民法院明确提出的三大平台建设的要求。设定权利义务及重大事项告知指标是为了评估《北京市高级人民法院关于进一步落实审判、执行重要程序事项告知制度的规定（试行）》的落实情况。司法公开的前提和基础性工作是司法信息的录入和处理，根据审判管理的需要，案件审执流程中的节点信息要录入审判管理系统，项目组通过比对审判管理系统和卷宗的节点信息评估节点信息录入的准确性。

表1　北京法院阳光司法指数指标体系

一级指标	二级指标
审务公开(20%)	网站友好性(30%)
	人员公开(20%)
	财务公开(30%)
	工作报告(20%)

续表

一级指标	二级指标
立案庭审公开(20%)	诉讼指南(30%) 开庭公告(20%) 庭审直播(10%) 案件查询系统(10%) 旁听(30%)*
裁判文书公开(20%)	裁判文书更新(25%) 裁判文书的完整性(25%) 裁判文书信息处理的规范性(25%) 裁判文书的可复制下载(25%)
执行信息公开(20%)	执行栏目设置(10%) 执行常识(10%) 拍卖公告(10%) 执行曝光(60%) 执行线索(10%)
权利义务及重大事项告知(10%)	民事案件(30%) 刑事案件(20%) 行政案件(20%)** 执行案件(30%)***
案件流程节点信息录入的准确性(10%)	立案日期(12.5%) 开庭日期(12.5%) 合议庭或执行组织组成(12.5%) 审限或执限(12.5%) 结案方式(12.5%) 结案日期(12.5%) 执行标的额(12.5%) 实际执行标的额(12.5%)

说明:* 北京铁路中院未测评旁听，因此其立案庭审公开各指标的权重分别是：诉讼指南 30%、开庭公告 30%、庭审直播 20%、案件查询系统 20%。

** 北京铁路中院和铁路运输法院无行政案件，因此案卷评查的各项指标权重与其他法院不同，民事、刑事、执行分别占 40%、30%、30%。

*** 北京高院执行案件未测评，因此案卷评查的各项指标权重与其他法院不同，民事、刑事、执行分别占 40%、30%、30%。

1. 审务公开指标

审务公开是指与司法审判有关的司法行政事务应该向当事人和公众公

开。审务公开下设网站友好性、人员公开、财务公开、工作报告4个二级指标，权重分别为30%、20%、30%和20%。

网站友好性主要考察22家法院的政务网站的情况，包括是否建立与北京法院审判信息网的链接、是否能够链接至裁判文书统一平台（北京法院审判信息网的裁判文书平台和中国裁判文书网）、首页是否有游动窗口等。

人员公开包括法院领导、审判人员、书记员和人民陪审员的信息公开，这四类人员均属于当事人可申请的回避范围，因此应该公开，但公开程度有所区别。对于法院领导和审判人员，要求公开姓名、职务或法官级别、学习或工作简历，书记员仅要求公开其姓名，人民陪审员则要求公开其姓名、职业或工作单位。

法院作为公共财政单位，财务公开是必然要求，中国预算改革的目标就是要建立全面规范、公开透明的预算制度。考虑到直辖市的中级人民法院、铁路法院与高级人民法院同属一个预算编制单位，因此将北京市高级人民法院的财务公开情况作为北京市第一、第二、第三中级人民法院及北京市铁路中级法院和铁路运输法院的财务公开评估结果。财务公开指标评估了2014年预算公开、2013年决算公开以及三公经费的预决算公开情况。

工作报告是法院每年度就其司法工作情况向同级人民代表大会汇报，接受人大代表评议和监督的文件。法院应该在当年人民代表大会结束之后，及时将其年度工作报告予以上网公布，接受公众的监督。工作报告指标主要考察法院历年特别是本年度工作报告的公开情况。

2. 立案庭审公开

立案庭审公开下设5个二级指标：诉讼指南（30%）、开庭公告（20%）、庭审直播（10%）、案件查询系统（10%）、旁听（30%）。

诉讼指南从全面性、便捷性和准确性三个维度评估：全面性包括诉讼须知、权利义务告知、风险告知、立案条件、审判流程、诉讼时限、诉讼文书样本等；便捷性是指公开的诉讼指南是否按照案件类型或立案、庭审等阶段进行分类；准确性是指公开的诉讼指南随着诉讼程序法的修订要及时更新，否则，以旧的法律规定引导诉讼，无疑会南辕北辙。

开庭公告主要考察开庭公告的更新性和发布的及时性，要求22家法院在北京法院审判信息网上发布最新的开庭公告，并且应至少在开庭日期前3日发布。

庭审直播主要考察22家法院在北京法院审判信息网上公开庭审录像的情况。

案件查询系统主要针对当事人和律师公开，考察当事人和律师能否根据密码查询案件进度。

旁听主要是实地考察法院是否允许旁听，旁听的手续是否复杂，是否人为设置障碍。

3. 裁判文书公开

裁判文书公开主要考察北京法院审判信息网上公开的各个法院的裁判文书是否及时更新，内容是否完整，对文书中的个人信息是否进行了规范处理以及网上的裁判文书是否可以复制、下载。此外，项目组还对不上网公开审批情况进行了考察，主要调取各法院不上网裁判文书的审批单，考察不上网的理由，本次评估未计算分数。

4. 执行信息公开

执行信息公开主要考察执行栏目设置、执行常识、拍卖公告、执行曝光和执行线索，要求单设执行栏目，全面公开执行指南，发布最新的拍卖公告，曝光失信被执行人、限制高消费和限制出境的人员信息，提供执行举报渠道。

5. 权利义务及重大事项告知

权利义务及重大事项告知是指立案、审判、执行过程中遇到重大情况变更应及时告知当事人，保障当事人的知情权和申请回避权。此项评估主要采取案卷评查的方法，查看案卷中是否有相应的文书送达。2014年民事、刑事和行政案卷重点评查了向当事人送达合议庭组成或独任审判员通知书的情况，执行案件主要评查强制执行裁定书的送达、执行款项收取和发还凭证（执行标的为非款项的，本项指标不适用）的情况。

6. 案件流程节点信息录入的准确性

本指标体系所选取的节点信息包括立案日期、开庭日期、合议庭或执行组织组成、审限或执限、结案方式、结案日期，主要考察审判管理系统录入的信息是否准确，与卷宗记载的实际信息是否一致。

（二）测评方法

2014 年 10 月 15 日至 2015 年 1 月 22 日，项目组根据上述指标体系对北京市三级 22 家法院的司法公开进行了评估。

本次评估主要采取网站观测、案卷评查、档案调阅、电话验证、实地验证等测评方法。审务公开、立案庭审公开、裁判文书公开和执行信息公开主要通过法院门户网站观测相关信息的公开情况，其中审务公开所观测的网站既包括北京法院审判信息网，又包括各法院的政务网站，还考察了两者的互通性和一致性；立案庭审公开、裁判文书公开和执行信息公开则主要观测北京法院审判信息网这一由三级法院共享的统一司法公开平台。为了评估立案庭审公开中的旁听事项，项目组于 2015 年 1 月 15 日至 21 日对北京市 21 家法院（北京铁路中院已更名为北京市第四中级人民法院，故未测评其旁听事项）进行实地调研，验证旁听情况。

对裁判文书公开的测评，除了考察北京法院审判信息网上公开的裁判文书之外，还调取了各法院的不上网审批单，统计并分析不上网的理由。

考察节点信息录入准确性的主要做法是每个法院选取 1 个民事案件、2 个刑事案件和 2 个执行案件（北京市高级人民法院未考察执行案件），对比审判管理系统中的案件流程信息与卷宗记录的信息，评查节点信息在系统信息中录入得是否准确。共计抽检了 108 个案件。

对权利义务及重大事项告知的评估主要采取案卷评查方法，具体做法是从每个法院提供的卷宗中随机选取 5 个民事案件、5 个刑事案件、5 个行政案件（铁路法院无行政案件不予考察）和 5 个强制执行案件（北京市高级人民法院的执行案卷主要是执行行为复议案件，未作考察），查看卷宗是否有相应的文书，是否有相关事项的送达记录和凭证。

二 测评结果

北京市三级 22 家法院的测评结果显示，最高分为 79.8 分，最低分为 62.4 分，平均得分 69.8 分。排在前五名的法院是：三中院、西城法院、北京高院、一中院、铁路中院。整体而言，中级人民法院司法公开工作普遍好于基层法院（见表 2）。因测评指标与方法存在差异，北京、浙江两地测评结果暂不具备横向比较的意义。

表 2 北京法院阳光司法指数评估结果（满分 100 分）

单位：分

排名	测评对象	分数	排名	测评对象	分数
1	三中院	79.8	12	东城法院	68.7
2	西城法院	78.8	13	石景山法院	68.5
3	北京高院	77.6		顺义法院	68.5
4	一中院	74.7	15	密云法院	68.0
5	铁路中院	74.4	16	海淀法院	67.4
6	二中院	71.5	17	朝阳法院	67.0
7	大兴法院	71.3	18	门头沟法院	66.1
8	铁路运输法院	70.4	19	昌平法院	64.4
9	平谷法院	69.8	20	延庆法院	63.7
	房山法院	69.8	21	怀柔法院	63.2
11	丰台法院	69.7	22	通州法院	62.4

就一级指标而言，北京市 22 家法院的立案庭审公开、裁判文书公开和执行信息公开的得分普遍很高，不少指标为满分，这主要得益于北京法院审判信息网的开通，提高了三级法院此类信息的公开水平。北京法院审判信息网作为北京三级法院统一的司法信息公开平台，着力于立案庭审公开、裁判文书公开和执行信息公开三大平台建设，实现信息发布的标准化。

与立案庭审公开、裁判文书公开和执行信息公开三大平台建设相比，北京法院对审务公开的重视不够，其中司法财务信息和工作报告信息公开水平有待提升，并且极少通过统一的司法公开平台发布。从案卷评查的情况来看，各法院在办案过程中对当事人权利义务及重大事项信息的告知做得不够规范，卷宗没有相应文书记载的现象较为普遍，并且，对送达凭据的留存不够规范，单从卷宗很难查到相关信息送达的凭据。另外，司法公开的前提是信息录入要完整和准确，但是从调研来看，审判和执行流程中的重大节点信息的完整性和准确率还有一定的提升空间。

需要指出和说明的是，本次评估未根据法院的受案量和人均办案量进行加权，因此，在基层法院中，朝阳法院和海淀法院得分并不理想，这也与两家法院每年的审结案件最多、人均结案数最高不无关系。例如，在案多人少的压力下，朝阳法院和海淀法院在司法公开方面可能不如有些案件量小的区县法院做得精细。

三　发现的亮点

近两年来，北京法院高度重视司法公开，加强了司法公开的制度建设和平台建设，司法公开范围相对明确，公开平台集中，公开渠道多样，加大执行信息公开力度，立案庭审公开和裁判文书上网实现了一定程度的标准化。

（一）司法公开范围明确化

尽管最高人民法院出台了不少司法公开文件，但是从实践来看，各地在执行这些文件的时候把握的标准不一，公开的范围不甚明确，司法公开还处于不断摸索的阶段。为了切实落实最高人民法院关于司法公开的要求，2014年，北京市高级人民法院出台了《北京市法院审判、执行信息公开范围（试行）》。该文件将司法信息分为两类，一类是向社会公众公开的信息，一类是向当事人公开的信息。向社会公众公开的信息包括审判机构信息、审判人员信息、司法公开指南信息、诉讼指南信息等十项，并罗列了每一项所包含的子项目。向当事人公开的信息包括立案、审理、执行、审限、结案等环节，每个环节要公开哪些内容均进行了列举。

（二）司法公开平台集约化

2013年12月31日北京法院审判信息网开通，定位为“司法公开和诉讼服务平台”。北京法院审判信息网设置“法院要闻”“公告公示”“裁判文书”“审判流程”“执行信息”“法官信息”“参阅案例”“诉讼服务”“数说审判”“视说诉讼”十余个栏目，北京法院审判信息网将《北京市法院审判、执行信息公开范围（试行）》列举的信息分解到各个栏目予以公开。以“诉讼服务”为例，该栏目下设“网上立案”“案件查询”“网上阅卷”“法院指引”“诉讼指南”“文书样式”“诉讼工具”7个子栏目，前3个子栏目是针对当事人公开，后4个子栏目是针对社会公众公开。

对于法院而言，诉讼指南、文书样式和诉讼工具是具有共性的，集中公开更有效率。以诉讼指南为例，如果在各个法院的政务网站上分散公开，会造成分类不一致、内容不全面、更新不及时等问题，而北京法院审判信息网所公开的诉讼指南，为当事人提供明确的指导，内容涵盖立案流程、立案条件、诉讼须知、举证须知、起诉书格式、申请书格式、诉讼费用标准、委托书格式、申请再审的条件及要求、缓减免交诉讼费用的程序和条件、诉讼风险提示、可供选择的非诉讼纠纷解决方式、申诉的条件及要求等。对于各个法院个性化的信息，该网站则在一个栏目中按照法院名称进行分别公开。例如，“法院指引”提供全市法院的地理位置分布，点击法院名称可以查看相应的法院概况、管辖范围、部门及职能、审委会组成人员、法院地址、投诉渠道。不同法院的裁判文书、庭审直播、执行曝光、法官信息等在同一平台上集中公开，有利于公众进行横向比较。

（三）公开渠道多样化

信息技术的发展为司法公开渠道多样化提供了可能性。除了传统的立案大厅、公告牌、邮政送达之外，北京法院开通网上立案系统、电子送达服务平台、12368诉讼服务热线、手机等移动终端诉讼信息服务平台等。

1. 网上预约立案

2014 年 4 月 21 日，北京法院开通网上预约立案系统，并施行《北京法院网上预约立案工作办法（试行）》，开放“律师、参与人、当事人”通道，当事人或者代理人注册后即可登陆该系统进行网上预约立案，北京律师协会会员还可以通过“北京律协”通道登陆。从 2014 年 8 月 11 日起，一审民商事、知识产权案件以及执行案件均可以进行网上预约立案。

2. 手机移动诉讼服务平台

北京法院分别为公众和当事人开通移动诉讼服务和移动案件查询两类手机移动终端诉讼服务平台，公众和当事人可以通过安装移动 APP，享受两项服务。移动诉讼服务为公众提供法院要闻、公告发布、诉讼指南、法院导航、诉讼工具等五项服务；移动案件查询为北京法院涉案当事人提供案件进度查询服务，登陆后可及时接收案件进展通知和电子送达文书信息。社会公众可在北京法院审判信息网上通过扫描北京法院诉讼信息服务 APP 二维码实现此功能。

3. 北京法院12368语音诉讼服务平台

北京法院 12368 语音诉讼服务平台提供人工和语音两种服务，人工服务能够针对咨询者的问题作出解答，社会公众和当事人能够通过语音服务得到标准化的司法事项信息，包括查询法院地址与办公时间、案件进程、开庭公告、立案相关信息、审判流程、庭审程序、信访材料、索取文书格式等。

（四）立案庭审公开全面立体

1. 集中发布开庭公告

北京法院审判信息网在公示公告栏目中集中发布北京市所有法院的开庭公告。调研结果显示，北京市 22 家法院的开庭公告能够及时更新，并全部实现提前 3 日发布，并且可以按照法院和开庭时间进行准确查询。

2. 公开完整的审判指导文件和参阅案例

北京法院审判信息网公开了最高人民法院和北京高院两级法院的审判指导文件，包括民事审判、商事审判、知识产权审判、刑事审判、行政审判、执行、国家赔偿、未成年人审判等的业务规范以及北京高院的审判管理。法官在审理案件时一般会参照最高人民法院和高级人民法院的审判指导文件，北京法院公开审判指导文件，有利于社会公众、当事人尤其是律师进行相关研究，对案件审理产生合理的预期。另外，北京法院审判信息网还公开了民事、商事、知识产权、刑事、行政、执行的参阅案例。所公开的参阅案例包括关键词、参阅要点、相关法条、当事人、基本案情、审理结果、裁判理由、解说等。

3. 庭审直播

北京法院审判信息网单设“视说诉讼”栏目，按照法院播放庭审直播。调研发现，近60%的法院通过北京法院审判信息网进行庭审直播，其中有10家法院提供了3个月以内的庭审直播。

4. 多数法院允许旁听

针对法院是否允许公众旁听公开审理的案件，项目组对北京市21家法院（不包括铁路中院）进行实地调研。调研结果为：21家法院中有19家法院允许公民旁听案件，占调研法院的90.5%。

（五）裁判文书上网标准化

2013年，北京市高级人民法院出台《北京市高级人民法院关于人民法院在互联网公布裁判文书规定的实施细则（试行）》，对裁判文书上网从形式到内容进行了精细化规定。北京法院裁判文书集中在北京法院审判信息网上公开，由于网站设置了统一格式和标准，裁判文书上网及时、内容完整、信息处理规范。

1. 细化和明确上网的裁判文书范围

《北京市高级人民法院关于人民法院在互联网公布裁判文书规定的实施细则（试行）》明确将“生效的维持原判刑事裁定书、不予受理裁定书、对管辖权有异议裁定书、驳回起诉裁定书、驳回再审申请裁定书、发回重审裁定书、执行异议裁定书、执行复议裁定书或决定书、补正裁定书”归入应上网的范围，并对不上网的裁判文书的范围进行了界定和列举。《北京市高级人民法院关于人民法院在互联网公布裁判文书规定的实施细则（试行）》将“国家秘密”解释为“关系国家的安全和利益，依照法定程序确定，在一定时间内只限一定范围的人员知情的事项”，对个人的私生活、日记、照相簿、生活习惯、通信秘密、身体缺陷等视为“个人隐私”，并对“其他不宜”上网的文书进一步解释为“公布后可能对正常社会秩序和善良风俗产生重大不利影响的、公布后可能给当事人或其他诉讼参与人生活、工作造成严重困扰的裁判文书”。

2. 统一技术处理标准

按照最高人民法院的规定，裁判文书上网发布原则上不对当事人姓名进行隐名处理，但对所有案件不能一刀切。为此，《北京市高级人民法院关于人民法院在互联网公布裁判文书规定的实施细则（试行）》第10条、第11条对需要隐名处理的案件类型和处理规则作了规定。此类情况包括：婚姻家庭、继承纠纷案件中的当事人及其法定代理人；刑事案件中被害人及其法定代理人、证人、鉴定人；被判处三年有期徒刑以下刑罚以及免予刑事处罚，且不属于累犯或者惯犯的被告人。该实施细则还明确了匿名处理的规则，即以“张××”“王××”等替代上述人员的姓名；同一裁判文书中姓氏有重复的以“张×1”“张×2”等形式替代；委托代理人或辩护人是律师的，保留律师事务所名称；委托代理人或辩护人是公民的，删除其家庭住址、通信方式、身份证号码等信息，但应保留委托代理人与当事人之间的关系。

《北京市高级人民法院关于人民法院在互联网公布裁判文书规定的实施细则（试行）》第12条统一案件名称格式为“当事人＋案由＋文书种类”，如民事案件二审判决书可表述为“某某公司与某某公司某某合同纠纷二审民事判决书”。

3. 上网发布及时、规范

由于北京市高级人民法院对裁判文书上网提出了统一的标准，从抽查的情况来看，全市22家法院的裁判文书均能做到及时上网，公开的每份裁判文书内容完整，当事人的信息处理得当、标准统一。北京法院裁判文书公开平台提供了较为便捷的查询系统，可以按照案件类型、承办法院、案由、案号、裁判日期查询公开的裁判文书，也可以通过多条件组合查询更为精确地定位要查询的文书。

（六）执行信息公开力度加大

为强化执行信息公开，2014 年 5 月 1 日北京法院开始施行《北京市法院执行案件办理流程与执行信息公开指南》，明确了向当事人公开和向公众公开的执行信息的范围和形式。北京各法院通过北京法院审判信息网的“执行信息”栏目进行执行信息的动态公开。

1. 向当事人公开执行流程信息

（1）执行接待日。北京市高级人民法院将每月第一个、第三个周五上午定为全市法院统一的“执行接待日”，由各院执行案件承办人集中接待当事人，并将接待及其处理的相关情况制作笔录入卷。

（2）执行案件信息。北京法院通过执行信息公开平台向当事人公开的执行信息包括：执行立案信息、执行人员信息、执行措施信息、执行财产处置信息、强制措施信息、执行款项分配信息、执行裁决信息、暂缓/中止/终结执行信息、结案信息（包括执行标的实际到位情况）等。

（3）反馈执行进展情况。为了避免执行案件久拖不结，北京法院推行执行案件定期反馈制度，即执行申请人执行案件受理届满一个月、六个月（未结案）以及此后的每三个月，执行法院应当于期限届满后 15 日内向申请执行人反馈执行进展情况。反馈执行进展情况包括告知申请执行人已经采取的执行措施及结果、下一步执行计划、需要其参与和配合的事项等内容，并听取其对案件执行的意见和建议。北京法院还尝试通过 APP 移动平台主动向当事人反馈执行案件进展情况并与当事人进行互动交流。

2. 向社会公开的执行信息

北京法院审判信息网上的“诉讼指南”公开了执行指南，在“公告公示”栏目发布了执行公告，在“执行信息公开”栏目公开了“执行信息的公开范围”“执行信息公开信息的查询方法”“最高人民法院关于公布失信被执行人名单信息的若干规定（节选）”以及执行曝光。

（1）执行指南。北京法院在北京法院审判信息网上公开了较为完整的执行指南，包括执行业务规范、执行立案标准、执行收费标准等。

（2）执行公告。执行法院通过北京法院审判信息网的公告公示栏目发布了拍卖公告、变卖公告、破产管理人、悬赏公告等。

（3）执行曝光。北京法院审判信息网在执行信息栏目中按法院公开了失信被执行人名单信息、限制出境被执行人名单信息、限制高消费被执行人名单信息、限制招投标被执行人名单，并且提供案号查询。

（七）重视司法统计数据公开

就全国而言，司法统计数据一直是司法公开的短板。北京法院重视司法统计数据的公开，在北京法院审判信息网上专门开设“数说审判”栏目，包括各法院全年案件统计、各法院当天案件统计、全年案件分类统计、全年公开信息统计、全年流程公开统计、全年文书统计。北京法院审判信息网还实时公开当日开庭的数量；按法院公开裁判文书的上网数量，提供在执实施案件、失信被执行人、限制出境人员、限高消费人员、限制招投标人员的数量。

（八）部分案卷重大程序信息告知规范

项目组在通过案卷评查重大程序信息告知情况时发现，铁路中院和铁路运输法院卷宗规范，能够将送达信息完整地反映在卷宗里。例如，铁路中院的执行卷宗有执行案件受理通知书、执行通知书、被执行人报告财产令、执行裁定书、协助执行裁定书，并且大多有送达回执，凡是公告送达的不仅有文书，还有《人民法院报》的剪报。

执行案卷中执行款收取和发放较为规范。在105份执行案卷中，普遍有执行款的收取和发还凭证，仅4份无收取凭证和8份无发还凭证，分别占3.81%和7.62%。

四　存在的问题及完善建议

（一）整合司法公开平台

现有的北京法院信息发布网站包括分散的政务网站和统一的司法公开平台，还有辅助专项公开平台（如北京法院庭审直播网、北京法院直播网、北京法院京牌小客车司法处置平台、北京法院司法拍卖平台），由于最高人民法院还建有全国统一的专线信息公开平台，因此基层法院的司法信息不仅要上传至本院政务网站，还要上传到北京市司法公开平台，同时还要上传至全国司法专项信息平台，造成重复劳动，也不方便公众和当事人查询信息，并且多个平台之间的司法信息如果不一致，还会给公众和当事人带来困惑。

在北京法院审判信息网建立之前，各个法院通过政务网站发布一些司法信息，然而由于政务网站主要依托中国法院网搭建，定位于司法宣传，因此司法公开的功能并不强，司法公开效果也不理想。尤其是司法公开平台建立之后，政务网站的内容更加单一，网站处于半停滞状态。项目组考察北京法院审判信息网和各法院政务网站发现，开庭公告、裁判文书、庭审直播、执行曝光信息基本上都通过北京审判信息网进行公开，政务网站上要么栏目不再更新，要么没有重要信息栏目，更多的是新闻中心、法官风采和法院文化。另外，调研还发现政务网站没有与司法公开平台建立必要的链接，在21家建有政务网站的法院中，除了北京法院网提供了北京法院审判信息网的链接之外，其他20家政务网站均未提供该链接；政务网站上的裁判文书基本不再更新，但有15家政务网站未提供导向北京法院审判信息网或中国裁判文书网的链接，只有北京法院网同时提供了北京法院审判信息网和中国裁判文书网的链接，但也未能直接链接到中国裁判文书网的北京裁判文书页面。为提高信息发布的统一性和效率，建议从以下几个方面整合司法公开平台。

1. 各法院的政务网站已无运行之必要

对于审判机关而言，司法公开本身就是最好的宣传，没有必要为了宣传而单独运行网站。与其多网站重复建设，不如集中精力建设好一个司法公开平台，并且对于同质性较强的司法信息来说，更适合通过三级法院共建一个司法平台进行集中公开。建议将政务网站上的新闻中心整合到北京法院审判信息网作为一个栏目，法官风采和法院文化可以放到司法机关的内网供内部交流、鉴赏。

2. 统一减刑假释公开平台

目前，北京法院审判信息网将减刑假释公示放在了公示公告栏目中，仅公开了裁前公示，建议增加公开事项，公开裁前公示、结果公示、开庭公告、减刑假释裁判文书、庭审录像，在北京法院审判信息网首页单设栏目或者统一整合到“全国法院减刑、假释、暂予监外执行信息网”。

3. 庭审直播统一整合至北京法院审判信息网的“视说诉讼”栏目

庭审直播包括视频直播和图文直播，两者各有优势，视频直观、真实，更有亲历感，图文方便快速浏览，对带宽要求不高。目前北京法院存在“北京法院庭审直播网”和“北京法院直播网”两个网站，北京法院审判信息网单设“视说诉讼”栏目，因此可以加以整合，减少重复建设。鉴于审判、文书、执行三大平台统一建设的需要，不妨将“北京法院庭审直播网”和“北京法院直播网”的内容整合至北京法院审判信息网单设“视说诉讼”栏目。

4. 通过链接建立与全国专项司法公开平台之间的互联互通

由于最高人民法院建有一系列全国性司法专项信息公开平台，如“人民法院诉讼资产网”“中国裁判文书网”“全国法院被执行人信息查询”“中国执行信息公开网”“全国法院减刑、假释、暂予监外执行信息网”，因此北京法院可将相应的司法信息上传至全国的司法公开平台，并在北京法院审判信息网上做好链接，尽量减少重复上传信息，建立司法公开集约化模式，提升司法公开效率和效果。

（二）加强审务公开力度

审务信息包括法院人财物以及司法统计数据等，属于司法行政信息，虽然不是核心的司法信息，但与司法工作息息相关。项目组发现，22 家法院普遍不重视审务公开，建议从人员信息、财务信息和工作报告三个方面提升审务透明度。

1. 公开司法人员专业背景信息

法官作为法律专业人才，公众有权利了解其学历背景或工作经历。调研发现，北京法院审判信息网在法官信息栏目按照法院公开了包括法院领导在内的审判人员信息，公开内容包括姓名、性别和法律职务，但是未公开学习简历等信息。22 家法院中，除了第三中院没有建网站之外，21 家法院的政务网站均未公开法官信息，仅个别法院罗列了审委会成员名单。书记员属于当事人可申请回避的人员范围，因此也应该公开，调研发现，无论是北京法院审判信息网还是各个法院的政务网站，均未公开书记员名单。项目组也了解到书记员公开有难度的原因在于流动性强，这也反映出法院普遍存在司法审判辅助人员保障不足的问题。

2. 提升司法财务透明度

项目组对北京法院的司法财务信息公开主要考察了 2014 年预算公开、2013 年决算公开和三公经费的预决算公开。由于北京高院、4 个中级法院和铁路运输法院同属一个预算编制单位，因此北京高院在政务网站上公开了年度预决算信息和三公经费信息，也视为第一、二、三中院和铁路中院以及铁路运输法院公开了司法财务信息。评估结果显示，22 家法院中有 10 家法院未公开 2014 年预算信息和三公经费信息，有 12 家法院未公开 2013 年决算信息（见图 1）。建议提升司法财务透明度，在北京法院审判信息网上单设司法行政栏目，下设司法财政子栏目，集中发布北京各法院的司法财务信息，包括历年的预决算信息和三公经费信息。

3. 重视年度工作报告的撰写与公开

法院年度工作报告是司法公开的重要组成部分，公众可以通过法院年度

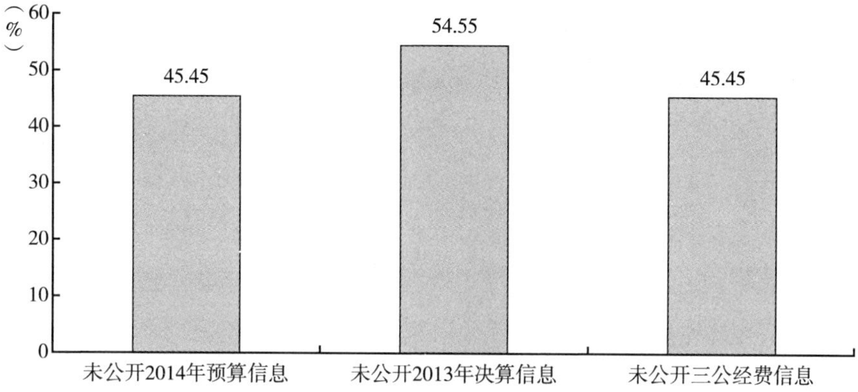

图1　北京22家法院财务信息未公开情况

工作报告了解法院过去一年的司法工作成就和困难以及来年的工作展望。北京法院审判信息网在“法院要闻”板块中单设“法院工作报告”栏目，但是仅公开了北京高院2014年工作报告。22家法院中，仅有3家法院单设栏目公开了2014年工作报告，其中1家法院（朝阳法院）公开了历年的工作报告，但是19家法院未公开2014年工作报告。

法院年度工作报告本是集中展示法院工作的主渠道，然而目前法院普遍不重视报告的撰写，存在内容与往年雷同、与其他法院雷同的现象，年度报告中的数据大而化之，谈工作成绩用套话，谈工作展望用空话。法院工作报告是司法公开的一部分，也是法院向社会展示工作的重要渠道，建议北京法院重视年度工作报告的撰写，丰富和充实年度报告的内容，让法院年度工作报告成为展示司法工作的窗口。

（三）降低旁听门槛

立案庭审公开包括网上公开和线下公开，网上公开主要是通过庭审直播，线下公开主要是允许公众旁听庭审。为了考察北京法院旁听便利度，项目组根据预先查好的开庭公告，实地到各法院选择旁听公开审理的案件。调研发现，尽管多数法院允许旁听，但是有些法院设置了较高的旁听门槛。在被调研的21家法院中，有5家法院，项目组成员通过出示身份证通过安检之后，可以顺利进入审判区旁听案件；有 7 家法院需要旁听人员取得法官或书记员的同意，7 家法院暂扣旁听人员的居民身份证或者用居民身份证换取旁听证，有 2 家法院拒绝了项目组成员的旁听要求（见图 2）。

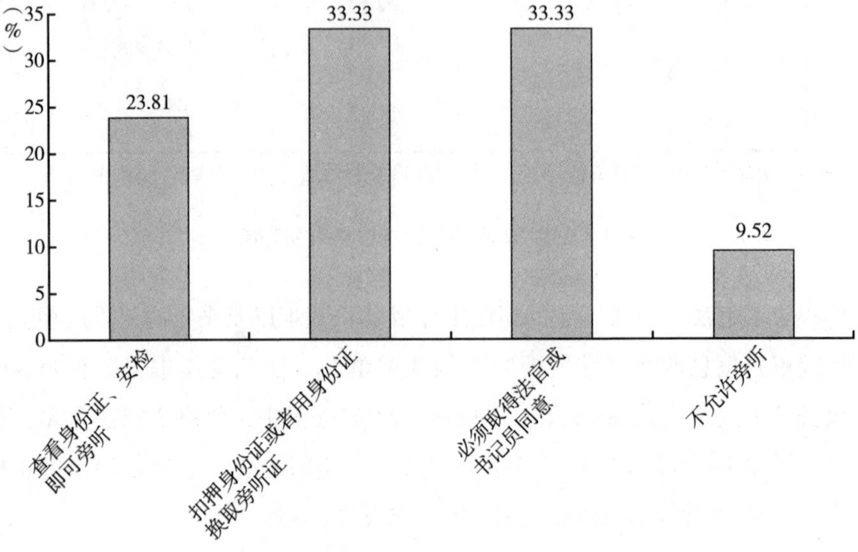

图 2　北京 21 家法院旁听情况

对于公开审理的案件，理论上如果法庭空间允许，公民在通过安检之后均应该可以顺利进入法庭进行旁听，无须再由法官或书记员对公民的身份进行鉴别。《居民身份证法》严格规范了居民身份证的使用制度，对于查验、暂扣居民身份证有着严格的程序要求，部分法院暂扣居民身份证的做法是不合适的。因此，建议北京市高级人民法院对旁听作出统一要求，禁止设置不必要的门槛，不再暂扣旁听人员的居民身份证，法官或书记员也没有必要对旁听人员进行审查。北京法院还可以进一步创新，在发布开庭公告的同时，公开旁听的席位数。

（四）严格裁判文书不上网审批

裁判文书以上网为原则，以不上网为例外。要体现这样的原则，上网的裁判文书应该在所有生效裁判文书中占有较大的比例才是正常的，然而，现实情况是上网的裁判文书只占很小的比例。从调取的裁判文书不上网审批单来看，裁判文书不上网审批的理由过于笼统，有的甚至没有给出不上网的理由。为了提升裁判文书上网率，建议一方面要严格不上网裁判文书的审批，避免审批走形式，明确要求在审批单上写清楚不宜上网的理由；另一方面，也可以采取公开不上网裁判文书的数量的形式倒逼裁判文书公开。根据《北京市高级人民法院关于人民法院在互联网公布裁判文书规定的实施细则（试行）》第 17 条的要求，不在互联网公布的事由及审批意见应由部门进行登记，并按月汇总报送本院专门管理机构备案。目前，北京法院审判信息网对上网的裁判文书数量进行了适时公开，既然不上网的裁判文书数量有统计，要提升裁判文书上网率，不妨反其道而行之，公开不上网裁判文书数量，倒逼法院积极提升裁判文书上网率。

（五）落实权利义务及重大事项告知制度

诉讼是由一系列程序组成，为了保障当事人顺利参加诉讼并顺利行使权利，审判、执行过程中的重大程序事项应及时告知当事人。法院每年为了送达要付出巨大的人力和财力，但是“送达难”仍然客观存在。为了提高办案效率，维护当事人的知情权，全国不少法院都在积极探索电子送达、短信送达等新的送达方式，北京市高级人民法院也提出要建立“立体的、全方位的告知体系”。2011 年，北京市高级人民法院专门出台《北京市高级人民法院关于进一步落实审判、执行重要程序事项告知制度的规定（试行）》，该规定第 5 条要求“各法院应结合自身实际，综合利用电子屏、公告牌、书面送达、互联网以及 12368 司法信息公益查询服务系统等各种方式，形成立体的、全方位的告知体系”。第 11 条还规定，“立案时应征求当事人对于诉讼通知、告知方式的选择意见，当事人选择以手机短信方式接受告知的，应书面确认；手机短信是公告、书面等其他告知方式的辅助形式，不能取代其他法定的送达方式”。为进一步规范查封、扣押、冻结、处理涉案财物的司法程序，北京市高级人民法院 2014 年出台了《北京市法院执行案件办理流程与执行信息公开指南》，要求“查封、扣押、冻结被执行人的财产，应当作出裁定并送达被执行人和申请执行人”。为了评估各法院在审判和执行过程中落实重大程序事项告知制度的情况，项目组对22家法院一定数量的民事、刑事、行政和执行案卷进行评查。总体而言，从卷宗反映的情况看，北京法院落实审判、执行重要程序事项告知制度的情况并不乐观。建议北京法院积极落实当事人权利义务及重大事项告知制度，在多渠道送达文书的同时，要重视送达凭证的留存，无论采取哪种送达方式，都应该在卷宗里有所记录或反映，留有送达的“痕迹”，以备查证。

法治国情调研报告

Reports on the Investigation of the National Situation of the Rule of Law

B.17

四川省人大立法的实践与启示

中国社会科学院法学研究所法治指数创新工程项目组*

摘　要：地方立法是社会主义立法体系的重要组成部分。中国社会科学院法学研究所法治指数创新工程项目组选取了四川省人大立法作为地方立法实践的一个典型案例进行了调查和分析。目前，四川省地方立法取得了一些经验和成效，同时在领导机制、权限分配、工作机制等方面仍存在一些需要解决的问题。本文对四川地方立法的经验进行了理论总结和概括，对其中存在的问题进行了分析，以期为地方的立法制度完善提供决策参考。

关键词：立法体制　工作机制　立法权限　民族立法

* 项目组负责人：田禾，中国社会科学院法学研究所研究员。项目组成员：吕艳滨、翟国强、王小梅、周方冶、栗燕杰、王帅一、郑博、赵千羚、张誉、刘迪。执笔人：翟国强，中国社会科学院法学研究所副研究员。

2014年9月，中国社会科学院法学研究所法治指数创新工程项目组对四川省地方人大立法工作情况进行了调研。本报告主要以四川地方立法的现状为背景，并结合中国现行立法体制，对地方立法的实践问题进行分析，总结其成效与经验，并针对存在的问题提出有针对性和可操作性的建议。

一 四川人大立法概况

1980年8月，四川省五届人大常委会第五次会议制定了第一件地方性法规，即《四川省县、社两级人民代表大会选举实施细则》，自此以来，四川地方立法走过了近35年的历程。35年来，四川省人大共制定地方性法规454件，现行有效法规202件。近年来，四川省人大加快了立法步伐。自2011年到2014年底，四川省人大常委会共制定、修正（订）和废止地方性法规45件，批准成都市地方性法规29件和民族自治地方单行条例16件。其中，2013年四川省人大常委会制定、修改地方性法规8件，批准成都市地方性法规和民族自治地方单行条例8件。2014年，省人大常委会制定和修改地方性法规14件，批准成都市地方性法规和民族自治地方单行条例10件。在省人大常委会制定、修改和废止的45件地方性法规中，制定10件，修改（订）28件，废止3件；其中，宪法实施类法规3件，民商法类法规1件，行政类法规19件，经济类法规9件，社会类法规13件，这些法规涵盖了全省政治、经济、社会、文化、科教等各个领域，较好地促进和保障了四川省的经济社会发展。目前，四川省地方性法规基本实现了与国家法律的配套统一，地方立法也基本实现了与全国其他省市的同步推进。

值得注意的是，四川省立法在某些方面走在了全国的前列。例如，1987年7月制定的《四川省计划生育条例》，率先把“一个家庭一般只生一个小孩”的政策上升为地方性法规，第一次以法规的形式规范了生育、奖惩、照顾等标准和相关程序，为10年后出台的《人口与计划生育法》打下基础；2013年11月制定的《四川省村镇供水条例》是全国第一个村镇供水条例，将保障和改善农村居民身体健康作为重点；2013年4月制定的《四川省政务服务条例》是全国首部政务服务条例，不仅巩固了行政审批制度改革的成果，做到政府职能转变到哪一步、法治建设就跟进到哪一步，而且为转变政府职能，促进政务服务的制度化、规范化，推进法治政府、服务型政府的建设提供了法制保障；2013 年 5 月制定的《四川省财政监督条例》，首次从法制层面加强了对财政资金的绩效监督，促进财政资金安全、规范、高效使用；2013 年 4 月经审查批准的《阿坝藏族羌族自治州教育条例》，支持阿坝藏族羌族自治州实行 15 年义务教育，充分体现了少数民族地区立法的特点；2011 年 7 月制定的《四川省城乡环境综合治理条例》坚持城乡统筹，在全国第一次将城市和乡村的风貌整治和环境卫生一起规范一并治理，是四川省民主立法、开门立法的典范；1997 年 6 月制定的《四川省都江堰水利工程管理条例》是全国第一个为单一水利工程立法的法规，是具有鲜明地方立法特色的创制性立法，该条例还在 2003 年 11 月进行了修订，对加强都江堰水利工程的管理保护，维护灌区供用水等水事秩序起到了极为重要的作用，有力地保障了都江堰水资源的可持续利用。

经过 30 多年的发展，除了创新性立法外，四川省人大的立法理念也发生了深刻转变。一是立法从偏重实体到兼顾立法程序的规范性。2001 年四川省人大常委会通过、省人民代表大会主席团公布了《四川省人民代表大会及其常务委员会立法程序规定》，使得立法程序有规可循，立法的法定环节、机制日益走向健全完善。二是从关门立法走向开门立法。民主参与范围不断扩大。对于涉及公众切身利益的地方性法规草案，通过多种渠道公开征求各方意见。三是从一般化立法走向专业化立法。通过加强立法队伍建设，发挥各专门委员会的参谋助手作用，提升人大立法的专业能力。

总之，四川省人大坚持一切从实际出发，不断探索创新，运用宪法和法律赋予的地方立法权，不仅为四川各项事业的全面、协调、可持续发展提供了法律保障，也从地方层面充实和丰富了中国特色社会主义法律法规体系，使立法适应四川经济社会发展的实际需要，起到了促进经济发展、保障社会民生、维护社会稳定的作用。

二　加强党委对地方立法的领导

坚持中国共产党的领导是中国立法工作的一项基本原则。《中共中央关于全面推进依法治国若干重大问题的决定》（以下简称四中全会《决定》）提出，党的领导是中国特色社会主义最本质的特征，是社会主义法治最根本的保证，把党的领导贯彻到依法治国的全过程和各方面，是中国社会主义法治建设的一条基本经验。在立法工作中加强党的领导不仅是党执政的需求，也是法律的明确要求。《立法法》第3条就规定了立法不但应当遵循《宪法》的基本原则，还必须要坚持党的领导。

近年来，四川省在立法工作中注意加强党委对地方立法工作的领导，坚持以中国特色社会主义理论体系为指导，从法律制度上科学调整、规范国家和社会生活中的各种关系，正确处理改革开放和现代化建设中的各种问题，把党的主张通过法定程序上升为国家意志，保证党的理论和路线、方针、政策的贯彻落实。同时，在立法体制和机制方面不断健全和完善，最终实现党的领导、人民当家作主和依法治国的有机统一。

2009年，四川省委在《中共四川省委关于进一步加强人大工作的意见》（川委发〔2009〕22号）中明确提出，支持人大及其常委会依法行使地方立法权。意见要求，有立法权的地方，党委要加强对地方立法工作的领导，把立法决策同关系改革、发展、稳定的重大决策结合起来，人大及其常委会要总结立法经验，完善立法程序，规范立法工作，提高立法质量，积极推进科学立法、民主立法，主动适应经济社会发展需要，既要继续完善经济领域立法，又要着力加强以改善民生为重点的社会领域立法。为了确保科学立法、民主立法，还要进一步扩大公民对立法工作的有序参与，切实防止立法过程中的部门利益和地方保护主义倾向，切实维护社会公平正义和国家法制统一。

2013年印发的《四川省依法治省纲要》（川委发〔2013〕25号）进一步提出，健全党委领导和支持人大及其常委会依法行使职权，加强对地方立法工作的领导。具体而言，要加强对地方立法工作的组织协调，适时审定地方立法规划，研究讨论重要法规草案所涉及的重大措施、政策取向、重要制度，在地方立法中充分体现党的主张，保证地方立法工作的正确方向。纲要还要求，规范党委向有立法权的地方人大及其常委会提出立法建议的程序，把全省科学发展、加快发展中的重大决策以及在实践中行之有效、可以普遍推行的措施办法，通过法定程序转化为具有法律约束力的行为规范。

为了落实纲要“治蜀兴川、厉行法治”的精神，四川省人大常委会通过了《关于深入推进依法治省的决议》，用法定程序将四川省委关于依法治省的决策部署上升为全省人民的共同意志。对于立法工作，决议要求，积极探索科学立法、民主立法的新机制，整合立法资源，优化立法程序，完善技术规范；坚持开门立法，拓宽人民群众有序参与立法的渠道；发挥立法的引领和推动作用，注重推动经济发展方式转变、保障民生和发展社会事业、生态文明建设和文化大发展大繁荣等重点领域立法；加快清理、修改和废止不适应经济社会发展的地方性法规和政府规章，确保重大改革于法有据、有序进行；促进民族区域自治地方立法进步，制定完善经济发展、社会治理、生态保护等法规，推动民族地区跨越发展和长治久安。

四川省人大根据省委部署，积极制定五年立法规划，聚焦权力监督、创新驱动、环境保护、民生改善等群众关注的热点。为了使党的意志转化为法律，四川立法特别关注省委实施的“三大发展战略”（即多点多极支撑发展战略，“两化”互动、城乡统筹发展战略，创新驱动发展战略）、壮大特色优势产业和战略性新兴产业、促进区域性中心城市和城市群建设、发展现代农业和服务业、改善投融资环境等领域，加强经济领域立法，为促进创新驱动、民营企业发展等创造良好的法治环境。2013 年，省人大常委会听取各方意见，通过研究论证，将 87 件实施性、创制性立法列入一类项目，确保党领导的各项深化改革工作于法有据、有序进行。

三　发挥人大主导立法的作用

立法是依法治国的前提和基础，也是国家治理能力和治理体系现代化的保障。四中全会《决定》提出，健全有立法权的人大主导立法工作的体制机制，发挥人大及其常委会在立法工作中的主导作用，减少部门利益对立法的不当干扰，有效遏制行政权力扩张的趋势，改变“政府部门端什么菜、人大就吃什么菜”的现状。

四川省充分发挥人大在地方立法中的主导作用，完善地方立法程序，整合立法资源，健全立法起草、论证、协调、审议机制，提高立法队伍素质，组织代表和群众参与地方性法规草案讨论，做好公开征求意见、立法评估等工作，使立法更好地统筹兼顾相关利益、顺应经济社会发展规律，克服地方保护和部门利益法制化。

（一）积极主导立法活动

近年来，四川省人大在立法项目的论证和立法规划、计划的制定上，强化人大的主导地位，逐步改变了以往以政府申报为主，人大立法“等米下锅”的格局，立法计划中由人大提案的项目数量逐年提升。过去，人大代表提出的议案（从八届到十一届省人大常委会）很少进入立法计划，自四川省十二届人大常委会以来，人大主导立法的意识逐渐增强，对代表议案的重视程度越来越高，代表议案进入立法计划的数量越来越多。从 2013 年开始，代表议案已连续两年实现当年提出、当年立法。2013 年，省人大共收到代表议案 31 件，其中，提出新制定法规的议案 21 件，修改（订）法规议案 6 件。当年列入省人大立法计划 3 件，占议案总数的 9.68%。这实现了代表议案当年提出、当年立法零的突破。2014 年，共收到代表议案 39 件，其中，提出新制定法规的议案 25 件，修改（订）法规议案 10 件。列入省人大常委会立法计划 2 件，占议案总数的 5.13%。进入立法计划的议案，其立法进度和效率大大提高。2013 年列入立法计划的代表议案《四川省国有土地上房屋征收和补偿条例》已于 2014 年 9 月经省人大常委会第十二次常委会表决通过，截至 2014 年底，《四川省酒类管理条例（修订草案）》《四川省城镇住房保障条例》已进入常委会三审。2014 年根据关于修改《四川省人口与计划生育条例》的议案，常委会已就原条例中的部分规定作了修订，对独生子女政策进行了调整，允许一方为独生子女的夫妻生育两个子女。可以预见，随着十八届四中全会《决定》的贯彻落实和《立法法》的修改，这种趋势将逐渐成为四川省乃至全国各地的地方立法常态。

为了防止政府部门主导立法，单纯从管理和执法角度设计法律制度，甚至夹带部门利益，四川省各级立法主体也不断总结经验，创新机制。比如，成都市人大在立法过程中就明确要求，凡需要进行立法调研的，由人大独立组织，禁止人大专门委员会人员参加行政机关组织的立法调研活动，以减少部门利益对立法的干扰。

（二）提前介入草案起草

在法规草案的起草阶段提前介入，及早熟悉情况，可以把握制度设计的重点环节，防止部门利益法制化，保证立法质量。例如，在《四川省电力设施保护和供用电秩序维护条例》立法过程中，四川省人大法制委、省人大常委会法工委在法规草案起草阶段就提前介入，以尽快熟悉条例制定的相关情况。通过立法预评估工作，立法机关提前掌握条例制定的相关情况，了解电力立法制度设计的重点环节，确立了坚持“统一价值取向，理顺法律关系，健全基本制度，提供必要法制保障”的总体思路，为条例草案的审议和修改奠定了坚实的工作基础。由于提前介入和熟悉情况，条例草案修改时较好地理顺了电力设施保护与电力供应使用的关系，避免了二元冲突；厘清了行政主体与管理相对人的关系，明确了相关各方主体的法律地位，划定了政府的相关职能；解决了电力设施布局规划、群众护线队伍建设、线树矛盾处理、行政执法队伍建设四个方面的问题，为电力设施保护和供用电秩序维护提供了法制保障，并避免了部门利益法制化。近年来，成都市人大在立法起草阶段也注意积极介入，发挥人大的主导作用，及时指导和督促法规案的起草，对于实践中迫切需要、条件又比较成熟的立法项目，由市人大常委会法制工作机构牵头组织起草，确保按计划提请审议。据其提供的材料，2008 年以来市人大已完成的 53 件立法项目中，常委会法制工作机构组织起草的达 29 件，占总数的 55%。

四　探索科学立法、民主立法路径

依法治国的关键是要让“法”在国家治理和社会生活中发挥引领和指导作用，让“法”得到有效执行和严格遵守，为此，必须确保立法活动制定的法律规范符合实际需求、满足广大人民群众的诉求。因此，十八届四中全会《决定》专门就深入推进科学立法、民主立法作出全面部署。就其核心内容而言，包括建立健全社会公众、专门团体和人员、人大代表、下级人大机关有序、有效参与立法的机制，广纳各方意见，推进立法精细化。近年来，四川省人大注重发挥社会各界参与立法的积极性和实效性，集思广益，汇集民智，探索保障立法的科学性、民主性，成效明显。

（一）切实推进立法公开工作

立法公开是确保有效参与的前提。近年来，四川人大立法活动贯彻民主立法、开门立法原则，取得了较好的成就。四川省人大常委会充分利用四川人大网这一网络平台优势，并借助各部门专业网站，在二审阶段，将条例草案发布在四川人大网和部门专业网站上，广泛征求人民群众对法规草案的意见和建议。在三审阶段，通过邮寄等方式，进一步征求基层民众的意见。重要法规草案（如《四川省城乡环境综合治理条例》等）则通过在《四川日报》全文刊载的方式，使人民群众能熟悉法规草案的内容并提出自己的意见和建议。

对重要的立法计划，四川省人大也会广泛听取和吸纳公众意见。为了推进民主立法，拓宽公民参与地方立法途径，2012 年 11 月省政府在网上进行立法项目投票并征求意见，其中，《四川省村镇供水条例》受到网民的广泛关注，网民积极参与投票，获得了 66000 多票的支持，被优先列入省政府和省人大 2013 年的立法计划。

（二）发挥人大代表的主体地位

注重发挥人大代表在立法中的作用，是四川省人大的重要举措。从全国范围看，不少地方的人大代表在人民大会闭会期间，往往处于“休眠”状态，对于人大常委会的立法等工作缺乏必要的参与。对此，四川省人大采取多种措施，发挥人大代表在立法中的作用。将人大代表的立法建议转化为法规草案；在编制立法计划、立法规划中注重吸收代表议案、建议；以及在立法过程中，充分听取和吸收人大代表的意见和建议等。以立法中的代表参与为例，四川省人大主动邀请人大代表参与立法调研、参加立法座谈会，认真听取其意见和建议。例如，在制定《四川省国有土地上房屋征收与补偿条例》过程中，省人大就积极邀请省人大代表参与该条例的立法活动。有代表提出，被征收房屋的价值应当由具有相应资质的房地产价格评估机构来评估确定，而不是由政府来统一规定。法制委员会采纳了该意见，删去原条例草案相关条款，并在该条例第 23 条中增加规定：“被征收房屋的价值，应当由具有相应资质的房地产价格评估机构评估确定。”

（三）构建全方位立法参与机制

在立法过程中，四川省探索建立法制工作联系点、立法咨询专家库、立法评估协作基地制度。依托“一点、一库、一基地”，推进省、市、县三级人大联动，将立法延伸到基层，发挥基层人大、科研院所和专家的优势，整合立法资源，以提高立法质量。

为调动基层人大的积极性，支持并组织人民群众有序参与立法和监督活动，2014 年 3 月，四川省人大常委会首次将攀枝花市、广安市、达州市、巴中市、甘孜州人大常委会确定为省人大法制委和常委会法工委法制工作联系点试点单位。探索发挥市州人大在地方立法中的积极作用，建立立法工作上下联动机制。

为提高立法质量，探索建立地方立法新机制，四川省启动了立法咨询专家库建设，充分发挥专家学者在地方立法中的作用。省人大常委会起草制定了《四川省地方立法咨询专家库管理办法》《四川省地方立法评估协作基地管理办法》，确定 6 所高校、科研院所和社会团体作为立法协作评估基地，为重大问题、专业性问题提供咨询论证服务；遴选了政治、经济、法律、环境、农业、语言等专业的40多位专家学者进入专家库，为四川省地方立法提供相关咨询，发挥专家学者在地方立法活动中的参谋和智囊作用。

四川省人大制定完善立法听证会规则、法规草案公开征求意见办法等，推动立法反映民意、汇聚民智、促进民生。针对法规草案中的重点、难点、焦点问题，四川省人大组织开展专题立法调研，尊重、合理吸收各方意见。2012年7月完成起草的《四川省村镇供水条例》初稿，在全省水利系统和省级相关部门及部分市州征求了意见。省人大、省政府开展了多次调研，召开了一系列座谈会，在省政府法制信息网上全文公开征求意见，在仁寿县召开了立法听证会，广泛听取用水群众、供水企业、人大代表、社会团体、供水及法律专家、相关部门的意见和建议。根据常委会审议意见，省人大相关专门委员会实地考察调研，就条例中争议较大的焦点问题和主要矛盾召开专题论证会。2013年四川省人大常委会在立法中召开人大代表、基层群众、专家学者等参加的座谈会、论证会、征求意见会120余次。同时，四川省人大还在新闻媒体和网站公开征求立法选题和立法建议，公布法规草案和常委会组成人员的审议意见，畅通法规相关方利益的表达渠道。

立法机关非常注重了解基层的意见，经常深入各市州，深入乡镇、村庄召开座谈会，听取了各方面的意见，这些立法座谈会充分体现了立法的民主性，取得很好的社会效果。例如，在征求对《四川省旅游条例》的意见时，在一线工作的同志和一些导游建议，增加旅游经营者的安全责任和项目开发的环保条款，省人大采纳了这个建议，增加了相应条款。在制定《四川省城乡环境综合治理条例》时，征求了基层市民和流动小贩的意见，为方便市民和保障弱势群体生计，增加了可以设置早市、夜市、摊区、临时农副产品市场及临时商贩点的内容。

五　立法充分体现民族特色

四川是一个多民族省份，辖有三个民族自治州，根据《宪法》和《民族区域自治法》其享有立法自主权。立法权是民族自治地方自治权的重要内容，在促进民族自治地方的繁荣和发展中具有重要的地位。四川现行民族法规涵盖了语言文字、计划生育、教育、突发事件、宗教事务、非物质文化遗产、婚姻继承以及矿产资源、动物植物资源、水资源、旅游资源、土地资源、生态环境等各个方面，法规门类较齐全。在立法工作中，四川各民族自治地方坚持以调查研究为基础，从自治区域内各民族的政治、经济、文化和社会特点出发，根据自治地方社会生产力发展水平，以及人民群众的政治要求、思想觉悟和道德水准，教育、科学、文化发展程度以及地方的民族关系、民族传统、风俗习惯因素，满足民族自治地方实际需要，科学确定立法项目、开展立法工作。具体做法是，根据当地实际情况和民族特点，通过立法对本地社会资源进行有效分配，使民族区域立法能够服务于自治地方改革、发展、稳定的事业。

（一）充分行使民族自治立法权

在民族区域立法实践中，四川省人大常委会及省人大有关专门委员会发挥统筹、指导作用，尊重各民族自治地方立法机关在立法中的主体地位，支持其结合民族自治地方的民族实际和地方特点，坚持科学立法、民主立法、依法立法，制定施行了一大批既有民族自治地方特色又有较强创新性的法规，展现出民族法制建设的“四川特色”。

四川省尊重民族自治地方的主体地位，结合民族实际和地方特点，批准施行了一批既有区域特点，又有民族特点的自治条例和单行条例。从1981年12月省五届人大常委会第十三次会议批准《甘孜藏族自治州施行〈中华人民共和国婚姻法〉的补充规定》开始，至2014年，全省民族自治地方现行有效的自治条例7部、单行条例70部，占全国同类法规总数的10%。近五年来，四川省年均制定或修订自治法规5部左右，立法进程明显加快。

（二）积极行使自治立法创制权

在国家法律法规缺位的情况下，结合实际率先出台民族自治法规，是四川民族法制建设的一大亮点。比如，国家《非物质文化遗产保护法》是2011年6月1日起施行的。而北川县人民代表大会2008年就通过了《北川羌族自治县非物质文化遗产保护条例》，特别是该条例恰逢“5·12”汶川特大地震发生9天后即由省十一届人大常委会第三次会议批准施行，这部全国首部关于少数民族非物质文化遗产保护的民族区域自治法规发挥了重要作用。又如，2010年阿坝藏族羌族自治州制定施行的《阿坝藏族羌族自治州突发事件应对条例》，立足于阿坝藏族羌族自治州突发事件频发，对经济发展、社会稳定、民族团结造成严重影响的实际，就突发事件的预防、处置、善后等事项作出明确、具体的规定，为阿坝藏族羌族自治州应对和处理各类突发事件提供了法制保障，这也是全国各民族自治地方首次以立法手段应对突发事件的一次有益探索。

（三）依法用好自治立法变通权

与一般的地方性立法相比，民族区域自治立法最明显的特点和最大的优势就在于变通。民族区域自治立法的变通权，是根据《宪法》《民族区域自治法》和其他法律法规所确定的原则，对法律法规作变通或补充。对民族区域自治地方立法而言，其本质就在于变通；丧失了变通性，其所制定的法规就失去了民族特点和地方特色，失去了民族区域自治立法的灵魂。

近年来，四川民族自治区域地方坚持法制统一与依法行使民族自治地方立法权相结合，在宪法和法律允许的范围内，结合自身的民族特点、社会现状和地区实际，积极行使立法变通权，制定出一批切合实际、符合需要、具有变通特点的民族法规。比如，四川民族区域自治地方对《义务教育法》的有关规定进行了变通立法。阿坝藏族羌族自治州根据本地少数民族教育发展需要，对《义务教育法》的“九年义务教育”变通规定为“实行十五年义务教育，建立义务教育保障机制”，这也是全国首个通过立法明确实行15年义务教育的民族区域自治地方。

在水资源保护和管理方面，民族地区也作了一定的变通尝试。《凉山彝族自治州水资源管理条例》在坚持《水法》基本原则的基础上，立足于民族地区水资源保护与利用实际和长远需要，作出了“取得水能资源开发权的自然人、法人或者其他组织应当在工程所在地注册登记，并在工程所在地缴纳水资源费”，“征收的水资源费、水土保持设施补偿费、渔业资源补救费、河道（堤防）工程维护管理费除上缴国家部分外全额留自治州”等具有较强变通色彩的规定。《阿坝藏族羌族自治州水资源管理条例》则对省级地方性法规进行了变通，规定“征收的水资源费和对水电站装机二十五万千瓦及其以下征收的水资源费除上缴中央部分外，其余全部专项用于自治州水资源的涵养保护、节约、规划管理和开发利用”。该项规定的实施对阿坝藏族羌族自治州水资源的科学保护和合理利用意义重大。上述变通立法对促进民族自治地方的经济社会发展起到重要的作用。

六　四川人大立法的成效与经验

近年来，四川省人大立法在省委的领导和省人大的主导下积累了一些经验，取得了不俗的成绩。四川省人大在立法体制机制方面的不少做法值得肯定，对于其他地方的立法工作乃至中国地方立法制度的完善都不无借鉴意义。

（一）加强党对立法工作的统筹协调

加强党的领导，是坚持走中国特色社会主义法治道路、建设中国特色社会主义法治体系的必然选择。立法工作涉及社会生活的各个方面，立法过程需要协调不同的利益，如地方利益、部门利益、群体利益等，因此，地方党委应在立法中发挥总揽全局、协调各方的优势，消除分歧，达成共识，共同做好地方立法工作。项目组发现，四川省在省委工作机构中设立“依法治省”专门机构对法治工作进行统筹协调，这是迄今为止全国少有的将依法治省领导小组的办事机构设在省委的省份，其推动依法治省的工作力度非常大，取得了非常好的效果。

党委注重对立法工作的领导，党委通过审定批准人大常委会五年立法规划和年度立法计划，把改革决策与立法决策结合起来，充分发挥立法在引领、推动和保障改革方面的重要作用，推动立法服务于法治建设和经济社会发展。对人大在立法工作中遇到的一些重大问题，四川省委直接参与，主动研究，帮助解决，研究讨论重要法规草案涉及的重大措施、政策取向、重要制度，保证了地方立法工作的正确方向。

地方立法与党委重大改革决策保持同步，是四川人大立法的另一条重要经验。建设社会主义法治国家，必须处理好党的领导与依法治国的关系。加强党的领导，不是以党的政策替代法律，而是发挥立法的引领推动作用，通过法定程序将党的重大决策上升为人民的意志。四川省委应及时根据党中央的部署作出关于改革、发展、稳定的重大决策，并向立法机关提出立法建议，通过立法机关科学民主的立法程序，上升为全社会共同遵守的行为规则，从而确保改革发展重大政治决策的合法性和正当性，为党的政治决策的有效实施提供民意基础和支持。立法机关则必须从改革发展的大局着眼，坚持立法进程与改革发展进程相适应，用立法解决改革发展中的重大问题。

（二）提高立法能力、发挥人大主导作用

在地方性法规的制定中，四川省委充分运用宪法和法律赋予的地方立法权，发挥地方立法的能动性、创造性和“试验田”的作用，结合实际，因地因时制宜，突出特色，创新制度。要始终坚持为民立法，推进科学立法、民主立法。例如，进一步完善地方立法程序的相关规定，完善立法公开制度，逐步扩大公民有序参与立法的途径；强化人大及其常委会在立法中的主导作用，科学、严密、公正地设计法规制度，防止部门利益法制化；科学规范法规审议程序，提高审议质量；建立健全立法的专家论证和咨询制度，发挥专家在地方立法中的思想库和智囊团作用。党委应当大力支持人大在立法工作中的主导作用，做人大的坚强后盾，减少部门利益对立法的不当干扰，有效遏制行政权力扩张的趋势。此外，地方立法应该重点解决制约关键立法项目和重大制度设计顺利推进的难点问题，抓住每一部地方性法规的要点，防止个别部门利用起草法规案的权力，弱化或者推卸法律实施的责任，妥善

平衡和协调法规涉及的包括政府部门在内的多元利益主体之间的关系，处理好各种意见分歧。

（三）探索民主立法与科学立法的新机制

四川省在这方面的探索经验值得推广。民主立法与科学立法的目标在于提高立法质量，协调多元利益，合理分配立法资源，使地方立法更充分地表达民众的意志，增强法规的实施效果。地方立法应该加强立法预测，使立法听证、立法后评估等机制常态化、制度化、规范化。对涉及公民的权利、义务的，必须通过听证会等多种方式充分听取人民群众的意见，让利益各方在立法过程中充分交流、沟通，发现和消除法规草案中的“部门利益”，提高立法质量，同时也提升群众对法规、规章的理解程度，增强民众学法、守法、用法的积极性。在民主立法方面，要进一步完善立法机关主导，有关部门参加，人大代表、专家学者、企事业单位、团体组织和人民群众共同参与的立法工作机制，完善法规起草、审议的协调协商机制，广泛听取、认真对待各方面意见（包括不同意见），充分尊重、合理吸收各种建设性意见和建议。在实践中，立法机关要健全公布法规草案的征求意见机制和公众意见采纳情况反馈机制，重视网络民意表达，拓展公民有序参与立法的途径。对于科学立法，在具体的地方立法实践中，要进一步完善立法程序、规范立法活动，抓好立法项目论证，科学确定立法项目，健全法规出台前评估和立法后评估制度，切实增强法规的可执行性和可操作性。综合运用制定、修改、废止、解释等多种形式，增强立法工作的协调性、及时性、系统性。

（四）合理确定民族区域自治立法变通权范围

民族自治区域地方立法作为一项特殊的地方性立法，应当具有其鲜明的区域性、民族性特色；民族区域自治立法就是要使民族政策得以用实用活，使民族特色得到有力彰显，民族文化得以弘扬，民族利益得到切实维护，四川省在这方面成效显著。从民族区域自治地方的地情、民情出发，科学分析立法应当解决的重大或关键性问题，制定出契合民族区域自治地方实际、符合民族区域自治地方需要、具有变通色彩的民族法规，确保民族立法在科学的轨道上健康运行。民族区域自治立法中的变通，是基于自治地方的内在需要进行的，是依法有效、自主行使自治权的体现，变通后的民族区域自治法规直接反映和体现了民族区域自治地方的民族利益和地方利益。四川省有若干享有民族区域自治立法权的民族自治地方，在立法实践中，如何把握这种民族区域自治地方立法权的界限，需要进一步明确。《宪法》和《立法法》中规定了省、自治区、直辖市的人民代表大会及其常委会在不同宪法、法律、行政法规相抵触的前提下，可以制定地方性法规。《立法法》还规定了民族自治地方在依据民族特点行使变通立法权时所受到的限制，即自治条例和单行条例不得违背法律或者行政法规的基本原则，不得对宪法和民族区域自治法的规定以及其他有关法律、行政法规专门就民族自治地方所作的规定作出变通规定。地方性法规合法性的判断标准是“不抵触”，而自治条例和单行条例合法性的判断标准是“不违背”，从文字上可以看出，自治法规的立法权限大，变通立法权享有更大的自由度，这也给民族地区的立法权提供了更大的活动空间。

B.18
广东依法化解基层矛盾的探索与实践

中国社会科学院法学研究所法治指数创新工程项目组 *

摘　要：近年来，基层矛盾逐渐呈现多元化、过激化与群体化特征，有必要积极探索新的解决思路和处置方法，从而为改革开放的深化发展提供稳定有序的社会经济环境。广东省积极探索依法化解基层矛盾的制度创新，并在提高基层法律意识与调解能力、加强基层矛盾化解约束机制等方面取得明显成效，从而为深化法治建设奠定了坚实基础。

关键词：广东省　基层矛盾化解　法治建设

随着社会经济的持续繁荣，国内流动与国际交往日趋频繁，社会转型过程中的新现象与新问题不断涌现，中国基层矛盾逐渐呈现出多元化、过激化与群体化特征。曾经适用于化解基层矛盾的传统方法，开始难以适应新情况，迫切需要新的思路与方法。近年来，广东省积极探索依法化解基层矛盾的制度创新，并在提高基层法律意识与调解能力、加强基层矛盾化解的约束机制等方面，取得明显成效，积累了重要经验，为进一步深化法治建设奠定了坚实基础。

---

* 项目组负责人：田禾，中国社会科学院法学研究所研究员。项目组成员：陈欣新、吕艳滨、刘小妹、李延枫、王小梅、魏南枝、栗燕杰、王帅一、赵千羚、张誉、刘迪。执笔人：周方冶，中国社会科学院亚太与全球战略研究院副研究员。

一　社会转型面临的基层矛盾难题

改革开放30多年来，中国社会主义市场经济建设取得显著成就。不过，随着国民经济的持续高速增长和人员流动性的迅速加强，中国社会发展的结构性失衡现象日趋明显，贫富分化、城乡分化、地区分化不断扩大，社会各阶层利益分配冲突进一步加剧。近十年来，中国基层矛盾不仅数量迅速增加，而且日渐呈现出不同于以往的新特征。

（一）基层矛盾的多元化趋势

随着改革开放的深化发展，中国传统的社会结构日渐瓦解，原本稳定的家庭关系、邻里关系、土地关系、劳资关系、官民关系、政商关系等，都在持续不断的冲突过程中面临艰难的调适与重组。这是各国从传统社会步入现代社会所必经的社会转型过程。不过，区别于西方发达国家渐进式的发展历程，中国在经济上采取跨越式的增长方式，因此短期内引发的社会转型冲击将会表现得更为集中和剧烈，更容易在各领域形成并发式的利益分歧与权力争端。

近年来，由于受社会转型影响，中国基层矛盾的来源日趋多元化，不再局限于劳资纠纷等少数传统领域。这就使得基层矛盾的发生频率和解决难度都显著增加，尤其是在同一主体涉及多重矛盾后形成的复合型基层矛盾，更会严重影响基层稳定与可持续发展，如果得不到及时有效化解，甚至可能引发大规模群体性事件。

（二）基层矛盾的过激化趋势

近年来，由于基层矛盾引发的各类社会治安事件层出不穷，而且频次和烈度都呈现上升态势，经常成为各大媒体的关注焦点。从基层矛盾的总量来看，采取激进手段的行为主体仅是其中的很少一部分，但其造成的社会负面影响和人身财产损失却相当显著，严重妨碍了社会稳定与经济发展。

中国正处在社会经济改革进程中，很多传统经济和社会关系都发生重要转变，从而使一部分人不可避免地受到冲击和损害。由于涉及结构层面的调整，在新的制度框架下，通过正常程序，很多历史遗留问题都难以得到有效解决。这就使得相关行为主体转而寻求制度外的解决方案，试图通过激进手段迫使政府“特事特办”解决问题。再加上部分领导在维稳压力下，奉行“搞定即稳定，摆平即水平”的信条，更在很大程度上助长了相关行为主体的激进化倾向。

（三）基层矛盾的群体化趋势

从表现形式来看，传统的基层矛盾通常都是相对孤立的个案，很少形成广泛的社会影响力，有利于矛盾的排查与化解。这在很大程度上得益于广播、电视、报纸等官方主流媒体的信息监管。不过，随着信息网络技术的高速发展，网络媒体开始打破传统媒体垄断，逐渐成为基层矛盾的信息传播主渠道。据统计，2013 年中国网络新闻用户已增至 4.91 亿，博客用户增至 4.36 亿，社交网站用户增至 2.78 亿①。通过网络信息交流，很容易引发不同主体对相同或者相似矛盾的关切和参与，进而引发群体性事件。

二　广东省提高基层法律意识与调解能力的实践

随着社会经济的发展与转型，很多传统人情社会的习惯做法开始变得不合时宜，难以适应现代法治社会的思维方式与办事规则。近年来，中国社会的基层矛盾不断增加，很重要的原因就是基层法律意识淡薄，无论干部还是群众，都还没有适应从传统到现代的重要跨越，因此，在面对社会经济转型过程中出现的新现象与新问题的时候，未能及时有效运用法律手段加以调解，使得误会与摩擦不断积聚，并最终发酵成为基层矛盾。近年来，广东省地方政府积极推进基层法治建设，通过聘任“法制副主任”、组建民间调解

① 中国互联网信息中心：《第 33 次中国互联网络发展状况统计报告》，2014，第 36 页。

委员会等方式，切实提高了基层干部群众的法律意识与调解能力，从而为化解基层矛盾创造了有利环境。

（一）聘任“法制副主任”，改善基层法律服务水平

“法制副主任”制度是广东省惠州市于2009年开始试点的法治建设项目。所谓“法制副主任”，是指自愿参加惠州市法制宣传志愿者服务总队，由村（居）委会自主自愿聘请担任副主任的法律专业人士。到2012年底，惠州市全市1249个村、社区都已聘请“法制副主任”，并在基层依法治理工作中取得明显成效。2014年，广东省在深入总结惠州市“法制副主任”经验的基础上，着手部署“一村一社区一法律顾问”工作，首先在粤东西北地区12个地级市各选择两个县（市）区开展试点，并在珠三角地区各地级以上市全面推进，计划2015年在全省形成一整套比较系统完备的工作程序、工作规范和评估标准①。

从表现形式看，“法制副主任”具有三方面重要特征。首先是专业性。据统计，截至2013年底，在惠州市的879名“法制副主任”中，有执业律师530名，占比超过60%，有公检法干警171名，以及其他法律志愿者200多名，普遍具有较高的法治素养。其次是公益性。“法制副主任”为基层各村、社区提供的所有服务都是非营利行为，基层群众无须支付任何费用，就能获得高质量的法律服务。作为志愿者，“法制副主任”并不收取劳务费，但政府会提供少量的交通、误餐、通信等费用补贴。再次是中立性。“法制副主任”不是村（居）干部，不参与村务决策管理，不干涉村（居）日常事务，而且通常也不是本地人，因此在各村和社区中处于相对超然的中立地位，从而在评判和化解基层矛盾的过程中，拥有较强的公信力。

从功能成效看，“法制副主任”的核心作用主要体现在三方面。首先是提高普法效率，培养基层法律意识，增加群众法律知识。到2014年5月，“法制副主任”共解答群众法律咨询12万次，提供法律意见3226条，开展

① 《惠州“法制副主任”制度将在全省推广》，《南方日报》2014年3月26日。

法制宣传、讲座3100多次。事实上，对基层群众而言，并不是不知道法律在现代社会中的重要作用，但是要找到明白人深入讲解却并非易事。尽管每年都有普法活动，但是通用式的标准普法材料，很难满足基层群众的特定需求。“法制副主任”则为基层群众提供了近距离与法律知识互动的重要机会，因此深得好评。

其次是化解基层矛盾，提高基层群众法治观念。到2013年底，“法制副主任”共化解各类矛盾纠纷3210件，协助调解矛盾纠纷965件，提供法律援助1765人次，妥善处理集体上访事件28宗。得益于“法制副主任”的有效引导，为数不少的村（居）民都由原来遇到矛盾纠纷动辄讲“我揍你”，转变为“我告你”，开始学会用法律手段解决问题。

再次是加强基层民主建设，提高基层法治水平，维护群众权益。到2013年底，“法制副主任”共审查各类经济合同639份，制定、修改、完善村规民约620条，列席村（居）委会会议3816次。惠州市惠阳区角村在1998年将一块集体土地出租给大亚湾城景公司，2004年城景公司将土地转租给香港俊宏公司。由于转租时村委会干部缺乏法制观念和保护意识，并未严格依照法律程序办理，使得部分材料缺失，结果造成俊宏公司拖欠租金180多万元。角村村民群情激奋，准备在当地中学百年校庆时进行集体上访。角村聘任的“法制副主任”在了解到情况后，依据《信访条例》相关规定，劝退了上访群众，并很快着手收集证据材料，通过与俊宏公司的多次协商，成功拿回了拖欠的租金，从而不仅化解了矛盾，而且为村民上了一堂生动的法治课，有效增强了村委会的法治意识。

（二）构建人民调解委员会，调动社会力量化解矛盾

随着社会经济的发展与转型，曾经在协调基层社会关系中发挥重要作用的传统社会结构逐渐衰落和瓦解，从而使得原本通过社会自我协调即可化解的基层矛盾，开始大量进入行政和司法领域，导致近年来基层矛盾大量增加。因此，重组稳定的基层社会结构也就成为化解基层矛盾的重要内容。

近年来，广东省积极推动社会组织发展，通过组建人民调解委员会，有

力促进了基层矛盾化解，尤其是行业性的专业调解委员会，更是在解决劳资纠纷、医患纠纷等方面取得了明显成效。从人民调解委员会的组建和运作来看，主要有两种模式。

其一是市场化运作模式。以医患纠纷为例，市场化运作模式是以医疗机构购买医疗责任险为基础，在保费中提取一定比例给第三方中介组织，由该组织出资建立并运作医疗纠纷专业调解委员会（简称“医调委”）。这一模式的主要优势，一是财政负担较小，二是医疗机构统一委托第三方发包给保险公司承保医疗责任险，可以通过保险协议约定，保险公司必须认同医调委的调解结果，因此调解协议执行效力高。不过，如果采取这一模式，政府部门难以对医调委及其工作人员进行监管和考核，而且，目前并不强制医疗机构购买医疗责任险，因此医调委工作可能难以覆盖未购买医疗责任险的医疗机构。

其二是政府购买服务模式。其特征是办公场所、启动资金、日常运作和工作人员薪酬等经费都由政府财政支付。这一模式主要有以下优势：一是有利于保证医调委的日常运作，二是有利于稳定调解队伍，三是政府可对医调委进行管理、监督和考核。不过，如果采取这一模式，政府财政负担将明显增加，而且在调解协议签订后，还需得到医疗机构或保险公司认同，因此执行力略显不足。

两种模式各有利弊，但就目前而言，由于医调委尚属新兴事物，社会认可度有待进一步提高。因此，通常而言，初期采取政府购买服务模式更稳妥，随着制度的建设完善，可再转为市场化运作模式。广东省东莞市医调委于2013年10月成立，采取政府购买服务模式，起步阶段由政府出资搭建平台，由市司法局负责日常管理，市卫计局负责指导，依法独立受理和调解医患纠纷，现有13名专职人民调解员和3名社工。其职能是通过调解，引导医患双方当事人依据事实和法律解决纠纷，从而防止医疗纠纷激化，维护社会稳定。

作为新成立的第三方调解组织，东莞市医调委在短期内就赢得了社会的认可与信任，并在化解医患纠纷方面取得显著成效。据统计，到2014年6月，东莞市医调委半年内已接待来访3107人次，电话咨询3342人次，及时介入“医闹”现场5次，接到医疗纠纷报案253宗次，其中符合受理条件的136宗，成功调解132宗，案件索赔金额6545万元，结案金额696万元，协议履行率和双方满意率均达到100%，切实做到了“案结事了”。

从工作机制来看，东莞市医调委能够成功运作，主要得益于以下因素。首先是独立性。医调委是独立于卫生、司法、保险、医院和患者的第三方调解组织，不受任何部门掣肘。这就使得医调委在调解工作中相对超然，有利于“一碗水端平”，切实保证调解的客观公正。其次是专业性。医调委调解员由医学和法学等领域的专业人员组成，并设有医学和法律专家库，从而为医疗纠纷的调查、评估和调解提供了强有力的技术支持，有利于增强调解工作的权威性。再次是联动性。医调委建立了多方联调处理机制，其中包括与法院建立诉调对接和司法确认的“绿色通道”，与镇街社会综合治理维稳中心建立“医闹”化解机制，与市司法局法律援助处建立医调委工作站，与卫生部门建立信息共享制度，从而有效整合资源，切实提高了医调委的执行力。最后是规范性。医调委建立了医患纠纷接待受理、定期排查、重大医患纠纷报告、医患纠纷集中研讨、医患纠纷定期分析等工作制度，明确咨询受理、调查调解、专家评估、认定责任、协商赔偿、回访结果、卷宗管理等工作流程，从而保证了医调委工作的井然有序与公开透明，切实提高了调解工作的公信力。

三 广东省构建基层矛盾预防与发现机制的实践

从化解基层矛盾的有效性来看，防微杜渐地将矛盾解决在萌芽状态，毫无疑问是最经济合理的策略选择。近年来，广东省在基层矛盾预防与发现机制建设方面进行了广泛探索，并取得明显成效，尤其是在化解异地务工人员社会不安定因素、预防劳资纠纷风险等方面的制度性建设，颇具借鉴意义。

（一）构建村（居）特别委员制度，化解二元结构障碍

随着国内社会流动性的不断增强，作为沿海劳动密集型产业中心，广东

省的异地务工人员数量持续保持高增长态势。到2013年底，广东省异地务工人员总数超过2700万人，其中省内1040万人，省外1660万人，部分沿海城市的外地人数量已远远超过本地人。因此，如何引导异地务工人员有序融入当地社会，也就成为亟待解决的重要课题，否则就有可能引发本地人与外地人的深刻矛盾冲突，影响地区社会经济的和谐与稳定。针对这一问题，近年来广东省中山市创设村（居）特别委员制度，从而为新中山人参加居住地社区建设搭建了平台，促进了新中山人参与社区服务和管理，并为及时解决新中山人的合理需求，提供了制度支撑，促进了基层社会的和谐善治。

村（居）特别委员制度，是指在外来人口达实有人口40%以上的村（居），由村（居）“两委”或者村（居）代表推荐产生特别委员，主要负责收集和反映包括异地务工人员在内的辖区居民诉求，收集苗头性、倾向性信息，调解民间纠纷，并根据需要，列席村内重大会议，对村（居）工作提出意见和建议。至2013年底，中山市218个村（居）聘请了560名新中山人作为特别委员，分别来自全国18个省（市、自治区）及广东省内各市。从社会身份来看，特别委员的构成主要有以下三种类型：一是同乡中有一定威望的人士；二是当地较大企业的业主或高层管理人员；三是在当地居住时间长，当地群众熟识的异地务工居民。

从近年来的实践情况看，村（居）特别委员制度取得了明显成效。这主要表现在三方面。首先是作为异地务工人员的诉求表达渠道，切实解决现实困难，化解基层社会隔阂。通过特别委员表达新中山人的诉求和心声，使得异地务工人员的诉求得到解决，利益得到保障，使其在心理上实现了由“过客”到“主人”的身份转变，增强了归属感和凝聚力。其次是促进异地务工人员与本地人的沟通交流，促进社会融合。东凤镇东兴社区特别委员邓某，长期关切新老中山人的邻里和谐与新中山人婚恋等问题，并通过与社区“两委”沟通，创建了集课外辅导、婚恋交友、矛盾调解等多功能于一体的“东兴社区”七彩驿站，累计为500多人次提供服务，受到广泛好评。再次是在收集苗头性信息，维护社会稳定和化解基层矛盾方面等发挥积极作用。例如，沙溪镇龙山村特别委员高某，长期率领社工、义工等志愿服务队伍，深入辖区宣传社会治安知识。2013 年 5 月，龙山村接连 5 辆面包车被撬盗，结果引发 20 多名异地务工人员聚集，准备通过媒体宣泄不满情绪。高某了解情况后及时介入，并第一时间向村委会汇报，使得事件迅速得以平息。

从运作机制看，村（居）特别委员制度能取得预期成效，很大程度上得益于“驻、访、议、督”一体化工作方法，保证了特别委员有序参与居住地社会管理和社区事务，从而在复杂的二元结构下，有效接纳和梳理不同利益诉求，及时化解社会矛盾，促进共建共治共享。“驻”是指驻室接待。各村（居）为特别委员提供工作室，定期接待来访群众，接听电话咨询和情况反映，并将问题及时反馈给村（居）委会，共同研究解决。“访”是指走访调查。特别委员定期深入异地务工人员集中的企业、居住区，倾听民声，将异地务工群体最关心、最迫切的利益诉求向村（居）“两委”反映，对发现的矛盾纠纷参与调处化解。“议”是指参与议事。村（居）委会讨论异地务工人员相关议题时，必须要有特别委员参加，并且特别委员可将收集到的热点问题提交村（居）委会讨论。“督”是指督查落实。特别委员对村（居）民代表大会、村（居）委会有关异地务工人员服务管理事项，有权跟踪督查，并就落实情况听取群众的意见和建议。

（二）构建劳动关系预警系统，防范劳资纠纷风险

近年来，随着中国产业结构调整的步伐加快，沿海劳动密集型产业生存压力明显增加，再加上受全球经济危机的重大冲击，很多中小企业破产倒闭，部分老板卷款逃匿，结果导致广东省的劳资纠纷数量在 2008 年和 2009 年呈现井喷式增长态势，并从 2010 年开始保持高位运行。劳资纠纷涉及面广，如果调处不及时，很容易引发大规模群体性事件。

广东省东莞市石龙镇于 2009 年出台了《石龙镇企业欠薪逃匿风险预警和应急工作方案》，并且开发了“石龙镇企业风险预警应急系统”，形成了覆盖全镇的风险预警网络，对企业的欠薪逃匿问题做到“及时预警、及时介入、及时化解”，发挥了有效防范的作用。近年来，东莞市在石龙镇经验的基础上，逐步推广全市劳动关系风险预警系统建设。到 2013 年底，东莞

市已有32个镇街建成劳动关系风险预警系统，并在运行过程中取得初步成效。

从工作机制看，石龙镇企业风险预警应急系统主要包括四个环节。首先是信息采集。根据规定，统筹涉及劳资与企业管理的25个单位部门组成领导小组，镇领导为组长。对用人单位的工资、租金、水电费、社保费、税费、经营管理异常、法律事务、警情访情等10项信息进行综合监控。各成员单位如发现用人单位发生群体劳资纠纷、非法转移资产设备、企业主非正常失去联系两天以上等重大经营管理异常，必须立即上报预警系统和领导小组办公室。

其次是风险评级。根据成员单位上报的相关信息，预警系统将按照“逢二进一，逢高就高”的原则将企业综合风险评定为正常、问题、风险、危险、高危等五种级别，并结合空间地理信息技术，在石龙镇电子地图上以不同颜色闪动展现。“逢二进一”是指在风险评定中，如果任何两项指标出现除“正常”以外的相同风险等级，那么，风险评级将自动上调一级；“逢高就高”是指，风险评级将以各项评级中最高的风险等级为准。

再次是应对管理。针对潜在风险，预警系统将发出部门跟进、部门到场、领导小组办公室协调、领导小组组长协调等综合处置指令，书记、镇长、副书记和领导小组组长可对指令进行优化调整。各成员单位必须根据指令对用人单位进行给力帮扶、督办整改、跟踪监控，并作相关预案。

最后是考核管理。成员单位于每月12日至月底向预警系统上报用人单位的问题信息，系统将于次月6日发出预警信息及处置指令，次月7日至11日各成员单位履行监管职能和协同处置，并于12日前向系统上报处置结果。为保证工作流程有序运行，石龙镇设立了各成员单位报送和处理信息的第一责任人和信息员，明确突发事件及时报告、月预警工作报告、月处置工作报告等“三报告”制度，制定了预警信息和应急信息处置规定，以及信息报送、处置的统计、通报和追责细则，从而有力加强了责任分工和工作落实。

从运作成效看，石龙镇企业风险预警应急系统的作用主要表现在以下方面。首先是预警作用，有助于防范企业欠薪逃匿等风险。通过预警系统的预警功能，各成员单位和相关部门能及时跟踪处置，使劳资纠纷和工资支付诉求得到提前介入和有效解决，从而有效遏制企业欠薪逃匿事件，尤其是在发生企业倒闭和企业主逃匿时，有助于防止企业转移资金和财产。

其次是帮扶作用，有助于企业渡过经营管理难关。预警监控一方面是为了防范风险，另一方面也是为了帮扶企业发展，根据预警系统提示的预警信息，“领导小组”在对问题企业采取监控、处置措施的同时，也会提供帮扶服务。

再次是应急作用，有助于处置劳资纠纷的突发性群体事件。预警系统的运行不仅加强了石龙镇对辖区内企业运行状况的监测分析，而且有效提升了各部门在面对突发事件时的应急协调处置能力。预警系统能帮助“领导小组”和办公室快速启动应急程序，并进行综合研判和有效调度，从而及时化解群体性劳资冲突，有效防止事态升级。得益于此，石龙镇近年来未曾发生严重的冲击社会秩序和越级上访的事件。

最后是效能作用，有助于提高政府的行政监管与社会服务能力。预警系统拥有信息监控优势，有关问题报送、处置指令下达、处理结果反馈、报表统计、数据分析、工作考核等可以通过计算机网络平台加以整合，从而有效提高了部门间的情况通报、协助请求的效率，加快了传输和处理速度，简化了工作流程。通过事前信息采集、事中预警提示、事后归档分析，预警系统为政府的企业监管提供了全面的、可视化的、可追溯的数据，有效增强了政府工作效能。

四　广东省依法化解基层矛盾的经验启示

从广东省依法化解基层矛盾的制度创新来看，以下做法颇具借鉴意义，有助于为深化法治建设奠定坚实基础。

其一，鼓励基层组织创新工作机制，吸纳志愿者参与信息收集，切实发挥基层组织矛盾化解的前沿堡垒作用。

村、居两委在基层矛盾化解工作中位于第一线，承担着重要的日常排查与疏导责任，其社会管理与服务能力直接影响基层矛盾化解的工作成效。但从调研来看，村、居两委的传统工作方式难以适应基层矛盾的多元化趋势，尤其是正式编制人手不足问题更为突出，很难做到全面有效覆盖。因此，有必要鼓励基层组织的工作机制创新，改变体制内思想局限性，激发公众参与管理的主动性和积极性。可以借鉴广东经验，采用村（居）特别委员机制，吸纳志愿者参与信息收集，切实加大基层监控的广度和深度。

其二，提高地方政府信息研判能力，依托网络信息技术，跨部门整合信息资源，构建有重点、全覆盖的风险监控体系。

地方政府要对辖区内群体性事件的潜在风险进行准确研判，必须首先全面掌握辖区内基层矛盾的总体情况和发展趋势。为数不少的群体性事件，其实在基层显现矛盾形态时，就已被相关部门所掌握，并在一定程度上纳入了监控范围，但由于各部门信息资源的条块分割和传统文牍呈递过程的滞后性，再加上基层矛盾经由信息网络的高速传播，有些时候，甚至基层矛盾都已演化为群体性事件，地方政府还未汇总各方面呈报的信息资料。因此，有必要改变部门意识局限性，依托网络信息技术，进一步完善信息交流与共享机制。可以借鉴广东经验，采用跨部门自动化信息监控与风险研判系统，切实提高信息的利用效率和风险预警能力。

其三，通过政府购买服务方式，提供基层公益法律服务，降低通过法律手段解决矛盾的门槛，转变民众过度依赖行政手段的观念和做法。

从调研来看，经过多年普法教育，民众对法律常识都有所认知，但通常不足以运用法律手段解决基层矛盾，依然需要求助于专业法律人士，并承担相应的法律服务成本。与此相比，借助行政手段解决矛盾，则无须承担成本。再加上长期以来强势行政“权大于法”的社会形象以及“父母官”的传统文化影响，不少民众在面临问题时，都会习惯性地“找组织”，甚至是“信访不信法”，致使基层矛盾化解的分流工作进展差强人意。因此，有必要通过政府购买服务或志愿者服务等方式，提高基层法律服务水平，切实保证民众“用得上，用得起，用得好”法律服务。可以借鉴广东经验，采用村（社区）法律顾问工作方法，引导民众形成运用法律手段解决基层矛盾的行为习惯。

其四，积极扶持专业化的第三方调解组织，提高民众对调解组织的信任感与认可度，切实分担地方政府的基层矛盾化解压力。

近年来，第三方调解组织呈现蓬勃发展态势，有效缓解了地方政府面临的基层矛盾和压力。不过，从调研来看，民众对于第三方调解组织的认可度依然有限，通常还是习惯于寻求行政手段解决矛盾。究其原因，就在于市场化运作的第三方调解组织缺乏执行力，难以确保民众达成合理的预期目标，经常出现调解结果成为一纸空文的尴尬局面，严重影响第三方调解组织的公信力。因此，有必要积极扶持专业化的第三方调解组织，建议进一步加强政府部门与第三方调解组织的协调联动，为第三方调解组织的调解结果提供背书，切实增强民众对第三方调解组织的信任感。

B.19

政府信息公开："宁波现象"分析

中国社会科学院法学研究所法治指数创新工程项目组*

摘　要：宁波在公权力运行的阳光透明方面全面领先，在政府信息公开方面更是走在前列。本文梳理了宁波市政府信息公开的基本情况，总结了宁波市在打造阳光政府方面取得的成效及可资推广的经验。但宁波政府信息公开的深入推进仍有需要破解的一系列难题，未来还应在机构、人员、平台等方面予以改进。

关键词：政府信息公开　阳光政府　公开平台

推行政府信息公开，既是政府自我改革的重要举措，也是公众权利的基本保障。政府信息公开工作具有多重性，看起来简单，实际上千头万绪，其效果具有综合性。推进政府信息公开对于打造阳光政府、保障民众知情权具有积极作用，对于倒逼依法行政，打造守法政府、廉洁政府也有提升效果，对于打造服务政府，进而释放社会活力、促进生产力发展，都具有正面意义。

导论：阳光透明的"宁波现象"

宁波，简称"甬"，是浙江省的第二大城市，是具有制定地方性法规权

* 项目组负责人：田禾，中国社会科学院法学研究所研究员；宣柏林，宁波市政府办公厅副主任。项目组成员：吕艳滨、吴培力、王海江、王小梅、栗燕杰、赵千羚、张誉、刘迪。执笔人：栗燕杰，中国社会科学院法学研究所助理研究员；吕艳滨，中国社会科学院法学研究所副研究员。

力的较大的市，国务院批准的全国历史文化名城，也是浙江省对外开放的门户和窗口单位。2013 年宁波实现地区生产总值 7100 亿元，增长 8% 以上；完成地方财政收入 792.4 亿元，增长 9.2%①。

宁波的经济体制改革和其他各项领域改革在全省乃至全国都处于相对领先的地位。在公权力运行的阳光透明方面，呈现出风景这边独好的"宁波现象"。全国不少地方在阳光政府、阳光司法、阳光检务等方面单项突出的情况并非罕见，但是在多方面均较为领先且相对均衡的情况并不多见。在中国社会科学院法学研究所开展的透明度指数测评中，宁波都跻身前列，数度夺冠，形成了具有鲜明特征的"宁波现象"。例如，在中国政府透明度指数测评中，宁波市政府连续多年名列前茅，2009 年、2010 年、2012 年排名第一，2011 年排名第六，2013 年排名第三，2014 年排名第二；在 2011 ~2014 年开展的司法透明度指数评估中，宁波市中级法院同样排名居前；在 2013 年和 2014 年浙江法院阳光司法指数测评中，宁波地区分别有 6 家和 5 家基层法院在全省跻身前 20 位；在 2013 年及 2014 年开展的中国海事司法透明度指数评估中，宁波海事法院连续两年独占鳌头。显然，阳光透明的"宁波现象"值得予以多视角地观察、剖析，这对于全国其他地方推行阳光政府、阳光司法等的全面、均衡、持续发展，不无借鉴意义。本报告根据 2014 年的调研情况，就"宁波现象"中的政府信息公开情况进行分析。

一 宁波市政府信息公开的基本状况

自《政府信息公开条例》颁布实施以来，宁波市积极主动推行政府信息公开工作，建立起较为完善的领导体制、工作机制，形成一套体现政府信息公开的内在规律和当地特色，且可操作性强的法规制度体系，大大提高了政府信息公开工作水平，在打造阳光政府方面走在全国前列。

① 参见《政府工作报告——2014 年 1 月 7 日在宁波市第十四届人民代表大会第四次会议上》。

（一）法规制度配套建设全面合理、奖惩有据

制度建设是做好政府信息公开工作的基础。《政府信息公开条例》的有效实施需要一系列的配套措施，为此，宁波市进行了一系列有益的探索。宁波市先后出台《宁波市政府信息公开规定》《宁波市政府信息公开指南和公开目录编制规范》《宁波市政府信息公开工作考核细则》《关于进一步做好政府信息公开保密审查工作的通知》等规章及规范性文件，并据此建立起政府信息发布、保密审查、学习培训、考核表彰、责任追究等一整套完整的制度机制，确保政府信息公开工作有规可依，形成稳定长效机制，克服了实施的随意性。实践也证明了这套机制的合理性和有效性。

（二）主动公开信息，尽可能满足人民群众的信息需求

近年来，宁波市主动公开信息的领域、方式、内容不断拓展丰富，注重契合社会各界的需求。宁波市本级及各县（市）区主动公开信息呈现涉及面广、数量大、时效性强等特点。2013 年，市本级主动公开政府信息 16. 13 万件，其中，行政审批、财政预算、保障性住房、食品药品安全、价格和收费等领域的规范性文件、重大决策与执法结果是其公开的重中之重（见表 1、表 2、表 3）。

表 1　2008 ~ 2013 年宁波市主动公开和依申请公开信息数量统计

年份	主动公开(万件)	依申请公开(件)
2008	11. 06	136
2009	7. 73	544
2010	8. 93	644
2011	11. 46	757
2012	13. 31	1275
2013	16. 13	1144
合　计	68. 62	4500

表 2　2008～2013 年宁波市市级部门主动公开和依申请公开数量统计

年份	主动公开（万件）	依申请公开（件）
2008	3.12	66
2009	2.64	255
2010	2.71	343
2011	3.24	420
2012	4.00	383
2013	4.14	324

注：数据由宁波市政府办公厅提供。

表 3　2008～2013 年县（市）区主动公开和依申请公开数量统计

单位：件

县（市）区	2008 年		2009 年		2010 年		2011 年		2012 年		2013 年	
	主动	依申请	主动	依申请	主动	依申请	主动	依申请	主动	依申请	主动	依申请
余姚市	3172	26	2719	151	3825	124	7265	43	9454	220	11699	72
慈溪市	2331	0	3839	0	9821	44	8684	101	8857	279	10156	296
奉化市	2994	0	4407	1	4378	11	5462	9	7227	11	9718	40
宁海县	9743	4	4495	6	3642	2	6113	24	6690	118	12598	88
象山县	11391	3	8506	3	8210	2	10730	20	9546	6	9617	30
鄞州区	5335	19	2524	47	4837	39	6467	34	8097	36	10763	83
海曙区	15812	4	7339	25	8458	20	9040	15	9358	15	11791	59
江东区	8108	2	1472	12	1182	17	5801	10	8742	15	11172	17
江北区	2820	0	5982	7	6079	6	9806	11	7865	105	10755	30
镇海区	5053	4	2343	12	2122	9	2262	13	4077	30	5438	41
北仑区	10452	7	4482	9	6239	10	5644	6	6828	29	10982	29
大榭开发区	444	0	796	3	886	2	1421	3	2062	2	1954	0
高新区	677	1	737	7	931	7	1070	28	1106	15	1190	29
保税区	394	0	343	2	408	3	788	5	613	2	698	1
东钱湖	0	0	515	0	522	0	1145	3	1694	4	1288	1
杭州湾新区	578	0	315	3	241	2	232	6	117	3	921	2
梅山保税港区	90	0	166	1	451	2	292	6	776	2	1045	2
合　计	79394	70	50980	289	62232	300	82222	337	93109	892	121785	820

注：数据由宁波市政府办公厅提供。

（三）畅通依申请公开渠道

申请公开政府信息是《政府信息公开条例》明确赋予公民的重要权利。各地政府对这项权利的落实和保障存在不同程度的理解，实践中也有不同的做法。宁波市在如何落实这项权利方面思路清晰，认识到位，规定明确，实践有效。为了做好依申请公开工作，宁波各级政府、部门坚持“答复及时，内容完整，格式规范”的指导方针，改进完善申请的受理、审查和答复机制，规范工作流程。

自2008年以来，全市政府信息公开申请量总体呈现上升趋势（见表1、表2）。2013年，宁波全市共受理政府信息公开申请1144件，其中县（市）区受理820件，市级部门受理324件，申请数量比2012年的1275件略有下降，内容主要涉及财政收支、公共预算、土地规划、房屋拆迁、城市规划、交通管理、消防、工资福利待遇等方面①。在答复结果上，同意公开的794件，不属于本行政机关公开或申请信息不存在的326件，同意部分公开的4件，因涉及商业秘密、个人隐私，危及国家安全、公共安全、经济安全和社会稳定不同意公开的20件。

二　宁波市政府信息公开工作的特点

（一）管理体制与机构建设领导得力、层级分明

政府信息公开的推进需要运转良好的工作机制来支撑。2008年，宁波市就建立了相对稳定的政府信息公开领导体制和工作机制，市委常委、常务副市长为全市政府信息公开工作的分管领导，市政府办公厅为主管部门，各县（市）区政府和市政府各部门、各有关单位也同步明确了分管领导、主管部门和工作机构，形成了层级分明、落实到位的工作机制和责任机制。

① 数据来源：《宁波市人民政府2013年政府信息公开工作年度报告》。

（二）丰富公开渠道，满足不同群体的信息需求

在推进政府信息公开工作中，宁波市采取多种方式丰富主动公开形式、提升公开效果。目前，宁波市各部门、各县（市）区普遍建成了政府门户网站的信息公开专栏、政府公报、新闻发布会、现场查阅点、政务微博、APP 等多种公开渠道。传统上，政府信息公开的目录分类单一，无法适应各种主体对政府信息的不同需求，为此，宁波市大力创新，按照主题、机构和服务对象三种分类方法呈现公开在门户网站上的信息，极大地方便了人民群众查询信息。

政府机关积极主动公开信息仅仅是做好政府信息公开工作的一个方面，让人民群众方便获取信息则是评判公开效果的重要指标。为此，宁波市引进 PORTAL 技术，实现政府信息公开系统的个性化订制。由此，公众可以根据自己的需求，选择相应政府信息公开目录，生成个性化的政府信息公开访问页面。宁波市还较早开通了微门户，通过“云聚合”“云转换”技术，将政府信息公开的信息同步发送到公众的手机等手持终端上，让公众可以随时随地查阅政府公开的信息，成为公众口袋里的政府信息手册。公众也可以根据自己的需要，在手机上订制政府信息公开的目录和内容。

宁波市在网站上引入国内领先的语音处理技术为基础的智能语音朗读系统，并使其与政府信息公开系统实现无缝整合。该系统可将政府信息文字自动转为标准流畅的语音播报，大大提升了视力不佳、文字阅读能力不足人群获取政府信息的便捷性，在一定程度上实现了政府信息的无障碍查询。

新媒体的政务微博、微信已成为政府信息公开的重要渠道。自 2011 年 12 月启动以来，“宁波发布”（http：//weibo. com/nbfb）所发布的政府信息已涵盖重大事件信息、互动交流、便民资讯、民生快线以及重大活动微博直播等内容。2014 年 10 月 16 日，“宁波发布”微信公众平台正式上线，意味着该市又多了一个权威信息和民生信息发布的新媒体平台，实现了微博、微信“双微联动”。“宁波发布”微信公众平台除日常信息发布外，还专门设置了“甬城动态”“甬上印象”“甬事指南”三大板块，并与中国宁波网

“民生 E 点通”互动平台联通，共同打造网络问政品牌。同时，积极发挥微博即时传递信息的作用，截至 2014 年 11 月底，共发布信息 6000 余条，每条信息的平均阅读量约 3 万人次。

（三）重视信息公开平台建设，提高政府信息公开效率

宁波市各部门、县（市）区均高度重视政府信息公开的平台建设，在公开信息的基础上，叠加了公共服务等职能，为政府实施公共服务管理提供技术支撑。这些平台包括：宁波市 3C 强制认证公共技术服务平台、宁波市标准化公共技术服务平台、宁波市国家级质量检测公共技术服务平台、宁波市计量公共技术服务平台、宁波市节能降耗公共技术服务平台、宁波市科技综合服务及科技文献检索公共服务平台、宁波市软件技术公共技术服务平台、宁波市食品安全公共技术服务平台、宁波市特种设备公共技术服务平台、宁波市药品及医疗器械公共技术服务平台等等。

这些平台在提升政府信息公开的效率和效果上发挥了正面作用。结合环境保护重点工作，宁波市设置了重点环境信息公开相关平台。比如，为配合宁波市政府的“禁止销售使用高污染燃料区建设”工作，市环保局专门设置禁燃区建设网络动态监督平台①。公众可通过该平台查看涉及改造、关停、搬迁的全部企业名单、企业地址、拟采用技术、办理时限、当前推进情况及全部完工率等变化信息，并可在线提出咨询、投诉并在线上办理。该网络动态监督平台的设置和运行，有利于保障公众知情权、参与权和监督权。

以“服务零距离、办事一站通”为宗旨，建成浙江政务服务网宁波平台，集中向社会公开行政权力清单、企业投资项目负面清单、财政专项资金管理清单、部门责任清单，实现网上晒权、网上行权、网上办事。至 2014 年底，该平台已公布了 44 家市级部门 4189 项行政权力的行政职权目录。部门责任清单、权力清单、企业投资负面清单、财政专项资金管理清单编制工作于 2014 年底前完成，通过浙江政务服务网宁波平台向社会公布。

---

① 该平台的网址为：http：//www. nbepb. gov. cn：8000/JinRQJS_ NBEPB. aspx。

再如，"信用宁波网"经过多轮建设与改造升级，逐步成为全社会信用基础数据统一平台。宁波市在开通的企业信用信息公示系统中，建立了企业信用信息公示相关制度，完善了企业信用信息数据库。同时，宁波市还不断优化县（市）区信用信息平台，加大信用信息的征集和共享力度，大力推进县（市）区信用体系建设，为建设诚信社会奠定了坚实的制度基础。

又如，宁波市还加强了校务信息公开平台的建设与应用。比如，在教育信息透明化形势下，江北区率先创建校务信息公开平台，涉及全区所有中小学、幼儿园（含民办）的校务信息，该平台要求各中小学、幼儿园全面集中公开校园经费收支情况、招生信息、校园安全卫生信息、教师聘用任免等信息，区教育局对各校园进行直接监督、考核。该平台成为公众便捷地获取教育信息、监督学校发展的主要途径，获得了广大家长的认可。

宁波市开通的企业政策查询平台是一大亮点①。长期以来，相关部门发布涉企政策文件往往各自为政，涉企政策文件公开不全面、不完整、不及时等问题比较突出，给企业带来不便。对此，宁波市决定建设统一的企业政策查询平台，彻底解决涉企政策文件发布的分散碎片化、不及时、难获取等问题。该企业政策查询平台将整合集中涉及企业的各层级、各部门的相关政策文件，便利企业使用。企业政策查询平台的特色，一是时效性强。新出台的政策文件在发布后的15个工作日内，或者在媒体公布后的3个工作日内上网发布，确保上网的政策文件最新。二是文件发布保持"原样"，每个政策文件除了包含标题、文号和正文外，还提供政策文件的扫描文件，让企业能够方便地下载到政策文件"原样"的黑白扫描文件。三是该平台还对政策文件的解读、互动作了整合。《国务院办公厅关于进一步加强政府信息公开　回应社会关切　提升政府公信力的意见》（国办发〔2013〕100号）要求，重要政策法规出台后，要针对公众关切，及时通过政府网站发布政策法规解读信息，加强解疑释惑，这对政府信息公开提出了更高的要求。为此，宁波市为每个政策文件都提供了咨询电话，使企业能够方便地咨询相关政府

① 该平台的网址为：http：//qyzc. ningbo. gov. cn/。

机关，凡是需要进行政策解读的，在文件下方还会直接附有解读信息，方便公众集中查找。四是提供延伸。视情况提供政策解读和相关配套文件，使企业能更全面、准确地理解政策文件的内容。为了方便企业查询，在平台上也可通过“中国·宁波”政府门户网站（www. ningbo. gov. cn）“企业站”直接访问。

宁波市公安系统广泛开发应用各种传统、现代的公开方式，使警务信息公开迈上了新台阶。在传统实体公开方面，公安部门利用行政服务中心和各出入境、车管所办证大厅等场所，设置多个信息公开申请受理点和公共查阅点。在现代传媒和网络公开方面，公安部门广泛运用“宁波公安”政府网站群、网上办事大厅、公安政务微博、“社区警务论坛”短信平台、信息公告栏、电子信息屏、移动电视、新闻媒体等渠道，为民众提供公安信息公开服务。发展至今，网上办事大厅、网上服务咨询平台、QQ 服务群、政务微博、短信提醒、快递送达等方式，已成为社会各界所喜闻乐见的公开形态渠道。

此外，宁波市还注重通过与公民的互动，探索建立网上回应公众期待和关切的新渠道，提升公开实效。在政府信息公开平台上新建了一个有关政策解读热点回应的链接，具体内容包括阳光热线（在线访谈）、对话、政策解读。2014 年，开展阳光热线（在线访谈）共 40 期，参与的市级部门 32 家，县（市）区 8 家，内容涉及重点工程、行政审批、住房、国土、交通、市场监管、教育、卫生、环保、民政、人力资源、计生、贸易、财政、旅游、文化、科技、体育、林业、水利、电信、电力、国资等领域。开展对话共 104 期，内容主要集中在经济、文化、社会发展及民生领域。同时，宁波市政府在网站上开辟出“在线咨询”“区长信箱”“公共事务受理”“意见征集”等互动型栏目，使公众能够通过不同渠道获取信息，以多样化的形式满足了不同的公开咨询需求。比如，北仑区信息中心建立门户网站网上信息社会纠错制度，发动广大市民对政府门户网站和政府信息公开平台发布的各类信息进行纠错，对发现的错误信息及时纠正，并对提出重要纠错建议的市民给予奖励。又比如，鄞州区于 2012 年 8 月上线了“民生点点通”网络问政平台①，该平台集网上发布、网上议政和网上直播三大功能于一体，2013年一年主动发布信息3000余条，收到网民建议咨询投诉2000余件。

（四）以服务为导向，体现民生需求与保障

政府信息公开应当满足民众需求，服务于生产力发展和民生保障。宁波市的政府信息公开工作高度重视服务导向，以公开保障民生，成为宁波经验的重要方面。

1. 安全生产领域信息公开重点突出

宁波市安监局网站于2014年4月完成改版，注重网站与业务系统的对接，将国家、省和市安监局的事故模块（系统）与局网站自动对接（抓取），实现了信息的自动更新；并注重网站建设与重点政府信息公开相结合，网站"服务大厅"栏目设置"重大隐患挂牌督办"模块，将企业重大隐患整改情况及时向公众反馈。该项工作在敦促企业安全生产方面发挥了很好的作用。

2. 推动医疗信息公开，满足患者需求

宁波市卫生局于2010年建成宁波市医疗信息公共服务平台，以政府信息公开服务民生②。该平台提供预约挂号、诊疗信息查询、专家介绍、实时信息等四个方面的服务。该平台上已有37家医院上线，并提供"医院通"的手机APP下载，缩短了群众挂号排队等候的时间，有效缓解了人民群众挂号难的问题，对于医患纠纷的预防化解起到一定积极效果。

3. 保障房分配信息公开，提升瞄准率和精准度

在保障房建设、分配、管理等全过程阳光操作方面，宁波市自2013年起加强了"阳光分配"机制建设。首先，公开政策项目信息。新出台的住房保障政策确保第一时间在宁波政府信息公开网、宁波建设网等平台公开，并通过《宁波日报》等当地主流媒体进行政策解读，让住房困难家庭全面

① http：//www. msddt. com/webHtml/index. aspx.

② 该平台的网址为：http：//wsgh. nbws. gov. cn/Index. shtml。

准确地了解保障房配租配售的法规政策。对于新开工、竣工的保障房项目，适时向社会发布项目名称、建设地址、建设套数、建设进度等信息。其次，部门间协调联动审核。对保障房申请的审核，多个部门协同配合，加大审查力度。民政部门核对申请对象的收入状况，房管部门利用全市联网的个人住房信息系统核对住房状况，社保、公安、工商、房管、银行等多个部门、机构也参与经济状况核查，各部门对申请资格条件进行审核把关，以确保不出现弄虚作假的情况。审核结果会通过公开公示机制接受社会各界监督。阶段性审核结果和最终审核结果还会在申请人户籍所在地及社区居委会张榜公示，并通过报纸、网络等媒体向社会公告，接受群众监督。此外，在保障房申请审核、评分摇号、配租配售等环节，人大代表、政协委员、新闻媒体、监察部门也会全程参与。上述阳光操作确保了保障房管理的规范性、廉洁性、精准性。

4. 国有土地房屋阳光征收形成多赢格局

土地房屋征迁工作被称为“天下第一难”，不仅行政机关推进困难，而且易导致大量矛盾纠纷，是近年来受到社会普遍关注并引发诟病的焦点问题。征地相关的信息公开，同样也是政府信息公开的老大难问题。2011 年以来，宁波市积极探索“阳光征收”模式，有效扭转了以往国有土地上房屋征收中的投诉信访多、项目推进难、群众满意度低的局面，为重大项目建设的加快推进创造了有利条件。为推进阳光征收工作，宁波市住房和城乡建设委员会专门开发房屋征收信息监管系统和信息公开系统，通过在征收现场配备电子触摸屏的方法，对项目概况、政策法规、补偿方案、公示公告、调查结果、签约情况、经办人员、办理指南和举报电话等实行“九公开”，对征收补偿协议签约、备案、公开实行“三上网”。有关部门将征收与补偿信息的 7 项内容，分 3 个层次分别向全社会、征收范围内的所有人和被征收人公开。在向被征收人公开方面，宁波市研发了征收现场电子触摸的身份证识别系统，使调查结果、评估结果、补偿结果等 3 项内容，仅限于被征收人查看，既做到了规定信息的公开，又有效保护了被征收人的个人隐私。“九公开”和“三上网”的实施，让相关群众通过正式渠道获知房屋补偿情况，满足了当事人和公众的知情权。该做法已从宁波市老三区（即海曙区、江东区、江北区）向全市扩展，从住宅向非住宅延伸，工程的拆迁周期明显缩短。总体上，阳光征收消除了人民群众长期以来形成的“先拆吃亏、后拆受益”的不信任感，达到了既保障社会公众知情权，又维护被征迁人合法权益，并提升政府公信力的多赢效果。

5. 市财政扶持企业专项资金信息公开

2011 年起，为促进财政扶持企业资金分配的公平性，宁波市财政部门制订财政扶持企业专项资金信息平台建设工作方案，启动了信息平台的建设工作，2012 年初搭建完成。该信息平台①集中公布工业、交通、科学技术、商业贸易、节能环保、外经外贸、农业、建筑业、旅游业等九类相关政策法规、资金管理办法，以及相关部门发布的专项资金申报程序、申报通知等，用户可以通过平台查找需要的内容。该平台的上线运行，集信息公开与提供服务于一身，较好满足了企业投资的需求。

6. 扩大预决算信息公开范围，强力规范政府“三公”经费适用

预决算信息公开是公共财政的本质要求，也是政府信息公开的重要内容。2010 年财政部出台《关于进一步做好预算信息公开工作的指导意见》（财预〔2010〕31 号）。2011 年开始，宁波市级财政将市人民代表大会审议通过的公共财政、政府性基金预算和决算向社会公开，所有政府部门的部门预算向社会公开。到 2014 年，公开范围已扩大到社保基金预算和国有资本经营预算，部门预算所有支出除涉密内容外全部细化公开到支出功能分类的项级科目，适用部门从 2011 年的 35 家扩大到目前的 62 家单位。目前，宁波市级和各县（市）区全部向社会公开了政府预（决）算、部门预算和三公经费预算。其中，2013 年的部门决算和三公经费决算于 2014 年 10 月底前向社会公开。其三公经费中“公务用车购置和运行费”在公开时细化为“公务用车购置费”和“公务用车运行费”。

---

① http：//www. nbcs. gov. cn/col/col3903/index. html.

7. 全面公开行政处罚决定书，推动政府规范执法

近年来，执法机关的自由裁量权太大饱受诟病，要求执法机关主动公开其处罚决定、许可决定等行政决定的呼声日渐强烈。与此同时，不少市场主体因为信息不对称，难以掌握其他主体的诚信守法状况，交易成本较高，制约了经济发展。为了解决这些问题，国务院 2014 年出台了《企业信息公示暂行条例》。近年来，宁波市也积极推动行政处罚决定的网上公开。比如，余姚市人民政府办公室印发《余姚市行政处罚结果网上公开工作实施方案》，要求全市具有行政处罚主体资格的各个行政执法部门，对于除涉及国家秘密、商业秘密和个人隐私的，公开可能危及国家安全、公共安全的，处罚对象为未成年人的，以及公开后可能造成经济安全和社会稳定等不宜公开的以外，经过一般程序作出的已生效处罚结果，原则上应当公开。

8. 重大行政决策过程与结果公开，促进民主科学决策

宁波市出台《宁波市人民政府重大行政决策程序规定》（甬政发〔2011〕117 号），将公开作为重大行政决策实施的基本原则，要求决策草案必须通过政府网站、新闻媒体等渠道征求意见；对于涉及重大公共利益和人民群众切身利益，对当地经济社会发展有重大影响，公众对决策方案有重大分歧的，要求依法公开举行听证会；已经作出的重大行政决策通过多种方式向社会公开。例如，宁波市象山县不仅依照《政府信息公开条例》《关于深化政务公开　加强政务服务的意见》等中央层面的法规文件和宁波市的相关规定完成了规定工作，即向社会主动公开行政决策信息，而且更进一步在其官方网站设置了独具特色的“政府决策”栏目①，公众可以通过标题、索引号等进行检索。

（五）注重政府信息公开的统一管理，提升规范化程度

根据《政府信息公开条例》，办公厅（室）是政府信息公开的主管机关，负责总体推进本地方的政府信息公开工作。这意味着，办公厅（室）

① http://zf.xiangshan.gov.cn/govdiropen/jcms_files/jcms1/web1/site/col/col80/index.html.

不仅要做好市本级的信息公开工作，还要发挥领导、指导、监督作用，使市级部门、县（市）区的信息公开工作协同推进。宁波市一直强调市政府办公厅在全市政府信息公开工作中的领导作用。市政府办公厅在全市政府信息公开工作中积极主动，大力协调。例如，为了规范依申请公开的办理工作，宁波市开通了统一的政府信息公开申请平台，所有申请可以通过这一渠道提交，各部门收到申请的情况，办公厅一目了然、心中有数，既可以及时监督下级部门依法、按时、规范地作出答复，又可以发现各部门及县（市）区面临的共性问题，及时进行协调、督办。近年来中国社会科学院法学研究所在开展政府透明度指数评估时对宁波市进行了多次匿名申请验证，所有申请的答复都能够做到及时、规范。政府信息公开可能涉及多个部门，为此，宁波市各级政府部门开展了信息公开协调机制的探索。比如，江北区建立起依申请公开的联席会议制度，对关涉多个部门或内容复杂的，召开协调会，综合各部门意见，完善答复内容。

政府信息公开是法治政府建设的重要内容，没有规范化的管理，难以提升工作水平。政府信息公开工作会因人而异，做法不同，可能给公众带来不严肃的印象，还会存在一定的法律风险。因此，宁波市较为重视推进工作的规范化。以处理依申请公开为例，北仑区制作并在网上公布了《北仑区（开发区）依申请公开政府信息工作流程图》，同时制作了政府信息公开申请补正告知书、政府信息公开申请受理回执、政府信息已主动公开告知书、非本机关政府信息告知书、政府信息暂缓公开决定书、政府信息公开第三方意见征询函、政府信息公开第三方告知书、政府信息公开决定书、政府信息部分公开决定书、政府信息不予公开决定书等涵盖政府信息依申请公开全过程的十余个规范文本，政府信息公开工作的申请和办理操作流程详细、步骤清晰，既从制度上保证了政府信息依申请公开的顺利实施，也可以有效防范法律风险。

（六）构建科学有效的政府信息公开监督评价体系

建立一套制度相对容易，评价制度的运行状况则较为困难。为了推进政府信息公开工作，宁波市从2008年起，就把政府信息公开考核纳入市目标管理考核体系，每年年初下发《宁波市政府信息公开考核细则》，每季度进行排名通报，年终组织联合工作组进行考核，评选年度先进单位和个人。为加强日常监测，从2010年开始，市政府采取服务外包的形式引入独立第三方评估机制，对网站公开平台的效果进行考核，以保证考核公平公正。第三方评估制度已经连续实施4年，各单位根据评估结果进行了整改，成效明显。

此外，一些地区和领域在考核评估方面形成了一定的特色和优势。鄞州区采取多种监督措施并行的方法，日常抽查、季度通报与网络在线检查相结合，将信息公开纳入考核评价体系。该区还实施信息公开专项考核，如鄞州市自2013年实行公开信息量的考核，具体做法是引入第三方测评机构，对每个节点单位根据考核细则进行一年两次的测评。江东区则创设政府信息公开的单独考核机制，《2014年度江东区政府信息公开工作考核办法》采取百分制量化考核办法实施目标考核，对各单位政府信息公开的数量和质量进行督查考评。象山县开发利用政府信息公开电子监察系统，对主动公开、依申请公开和网上咨询情况实施无缝隙的实时监察；对公开义务单位实施预警管理。由上可见，宁波市各地方极为重视政府信息公开工作，形成了上下合力，这在全国其他地方还较为少见。

三　宁波市政府信息公开需要破解的难题

政府信息公开工作的实施，是一项兼具长期性、艰巨性和复杂性的系统工程。就其长期性而言，政府信息公开工作并非一蹴而就、一劳永逸，而是政府管理的日常基本工作，且应根据社会需求不断提升公开质量。就其艰巨性而言，政府信息公开作为政府活动的一个环节，既有重大决策、立法、执法之前的告知、公示的基础性公开以征求意见，也有行政活动完结之后形成的执法信息、决策信息的公开，因此如果执法、决策过程中夹带私益，行政决定本身有瑕疵，其公开工作势必很难进行，公开则自曝家丑、不公开则违反法律规定。就其复杂性而言，一些信息在加工、形成的过程中更是历时长久，涉及多个部门，一些政府信息与特定个人、企业具有密切关联，向谁公开、如何公开，都是值得研讨的问题。

宁波市的政府信息公开取得较好成效，但也存在需要应对乃至花大力气破解的问题。其面临的问题可能带有一定的普遍性，在其他地区也一样存在，亟须国家从全国层面加以关注和解决，也可能存在一些自身的问题，需要引起重视。

（一）主动公开仍需重视提升公开质量

在现有考核机制的指挥棒下，主动公开在"数量"方面突飞猛进，但公开的"质量"方面仍存在不足，与人民群众的信息需求存在一定差距。例如，项目组在宁波调研时，一些负责政府信息公开工作的工作人员认为，个别单位领导将网上信息公开工作错误理解成政府事务性工作的公开，即宣传信息的公开，在网上公开的多以政府及其部门的动态性信息为主，而对于群众希望看见的、关系切身利益的一些信息却难觅踪迹。而且，主动公开的范围界定、公开深度缺乏统一标准，在实际操作中存在流于形式的现象。另外，主动公开表现出一定的"运动式"色彩，未完全做到常规化运行，超过法定时限的情况并非罕见，个别部门存在重视门户网站建设、轻视平台维护的现象。

尤其值得注意的是，主动公开存在"避重就轻"的倾向，不少部门的主动公开重点不够突出，处于自说自话状态。这主要表现在以下几个方面。

一是部门工作动态信息发布多，监管相对人的信息发布少。一些政府机关的网站建设内容着重于"领导去哪儿了"，并置于网站的醒目位置。

二是零星信息发布多，系统信息发布少。在广泛应用政务微博、微信、APP 发布渠道的背景下，信息呈现碎片化，政府信息发布缺乏完整性和前后呼应，已经成为日益严重的问题。

三是正面信息发布多，监管信息发布少。特别是食品药品监管中的一些负面信息，包括对一些企业的处罚、整改结果，是否公开、在多大范围内公开，政府往往持较为保守的态度。这可能也与对民众承受力的担忧有一定关联，唯恐出现大的舆情风险，甚至引发群体性事件。监管负面信息的公开，往往被媒体、公众无限度放大，甚至进行多方联想，其不利影响可能非常深远。基于上述种种考虑，监管信息、处罚结果信息的公开并非彻底“脱敏”，处于相对裹足不前的状态。

（二）依申请公开面临巨大压力

无论是宁波还是其他地区，依申请公开都是政府信息公开工作的老大难问题。与主动公开不同，依申请公开的主导权并不把握在政府手里。申请信息内容的不确定性，申请人对信息的全面性、深度要求，以及基于维权、泄愤等缘由产生的信息公开申请，都是困扰依申请公开工作的难点问题。此外，因依申请公开导致的行政复议、行政诉讼压力也较大。2013 年，宁波市因政府信息公开引起的行政复议案件 48 件，因政府信息公开引起的行政诉讼案件 16 件。值得一提的是，信息公开申请呈现信访化趋势。网络技术极大地方便了社会公众提出政府信息公开申请，但也出现了一人向多部门申请、一人反复申请、夹杂信访投诉的现象，信息公开甚至成为利益诉求和投诉信访的平台。对于一些长期积累下来的疑难问题，当事人往往选择通过依申请公开渠道，为其实施进一步的维权行动搜集相关文件、资料。政府信息的依申请公开大有变成第二信访之势。

（三）平台重复建设而资源共享不足

政府信息公开平台重复建设问题凸显。比如，调研发现余姚市一级就有 7 个主要公开渠道。虽然就其本意而言，特定平台的建立使用都起到信息公开的整合、集中发布效果，但是平台太多，政出多门，势必存在功能、对象之间的交叉重叠，资源浪费严重，内容重复发布与资源共享缺失则同时存在。信息格式不统一，元数据不一致，更是成为妨碍信息化建设的关键因素。如何整合现有平台，做到资源共享利用，成为宁波市各级政府部门亟待解决的问题。

（四）公开与否缺乏可操作标准

公开信息的内容、界限缺乏可操作的具体标准。一是一些部门在公开信息方面过于仰赖上级部门的做法或要求。如果上级部门给出明确的要求标准，则予以执行实施，但这种期望在现实中往往落空。二是法定公开的职责主体不够合理或明确。被调研的一些部门反映，特定政府信息只有省级部门才能发布，市区级部门没有发布的权限。在食品安全方面，以"重大"与否确定公开的级别主体，但何为重大、何为特别重大缺乏明确、可操作的标准。三是对具体的政府信息公开与否的把握不太容易。比如，进入档案馆的历史信息，公开主体与公开内容的确定，《档案法》及配套法规与《政府信息公开条例》的规定存在矛盾。再如，行政机关的依法行政能力与政府信息公开机制未能有效衔接，行政机关的一些行政行为，或多或少都有瑕疵，相关材料公布后可能引发一系列信访、诉讼，甚至危及稳定，导致行政机关对相关信息是否公开陷入两难境地。

（五）政府信息公开队伍建设远未到位

政府信息公开的工作人员数量不足、素质不高的问题亟待解决。一些地方的政府信息公开工作人员流动大，工作时间和业务水平难以适应信息公开的发展需求。

信息公开的工作人员以兼职人员为主，有的部门全为兼职人员，加上缺乏系统业务培训，对相关业务、制度、规则的把握缺乏全面性和专业性，甚至不如一些信息公开申请人。例如，宁波市某县目前信息公开工作虽然建立了以常务副县长为组长、县政府办公室分管副主任为副组长的领导小组，但实际具体负责操作的工作人员仅有一名兼职人员，且经费没有保障，各部门的工作人员也多为兼职，且调动频繁，力量相当薄弱，许多信息由各科室自行发送上网，没有统一审批。没有专门的人员负责政府信息公开工作是目前各地普遍面临的问题，其结果是，一些工作人员业务水平低，不知道申请公开的信息是否存在、是否保存、保存在哪里，导致答复内容不完全、不准确。在这种情况下，因信息公开申请出现纠纷甚至败诉在所难免。

四 展望

政府信息公开制度机制的完善，是一场“持久战”，对政府信息公开的要求也将伴随着法治政府的推进以及公众需求的不断提升而逐步提高。从对宁波市政府信息公开工作的调研情况看，宁波市由于经济发展速度快、民营经济活跃，政府管理法治意识较强，工作积极主动，在政府信息公开方面积累了不少经验。但也应看到，即便像宁波市这样重视政府信息公开工作、公开成效也很好的地方，也面临不少亟须破解的难题。从全国推进政府信息公开工作的角度看，未来还需要在以下方面加强工作。

首先，加强政府信息公开的机构和人员建设，确保机构设置和人员岗位相对稳定。信息公开作为一项长期性、政策性、专业性都很强的工作，需要相对稳定和具有一定专业水平的机构、工作人员。建议地级市以上地方政府以及业务量大的部门都应当设置专门的机构、人员，县（市）区则至少应由专门人员负责此工作。此外，考虑到培训教育对于提升政府信息公开水平、统一认识和做法具有重要意义，新任领导干部培训、新入职公务员培训以及公务员日常培训应将政府信息公开内容作为重点之一。

其次，尽快完善《政府信息公开条例》等涉及政府信息公开的规定。应当对现实中各地反映强烈的问题予以回应，将政府信息公开的各项制度予以细化。比如，生产、生活、科研等“三需要”究竟如何理解，是否意味着公开机关可以对申请人的需要进行实质审查，应当在立法或《政府信息公开条例》修改中予以明确。再如，政府信息的公开职责主体应当明确。虽然《政府信息公开条例》规定了政府信息公开主体确定的“谁制作、谁公开，谁保存、谁公开”的一般原则，但在实践中特定政府信息的形成、保存往往涉及多个部门，公开的职责主体确定并非易事，行政机关之间相互推诿的现象较为常见，为获得一条政府信息往往需要申请人分别向多个机关提出申请。为此，明确政府信息公开的职责主体，对于推进信息公开工作具有重要意义。这方面宁波已有一些经验可资推广。在财政预决算的信息公开上，宁波即明确公开主体，由财政部门负责本级政府总预算、决算的公开，各部门负责本部门预算、决算的公开。

再次，强化办公厅（室）作为政府信息公开工作主管部门的推进、指导、协调、监督作用。从宁波的经验看，各部门、各县（市）区工作整体协调推进，离不开办公厅及县（市）区办公室推进公开的积极主动性。从有效提升公开水平的角度看，其推进、指导、协调、监督作用应当得到进一步发挥。

另外，整合公开平台。随着政府网站的发展，开发专门领域的政府信息公开平台或者办事平台在所难免，但也应防止因平台过多而肢解网站功能、影响公开效果。为此，今后的政府网站建设更应注重做好科学的规划，防止重复建设、资源浪费。

最后，充分利用信息化提升公开质量。可考虑通过政府网上办公、自动化办公的 OA 系统建设，提高政府信息发布的自动化程度。应提高市政府网站与各局机关相关系统的信息化自动关联度。有必要改变以往一条信息在多个平台上由人工手动发布数次的做法，将各个网站、相关平台的信息予以自动提取，相互关联。

B.20

走出“边缘”地位的乡镇人大

——基于对2014年中山市镇级人大监督工作的现实考察

中国社会科学院法学研究所法治指数创新工程项目组*

摘　要：乡镇人民代表大会作为中国人民代表大会制度的重要组成部分和社会主义民主政治的基石，理应在中国的民主法治乃至整个社会政治结构中占据重要地位。然而，受制于制度和现实层面的各种因素，乡镇人大功能不彰，其角色定位和实际功能之间存在较大差距。本文基于对近年尤其是2014年中山市镇级人大监督工作的现实考察，认为其结合自身的独特优势，在法律框架内实现了有限突破。其对基层人大监督的定位、对人大与党委和政府之间关系的把握，反映了广东脚踏实地的作风和精神，体现了现实主义的理念和路向。但从长远来看，乡镇人大的地位和功能，应当根据宪法和法律所确立的整体框架，进行更科学的厘定。

关键词：中山市　镇级人大　监督

乡镇人民代表大会是中国宪法所确立的五级国家权力机关中最基层的一级，是人民代表大会制度的重要组成部分，也是社会主义民主政治的基石。

---

* 项目组负责人：田禾，中国社会科学院法学研究所研究员。项目组成员：吕艳滨、支振锋、王小梅、李霞、栗燕杰、赵千羚、张誉、刘迪。执笔人：李霞，中国社会科学院法学研究所助理研究员。

乡镇人大随着1954年《宪法》的颁布而诞生，迄今已有逾60年历史，其间遭遇过挫折、沐浴过风雨、经受过起落。在一定程度上可以说，中国乡镇人大的发展史，即是一部国家民主法治的演进史。近年来，随着“依法治国”方略的逐步实施、基层民主法制的不断完善、乡镇各项配套改革的协同推进，乡镇人大制度在理论和实践上都取得了不少突破，在规范基层权力运行、代表和实现民众权益、推进基层民主化进程、优化基层社会治理、促进新农村建设等方面，发挥着不可替代的作用。但客观来看，受制于制度的缺失、机构的不完善、体制的复杂、代表素质的良莠不齐、经费的短缺等现实因素，乡镇人大仍陷于“虚化”和“边缘化”的泥淖。为破解乡镇人大制度的这一难题，孙中山先生的故乡、有着“敢为天下先”传统的广东中山市，在法定框架和空间内先行先试，审议通过了《中山市镇人民代表大会监督工作暂行办法》，填补了镇级人大监督制度的若干空白，并以此为契机，推进镇级人大闭会期间的各项监督工作，理顺人大与党委、政府之间的内在关系，探索人大代表联系选民的各项制度，使基层人大制度焕发出勃勃生机。

一　乡镇人大的现实图景：角色与功能之间的鸿沟

俗语云，“乡镇治则郡县治，郡县治则天下安”。乡镇人大在中国的民主法治乃至整个社会政治结构中扮演着重要角色。然而受制于制度和现实层面的各种因素，乡镇人大功能不彰，其角色定位和实际功能之间存在较大的差距。

（一）重要角色的定位

乡镇人民代表大会的法律地位、作用和权威在《宪法》和《地方各级人民代表大会和地方各级人民政府组织法》（以下简称《地方组织法》）中有明确规定。它是最基层的国家权力机关，是整个国家政权的基础，是国家治理体系的重要组成部分；它亦是基层民众参与管理国家和社会事务、行使当家作主权利的制度平台，是基层民众有序、理性地参与基层社会治理的有效载体，是政情和民意之间最直接的桥梁。可以说，基层人大功能的发挥直接关系到国家的民主法治化进程。从现实来看，乡镇人大制度的发展和完善，在保证“依法治国”方略的顺利实施、维护改革发展稳定的大局、推进基层依法执政和依法行政、扩大基层民主、切实反映民意、有效化解当前社会矛盾、维护经济和社会发展的良好秩序、推动社会主义新农村建设和构建和谐社会等方面，具有独特价值。

正因为此，中共中央政治局常委、全国人大常委会委员长张德江于2014年5月在浙江就乡镇人大工作进行调研时强调，“要从巩固党的执政基础、推进国家治理体系和治理能力现代化的高度，充分认识乡镇人大作为基层国家权力机关的地位和作用，切实加强乡镇人大建设，提高乡镇人大工作水平”①。

（二）法律制度的缺失

尽管居于如此重要的地位，实践中乡镇人大功能的有效发挥却受多种因素制约。法律制度的缺失即是其中关键的一环。

在中央层面，中国现行《宪法》和《地方组织法》规定，乡、民族乡、镇人民代表大会属于“地方各级人民代表大会”，且明确规定了乡镇人大的职权及其工作内容，但在制度设计上对乡镇人大与县级以上地方人大进行了区别对待。根据《地方组织法》的规定，设立常务委员会（第2条、第40条）、组织特定问题的调查委员会（第31条）及设立专门委员会（第30条）等规定，仅适用于县级或设区的市级以上的地方人大。乡镇人大不设常务委员会，仅设主席和副主席（第14条），“举行会议的时候，选举主席团。由主席团主持会议，并负责召集下一次的本级人民代表大会”（第15条），似将乡镇人大主席团定义为负责召集会议的“临时性机构”，主席团的工作内容不明确、工作机制缺乏规范，导致在实际工作中遭遇许多困难。

① 《张德江在浙江调研时强调：加强乡镇人大建设、发挥乡镇人大作用》，载《浙江人大》2014年第6期。

进而，由于《各级人民代表大会常务委员会监督法》（以下简称《监督法》）仅适用于各级人大常委会，也使得没有常设机构的乡镇人大在闭会期间的监督工作无据可依，严重阻滞了乡镇人大监督工作的开展。此外，《全国人民代表大会和地方各级人民代表大会代表法》（以下简称《代表法》）等相关法律对乡镇人大的代表选举制度、乡镇人大主席团的工作机制（包括议事规则、会议制度）、乡镇人大代表的履职与培训制度（包括代表联系选民、议案和建议办理制度）、乡镇人大信访、检查、视察制度等方面的规定过于笼统和抽象，缺乏可操作性。

当然，中央层面的立法缺失也为地方立法提供了动力和空间。近年来，不少省市先后就乡镇人大工作、代表选举等制定和修改法规和规章，如《北京市乡、民族乡、镇人民代表大会组织条例》（2010 年修正）、《山东省乡镇人民代表大会工作若干规定》（2010 年修正）、《宁夏回族自治区乡镇人民代表大会工作条例》（2007 年修正等）。这些地方立法主要对乡镇人民代表大会的职权、人民人表大会的会议制度、人大主席团的职权、人大主席和副主席闭会期间的工作内容等作了规定，但对于乡镇人大代表的职权和代表联系选民制度、乡镇人大闭会期间的监督工作等仍然没有涉及，制度阙如的现实未能得到根本改变。就广东省而言，现行有效的《广东省乡镇人民代表大会主席和主席团工作条例》通过于1995 年，已近 20 年未了修改，其对乡镇人大的职权仅作了原则性规定，对乡镇人大的职权行使、监督工作的开展等亦只有笼统规定，未能及时回应乡镇人大在新形势下的发展需要。

（三）现实条件的掣肘

除了制度的缺失之外，囿于机构不完善、机制不健全、代表素质不高、经费短缺、信息不对称等现实因素，乡镇人大的实践状况并不尽如人意。不少地方的乡镇人大被边缘化、权力被虚置。

第一，在监督体制方面，乡镇人大监督的对象主要是政府，政府的负责人大部分还是乡镇党委的副书记或委员，现实中往往乡镇党委书记又兼任人大主席，党委委员兼任人大办公室主任和副主席，并且乡镇党委书记、副书记或党委委员往往是乡镇人民代表大会主席团的常务主席。因此，乡镇人大在行使监督权时有极大可能遇到组织、工作、能力和心理等多重障碍。第二，乡镇党委和县级以上人大对乡镇人大支持不够。县级以上人大对乡镇人大缺少协调和指导，乡镇党委和上级机关对乡镇人大的经费与人力资源支持、后勤保障和政策支持的力度和对乡镇人大工作重要性的认识和重视程度都远远不够。第三，乡镇人大代表的组成多元，许多代表来自农村、社区、企业，一方面显示出较强的人民性，但另一方面，也有素质参差不齐之虞。相当数量的代表文化素质、法律素质不高，沟通能力不强，为民众代言的意识薄弱，在很大程度上会影响代表与选民的沟通交流，制约乡镇人大工作的顺利开展。第四，监督工作要取得实效，监督者掌握全面、准确的一手信息异常重要。而现实中，乡镇人大的监督工作面临着严重的信息不对称。政府的工作汇报和反馈是人大监督的最主要信息来源，这种被动式的、单一的信息获取方式抑制了人大监督功能的发挥。

二　中山市镇级人大监督工作的创新：法律框架内的突破

中山市乃粤南重镇，自 2012 年以来正努力争创“法治广东建设示范市”。在人大监督工作方面，中山市人大取得许多创新性进展，与广东省各级人大一同成就了人大监督的“广东现象”。与其他地级市最大的不同在于，中山市实行扁平化的行政管理架构，未设区县，而是下设 18 个镇、5 个街道和 1 个高新技术开发区。中山市各镇的经济相当于其他城市的县级经济，政府机构设置也与其他县级政府类似，但人大机构的设置严格依照《地方组织法》关于“乡、民族乡和镇”的规定，未设常务委员会。尽管前文所述的种种因素同样困扰着中山市各镇级人大，然而，一则受益于中山市近年来经济的快速发展和城镇化的加速推进，二则受益于扁平化的结构设置，三则受益于中山人“敢为天下先”的精神，中山市各镇级人大较之其他乡镇人大具有天然的优势。在监督工作中，中山市镇级人大将此优势转化为实际的成效，在法律框架内实现了突破。

（一）填补乡镇人大监督制度空白，强化闭会期间的监督

中山市在人大制度建构方面一向颇有作为。在省一级相关立法缺失的情况下，制定了包括《中山市人民代表大会议事规则》《中山市镇人民代表大会议事规则》等在内的一系列相关制度。尤其值得关注的是2014年1月1日起施行的《中山市镇人民代表大会监督工作暂行办法》（以下简称《镇人大监督工作暂行办法》），它是全国首部关于镇级人大监督工作的规范性文件，它的出台标志着中山市各镇的人大监督工作尤其是闭会期间的监督工作自此有章可循。正如《镇人大监督工作暂行办法》的“起草说明”中所显示的，该办法的出台回应了三个现实需求：首先，中山各镇可支配财力实现历史性跨越，对依法加强预算审查监督提出了要求；其次，由于中山不设县区，在简政放权背景下，各镇拥有了许多县级事权，产生了强化人大监督公权力、保障公民权益的需求；最后，破解乡镇人大监督难题，是中山争创“法治广东建设示范市”的必然要求①。

《镇人大监督工作暂行办法》的亮点主要体现在五个方面：一是将“镇人民政府及其职能部门、上级国家机关派驻镇的部门”确定为镇级人大监督的对象（第7条），解决了过去对工商、质检、税务等“垂直”行政部门和“两院”派出机构监督不到位的问题；二是将代表小组确立为代表开展监督工作的基本形式，规定“可以设立法制、财政经济、城乡建设、农村和社区、教科文卫等若干小组开展代表活动”（第5条），以增强代表的专业性尽量弥补代表非专职的缺陷；三是规范了执法检查、听取专项工作报告的监督方式，明确其主体、内容、形式和程序，增强监督的刚性；四是强化了预算审查监督，规定“镇人民代表大会应当成立预算审查委员会”（第21

① 参见钟仁轩《破解镇级人大监督难题——中山市人大常委会制定镇人大监督工作暂行办法》，载《人民之声》2013年第11期。

条)，并将预算编制、批准、执行、调整等各个环节均纳入审查范围，细化了审查的内容和程序；五是在借鉴外地人大做法、总结本地经验的基础上，推动对政府职能部门及上级国家机关派驻镇的部门的年度民主测评工作，规定了测评的内容、程序和对测评结果的刚性运用。调研发现，《镇人大监督工作暂行办法》实施一年以来，乡镇人大闭会期间监督功能发挥受限的局面得到了相当程度的改变，赢得了社会各界的关注和好评。

（二）结合各种监督形式的优势，增强人大监督的刚性

中山市镇级人大在监督过程中，善于在常规监督和特别监督之间灵活切换。一方面，严格遵守《地方组织法》《代表法》和《镇人大监督工作暂行办法》等的规定，履行监督职责；另一方面，在实践中根据监督对象、内容和目的的不同而灵活选择监督形式。更为可贵的是，针对同一监督对象或事项，结合不同监督形式的特点和优势，以“组合拳”的方式开展监督工作，达到“1 +1 >2”的效果。

1. 听取和审议工作报告

在每年例行听取和审议政府工作报告之外，中山市各镇还以审议专项报告为切入口，对文化教育、医疗卫生、社会治安、城镇建设等关系群众切身利益、社会普遍关注的问题进行专项听取和审议，同时对监督事项进行持续性的跟踪落实，推动政府各项工作的落实。例如，2014 年 5 月，东凤镇人大代表听取了该区雨污分流工程建设的专题汇报；8 月，板芙镇人大组织代表参加了十件民生实事专题汇报会，对政府落实民生实事的进展情况进行监督。

2. 执法检查

法律的生命在于经验，法律的意义在于执行。执法检查是法律法规等规定的乡镇人大监督的重要形式。中山市及其各镇的人大通过多层次、多形式的执法检查，起到了保证法律法规有效实施、促进依法行政、增强民众法律意识、纠正违法行为等积极效果。

从检查内容看，一方面，中山市人大和各镇人大既会针对同一法律法规

的执行情况在同一时期展开从城市到乡镇基层的全面检查，依循法制运行的规律，达到事半功倍、查无遗漏的监督效果；另一方面，镇人大也会根据各镇当前的工作重点和民众关心的问题来确定各自的执法检查重点。例如，2014年4月至5月，中山市人大常委会对该市实施《农业法》的情况进行了执法检查，听取了市相关部门的汇报，并赴南朗镇、黄圃镇、三角镇等实地考察了现代农业发展项目，还邀请当地镇的部分人大代表参加。同一时期，东凤镇、神湾镇、小榄镇、沙溪镇等镇人大办公室也先后组织当地人大代表对《农业法》的执行情况进行检查。2014年5月，为了打击“黄赌毒”等违法犯罪活动、创造良好的社会治安环境，大涌镇人大代表监督执法小组与镇相关职能部门一道，开展了文化娱乐场所专项执法检查；6月，东凤镇人大办公室组织市、镇人大代表对辖区内的食品安全加工和销售情况进行执法检查。沙溪、横栏、阜沙、民众、神湾等镇也针对社会管理中亟待解决和民众关心的问题（如市场管理、社会治安等），组织人大代表进行执法检查。

从检查形式看，执法检查既有大型也有小型检查，既有重点也有一般检查；从检查方法看，实践中，执法检查往往同代表视察、专题调研、听取和审议专项工作汇报，以及跟踪监督、整改等有机结合，提高监督实效，增强监督刚性。对于在检查中发现的问题，乡镇人大会及时向执法部门提出意见，或者形成代表议案和建议，一般不直接处理。

3. 财政预算审查

健康的财政是乡镇政权顺畅运行的基础，是政府为公众提供充足的公共产品和服务、有效进行行政管理和社会治理的前提。自2009年起，在中山市人大常委会的指导下，各镇人大就成立了预算审查委员会，它作为非常设的辅助性工作机构，负责人大会议期间的预算审查，并根据实际需要开展闭会期间的预算监督工作。经过5年多的探索，市级、镇级预算监督体系已经臻于成熟。在此基础上，《镇人大监督工作暂行办法》将“各镇人大设立预算审查委员会”作为强制性要求写入，并规范和细化了预算审查的内容和程序，有助于进一步建立健全镇级人大监督体系。

各镇人大严格依照《镇人大监督工作暂行办法》的规定，每年初在镇人代会召开期间，由各代表团和预算委员会审查镇政府当年预算执行情况和下一年预算草案，并由预算审查委员会向大会主席团作出审查报告；每年年中预算审查委员会审查本镇预算上半年执行情况，并将审查情况报大会主席团备案。2014 年 8 月 13 日，坦洲镇召开了上半年预算执行情况审查会议，审查了预算执行情况，并听取了财政部门负责人的解释和说明。三乡镇近年来除成立了预算审查委员会，负责人代会期间和闭会期间预算审查监督工作外，还建立了审议专项工作报告投票表决制度，表决审议镇政府提出的关于桂山中学项目和雨污分流一期工程项目银行贷款和还贷资金纳入财政预算安排的事项，表决通过了镇政府借贷报告。同时，各镇人大密切关注对政府重大工程的资金监督，尤其是农村道路建设、农业园区发展、学校房舍建设、医院大楼施工、污水处理厂建设等民生工程，保证财政资金“花得对，花得值”。

4. 民主测评

《镇人大监督工作暂行办法》以专章的形式对“民主测评”这一新兴的监督方式作出了规定。它要求，中山市镇政府所有职能部门及上级国家机关派驻各镇的所有部门接受年度测评，全体镇人大代表采用无记名投票的形式进行评分，测评结果向代表报告。该办法施行之后，中山市所有镇均于 2014 年初围绕依法办事、工作效能、政务作风和议案建议办理四个方面对职能部门和部分事业单位进行了测评。各镇立足自身情况，对民主测评制度进行了进一步补充和创新。例如，东升镇细化了《镇人大监督工作暂行办法》的操作措施，并将民主测评结果作为镇机关干部年终考核的参考依据。东升镇和南头镇规定，对当年度测评分数排位后 3 位的单位，作为年内重点监督工作对象，对连续 2 年测评分数排名后 3 位的单位，由大会主席团建议其上级取消其年度考核中的评优资格，并对其主要负责人诫勉谈话或轮岗。大涌和沙溪等镇除了民主测评外，还对镇领导班子及成员进行了民主评议。为了克服因会期太短而使代表无法深入了解职能部门工作情况的问题，南朗镇人大开展了月度视察活动，平均每月组织人大代表视察 3 个职能部门，防止民主评议“走过场”，进一步提升人大监督效果。古镇镇人大在民主测评后召开了民主测评中排名后5位单位的整改座谈会，并将跟踪督办这些单位的整改落实情况。

（三）完善代表联系制度，提高代表履职能力

1. 设立人大代表小组

乡镇人大代表小组是乡镇人大闭会期间开展监督工作的主要组织形式，有利于加强乡镇人大主席团成员与人大代表、人大代表之间以及人大代表与选民之间的联系，有助于更好地发挥人大主席团和代表们在闭会期间的作用。同时有助于代表充分发挥专业优势，集中精力对监督事项进行认真调查，对存在的问题和不足进行全面深入分析，从而提出更具针对性和操作性的意见和建议，提高人大监督的质量和水平。

《镇人大监督工作暂行办法》第5条对代表小组的分类作出了指引——“可以设立法制、财政经济、城乡建设、农村和社区、教科文卫等若干小组开展代表活动”，实践中，各镇主要因应各自的具体情况、需要和习惯来分类，口径并不一致。例如，南朗镇人大将全镇74名市、镇人大代表按地域和系统分为7个代表小组，邀请代表列席镇的重要会议，组织代表参加执法检查、专题视察和调研等活动，为代表联系选民、了解民情、反映民意和履行代表职责创造了条件。在工作地点上，逐渐向各村和居拓展，74名市、镇人大代表分区开展联系选民工作。横栏镇组织全镇人大代表成立了法制、财政经济、城乡建设、农村和社区、教科文卫等5个专业代表小组；三乡镇把部分党代表和61名人大代表进行整合，分成13个功能小组，本着“专题、小型、深入、实效”的原则开展活动。各镇十分重视代表小组活动带头人的选择，南朗、港口、横栏等镇区通过甄选，将“有胆识、有能力、有思路、有担当”的代表分散到各小组，并指定他们为活动带头人，并通过带头人联系代表开展活动，活动后由带头人整理检查报告报镇人大办公室，一定程度上解决了代表履职能力参差不齐的问题。代表小组联络员的选择也很重要。三乡镇人大根据功能组别的不同，在有关单位邀请一些年轻、责任心强、有一定专业水平和写作能力的工作人员担任各小组联络员，让联

络员根据工作计划与安排通知代表活动，事后联络员根据代表建议和意见形成书面记录表和调研报告，从而解决代表履职能力不强的问题。

2. 代表联系选民制度化

《代表法》第20条规定，人大代表可以通过多种方式听取、反映原选区选民或者原选举单位的意见和要求。在实践工作中，中山市各镇积极探索加强和改进人大代表联系选民的工作方法，较好地实现了代表联系选民活动的常态化、规范化和制度化的目标。一是利用代表活动室接待选民，打造代表联系选民的“服务平台”。南朗、港口镇利用代表活动室接待选民，对选民提出的重要意见建议或普遍反映的突出问题，通过提出议案、建议、询问等方式，督促政府有关部门办理。神湾镇搭建起选民—人大代表—政府多方交流平台，在活动室接待选民时邀请部分政府部门代表，让有关部门代表直接了解选民的利益诉求，解疑释惑，人大代表现场督促解决。二是通过“进社区、进村居”，拓宽代表联系群众的“工作平台”。港口、南朗等镇通过开展“进社区、进村居”活动，让代表走出去，进社区、进村居，让代表在选民中亮相，直接到选民中听取意见和建议，改变坐等群众上门反映情况的现状，主动走出去联系选民。

3. 代表培训常态化

乡镇人大代表履职能力关乎基层人大功能的发挥程度。中山市港口、南头等镇加强代表对《宪法》《地方组织法》《代表法》《选举法》《监督法》和《广东省各级人民代表大会常务委员会监督条例》等法律法规的学习和培训。小榄、神湾镇的培训做到了集中讲座与分散培训相结合，专家讲课与老代表现身说法相结合，学习理论与履职实践辅导相结合，大大提高了代表学习的积极性。

4. 完善代表议案建议办理制度

实践中，往往存在代表议案和建议的承办单位在承接交办时“一阵风”，过后对议案和建议的解决方案不落实，对办理结果不追踪、办理效果不理想的情况。有鉴于此，小榄镇人大创新工作思路，以办理人代会议案与建议为切入口，建立答复会现场答复制度。在答复会现场由承办单位负责人向议案建议领衔人进行面对面的答复，领衔人对办理结果进行现场表态，对领衔人表示满意和非常满意的答复，承办单位提交正式的书面答复一式两份，一份交领衔人，一份交镇人大归档备案。对答复不满意的，要求承办单位继续办理，提交办理计划，并在下一年的答复会上继续答复，直到代表满意为止。同时制定议案建议跟踪落实制度，实行每月跟踪、季度通报、限时落实的督办制度，督促相关职能部门尽快办理落实，促进政府解决群众关心的热点问题。

三　中山市镇级人大监督工作的经验：直面现实的“折中”

此处使用的“折中”一词并不意味着让步和退缩，而是意在表明中山市各镇级人大在监督工作中客观评估和应对现实条件，最大限度地使用和整合资源，尽可能地拓展人大监督的空间。中山市各镇的人大监督工作取得较为突出的成绩，除了观念上重视人大工作、经费上提供保障、体制机制上进行创新之外，值得强调的还有以下几点。

（一）突出基层人大监督的特点，作出准确定位

中山市镇级人大监督工作的成绩，首先可归因于其对基层人大监督的准确定位。乡镇人大在组成结构、与同级党委和政府的力量对比、代表的素质和力量、活动的经费和后勤保障、与基层民众的接触程度等诸多方面，都有别于县级以上各级人大，较后者更显式微，工作内容也更为广泛和复杂。这一现状无法在短期内得到改变，因此，如何在现有条件下对人大监督作出准确定位，对于有效发挥人大功能显得异常重要。

中山市各镇对人大功能做了现实、客观的判断，着眼于监督效果的提高，不拘泥于传统的做法，对监督形式、与被监督对象的关系等作了切合实际的调整。例如，在监督形式方面，人大代表深入社会，开展“进社区、进村居”活动，到农户家、企业车间、社区等与选民、群众面对面沟通，

以闲谈而不是正式会议、座谈会的形式倾听他们的真实意见；对待被监督对象，更多采取约谈、调研、听取汇报等柔性手段，而极少采取刚性的专题询问、质询的方式，“和风细雨”式地进行问询监督，以目标的一致化解观点的分歧，消除监督对象的抵触情绪。

各镇人大将自身作为连接政府和选民的桥梁和纽带，一方面，了解社情民意，倾听民众声音，为公权力机关决策提供重要参考；另一方面，全面考察政府的工作情况，了解政府各项举措的用意和苦衷，向民众进行反馈，以促进民众和基层政府之间的相互了解，化解二者之间的某些张力和矛盾。进言之，人大监督往往也是政府部门宣传工作业绩的一个渠道，人大作为第三方作出客观评价，帮助上级政府部门了解下级部门的工作和进步。

（二）理顺基层人大与党委、政府的关系，把握监督尺度

在乡镇层面坚持党的领导、人民当家作主、依法治国三者有机统一，首先必须理顺人大和党委、政府的关系。一是坚持党的领导。坚持党的领导是人民代表大会制度不断发展和完善的基本前提，也是做好人大工作的根本保证。现行《地方组织法》规定，闭会期间，镇人大主席团保留主席和一个副主席。中山市各镇主席均由镇党委书记兼任，18个镇区中有9个镇人大副主席由党委委员兼任，非党委委员兼任副主席的，列席镇党委会。镇党委把人大工作列入日常工作日程，随时听取人大工作汇报，在党委会上研究解决人大工作中反映的困难和问题，镇人大按照党委的统一部署开展日常工作。二是主动向党委报告事项。由于《监督法》规定人大代表开展监督工作以集体活动为主，以代表小组活动为基本形式，个人不直接处理具体问题，因此，中山市各镇人大在履行人大的各项职权时，坚决落实向党委报告原则，重大事项及时向党委汇报，重要工作和重大活动事先请示党委的意见。例如，三乡、神湾、横栏等镇对执法检查、评议、听取专项工作报告掌握的情况，拟出专题调查报告，报党委会研究决定，由党委作出处理意见，镇人大不直接处理。

乡镇政府是乡镇人大的执行机关，同时也是行使行政权力的主体。中山

市各镇人大在工作中注重正确处理乡镇依法行使重大事项决定权和监督权与政府依法行使行政权之间的关系，一方面坚持乡镇人大依法行使重大事项决定权高于政府的行政决定，另一方面，乡镇人大尊重行政权的依法行使，掌握监督标准，谨慎把握监督力度，讲究监督实效。具体来讲，就人大监督的标准而言，既要有助于发挥监督效果（制定一些量化、细化的标准），又尊重政府活动的规律性和专业性（尊重行政自由裁量权），处理好效率和依法之间的关系，尤其是在改革迅速推进的时期，注重处理好“法治”与“改革”的关系。

（三）立足基层人大的实际，“借力打力”

乡镇人大在人力、经费、能力、实际影响和地位方面捉襟见肘，是不得不承认的现实。基于这一现实，乡镇人大积极整合“上下”“左右”的力量，实现“借力打力”。“上下”主要是指广东省和市人大，它们主要在工作指导、协调配合、代表培训等方面给镇人大以支持。“左右”则包括镇党委，甚至包括作为监督对象的镇政府及其职能部门等。例如，2014 年 7 月，小榄镇人大办公室组织市、镇人大代表开展加强服务群众专项调研活动，代表们邀请沙口社区的居民代表、党代表以及该镇的社工委办公室、党政办公室、组织人事办公室、农业和农村工作局、社会事务局、住房和城乡建设局、国土资源分局等部门的负责人参加，“面对面”地现场解答群众提出的各类现实难题，增加监督效果。三乡镇则成立了党委人大联合督查组，督查小组的成员由三乡镇的全体人大代表和部分党代表组成，切实增强了督查力度。

四　乡镇人大展望：回归宪法和法律框架

人民代表大会制度的重要性一再被重申。党的十八届三中全会通过的《中共中央关于全面深化改革若干重大问题的决定》明确指出：坚持人民主体地位，推进人民代表大会制度理论和实践创新，发挥人民代表大会制度的根本政治制度作用；十八届四中全会通过的《中共中央关于全面推进依法治国若干重大问题的决定》再次明确，人民代表大会制度是保证人民当家作主的根本政治制度，必须保证人民在党的领导下，依照法律规定，通过各种途径和形式管理国家事务，管理经济文化事业，管理社会事务。然而，乡镇人大这一人大制度重要的、基础的组成部分，却无论在法学还是政治学领域都未能得到足够的关注，在实践中更是处于尴尬的边缘化境地。中山市及其各镇人大在法定的框架内，立足于基层人大的实际，为提高基层人大监督效果、发挥人大监督功能，进行了一系列尝试，颇有意义，体现了现实主义的理念和路向，反映了广东脚踏实地的作风和精神。然而，从长远来看，似不应也不能裹足于此。对于乡镇人大的地位和功能，应当努力跳脱现实的“窠臼”，回归宪法和法律所确立的整体框架来准确界定，在此基础上予以进一步规范化和程序化，彰显乡镇人大应负的责任和应有的功能。

B.21 余杭基层治理法治化探索

中国社会科学院法学研究所法治指数创新工程项目组*

摘　要：杭州市余杭区以村（社区）公共事务清理为契机，通过政务与社务的分野，强调政府依法行政和社区依法自治，对于中国基层治理法治化具有样本示范意义。余杭区一方面通过清理牌子、减少考核、简化台账等手段让社区回归自治，实现村（社区）事务法定化；另一方面，通过编制和公开权力清单、机关工作重心下移等手段实现基层政府权力法定化，并通过积极发展社区社会组织，以政府购买服务提升村（社区）公共服务水平。

关键词：余杭　基层治理法治化　社区自治

为了保障基层社会的长久稳定，中国共产党领导中国人民进行了半个多世纪的曲折探索，最终选择了“法治”。党的十八届四中全会以“依法治国”为主题，强调“发挥法治的引领和规范作用”，提出“推进基层治理法治化”。基层治理包括两部分：一是基层政权建设，二是基层社会自治。基层治理法治化意味着：一方面，基层政权要依法向社会提供公共服务；另一方面，基层社会组织要依法自我约束、自我管理，并充分发挥市民公约、村

---

* 项目组负责人：田禾，中国社会科学院法学研究所研究员。项目组成员：陈欣新、吕艳滨、王小梅、栗燕杰、赵千羚、张誉、刘迪。执笔人：王小梅，中国社会科学院法学研究所副研究员。

规民约的积极作用。而现实中，基层社会的他律与自治权界不清，表现为本应由基层政府提供的公共服务几乎无条件地派给村（居）民委员会，使宪法和组织法定性为群众自治组织的村（居）民委员会沦为基层政权的行政延伸，自治空间长期受到挤压而日趋萎缩。如何在法治框架下构建基层公共服务体系，各地进行了形式多样的探索。2014 年余杭区开展的整治村（社区）“牌子多”、建立工作事项准入制度，不失为基层治理法治化的有益尝试，有助于让村（社区）回归服务自治本位，实现政府治理和社会自我调节、居民自治的良性互动。

2014 年 3 月，余杭区下发了《关于开展村（社区）“机构挂牌、考核评比、创建达标”情况清查整治的通知》，要求为基层的村、社区减负，凡属于基层政府及其职能部门、街道办事处职责范围内的事项不得转嫁给社区组织。余杭区统一部署，注重上下联动，条块结合，采取“牌子下墙”“考核限行”“台账电子”三项举措开展基层组织减负工作，对村（社区）组织机构挂牌、考核检查评比、工作台账进行规范管理。2014 年 9 月，余杭区又颁发了《关于深入整治村（社区）“牌子多”等问题的通知》（区委办〔2014〕83 号）和《杭州市余杭区村（社区）工作事项准入实施意见》，明确了准入村（社区）的余杭区直单位工作任务 29 项和 22 个准入的盖章事项，规定了其他需要进村（社区）的组织机构、工作任务、考核评比、盖章证明等相关事项的准入程序。余杭区通过自我革命式地清理基层权力和事项，有力推动了政府依法行政、社区依法自治，对于构建完善的社区公共服务机制，实现基层治理法治化具有重要意义。本报告根据 2014 年中国社会科学院法学研究所法治指数创新工程项目组的调研对余杭区基层治理法治化探索进行分析。

一　回归自治，村（社区）事务法定化

在经济体制改革的大潮中，企业纷纷改制，将计划经济时代的“单位人”推向了社会，再加上社会流动频繁所带来的大批外来人口，给社区工作带来巨大的压力。另外，随着政府职能的转变，政府大量的社会管理和公

共服务职能向社区转移，如劳动就业、社会保险、社会服务、医疗卫生、计划生育、文体教育、社区安全、法制宣传、法律服务、法律援助、人民调解、邮政服务、科普宣传、流动人口服务管理等，并对社区完成这些服务项目的情况进行考核评比，出现机构“牌子多”、考核评比多、创建达标多“三多”现象，社区不堪重负，扭曲了自治的功能定位。因此，为村（社区）减负，建立法治化的村（社区）服务体系，已势在必行。

（一）清理牌子

行政管理事项和公共服务职能大量涌入社区的一个突出表现就是村（社区）牌子林立。2013 年，余杭区纪委和区民政局等部门在对村（社区）进行前期调查摸底发现，在村、社区建立和挂牌的有 34 个单位 97 块牌子。一些村（社区）办公楼由于没有悬挂的地方，只能实行牌子轮流上墙，以应付挂牌单位的检查。村（社区）牌子林立引起人民群众的困惑和不便，严重影响了政府的形象。

2014 年 7 月、8 月，余杭在全区 20 个镇（街道）、余杭经济技术开发区确定了运河街道唐公村、乔司街道和睦桥村、塘栖镇河西埭村等 20 个村（社区）开展组织机构挂牌清理试点工作。在清理牌子过程中，坚持“依法、必需、配套”的原则，取消法律无明文规定、上级部门无要求、区级自行设置的组织机构和牌子，并清埋规范上墙的文件制度。经过清理，村保留村党组织、村民委员会、村经济（或股份经济）合作社、村务监督委员会等 4 块牌子，社区保留社区党组织、社区居民委员会、社区居务监督委员会 3 块牌子，股社尚未分离的社区可增挂股份经济合作社牌子。村（社区）可根据需要设置社区便民服务中心（或社区公共服务工作站）、社会服务管理分中心、警务室、卫生服务站、村邮站、文化礼堂等功能性标识牌。以乔司街道为例，乔司街道共有 14 个村社区，清理牌子总数 305 个，清理上墙制度 136 项。

余杭区在进行村（社区）公共事务清理的同时，还对要求村（社区）出具证明、盖章的事项进行规范。凡是法律法规赋予或规定、社区（村）职责范围内、社区（村）有能力承担并为居民提供方便服务的盖章事项，社区（村）应如实出具相关证明，除此以外，任何部门（单位）不得要求社区（村）出具各类证明和盖章。

各镇街、开发区既是村（社区）集中整治工作的实施单位、责任主体，又是进驻社区委派公共职能和服务的主体，从这个意义上来说，社区牌子清理本身是一场自我革命和自我约束，但由于涉及利益甚至权力问题，清理工作必然要面临一定的顽固性和反复性问题。为了建立长效机制，防止清理的事项回流，余杭区从源头上建立了严格的准入制度，凡在村（社区）增设组织机构、悬挂标识标牌，必须事先报余杭区城乡和谐社区建设领导小组办公室审核，并经领导小组同意。准入事项在区直部门正式发文前，应事先就具体工作内容充分听取基层的意见，保障具体工作在社区的可操作性，在落实过程中保障群众的切身利益。为了防止准入机制变成一纸空文，余杭区还同时强化责任追究制度，由区纪委、监察局牵头对进入社区的工作事项进行督查，发现问题及时督促相关单位整改，对存在不当行为的单位和个人进行公开曝光，并视情况追究相关责任。

（二）减少考核

按照现行法律规定，基层人民政府或其派出机关与村（社区）之间属于工作上的指导关系，而非领导关系，基层政府或其派出机关不得过多干预社区自治事务。村（居）民委员会作为基层群众自治组织，向村（居）民会议、村（居）民代表会议负责并报告工作，对其工作的考核要根据村（居）民满意度进行，而不应该是来自政府部门或派出机关自上而下的考核。相反，基层政府或其派出机关是公共卫生、计划生育、优抚救济、青少年教育等公共服务的主体，村（居）民委员会作为协助单位，可以组织群众对其提供的公共服务质量和效果进行民主评议，对供水、供电、供气、环境卫生、园林绿化等市政服务单位在社区的服务情况进行监督。然而，实践中，县区政府职能部门和乡镇政府、街道办事处通常在向村（社区）摊派行政任务后，还要对村（社区）的完成情况进行考核评比，并且组织名目繁多的创建评优活动，诸如创建平安社区、健康社区、无毒社区等。根据前期调研，余杭区列入考核评比创建的项目有14个单位23个项目。面对名目繁多的考核评比、创建达标，村（社区）疲于应付，有时不得不编造数据，考核流于形式，不仅加重了村（社区）的负担，还助长了形式主义和官僚主义歪风邪气，2014年8月，余杭区将之纳入群众路线教育实践活动专项整治的范围。

经过整治清理，余杭区取消区直各单位对村（社区）的各类单项考核检查评比，全区只保留区和谐（文明、平安）村（社区）考核，由区委政法委、区民政局、区文明办牵头。对于那些确因特殊情况需要单独组织村（社区）考核检查的，实行准入制，须报余杭区城乡和谐社区建设领导小组审批。对于保留的考核项目，余杭区要求创新考核检查方法，建立健全以基层群众满意为主要标准的评价体系。

（三）简化台账

有多少部门职能下放到村（社区），就意味着要做多少本台账。据调研，村（社区）工作人员70%的工作时间都用在了整理台账等行政性事务上，参与居民自治、便民服务的时间仅占30%左右，造成了本末倒置。据有的村党支部书记反映，大学生村官的主要工作就是编台账，根本没有时间和精力走到村（居）民身边，了解群众的需求和呼声。社区（村）日益繁重的行政性负担已经成为亟待解决的突出问题。

为了将村（社区）工作人员从繁重的行政性负担中解脱出来，余杭区分两步走：一是对村（社区）台账进行精简，只保留村（居）民基本信息、党组织和党员基本信息、流动人口基本信息以及辖区单位基本信息等基本台账；二是推行台账电子化，除了保留日常工作的相关原始记录之外，取消其他纸质台账，依托余杭区村、社区管理服务平台，编制目录，将相关资料输入电子平台存档备案，减少纸质台账的使用，并逐步把“电子台账”模块转移到杭州市“智慧社区”综合管理平台，及时更新信息，实现资源互联共享。余杭区各级各部门不得随意要求村（社区）制作相关纸质工作台账。

（四）提升社区公共服务水平

对村（社区）的政务职能和社务职能进行切割，减轻村（社区）的行政性负担，其目的是拓宽村（社区）的自治空间，发挥社区居民的主体作用，实现自治功能的回归。

经过整治“三多”，村（社区）的工作人员行政事务性束缚减少了，相应地为群众提供了更加快捷、方便的社区服务。配合社区减负，2014 年，余杭区推出了为民服务全程代理服务“绿色通道”。乔司街道五星村村党委委员将更多的精力投入为村民代办“大事小情”上，将为社区提供服务作为其工作重心。比如，劳动保障方面，从全程代办城乡居民社保，到通知个体参保，再到帮助老年人办理老年卡等。南苑街道高地社区选聘了两名各方面素质较好的居民担任业务代理员，为企业全程代办各类执照、许可、年检等业务，“全程代理”服务使企业主有更多的精力投入生产经营。随后，高地社区利用“全程代理”面向辖区内新居民推出子女就学等 10 多项代理项目，帮助解决了流动儿童的就学问题。随着社区公共服务站的建立，高地社区还将全程代理服务面扩大到全体居民，从为新居民办理养老保险、代买火车票、代寄邮包信件等业务，扩展至个体工商户的各类执照办理和年检、项目申报、计生服务、户籍管理、劳动保障等领域。此外，高地社区还编制了“高地社区全程代理服务项目清单”，建立受办分离制、办理期限承诺制、全程代理回访制等一系列服务制度。

提供优质、便捷的社区服务的关键在于人才，村（居）民服务的日趋多样化迫切需要专业化、复合型的社会工作人才。为加快推进社会工作专业人才队伍建设，切实增强构建社会主义和谐社会的人才支撑能力，国家出台了《社会工作专业人才队伍建设中长期规划（2011－2020 年）》。作为基层政府，近年来，余杭区强化管理、搭建平台、落实保障，努力提升社会工作专业服务水平，探索出社会工作专业人才队伍建设与发展的新路子。2011 年，余杭各镇街与区政府签订了《杭州市余杭区社会工作人才培养目标管理责任书》，要求各镇街将社会工作人才队伍建设纳入各自人才工作范畴。

2014年，余杭区社区工作者持证比例达到40%。余杭区制定并实施杭州市首个《杭州市余杭区社会工作人才队伍建设实施办法（试行）》，探索“持证社会工作人才+义工”的社区工作者录用机制①。2014年，余杭区被民政部确定为全国首批社会工作服务示范地区。2014年，余杭区颁发了《关于进一步加强村（社区）干部队伍建设的通知》（余组〔2014〕7号），随后，又发布《关于加强村（社区）后备干部队伍建设的实施意见》（仓街委〔2014〕67号），决定选派村（社区）年轻干部到街道重点项目锻炼。余杭区仁和街道实行教育培训、轮岗交流、挂职锻炼等多种措施，培养社区工作的主力军。

基层治理法治化，要求充分发挥市民公约、村规民约的积极规范作用。2014年10月下旬，余杭崇贤街道前村社区锦昌年华苑小区开始修订邻里公约，12月，该公约正式启动，用公约的形式规范和引导小区居民。在邻里公约的修订完善过程中，小区业主的主体地位得到彰显，积极参与，认真填写意见和建议，社区及时将业主提交的意见和建议收集汇总，分组召开居民组长、居民代表和业主代表讨论会，充分体现了公约的自治功能。

二　统一权责，充实基层执法力量

村（社区）公共事务的清理，既是核定自治事务的过程，又是理清基层政府权力的过程。余杭区梳理政府职能部门或派出机关的行政权力，对于那些不适合下放给村（社区）而应该留在区政府职能部门和派出机关的权力进行清理，发现没有法律授权或者不应该继续存在的，通过深化行政审批制度改革加以取消；对于必须存在的，理清权力的来源、边界、行使流程，编制权力清单，并对外公示。为行使好权力清单上的权力，提供高效优质的公共服务，余杭区通过优化执法机关内部结构，将权力和人员双重下沉到一线。

① 《余杭区获全国首批社会工作服务示范地区》，中国杭州政府门户网站，http：//www.hangzhou.gov.cn，2014－11－12。

（一）编制和公开权力清单

党的十八届三中全会提出，推行地方各级政府及其工作部门权力清单制度，依法公开权力运行流程。编制和公布权力清单是依法行政、建设法治政府的第一步，也是必然要求。法治政府首先是有限政府，政府只能在宪法和法律赋予的权限范围内活动，政府应当将其法定权力向全社会公开，接受社会监督。

2014 年，余杭区以清理村（社区）公共事务为契机，制定《杭州市余杭区人民政府关于开展政府部门职权清理　推行权力清单制度的通知》（余政发〔2014〕62 号），对 31 家部门的行政权力进行了清理，形成并公布了行政权力总清单，包括部门保留的行政权力清单、部门共性权力清单、部门审核转报事项等。

权力本身亦是责任，行政机关既不能逾越权力的界限，此所谓当止则止；也不能放弃权力的行使，此所谓当行则行。为了解决政府管理越位、缺位、错位问题，防止行政管理不作为和乱作为，余杭区继推行部门权力清单之后，又正式启动部门责任清单编制工作，并通过余杭区政府门户网站（www. yuhang. gov. cn）正式向社会公布部门责任清单。

（二）政府工作重心下移

提供公共服务是政府的立身之本，为了更好地服务于群众，中央多次强调和倡导政府公共服务和管理重心下移。所谓政府工作重心下移，是指尽可能减少政府的层级设置，将政府更多的资源向基层倾斜，对于本身就在基层的机关来说，工作重心就更应该放在一线，让更多的工作人员走出机关，充实到一线岗位。然而，不少行政部门对政府工作重心下移有所误解，将本应该由政府提供的公共服务下放或转移给村、社区，而工作人员和权力还留在机关，这显然不符合依法行政、建设法治政府的要求。

区县作为基层政府，应该直接面对人民群众，为群众提供优质高效的公共服务。然而，近年来，基层政府出现严重的“机关化”倾向，其职能部门通常不直接执行权力，而是通过派出机构或者直接转移给村（社区）；街道办事处不是一级政府，而是区政府的派出机关，本应该与辖区内的民众直接打交道，然而通过权力下派，俨然成为上传下达的一级政府。为了扭转这种现象，余杭区除了对下派到村（社区）的公共事务进行清理之外，还实行真正的权力下沉和工作重心下移，提升行政权力的执行力。以余杭区公安分局为例，为积极应对当前复杂严峻的治安形势，在对全局警力资源进行了全面调查排摸后，余杭区公安分局制订精减方案，构建“小机关、大基层”架构，将警力充实到治安防控机动队、刑侦大队、治安大队、派出所等一线单位。为缓解警力不足，余杭区公安分局充分盘活现有警力资源，将43名内勤民警调整至外勤岗位，最大限度地把优势警力向基层一线和实战单位倾斜，进一步充实基层基础工作警力①。

三　培育社会组织，鼓励政府购买服务

余杭探索基层治理法治化，不仅让政府收回权力，让社区回归自治，还注重培养社会组织，鼓励政府向专业化的社会组织购买公共服务，建立政府行政管理和基层群众自治有效衔接和良性互动机制。

（一）培育社区社会组织

党的十八届四中全会提出法治中国、法治政府和法治社会三个一体建设，而其中的法治社会建设离不开成熟的专业社会组织。余杭一直重视社会组织的培育，2012年就下发了《关于加快培育发展社会组织的实施意见》，重点培育和发展以镇（街道）或村（社区）为活动范围，从事文化体育、慈善救助、社区服务、社区事务等不以营利为目的，满足群众不同需求的社区社会组织，积极扶持老年公寓、社区居家养老服务站等社会组织。为促进社会组织健康发展，提升社会组织参与社会管理服务能力，2013年余杭区

① 《区公安分局警力资源“一减三改”显成效》，http：//www. yuhang. gov. cn/yggc/dtxx/201412/t20141219_ 971176. html，2014－12－20。

出台《余杭区社会组织发展专项资金管理实施细则（试行）》。区财政每年安排300万元用作社会组织发展专项资金，重点扶持行业类社会组织、公益慈善类社会组织、社区社会组织和科研类社会组织发展。余杭区还建立了社会组织孵化培育机制，成立区级社会组织孵化基地——社会组织服务中心，鼓励和支持镇街或社会力量举办社会组织孵化基地，让满足需要重点扶持的社会组织进驻，采取资金、项目、人才、场所等多元化扶持方式，为进驻社会组织提供专业培训、技术孵化、投资融资、管理咨询等服务，引导各类社会组织参与基层社会管理和服务。

目前余杭全区共有社区社会组织1856家，其中登记的有81家，备案的有1775家。公民社会的发展离不开社区、社会组织和社工，余杭区通过开展“三社联动”结对共建服务工作，促进社会组织融入社区，服务社会，形成社区、社区工作者与社会组织密切合作的现代社区治理机制①。

（二）“权随责走、费随事转”

所谓“权随责走、费随事转”，是指政府部门在向村（社区）转移责任的时候，应同时下放权力，并且提供相应的资金保障。国家在《社区服务体系建设规划（2011－2015年）》（国办发〔2011〕61号）中提出，要建立政府投入与社会投入相结合的社区服务经费保障机制。政府对于属于必须行使的行政权力，不得转移给基层自治组织，但考虑到基层自治组织更熟悉村（社区）的情况，并且按照《村民委员会组织法》《城市居民委员会组织法》，基层自治组织有协助的义务，因此按照“权随责走、费随事转”原则，凡依法由社区组织协助的事项应当为社区组织提供必要的经费和工作条件。十八届三中全会也提出，推广政府购买服务，凡属事务性管理服务，原则上都要引入竞争机制，通过合同、委托等方式向社会购买。

根据《杭州市人民政府关于政府购买社会组织服务的指导意见》（杭政

① 《我区获评全国首批社会工作服务示范地区》，http：//www.yuhang. gov.cn/yggc/dtxx/201411/t20141111_965776.html，2014－11－12。

函〔2010〕256号)，余杭建立了以项目为导向的政府向社会组织购买服务机制，推进政府公共管理职能依法向符合条件的社会组织转移。政府购买服务应按照“谁委托、谁付费”的原则，通过公开招标、项目发包、项目申请和委托管理等方式进行。2013年，余杭区政府在新城社区开展购买居家养老服务试点工作。作为新型养老服务模式，政府购买居家养老服务是由政府出资购买居家养老服务，由民政部门落实聘用服务员并制定各项政策，定期上门为辖区内高龄、空巢、生活困难的老人提供服务。经过评估公司专业人员对报名老人的家庭状况、身体状况、居住状况、经济状况的专业评估，新城社区最终确定了41名老人享受每月按分数高低分级的政府购买居家养老服务时间。2014年余杭区积极探索政府购买服务方式，与“雨花斋”签订协议，共同打造“雨花斋”五常店并挂牌五常街道社区老年食堂，由街道免费提供场地，“雨花斋”免费提供素食及义工服务。

结　语

中国建设法治社会，必须从最基层开始实践和推进，余杭作为中国社会的一个缩影，其以村（社区）公共事务清理为契机，通过政务与社务的分野，强调政府依法行政和社区依法自治，对基层治理法治化路径的探索和努力具有样本意义。余杭基层治理法治化尝试也透视出中国基层治理法治化过程中的深层次矛盾和问题。首先是基层治理法治化与顶层设计的矛盾。与行政审批制度改革遭遇顶层阻力一样，阻碍基层治理法治化的因素往往来自部委通过规章设定的权力，这就需要从顶层设计着手，从全国范围内整体推进法治。其次是创新与法治的矛盾。所谓创新就意味着不循常规，而法治却是规范之治，是用现有的规范来约束现在和将来发生的事情，对社会管理方式方法进行创新往往需要突破现有制度安排的框架。因此，这要求政府管理创新要处理好与法治的关系，该修法的要尽早修法。最后是基层政权建设与社区自治的关系。当社区自治日趋成熟的时候，撤镇强县可能会是未来强化基层政权建设、实现基层治理法治化的路径选择。

Abstract

The Annual Report on China's Rule of Law No. 13 (2015) (the Blue Book of Rule of Law) analyzes, from multiple perspectives of legislation, human rights protection, construction of a law-based government, judicial reform, the legal system of a clean and honest government, civil, commercial and economic law, and social law, various hot issues in the relevant fields of the rule of laws in China in 2014, including the reform of the administrative approval system, the legal system of environmental protection, resolution of grassroots disputes, and the supervisory work carried out by people's congresses, and makes predictions on the trend of development of the rule of law in China in 2015.

The Blue Book of Rule of Law (2015) features a series of reports on the assessment of the indices of the rule of law. By taking web portals as the basis and browsing of websites and verification by phone call as the main methods, these reports assessment the situation of disclosure of government information by 54 departments under the State Council, 31 provincial-level governments, and 49 governments of larger cities, the situation of judicial transparency of the Supreme People's Court, the higher people's courts of 31 provinces, autonomous regions, and municipalities directly under the Central Government, and the intermediate people's courts of 49 larger cities, the situation of openness of procuratorial affairs of the Supreme People's Procuratorate, the higher people's Procuratorate of 31 provinces, autonomous regions, and municipalities directly under the Central Government, and the intermediate people's Procuratorate of 49 larger cities, the situation of the openness of judicial affairs of ten maritime courts in the country, and the situation of "administration of justice under sunshine" of 105 people's courts at three different levels in Zhejiang Province and 22 people's courts at three different levels in Beijing Municipality.

The Blue Book on the Rule of Law (2015) continues to feature a series of investigation reports on national situation of the rule of law, including those on the legislative practice of people's congresses of Sichuan Province, the exploration carried out by Guangdong Province in resolving grassroots conflicts, the "Ningbo phenomenon" of disclosure of government information, the supervisory work carried out by town-level people's congresses in Zhongshan City of Guangdong Province, and the exploration by Yuhang District of Hangzhou City in bringing the grassroots governance under the rule of law.

Contents

Ⅰ General Report

Abstract: In the year of 2014, China focused its efforts on the creation of innovative legislative mechanisms and attached equal importance to both the adoption of new laws and the revision of existing laws in the field of legislation. In the field of construction of a law-based government, it continued to take streamlining the administration and delegating power to the lower levels as the main line, strengthened law enforcement, promoted the openness and transparency of the operation of administrative power, and reinforced the supervision over administrative power. In the field of administration of justice, judicial authorities had been making continuous efforts towards the goal of enabling the people to feel fairness and justice in individual case, carried out research and experiments on judicial reform in accordance with the unified plan of the CPC Central Committee, and strengthened judicial safeguard for human rights. In the field of civil, commercial and social laws, continued efforts were made in improving the system of law and strengthening law enforcement and judicial work. In the field of anti-corruption, the government continued to investigate and prosecute major and serious cases of corruption and strengthen international cooperation. In the year of 2015, the rule of law will play an even greater role in the development process in China and more efforts should be made to propel the work in the fields of scientific legislation, the construction of a law-based government, judicial justice and the construction of a legal system of clean and honest administration.

Keywords: The Rule of Law; Legislation; Law-Based Government; Judicial Reform

B Ⅱ Subject Reports

Abstract: In 2014, as the construction of the rule of law in China is entering into a new stage, the legislative work in China had also become more precise and elaborated. On the one hand, legislature continued to respond to the needs of reform and development, to play a guiding and promotive role in the reform, and to make further efforts in strengthening the legislative work in the fields of law on people's livelihood, economic law, social law, and ecological law, to truly safeguard citizens' rights and interests, to adhere to the policy of simultaneously promoting the adoption, revision and abolition of law, and to strengthen the unity of the legal system. On the other hand, China had explored the system of solicitation and demonstration of legislative items and the legislative negotiation system, thereby making legislation more scientific and democratic, further promoted the construction of a complete system of legal norms by speeding up the formulation of law on national security, the anti-corruption law and the Internet law, and improved the effectiveness of legislation by strengthening the adoption of supporting legislation and interpretation of law.

Keywords: 2014; China; Legislation

B.3 Situation of Human Rights Protection in China in 2014

Abstract: The rule of law, development and human rights constitute the three basic dimensions of the "Chinese Road". The Decision of the CPC Central Committee on Major Issues Pertaining to Comprehensively Promoting the Rule of Law, adopted in 2014, has drawn a new blueprint for the development of the rule of law and human rights in China. In accordance with this decision, the Chinese government has speeded up the frequency of promulgation of white papers on human rights, promoted the implementation the Second National Human Rights Action Plan through mid-term evaluation, intensified the anti-corruption campaign, which had a major impact on the safeguarding of human rights, attached great importance to human rights education, and made initial progress in participating in international human rights protection mechanism.

Keywords: The Rule of Law; Human Rights; National Human Rights Action Plan

B.4 Implementation of the Basic Law in Hong Kong (2014)

Abstract: In 2014, the Hong Kong Special Administrative Region had met many challenges in the implementation of the Basic Law. This report carries out objective analyses of such issues as the controversy triggered by the White Paper

"The Practice of the 'One Country, Two Systems' Policy in the Hong Kong Special Administrative Region", the election of the Chief Executive in 2017, the "Occupation Movement", the protection of fundamental rights, and "filibuster" and "anti-filibuster" cases in Hong Kong. Although there was a worry that the fine tradition of the rule of law in Hong Kong would be seriously eroded by some of these incidents, the consistently independent and professional operation of the judicial organs in Hong Kong had restored people's confidence in the future of the rule of law in this region. However, the rule of law needs to be recognized and upheld by all citizens of Hong Kong. Those who carry out protest by unlawful means should bring their acts back to the orbit of the rule of law so as not to erode the core value of the rule of law.

Keywords: The Basic Law of Hong Kong Special Administrative Region; Election of the Chief Executive; Occupation Movement

Abstract: Since the initiation of the new round of judicial reform, the state has adopted a series of measures for the promotion of judicial reform and local governments have actively carried out pilot reforms, many of which are successful. However, these pilot reforms, which are still at the experimental stage, cannot avoid the "running-in" with the existing systems and require the adoption of supporting measures. Especially, the tackling of the institutional problems has become an unavoidable approach to this round of judicial reform. This report examines the emphases of the new round of judicial reform, summarizes the experience of experimental reforms in pilot areas, analyzes the difficulties and problems encountered in the reform, and on the above bases, predicts the direction of development of judicial reform in China, so as to provide reference for the implementation of the new round of judicial reform in the current judicial environment.

Keywords: Judicial Reform; Ruling the Country of Law; Pilot Reform; Difficulties

Abstract: The reform of the administrative approval system, which has been one of the core tasks of the current administration, continued to deepen in 2014. Compared to that of the previous year, the most prominent feature of the administrative reform in 2014 was the local policy experimentation on the construction of the power list system. This report, through a microscopic interpretation of the construction of the power list system at the local level against the macro background of streamlining administration and institute decentralization, tries to explain the progress made and problems existing in the construction of power list system and the complicated game playing between central and local governments around such issues as the reform of administrative approval system, the construction of power list system, the modes of government regulation and market self-regulation, and mechanisms for prior approval and post supervision.

Keywords: Power List; Administrative Approval; Local Experimentation

Abstract: In 2014, the Chinese society had been stable on the whole, although the crime rate had been high in some areas: the crime of terrorism was still rampant, even intensified in some regions and fields; the situation of drug-related crimes was still grim and complicated, and the phenomenon of drug abuse and drug trafficking was still widespread despite of repeated prohibition; there was a sharp increase in the number of job-related crimes under investigation; cyber crime was rampant and had seriously endangered network security; vicious crimes were still a prominent problem and had caused widespread social concern; and the situation of juvenile delinquency, crimes committed by entrepreneurs, and the rates of prostitution –, pornography-and gambling-related crimes were also high. In 2015, influenced by the relevant factors, crimes of corruption and prostitution, pornography-and gambling-related crimes will be contained to a certain extent, but extremely violent crimes, cyber crimes, drug-related crimes and the crime of terrorism will likely continue to affect social stability.

Keywords: Crime Situation; Analysis of Current Situation; Prediction of Future Development

Abstract: To enforce the anti-price-fixing law, the competent authorities in China have adopted such measures as strengthening supporting legislation, improving law enforcement system, standardizing law enforcement procedure, and boosting law enforcement efforts. They investigated and dealt with in accordance with law a series of typical price-fixing cases in the field of commodity, including the Case of Monopoly of Price of LCD Panel, the Case of Vertical Price Monopoly by Maotai Company and Wuliangye Company, the Case of Vertical Price Monopoly by Milk Power Enterprises, and the Case of Monopoly of Prices of Whole Units and Parts of Automobile in 2014. In 2015, China will continue to firmly propel anti-price-fixing law enforcement, strengthen the publicity of the law, encourage business operators to operate in accordance with law, improve the anti-price-fixing system, and enhance capacity for anti-price-fixing law enforcement.

Keywords: Price Fixing; Typical Cases; Anti-price-fixing Law Enforcement

B. 9 The Promulgation of the New Environmental Protection Law and Prospect of Its Implementation *Liu Hongyan* / 127

Abstract: The adoption of the new Environmental Protection Law by the Standing Committee of the Twelfth National People's Congress and its implementation in 2014 marked the development of the environmental law from the dimension of "legislative centrism" to that of "democratic legislation and public participation in the implementation of law", and from the traditional mode that emphasizes environmental regulation to a modern mode of "multi-governance and social participation". The new law will have a profound and positive influence on the improvement of environment legislative system, the transition of the mode of environmental law enforcement, and the rise of the capacity and level of administration of environmental justice and play the guiding role in and provide fundamental institutional safeguard for the development of the rule of law in the field of environmental protection in China.

Keywords: The New Environmental Protection Law; The Rule of Law in the Field of Environmental Protection; Environmental Law Enforcement; Administration of Environmental Justice

B. 10 Report on the Development of the Rule of Law in the Field of Education in China (1978 -2014)

Ma Jing'an, *Cai Lewei* / 147

Abstract: Since the reform and opening up, China has achieved rapid development of in the field of education, continuously innovated on the educational management system, made major progresses in the construction of the rule of law in the field of education, realized the transition of the idea of educational governance from that of "the legal system" to that of "the rule of law", established a primary system of education law and a relatively complete educational management system, and made great efforts in promoting the fairness in education and in truly safeguarding people's right to education. Meanwhile, many problems still exist in the construction of the rule of law in the field of education. This report summarizes the achievements made and problems existing in the development of the rule of law in the field of education in China since 1978 and puts forward suggestions on the further development of the rule of law in the field of education in the country.

Keywords: The Rule of Law in the Field of Education; The Right to Education; Educational Management System; The Idea of Educational Governance

B Ⅲ Reports on the Assessment of Indices of the Rule of Law

Abstract: This report investigates and evaluates the implementation by 54 departments under the State Council, 31 provincial-level governments and 49 governments of larger cities of various systems relating to government transparency, including those relating to the catalogue of government information subject to disclosure, disclosure upon application, and annual report on the disclosure of government information, as well as the situation of disclosure of various kinds of government information, such as information about the work of the government, the normative documents issued by the government, environmental protection, and administrative approval, analyzes the progresses made and problems existing in the implementation of the system of disclosure of government information, and puts forward suggestion on the future improvement of the system.

Keywords: Transparency; Law Index; Government Websites; Disclosure of Government Information

Abstract: In 2014, Innovation Project Team on the Rule of Law Index of CASS Law Institute carried out a quantitative evaluation of judicial transparency of the higher people's courts of 31 provinces, autonomous regions and municipalities directly under the Central Government and the intermediate people's courts of 49 larger cities. The evaluation shows that the development of judicial transparency in China has entered into an advanced stage, in which live TV broadcast of court trial becomes the norm, the decisions on commutation of sentence and release on parole are made in completely open procedure, and importance is attached to the integration of judicial information. However, in order to make further breakthroughs in this area, China needs to correctly handle the relationships between internal openness and external openness, between concentrated openness and decentralized openness, and between openness and publicity, collection of fees and confidentiality, and carry out more sophisticated institutional design in these respects.

Keywords: Judicial Transparency; Law Index; Websites of Courts; Openess of Judicial Affairs

Abstract: In 2014, Innovation Project Team on the Rule of Law Index of CASS Law Institute, on basis of further improvement of the system of indices of maritime judicial transparency, carried out the second assessment of the situation of judicial transparency of ten maritime courts based on the information available at the websites of these courts, and used objective data to directly reflect the situation of transparency of judicial affairs, of filing of cases, of court trial, of court documents, and of the execution of judgments, summarized and analyzed the highlights of and problems in the current system of maritime judicial transparency, and put forward suggestions on further improving the system.

Keywords: Maritime Courts; Maritime Judicial Transparency; Websites of Courts; Openess of Judicial Affairs

Abstract: In 2014, Innovation Project Team on the Rule of Law Index of CASS Law Institute, in accordance with the requirements of deepening the openness of procuratorial affairs and on the basis of the information disclosed through the websites of procuratorates, carried out quantitative evaluations of the openness of procuratorial affairs of the Supreme People's Procuratorate, the higher people's procuratorates of 31 provinces, autonomous regions and municipalities directly under the Central Government and the intermediate people's procuratorates of 49 larger cities. Compared to the evaluation in 2013, no change was made to the subjects of evaluation in 2014, but the indices system used in the evaluation was upgraded in light of the newly adopted normative documents and prominent problems in practice. This report summarizes the current situation of and existing problems in the openness of procuratorial affairs in China in 2014 and puts forward suggestions on further improving the system in the future.

Keywords: Procuratorial Transparency; Openness of Procuratorial Affairs; Websites of Procuratorates; Law Index

Abstract: In 2014, Innovation Project Team on the Rule of Law Index of CASS Law Institute, entrusted by the Higher People's Court of Zhejiang Province, carried out assessment of the judicial transparency of 105 courts at three different levels in Zhejiang Province in terms of openness of judicial affairs, of filing of cases, of court trial and of adjudicative documents. The assessment shows that in 2014 the courts of Zhejiang Province had attached greater importance to the openness of judicial affairs and to the improvement of their web portals, and markedly raised the level of standardization of openness of judicial affairs. However, further efforts still need to be made by these courts in updating their ideas about openness of judicial affairs, in constructing the necessary platform, and in the design of the relevant institutions. Moreover, these courts are also faced with the problems of heavy caseload, lack of personnel, and complicated circumstances in some cases, which impede the openness of judicial affairs.

Keywords: Openness of Judicial Affairs; "Administration of Justice in Sunshine"; Courts in Zhejiang Province; Law Index

B. 16 Report on Indices of "Administration of Justice in Sunshine" of Courts in Beijing Municipality

Innovation Project Team on the Rule of Law Index,

Law Institute, *CASS* / 266

Abstract: In 2014, Innovation Project Team on the Rule of Law Index of CASS Law Institute, entrusted by the Higher People's Court of Beijing Municipality, carried out quantitative assessment on the judicial transparency of 22 courts in Beijing in terms of openness of judicial affairs, of court trial, of adjudicative documents and of execution of judgments and used objective data to directly demonstrate the results of the assessment. The Team also carried out assessment of the situation of notification on rights and obligations and on matters that have major impact on rights and assessment on the accuracy of the data in the trial management system, summarized and analyzed the progress made and difficulties faced by courts in Beijing Municipality in implementing the system of openness of judicial affairs, and conducted research on measures for further improving the system.

Keywords: Openness of Judicial Affairs; "Administration of Justice in Sunshine"; Courts in Beijing Municipality; Law Index

ⅣB Ⅳ Reports on the Investigation of the National Situation of the Rule of Law

Abstract: Local legislation is an important part of the socialist legislative system in China. In 2014, Innovation Project Team on the Rule of Law Index of CASS Law Institute carried out investigation and analysis of the legislative practice of people's congresses of Sichuan Province as a typical example of the practice of local legislation. Currently, the people's congresses of Sichuan Province have gained some experience and achieved some results in local legislation, but at the same time, are faced with many problems in terms of leading mechanism, distribution of competences, and working mechanism of local legislation. This report carries out a theoretical summarization of the practice of local legislation in Sichuan Province and analyzes the existing problems in this practice, with a view to providing decision-makers with reference for the further improvement of the system of local legislation in China.

Keywords: Legislative System; Working Mechanism; Legislative Competence; Legislation on Nationality Affairs

Abstract: In recent years, grassroots conflicts in China have showed the features of pluralization, radicalization, and involvement of a large number of people. Therefore it is necessary to actively explore new approaches to the resolution of these conflicts, so as to create a stable and orderly social and economic environment for the deepening of the reform and opening up. The government of Guangdong Province has carried out institutional innovation on the resolution of grassroots conflicts in accordance with law and achieved marked results in enhancing the legal awareness and medication ability of grassroots government organs and in strengthening the mechanism for the resolution of grassroots conflicts, thereby laying a sound foundation for the further construction of the rule of law in the province.

Keywords: Guangdong Province; Resolution of Grassroots Conflicts; Construction of the Rule of Law

Abstract: Ningbo City is ahead of all other cities in China in the implementation of the system of transparency of all aspects of the operation of public power, especially in the disclosure of government information. This report examines the basic situation of disclosure of government information by the Municipal Government Ningbo City, summarizes its achievements and experience in building a "government in sunshine", while at the same time points out a series of difficulties faced by Ningbo Government in further implementing the system of disclosure of government information, and puts forward suggestions on the corresponding measures to be adopted to further improve the system in terms of institution, personnel and platform.

Keywords: Disclosure of Government Information; Government in Sunshine; Platform for the Disclosure of Government Information

B. 20 Township and Town-Level People's Congresses on the Way out of Their Marginalized Position: Based on the Field Investigation on the Supervisory Work of the Town-level People's Congresses in Zhongshan City

Innovation Project Team on the Rule of Law Index, Law Institute, CASS / 336

Abstract: Township and town-level people's congresses, as an important component of people's congress system and the bedrock of socialist democracy, ought to occupy an important position in the system of democracy and the rule of law, even in the entire social-political structure of China. However, because of the restrictions by many factors at the institutional and practical levels, the functions of township-and town-level people's congresses have not been given full play to and there is a big gap between their defined role and the role they are actually playing. This report, based on the field investigation on the supervisory work of town-level people's congresses in Zhongshan City, points out that these town-level people's congresses, by giving full play to their unique advantages, have achieved limited breakthroughs in their supervisory work within the existing legal framework. Their positioning of the supervision by grassroots people's congress and their understanding and handling of the relationship between the people's congress, the Party committee and the government reflect the down-to-earth work style and spirit of the people of Guangdong, and embody the pragmatic idea of and approach to the work of people's congresses. However, in the long run, the status and function of township-and town-level people's congresses need to be more scientifically defined within the framework established by the Constitution and laws.

Keywords: Zhongshan City; Town-Level People's Congresses; Supervision

Abstract: The Government of Yuhang District of Hangzhou City, by taking the opportunity of the streamlining of public affairs at the village (and community) level and making a distinction between government affairs and social affairs, has emphasized the administration by law on the part of the government and self-government by law on the part of the community, thereby playing an exemplary role in bringing the grassroots governance under the rule of law. On the one hand, community self-government is realized and village (community) affairs are brought under the rule of law by streamlining government agencies, reducing performance appraisals, and simplifying paperwork; on the other hand, the power of grassroots government has also been brought under the rule of law through the adoption and promulgation of power list and the downward shift of the emphasis of work of government agencies, and the quality of village (community) public services has been improved through the active development of community organizations and government purchase of services.

Keywords: Yuhang District of Hangzhou City; Bringing the Grassroots Governance Under the Rule of Law; Community Self-government

法律声明

S 子库介绍
Sub-Database Introduction

中国经济发展数据库

涵盖宏观经济、农业经济、工业经济、产业经济、财政金融、交通旅游、商业贸易、劳动经济、企业经济、房地产经济、城市经济、区域经济等领域，为用户实时了解经济运行态势、把握经济发展规律、洞察经济形势、做出经济决策提供参考和依据。

中国社会发展数据库

全面整合国内外有关中国社会发展的统计数据、深度分析报告、专家解读和热点资讯构建而成的专业学术数据库。涉及宗教、社会、人口、政治、外交、法律、文化、教育、体育、文学艺术、医药卫生、资源环境等多个领域。

中国行业发展数据库

以中国国民经济行业分类为依据，跟踪分析国民经济各行业市场运行状况和政策导向，提供行业发展最前沿的资讯，为用户投资、从业及各种经济决策提供理论基础和实践指导。内容涵盖农业，能源与矿产业，交通运输业，制造业，金融业，房地产业，租赁和商务服务业，科学研究，环境和公共设施管理，居民服务业，教育，卫生和社会保障，文化、体育和娱乐业等 100 余个行业。

中国区域发展数据库

以特定区域内的经济、社会、文化、法治、资源环境等领域的现状与发展情况进行分析和预测。涵盖中部、西部、东北、西北等地区，长三角、珠三角、黄三角、京津冀、环渤海、合肥经济圈、长株潭城市群、关中—天水经济区、海峡经济区等区域经济体和城市圈，北京、上海、浙江、河南、陕西等 34 个省份及中国台湾地区。

中国文化传媒数据库

包括文化事业、文化产业、宗教、群众文化、图书馆事业、博物馆事业、档案事业、语言文字、文学、历史地理、新闻传播、广播电视、出版事业、艺术、电影、娱乐等多个子库。

世界经济与国际政治数据库

以皮书系列中涉及世界经济与国际政治的研究成果为基础，全面整合国内外有关世界经济与国际政治的统计数据、深度分析报告、专家解读和热点资讯构建而成的专业学术数据库。包括世界经济、世界政治、世界文化、国际社会、国际关系、国际组织、区域发展、国别发展等多个子库。